本书为国家哲学社会科学基金项目"浙东地区河湖水系的历史变迁研究"（19BZS109）阶段性研究成果

滨海历史地理

——唐宋以来滨海地区的经济、环境与社会研究举例

尹玲玲／编著

复旦大学出版社

◎国家社会科学基金重大项目"中国历史上的滨海地域研究"（批准号：14ZBD026）子课题"明清时期滨海地域的环境、生计、贸易与社会——以浙江滨海地域为中心"的研究成果

◎国家社会科学基金重大项目"9－20世纪长江中下游地区水文环境对运河及圩田体系的影响"（批准号：18ZDA178）子课题"长时段的长江中游水文与海潮对运河及圩田、垸田体系的影响"的研究成果

◎国家社会科学基金项目（批准号：19BZS109）"浙东地区河湖水系的历史变迁研究"的阶段性研究成果

目　录

上编　渔盐经济与社会

明代闽、广地区的渔业分布 …………………… 尹玲玲　003

略论清代的渔盐 ………………………………… 尹玲玲　030

近代上海的渔业用冰与冰鲜水产消费

　（1931—1949）………………………………… 姜明辉　047

论民国二十五年浙东岱山的盐户渔民暴动案 … 尹玲玲　110

历史时期利津县境的盐场与盐业 … 蒋宜兰　尹玲玲　143

下编　河湖水利与社会

夏盖湖历代因革演变研究 ………… 尹玲玲　王　卫　185

萧绍平原的河湖水利体系与湘湖之

　兴废 …………………………… 黄　强　尹玲玲　232

明清时期嘉定地区的水利与社会 … 李菡宁　尹玲玲　318

后记 …………………………………………………… 370

上编

渔盐经济与社会

明代闽、广地区的渔业分布

尹玲玲

    在中国经济史的研究中,渔业史相对来说是一个较为薄弱的环节,渔业通史的完备还有待于各断代、各区域及各专题的细致研究,如详细分析各时期各地区的渔业分布、自然背景、经济变迁及其原因等。关于海洋渔业,欧阳宗书先生曾从渔业经济和渔民社会的角度做过较为深入的研究。[1]

    福建省的渔业向来颇为发达,所谓"闽人活计,非耕则渔","从来富国强兵,莫有过于鱼盐之利"[2]。沿海地区从事渔业生产的人户尤多,"环海居民耕而食者十之五,余皆捕鱼为业",清嘉庆年间因海寇滋扰而议申海禁,有臣工反驳认为如禁其下海,则"数万渔户无以为生"[3],可能会激发民变。福建地区从五代时期开始即向渔民征收渔课,一直延续到清,分别向侯官等三十六县各港澳的渔户征收。下文拟对明代福建和广东地区的渔业分布做一详细探讨。

---

[1] 欧阳宗书:《海上人家——海洋渔业经济与渔民社会》,江西高校出版社,1998年。

[2] 〔清〕范承谟:《条陈闽省利害疏》,《清经世文编》卷八四《兵政十五·海防中》,中华书局,1992年。

[3] 《清史稿》卷三六二《陈昌齐传》,中华书局,1986年。

一、福建地区的渔业分布

河泊所是明初设置在内陆河湖及沿海地区征收渔税的机构。[①] 大凡渔利颇丰的河湖水域及沿海地区都有河泊所的设置。

（一）河泊所的设置分布

明初在福建地区设置了数量众多的河泊所,几乎遍及福建各府。部分河泊所存设较短时间即被撤销,而相当一部分河泊所存设时间较长。几乎所有的河泊所都设有相应的办公公署,表 1 是明代福建地区的河泊所分布及其设置沿革情况。

表 1 明代福建地区的河泊所分布及其设置沿革

名称	隶属府	隶属县	设置年代	公署位置	裁革年代	资料来源
福清县	福州	福清	洪武二十年（1387 年）	不明	??	《八闽志》卷四〇、《会典》
江南	福州	闽县	洪武十六年（1383 年）	府城南嘉崇里	万历九年（1581 年）	同上
罗源县	福州	罗源	洪武十一年（1378 年）	县治南浓尉桥之北	万历九年（1581 年）	同上
蛤沙	福州	连江	洪武十六年（1383 年）	县东 27 都	万历九年（1581 年）	同上
长乐县	福州	长乐	不明	县东南 15 里	万历九年（1581 年）	同上
晋江县	泉州	晋江	洪武十四年（1381 年）	35 都法石市	* *	《八闽志》卷四一、《会典》

---

① 尹玲玲:《明代的渔政制度及其变迁——以机构设置沿革为例》,《上海师范大学学报》2003 年第 1 期,第 96 页。

明代闽、广地区的渔业分布 | 005

续　表

名称	隶属府	隶属县	设置年代	公署位置	裁革年代	资料来源
同安县	泉州	同安	洪武十六年（1383年）	县南3都浦头村	万历九年（1581年）	《八闽志》卷四一、《会典》
惠安县	泉州	惠安	洪武十六年（1383年）	县东北34都辋川澳	万历九年（1581年）	同上
邵武县	邵武	邵武	洪武九年（1376年）	城东迎春门外	久革	《八闽志》卷四三、《邵武志》卷三、《会典》
光泽县	邵武	光泽	洪武八年（1375年）	县东登云坊	正德十年（1515年）	同上
建宁县	邵武	建宁	不明	县东溪东道院	正统八年（1443年）	《英宗实录》卷一○八、《八闽志》卷四三、《邵武志》卷三、嘉靖《建宁县志》卷二
泰宁县	邵武	泰宁	洪武十九年（1386年）	县治东南使馆前	正统元年（1436年）	《邵武志》卷三
瓯宁县	建宁	瓯宁	洪武十四年（1381年）	府城西临江门外移忠坊	嘉靖十年（1531年）	《八闽志》卷四○、《会典》
浦城县	建宁	浦城	洪武十四年（1381年）	不明	不明	弘治《建宁府志》卷一一*
崇安县	建宁	崇安	洪武十四年（1381年）	县南接官亭故址	嘉靖十年（1531年）	嘉靖《建宁府志》卷八、《会典》
后山	建宁	建阳	洪武十六年（1383年）	崇泰里	正统六年（1441年）	嘉靖《建阳县志》卷四
延平府	延平	本府	洪武十四年（1381年）	南平县治西隅，即旧铁局	久革	《八闽志》卷四二、《会典》

续　表

名称	隶属府	隶属县	设置年代	公署位置	裁革年代	资料来源
沙县	延平	沙县	洪武十五年（1382年）	县治东兴义坊	久革	《八闽志》卷四三、《会典》
将乐县	延平	将乐	洪武十七年（1384年）	县东南水南都	久革	弘治《将乐县志》卷三、《八闽志》卷四二、《会典》
西芹	延平	南平	不明	不明	正统七年（1442年）	《英宗实录》95—1913
顺昌县	延平	顺昌	洪武十四年（1381年）	县治之西	不明	《八闽志》卷四三
仁寿	延平	顺昌	洪武十四年（1381年）	县西北仁寿乡	不明	同上
尤溪县	延平	尤溪	不明	不明	正统十年（1445年）	《英宗实录》卷一二四、一二六
兴化府	兴化	本府	洪武十六年（1383年）	府城东南胡公里灵慈庙	嘉靖十年（1531年）	《八闽志》卷四三、《会典》
黄石	兴化	莆田	洪武十八年（1385年）	府城东南连江里显济庙	嘉靖四十二年（1563年）	同上
莆田	兴化	莆田	不明	府城东北延寿里新桥圣寿庵	嘉靖四十二年（1563年）	同上
莆禧	兴化	莆田	不明	府城东南崇福里神山堂	嘉靖四十二年（1563年）	同上
松山	福宁		洪武二十六年（1393年）	州东1都	不明	《八闽志》卷四三

明代闽、广地区的渔业分布 | 007

续　表

名称	隶属府	隶属县	设置年代	公署位置	裁革年代	资料来源
宁德县	福宁	宁德	洪武元年（1368年）	县治东鳌桥之西	嘉靖十年（1531年）	《八闽志》卷四三、《会典》
龙溪县	漳州	龙溪	不明	不明	不明	嘉靖《龙溪县志》卷四

说明：

1. 以下各志为括号内志书的简注，即《会典》（万历《大明会典》卷三六）、《八闽志》（弘治《八闽通志》）、《邵武志》（嘉靖《邵武府志》）。《明实录》为台湾历史语言研究所校印本，如《英宗实录》112—2253，112为卷数，2253为页数，其他类同。资料来源后注"＊"者，为转引自［日］中村治兵卫：《中国渔业史研究》，刀水书房，1995年。

2. "久革"即指《会典》所载久已裁革，该书所载的最早河泊所裁革年代，黄河以北为宣德七年（1432年）裁革顺天府武清县韩家树河泊所；黄河以南为成化二十三年（1487年）裁革南直隶太平府繁昌县白鱼上下仰洼河泊所。根据其体例，估计记为"久革"的多应为宣德七年以前裁革，至迟应为成化二十三年以前裁革者。表中裁革年代注为"??"者，为万历十五年（1587年）以后裁革；裁革年代注为"＊＊"者，为康熙间仍存而于其后裁革。

万历《大明会典》的刊刻时间为万历十五年（1587年），故其所载之"现设河泊衙门"于万历十五年以前应仍存。据此可知，福州府的福清河泊所一直到万历十五年仍有存设。又据《古今图书集成·经济汇编·食货典》卷二二六《杂税部》第84407页载，康熙年间全国仍存21个河泊所，其中广东新安、吉安两个河泊所不知与明代所设何者对应，其余均能确知为明代所设之延存。由此可知，福州府的福清河泊所和泉州府的晋江河泊所一直到清康熙年间仍然存设。

明初福建省设有河泊所者福州、泉州、兴化、漳州四府滨海，邵武、延平、建宁三府及福宁州为内陆府州。其中虽然以内陆地区的延平府明初所设的河泊所为最多，有7所，但这7个河泊所中大多很早就予以裁革，其中两个也是在较早的正统年间就裁撤掉了。邵武府明初所设的4个河泊所同样较早裁撤，一个为"久革"，有两个在正统年间裁撤，另一个也只存设到正德年间即予裁撒。建宁府所设 4 个河泊所中一个很早裁撤，一个正统年间裁撤，其余两个存设时间稍长，到嘉靖年间才被裁撤。福宁州的两个河泊所一个很早裁革，一个存设到嘉靖时期裁革。由此可知内陆府州所设河泊所均较早裁革，存设到明中叶的都很少。沿海地区泉州、兴化、福州三府明初分别设有 3、4、5 个河泊所，且各府所设的河泊所与内陆府州相比较而言存设时间较长。其中兴化府的 4 个河泊所均存设至嘉靖时期才被裁撤，福州和泉州二府的 8 个河泊所中有 6 个一直存设到万历年间才予以裁撤，有两个甚至一直到清代仍然存设，详见表 2。

表 2　明代福建省各府河泊所数量分布及变迁

	明初	正德及以前裁	嘉靖裁	万历裁	后期存
福州府	5			4	1
泉州府	3			2	1
兴化府	4		4		
漳州府	1	1			
邵武府	4	4			
建宁府	4	2	2		
延平府	7	7			
福宁州	2	1	1		
合计	30	15	7	6	2

资料来源：据表 1 制。

王双怀先生认为华南地区的海洋渔业，明代时"尚无专门机构进行管理"[1]。根据上文可知，明代在广东、福建等地设立的数量众多的河泊所，以沿海各地的存设时间最长，而设在内河及各

―――――――――――
[1] 王双怀：《明代华南的渔业生产》，《中国历史地理论丛》2001 年第 3 期，第 77 页。

支流的相继裁撤。事实上这和渔利丰歉密切相关,沿海地区渔利丰厚,故有存设河泊所的必要;而内河支流渔利不多,鱼课难完,设置河泊所显为冗费,故相继裁撤。

(二) 渔业课税与渔民人户数

明清时期官方对各地从事渔业的渔民船户都有渔业课税的征收,福建也不例外。福建地区凡江湖陂塘产鱼的处所在五代闽时都要征收鱼课,才准许老百姓采捕。后来宋代至道年间免除了鱼课,但各州县对采捕舟船仍有征税。明代设立河泊所对沿海有渔利之地征榷课税,凡从事舟楫网罟之业而不向官府主动报告者,将其舟楫网罟生产工具没收归官。如福建惠安县,沿海分为八澳,每澳设有总甲一人,催督鱼课米。洪武中叶派遣校尉圈点视察,就以其所点定的数量为定额。但这之后渔户逃亡迁徙的很多,所设的额定鱼课米都要由仍在籍的渔民人户缴纳,于是就有折征之令。每米一石一半纳本色米而一半折征白银二钱五分,即便如此,民人仍以为苦。弘治七年(1494 年)时,经御史吴一贯奏准,鱼课米不分本色、折色,通通每石征白银三钱五分,渔民才稍得喘息。嘉靖年间惠安县河泊所实管鱼课米每年该征九百二十七石,闰年加征七十七石有余。[①]

不仅沿海地区,即便在内陆地区也有渔税之征,且为明初洪武时期额定的数目。如"建宁山崎水浅,鲜鱼利而额设渔户,每户纳米若干"。实行久了以后,被派为渔户的民人越来越穷,鱼课亏欠也越来越多。于是与上述惠安县一样,实行折征制度,折征办法也完全一样。再之后,也不分本、折统统征收白银。嘉靖十年

---

① 〔明〕莫尚简修,张岳纂:嘉靖《惠安县志》卷七《课程》,《天一阁藏明代方志选刊》,上海古籍出版社,1982 年。

(1531年),邵武府知府丘民范又奏准以驿传银中所剩者抵补上解,于是"民困始获苏矣"①。

明代前期福建鱼课额征课米,额定征收办法为"船八百料者纳粮八石,六百料者六石,其余以是为差"。但时间一长,就出现"旧户日消,而新户日长,弗登于籍"的状况。如福州府福清一县旧额鱼课米就有七千石,其后某年所征才及四千石,地方官徐贡采取灵活措施,将渔户一一核实,新户各只按半征收的办法以补旧额之缺。② 明代后期各地鱼课米大多折征银两,万历六年(1578年)福建全省鱼课米银总计达七千一百两。③ 据黄仁宇先生估算,明代杂税项目中渔税一项总计五万八千余两④,则福建一省即约占总数的百分之十二以上。

清康熙二十五年(1686年)海禁初开时,对沿海渔船,"州县既征渔课,海关复税梁头,民甚苦之",朝廷采纳了福建巡抚张仲举的奏言,规定渔船大小凡梁头七尺以上的折算为五尺二寸,向海关输纳;凡梁头在五尺以下的向本县输纳,梁头税统归地方官征收。⑤

据清代闽浙总督郝玉麟奏,福建省渔业课税沿革如下:鱼课一项始于五代,一直延续到清,分征于侯官等三十六县各澳的渔户。清代又新增渔税一项,分征于闽县等十五县和南澳军民一厅,不仅向各捕鱼为业的渔船征收,出海的小商船也要缴纳,渔税

---

① 〔明〕何孟伦纂:嘉靖《建宁县志》卷三《田赋志》,《天一阁藏明代方志选刊》,上海古籍书店,1982年。

② 〔明〕罗钦顺:《整庵存稿》卷一一《大卿徐公传》,《影印文渊阁四库全书》,台湾商务印书馆,1986年。

③ 〔明〕申时等修,赵用贤等纂:万历《大明会典》卷三六《户部二十三·鱼课》,第23页。

④ 黄仁宇:《十六世纪明代的财政与税收》,生活·读书·新知三联书店,2001年,第319页。

⑤ 赵尔巽等:《清史稿》卷一二五《食货六·征榷》,中华书局,1986年,第3675页。

征收多少有定例。又有船规一项,分征于侯官等十三县。船规这一项课税名目是按陋规征收的,不管是输关还是输县的大大小小商船、渔船都要缴纳。郝氏奏云,鱼课之征相沿已久,毋庸裁革,"但澳有涨荒,船有歇业",请求按照田地之例而分别涨荒豁除原鱼课;而对于新开之澳,新造渔船则仍应按年输纳。至于渔税一项,郝氏认为岁有常额而船无定数,原来不按船的大小定税,而按船只的多少均征的办法很不合理,胥吏容易乘机上下其手而做假,他请求也依照田房税银之例,分上、中、下三则起科,而不拘泥于原来的定额数,收到多少上解多少。对于船规一项,郝氏则认为"殊属额外重征,应请革除"。乾隆元年(1736 年),清廷并从其奏,豁除了额外重征,并免除了沿海采捕鱼虾的单桅船的渔税。[1]

　　以往关于历代渔户人口数量的研究并不多见,仅见于吴智和[2]、王毓铨[3]、曹树基[4]等少数学者的论著中,但也因其不是专题论述而未有系统研究。这可能主要是由于资料奇缺所致。曹树基先生在关于明代人口史的研究中说,明代"户口统计中没有'渔户'的记载",此言可能失之偏颇。事实上,不管是内地渔户[5],还是沿海疍民,笔者都曾在明代文献中发现相关记载。

　　沿海地区无地可耕,"全赖捕鱼腌贩,以为仰事俯育之资"。清人汪志伊言,清代时福建沿海港澳共三百六十余处,每澳所泊渔船"自数十只至数百只不等",合计舵工水手"不下数万人",加

---

① 〔清〕张廷玉:《清朝文献通考》卷二七《征榷二》,《万有文库》,商务印书馆,1936年,第 5085 页。

② 吴智和:《明代的渔户与养殖事业》,《明史研究专刊》1983 年第 2 期,第 109—164 页。

③ 王毓铨:《明朝的配户当差制》,《中国史研究》1991 年第 1 期,第 24—44 页。

④ 曹树基:《中国人口史》第四卷,复旦大学出版社,2000 年,第 387—392 页。

⑤ 详见尹玲玲:《明清长江中下游渔业经济研究》,齐鲁书社,2004 年。

上他们的眷属"又不下数十万人"①。不仅福建,中国东部沿海情形大多如此。如曾为两江总督的左宗棠亦言,"江苏沿江海州县捕鱼为业者甚多","江苏自川沙迄赣榆二十二州县,滨临江海,渔户约数万人"②。

以上为文献中清人言及清时沿海地区的渔民人户数量,从已有文献来看,明代时的渔户数量当不在此数之下,据弘治《兴化府志》卷一一《鱼课米》、卷五二《廨署志》载:

> 兴化府河泊所,管下地方芦浦、塘东、溪东、东门、新度、园头、下浦。业户分作六干,海船干、溪船干、沟船干、网船干、罾干、挑贩干,各色业户三百六十五户……莆田县莆田河泊所,管下延寿、望江、待贤、孝义、仁德、尊贤、六里、新桥、江口、浯塘、三澳、鱼扈、小山、东余共十四所,网门下黄竿山一十所。业户分干不等,计九百八十户,船丁三百名……黄石河泊所,管下连江、南匿、莆田、景德、国清、安乐、灵川、兴福、八里、东山乡邹港、埕口、宁海、林墩、大湖、五澳、石扈三十八所,网门一百所。各色业户计七百九十一户,网丁哨丁共二百八十三名……莆禧河泊所,管下醴泉、武盛、合浦、新安、崇福、奉国、六里、黄崎、蛎前、小屿、后山、南哨、贤良、吉了、魏澳、八澳、石扈八十八所,网门六百二十一所。各色业户计八百三十六户。

---

① 〔清〕汪志伊:《议海口情形》,〔清〕贺长龄:《清经世文编》卷八五《兵政十六·海防下》,中华书局,1992年。
② 《清史稿》卷一三三《兵四·乡兵》,中华书局,1986年,第3960页。

从以上一段文献可知,明代福建省兴化府共设有四个河泊所,各河泊所管辖有若干个不同的水域,渔业从业人户细分为海船、溪船、沟船、网船、罾、挑贩等若干类。四个河泊所各色业户总计达二千九百七十二户,如每户按五口计,则兴化一府即有近一万五千渔民。

笔者以所搜集的明代少数府县的渔户数量为基础,参以各府州县之渔税征收机构——河泊所所征之鱼课米数,按一定比例估算出明代福建省各府县之渔户人口数,借此比较说明各府县渔业分布之差异。

表3 明中后期福建省各府县鱼课米、渔户、渔民人口数及各府渔民比例

	区域	鱼课米(石)	渔户户数	渔民口数	各府所占比例(%)
福州府	闽县	972	389	1 944	
	侯官县	585	234	1 170	
	怀安县	317	127	634	
	长乐县	674	270	1 348	
	连江县	888	355	1 776	
	福清县	3 298	1 319	6 596	
	罗源县	583	233	1 166	
	福宁县	596	238	1 192	
	宁德县	299	120	598	
	福安县	84	34	168	
	合计	8 296	3 318	16 592	26. 43
建宁府	建安县	756	302	1 512	
	瓯宁县	929	372	1 858	
	浦城县	773	309	1 546	

续　表

区域		鱼课米（石）	渔户户数	渔民口数	各府所占比例（%）
建宁府	建阳县	822	329	1 644	
	松溪县	108	43	216	2
	崇安县	439	176	878	
	政和县	45	18	90	
	合计	3 872	1 549	7 744	12.34
邵武府	邵武县	951	380	1 902	
	泰宁县	146	58	292	
	建宁县	82	33	164	
	光泽县	255	102	510	
	合计	1 434	574	2 868	4.57
延平府	南平县	2 328	931	4 656	
	将乐县	707	283	1 414	
	尤溪县	488	195	976	
	沙县	4 262	1 705	8 524	
	顺昌县	832	333	1 664	
	永安县	1 536	614	3 072	
	合计	10 153	4 061	20 306	32.35
兴化府	莆田县	2 581	1 032	5 162	
	仙游县	117	47	234	
	合计	2 698	1 079	5 396	8.59
漳州府	龙溪县	528	211	1 056	
	漳浦县	458	183	916	
	南靖县	4	2	8	
	合计	990	396	1 980	3.15

续　表

	区域	鱼课米（石）	渔户户数	渔民口数	各府所占比例（%）
泉州府	晋江县	2 248	899	4 496	
	同安县	700	280	1 400	
	惠安县	927	371	1 854	
	合计	3 875	1 550	7 750	12.35
汀州府	归化县	68	27	136	
	合计	68	27	136	0.22
全省共计		31 386	12 554	62 772	100

资料来源：弘治《八闽通志》卷二〇至二一、嘉靖《邵武府志》卷五、嘉靖《福宁州志》卷三、嘉靖《建阳县志》卷四、嘉靖《龙溪县志》卷四。

福建省各府之渔户人口按总数量可以分为三个层次：第一层，延平、福州二府，鱼课米分别达万石、八千石以上，渔户数分别达四千、三千三百多户，渔民比例亦分占全府总人口的 3.5%、2.46%；第二层，建宁、泉州、兴化三府，鱼课米在三千至四千石左右，渔户数为一千至一千五百户，渔民人口占全府总人口的1%—1.5%；第三层，邵武、漳州二府，鱼课米为一千至一千五百石，渔户数为五百户左右。

但如分析各府之鱼课来源，则其渔民分布又全然不同。福州、泉州、兴化、漳州四府滨海，鱼课米数多的各县亦均为设有河泊所的滨海各县，如福州府之福清、闽县、侯官、长乐、连江、罗源、福宁、宁德等县，兴化府的莆田县，泉州府的晋江、同安、惠安三县，漳州府的龙溪、漳浦二县。其中，福清、莆田、晋江三县鱼课米尤多，各县均达二千至三千石以上，渔户人口达五千至七千左右；其他各县征收的鱼课米也在五百至一千石之间，渔户人口在一千至二千之间。不在滨海的各县如福州府的怀安县、兴化府的仙游县鱼课米则较少,分别只一百至三百石,渔户人口只二百至六百。漳州府的南靖县尤少,鱼课米仅四石。滨海四府的渔民是以海洋捕捞为生的沿海型渔民,且渔民分布较集中,密度较大。

延平、建宁、邵武三府为内陆府,有鱼课米之征、设有河泊所的各县均分布在各大河流或支流沿岸,如延平府的南平、顺昌二县,邵武府的光泽、邵武二县位于建江中游及其上游的西溪;建宁府的建安、瓯宁、浦城、建阳、松溪、崇安六县位于浦溪、崇溪、东溪沿岸或各流交汇处;邵武府的泰宁、建宁二县位于梅溪、蓝溪沿岸;延平府的将乐、尤溪、沙县、永安四县位于将溪、尤溪、沙溪沿岸。这三府中以延平府的沙县、南平二县鱼课米最多,达二千至四千石,渔户人口多达五千至八千左右;政和、建宁、松溪、泰宁四县鱼课米最少,均在一百五十石以下,渔户人口在一百至三百人之间;其余各县鱼课米在五百至一千石左右,渔户人口为一千至二千人。一般来说,上游和支流各县渔民数量少,下游和河流交汇处渔民人口多。但总的来说,该三府的渔民人口分布较滨海四府要分散得多,密度也远较沿海小。而且,据笔者推测,与沿海以海洋捕捞为生的渔民不同的是,内陆河湖地区的渔民以淡水捕捞与养殖并重。

二、两广地区的渔业分布

(一) 河泊所的设置分布

明初在广东地区也设置了数量众多的河泊所,几乎遍及广东各府。只是其中部分河泊所存设较短时间即被撤销,而相当一部分河泊所存设时间较长。几乎所有的河泊所都设有相应的办公公署,以下是明代广东地区的河泊所分布及其设置沿革表。

明代闽、广地区的渔业分布 | 017

表4 明代两广地区的河泊所分布及其设置沿革

名称	隶属府	隶属县	设置年代	公署位置	裁革年代	资料来源
官窑	广州	南海	不明	县西南沙角尾	＊＊	《通志稿》卷一〇、《会典》
顺德县	广州	顺德	不明	南门外	？？	同上
碰湖	广州	番禺	不明	东城外水滨	＊＊	同上
增城县	广州	增城	不明	增江驿左	久革	同上
清远县	广州	清远	不明	县东	万历九年（1581年）	同上
东莞县	广州	东莞	洪武十四年（1381年）	西城外1里	万历九年（1581年）	天顺《东莞县志》卷三＊、《通志稿》卷一〇、《会典》
香山县	广州	香山	洪武十四年（1381年）	县西石岐山下	万历九年（1581年）	嘉靖《香山县志》卷三＊、《通志稿》卷一〇、《会典》
新会县	广州	新会	洪武十四年（1381年）	县东南亭	万历九年（1581年）	《通志稿》卷一〇、万历《新会县志》卷二＊、《会典》
潮阳县	潮州	潮阳	洪武十四年（1381年）	峡山都和平村	？？	隆庆《潮阳县志》卷九、《会典》
揭阳县	潮州	揭阳	洪武十四年（1381年）	县治东70里	万历四年（1576年）	嘉靖《潮州府志》卷二＊、《通志稿》卷一〇、《会典》
饶平县	潮州	饶平	洪武十四年（1381年）	不明	不明	嘉靖《潮州府志》卷二＊、《会典》
鮀浦	潮州	澄海	不明	不明	＊＊	《会典》

续　表

名称	隶属府	隶属县	设置年代	公署位置	裁革年代	资料来源
东垄	潮州	澄海	不明	不明	＊＊	《会典》
博罗县	惠州	博罗	不明	布政分司右	嘉靖初(约1522—1532年)	《惠州志》卷六、《会典》
海丰县	惠州	海丰	洪武十四年（1381年）	旧在城东门外税课司地，弘治七年知县将医学地改创	嘉靖十年（1531年）	同上
河源县	惠州	河源	洪武二年（1369年）	宝江驿南	久革	《通志稿》卷一〇、《会典》、《惠州志》卷六
龙川县	惠州	龙川	不明	县治东2里	嘉靖初年（约1522—1532年）	《惠州志》卷六、《会典》
归善县	惠州	归善	洪武十年（1377年）	城东白鹤峰旧县治	隆庆元年（1567年）	《惠州志》卷六、《通志稿》卷一〇、《会典》
兴宁县	惠州	兴宁	洪武四年（1371年）	水口	正统六年（1441年）	《惠州志》卷六、《英宗实录》167—3228
四会县	肇庆	四会	不明	不明	久革	《会典》
高要县	肇庆	高要	不明	城东2里	隆庆元年（1567年）	《通志稿》卷一〇、《会典》
阳江县	肇庆	阳江	不明	城西1里	万历九年（1581年）	同上
德庆州	肇庆	德庆	不明	城西4里江滨	隆庆元年（1567年）	嘉靖《德庆州志》卷七、《通志稿》卷一〇、《会典》

明代闽、广地区的渔业分布 | 019

续　表

名称	隶属府	隶属县	设置年代	公署位置	裁革年代	资料来源
封川县	肇庆	封川	洪武十四年（1381年）	县西滨江	嘉靖十一年（1532年）	嘉靖《德庆州志》卷七、《通志稿》卷一〇、《会典》
曲江县	韶州	曲江	洪武十六年（1383年）	河西下厢	万历九年（1581年）	嘉靖《韶州府志》卷四、《通志稿》卷一〇、《会典》
英德县	韶州	英德	洪武十年（1377年）	岭南道西	正统九年（1444年）	嘉靖《韶州府志》卷六、《英宗实录》116—2337
乐昌县	韶州	乐昌	洪武十年（1377年）	县西	景泰六年（1455年）	嘉靖《韶州府志》卷六、《英宗实录》261—5587
海康县	雷州	海康	不明	县西南	久革	《通志稿》卷一〇、《会典》
遂溪县	雷州	遂溪	不明	县南20都	久革	同上
徐闻县	雷州	徐闻	不明	那黄浦	隆庆元年（1567年）	同上
廉州府	廉州	本府	不明	府治西	久革	同上
钦州	廉州	钦州	不明	旧在州治东门外，正统七年迁于水东岸宁越递运所旧基	嘉靖十年（1531年）	嘉靖《钦州志》卷四、《通志稿》卷一〇、《会典》
高州府	高州	本府	不明	城西小门外	隆庆元年（1567年）	《通志稿》卷一〇、《会典》

续　表

名称	隶属府	隶属县	设置年代	公署位置	裁革年代	资料来源
那黎	高州	本府	不明	府城南	嘉靖三十五年(1556年)	《通志稿》卷一〇、《会典》
化州	高州	化州	不明	州治东	久革	同上
吴川县	高州	吴川	不明	城南门外	隆庆元年(1567年)	同上
崖州	琼州	崖州	洪武十六年（1383年)以前	不明	嘉靖三十七年(1558年)	《琼台志》卷一一、《会典》
琼山县	琼州	琼山	洪武十六年（1383年)以前	县北10里海口浦白沙驿旧址	??	《琼台志》卷一一、《通志稿》卷一〇、《会典》
澄迈县	琼州	澄迈	洪武十六年（1383年)以前	县治北5里	??	同上
文昌县	琼州	文昌	洪武十六年（1383年)以前	县东10里水北都	??	同上
临高县	琼州	临高	洪武十六年（1383年)以前	县治西50里	??	同上
儋州	琼州	儋州	洪武十六年（1383年)以前	州西15里	??	同上
万州	琼州	万州	洪武十六年（1383年)以前	不明	??	《琼台志》卷一一、《会典》
昌化县	琼州	昌化	洪武六年(1373年)	州东北10里	景泰二年(1451年)	《英宗实录》167—3228,《琼台志》卷一一、卷二七,《通志稿》卷一〇

明代闽、广地区的渔业分布 | 021

续　表

名称	隶属府	隶属县	设置年代	公署位置	裁革年代	资料来源
感恩县	琼州	感恩	洪武十六年（1383年)以前	不明	景泰二年（1451年）	《琼台志》卷一一、《明英宗实录》167—3228
会同县	琼州	会同	洪武初年（约1368—1372年）	不明	景泰二年（1451年）	《琼台志》卷二七、《明英宗实录》167—3228
陵水县	琼州	陵水	洪武十六年（1383年)以前	不明	景泰二年（1451年）	《琼台志》卷一一、《明英宗实录》167—3228

说明：

1. 以下各志为括号内志书的简注：《会典》(万历《大明会典》卷三六)、《通志稿》(嘉靖《广东通志初稿》)、《惠州府志》(嘉靖《惠州府志》)、《琼台志》(正德《琼台志》)、《南畿志》(嘉靖《南畿志》)。《明实录》为台湾历史语言研究所校印本，如《英宗实录》112—2253,112为卷数，2253为页数，其他类推。凡资料来源后注"＊"者，均转引自〔日〕中村治兵卫：《中国渔业史研究》。

2. 潮州府澄海县鮀浦河泊所系万历四年(1576年)揭阳县割属；东垄河泊所系饶平县割属。

3. "久革"即指《会典》所载久已裁革，该书所载的最早河泊所裁革年代，黄河以北为宣德七年(1432年)裁革顺天府武清县韩家树河泊所；黄河以南为成化二十三年(1487年)裁革南直隶太平府繁昌县白鱼上下仰洼河泊所。根据其体例，估计记为"久革"的多应为宣德七年以前裁革，至迟应为成化二十三年以前裁革者。表中河泊所凡裁革年代注为"??"者，均为万历十五年(1587年)以后裁革；凡表中裁革年代注为"＊＊"者，均为康熙间仍存而于其后裁革。

4. 嘉靖《韶州府志》卷六《古迹》载，英德县河泊所"在岭南道西。洪武十年裁革。嘉靖五年以此地为分司"。《明英宗实录》卷一一六载，正统九年(1444年)"丁巳革广东韶州府英德县河泊所"。二者记载有歧异。综合两书及其他河泊所大多为明初洪武年间所设推断，英德县河泊所为洪武十年(1377年)开设，正统九年裁革。

　　明初广东省设有河泊所者除韶州府外均为沿海各府，其中又以琼州府所设河泊所数量最多，达11所，广州府也多达8所，廉州府、雷州府、韶州府各仅2至3所，其他各府分别为4至5所。各府所设立之河泊所多数在嘉靖、隆庆、万历年间才陆续裁革。

　　万历《大明会典》的刊刻时间为万历十五年，故其所载之"现设河泊衙门"万历十五年以前应仍存。据此可知，广州府顺德县的顺德河泊所、潮阳县的潮阳河泊所以及琼州府的琼山、澄迈、文

表 5　明代广东省各府河泊所数量分布及变迁

	明初	正德及以前裁	嘉靖裁	隆庆裁	万历裁	后期存
广州府	8	1			4	3
韶州府	3	2			1	
惠州府	6	2	3	1		
潮州府	5	1			1	3
肇庆府	5	1	1	2	1	
高州府	4	1	1	2		
廉州府	2	1	1			
雷州府	3	2		1		
琼州府	11	4	1			6
合计	47	15	7	6	7	12

资料来源：嘉靖《广东通志初稿》卷二四《课料》、万历《广东通志》卷七。

昌、临高、儋州、万州六州县的六个河泊所一直到万历十五年仍存设。明时之琼州府即为今之海南全岛,可见明时今海南省的海洋渔业是颇为兴盛的。

又据《古今图书集成·经济汇编·食货典》卷二二六《杂税部》第 84407 页载,康熙年间全国仍存二十一个河泊所,其中广东新安、吉安两个河泊所不知与明代所设何者对应,其余均能确知为明代所设之延存。由此可知,广州府南海县的官窑河泊所、番禺县的碰湖河泊所、潮州府澄海县的鮀浦河泊所和东垄河泊所一直到清康熙年间仍然存设。

(二) 渔业课税与渔民人户数

前已述及,以往关于历代渔户人口数量的研究并不多见,仅见于吴智和、王毓铨、曹树基等少数学者的论著中,但也只是稍有涉及而并未有系统研究,这主要是由于资料较少所致。沿海广东地区有"疍户者，以舟楫为宅、捕鱼为业……洪武初编户、立里长，属河泊所……每疍船一大九小为一甲"①。可见在沿海疍民渔户中同样编定户籍，签立里长，设河泊所管辖。其牌甲编审根据大小疍船搭配协领的原则，凡一艘大船及九艘小船设为一甲。笔者以所搜集的明代少数府县之渔户数量为基础，参以各府州县之渔税征收机构——河泊所所征之鱼课钞数，按一定比例估算出明代广东省各府之渔户人口数，借此比较说明各府渔业分布之差异。

明代广东地区的多种方志，包括省志、府志、县志上都有关于广东沿海地区的疍户渔民的记载。正德《琼台志》卷七详细记载了正德年间该府、县户口总数和各县民户、军户、灶户、匠户、疍户数，其所记载的府县疍户数为我们估算全省渔户人口提供了很好的依据。疍户是一种特殊渔户，沿海地区的各州县都有。他们居于海滨沙洲，"男子罕事农桑，惟缉麻为网罟，以渔为生"。子子孙孙世世代代以船为家，从事渔业，岁岁办纳鱼课。② 万历《广东通志》上也有记载，明洪武初年，在广东全省编定户籍，设立里长，辖属于河泊所，"每疍船一大九小为一甲"③。明代疍民所应缴纳鱼课由该辖属的河泊所负责征解，所办课税为鱼课米。④ 洪武初设立河泊所时，一般每所设河泊官一人，吏员攒典一人，又在疍民渔户中编金课甲，管理相当数量的渔船，以保证鱼课的征收。如潮州府的潮阳县河泊所"管领课甲二十人、船六十一只"⑤。

---

① 〔明〕郭棐纂修：万历《广东通志》卷七〇《杂蛮》，日本内阁文库藏明万历三十年（1602 年）刻本，第 44 页。又见《四库全书存目丛书》史部第 198 册，齐鲁书社，1996 年，第 751 页上。

② 〔明〕唐胄修：正德《琼台志》卷七《风俗》，明正德刻本，第 24 页。

③ 万历《广东通志》卷七〇《杂蛮》，第 45 页，《四库全书存目丛书》史部第 198 册，第 751 页下。

④ 〔明〕黄一龙修，林大春纂：隆庆《潮阳县志》卷八《风俗志》，明隆庆刻本，第 3 页。

⑤ 隆庆《潮阳县志》卷九《官署志》，第 16 页。

明代前期疍民人口数量众多,根据各自所从事的不同生业,又可分为很多类别,并同民户一样被编为里图。如广州府香山县河泊所,"洪武二十四年额:疍户六图,里甲如县制。有大罾、小罾、手罾、罾门、竹箔、篓箔、滩箔、大箔、小箔、大河箔、小河箔、背风箔、方网、辘网、旋网、布多、鱼篮、蟹篮、竹篾等户一十九色二千六百二十户,每岁县差甲首一户赴所办纳各色课程"①。一个县境内的渔户就达二千六百二十户之多,可见疍民渔户人口之多。不仅香山一县,又如琼州府的儋州河泊所也有"疍民原额船网等业二千二百余户"②。

渔民应缴纳的渔税课米业经明初金定后,即设为定额。明中后期,疍民渔户因各方面的原因逃亡严重。如潮州府潮阳县境内西南江上的疍户,"旧时生齿颇众,课隶河泊。近或苦于诛求、逼于盗贼,辄稍稍散去,或有弃舟楫入民间为佣保者矣"③。隆庆《潮阳县志》卷七载嘉靖三十一年有疍户四十一,嘉靖四十五年却已只三十五户,短短十四年间就减少了六户,可见疍户逃绝严重。又如嘉靖《德庆州志》卷七载,德庆州"旧额疍户四百四十户,今不及十之二矣"。前述香山县"成化八年疍户百八十一户,口同。自黄寇作耗,及后逃亡,并为一图。今实在百二十户"。嘉靖《钦州志》卷三载,钦州本州嘉靖十一年本有疍户十一,口百另四,逃绝三户,惟存八户;灵山县疍户五,口十五。

文献中多有将疍民签军的记载,如上述钦州十一户疍户中原有军丁七十六名,逃绝六十九名,唯存七名,可见由疍民中所签军

---

① 〔明〕邓迁、黄佐纂:嘉靖《香山县志》卷三,明嘉靖二十七年(1548年)刻本,第19页。
② 台湾历史语言所校印:《明实录·明英宗实录》卷一六一,一,"正统十二年十二月戊午条",上海书店出版社,1982年,第3125页。
③ 隆庆《潮阳县志》卷八《风俗志》,第3页。

丁,其逃绝现象也极为严重。又如前述琼州府儋州河泊所所辖疍民"因充军逃故遗下无征鱼课米八百八十余石,积年负累,里甲赔纳"①。后朝廷在地方官的奏请下豁除"广东琼州府儋州昌化县河泊所死亡疍民五十三户课米九十三石有奇"②。或者不得不采取其他相应措施解决鱼课米的逋负拖欠问题,如钦州原额应征鱼课米三百四十石,遇闰月加征课米三十石,"以后丁有增减,课额如旧",然而"疍民贫,难追征。成化间始告分课米三十石于滨海之捕蟳蟹者,疍户始稍轻省"③。

据文献记载可知,明代广东地区的渔税是按丁计征的,明代中后期渔税鱼课米已折征银两。钦州渔民每丁月输米二斗八升五合,年该米三石四斗二升,折银 1.085 两。钦州原额疍民丁九十九,岁征米三百四十石,每米一石折银 0.315 两,共银百零七两;以后丁有增减,课额如旧。实在丁八十一丁,每丁办银1.16 两。④

各府所交纳渔税的多少大致反映其渔业分布,而明代广东地区的渔税又是按丁计征的,故可据此粗略估算出各府从事渔业生产的渔户人口的多少。钦州渔民每丁每年缴纳鱼课米约 3.4 石,其中有部分乃分摊逃亡渔户渔税者,再结合前文中有数据者数例,推断明嘉靖、万历间每丁约缴纳鱼课米 2.5 石,每户平均一丁计算,据此估算出明中后期广东地区各府县的渔户及渔民人口数。表 6 是各方志中所记载的广东省各府县鱼课米征缴数及据此估算的渔户户数,并按照每户五口算出其口数:

① 《明实录·明英宗实录》卷一六一,一,"正统十二年十二月戊午条",第 3125 页。
② 《明实录·明英宗实录》卷一二九,五,"正统十年五月辛卯条",第 2547 页。
③ 〔明〕林希元纂修:嘉靖《钦州志》卷三,明嘉靖刻本,第 12 页。
④ 嘉靖《钦州志》卷三,第 11 页。

表 6　明中后期广东省各府县鱼课米、渔户及渔民人口数

区域		鱼课米(石)	渔户户数	渔民口数	各府渔民所占百分比(%)
广州府	南海县	1 109	444	2 200	31.57
	番禺县	2 550	1 020	5 100	
	顺德县	2 198	879	4 400	
	东莞县	1 503	601	3 000	
	香山县	1 242	497	2 500	
	增城县	240	96	500	
	新会县	572	229	1 100	
	清远县	424	170	800	
	三水县	112	45	200	
	新安县	1 058	423	2 100	
	连州	36	14	100	
	合计	11 044	4 418	22 100	
韶州府	曲江县	1 615	646	3 200	6.86
	乐昌县	242	97	500	
	乳源县	100	40	200	
	英德县	311	124	600	
	翁源县	71	28	100	
	仁化县	74	30	100	
	合计	2 412	965	4 800	
惠州府	归善县	1 261	504	2 500	8.28
	博罗县	547	219	1 100	
	海丰县	428	171	900	
	河源县	236	94	500	

续　表

区域		鱼课米（石）	渔户户数	渔民口数	各府渔民所占百分比（%）
惠州府	龙川县	250	100	500	
	兴宁县	154	62	300	
	合计	2 876	1 150	5 800	
南雄府	保昌县	74	29	100	0.57
	始兴县	132	53	300	
	合计	206	82	400	
潮州府	潮阳县	2 308	923	4 600	15.71
	程乡县	190	76	400	
	大埔县	11	4	20	
	澄海县	3 013	1 205	6 000	
	合计	5 522	2 209	11 000	
肇庆府	高要县	753	301	1 500	11.00
	四会县	138	55	300	
	新兴县	186	74	400	
	阳春县	27	11	100	
	阳江县	1 299	520	2 600	
	德庆州	1 059	424	2 100	
	封川县	360	144	700	
	开建县	22	9	45	
	合计	3 843	1 537	7 700	
高州府	茂名县	475	190	900	6.86
	电白县	795	318	1 600	
	信宜县	50	20	100	
	化州	324	130	600	

续　表

区域		鱼课米（石）	渔户户数	渔民口数	各府渔民所占百分比（%）
高州府	吴川县	571	228	1 100	
	石城县	201	80	400	
	合计	2 415	966	4 800	
廉州府	合浦县	442	177	900	
	钦州	340	136	700	
	灵山县	200	80	400	2.86
	合计	982	393	2 000	
雷州府	海康县	231	92	500	
	徐闻县	673	269	1 300	3.71
	遂溪县	417	167	800	
	合计	1 321	528	2 600	
琼州府	琼山县	475	183	900	
	澄迈县	394	152	800	
	临高县	573	221	1 100	
	文昌县	597	230	1 200	
	儋州	864	333	1 700	
	昌化县	31	12	100	12.29
	万州	200	77	400	
	陵水县	259	100	500	
	崖州	905	349	1 700	
	感恩县	145	56	300	
	合计	4 444	1 713	8 600	
全省合计		35 019	14 008	70 000	100

资料来源：嘉靖《广东通志初稿》卷二四《课料》、万历《广东通志》卷七、正德《琼台

志·贡赋》、嘉靖《惠州府志》卷七上、嘉靖《翁源县志·贡赋》、嘉靖《仁化县志·课程》、嘉靖《德庆州志》卷七《创设》、嘉靖《南雄府志·食货》、嘉靖《始兴县志》卷上《贡赋》、嘉靖《兴宁县志》卷三。

　　说明：

　　1. 各府之鱼课米总数基本依据嘉靖《广东通志初稿》卷二四《课料》所载。惠州府各县鱼课米数依据嘉靖《惠州府志》卷七所载；其余府下各县之鱼课米数依据万历《广东通志》卷七所载之鱼课米折银数算出各县比例，再按该府嘉靖之鱼课米总数换算；其中廉州、潮州二府鱼课米折银数缺，前者以所载万历十年之鱼课米数代替，后者以各县鱼油翎鳔料银数算出比例，再按该府嘉靖之鱼课米总数换算。换算出的各县鱼课米总和同嘉靖《广东通志初稿》卷二四所载稍有出入者，予以校正。

　　2. 琼州府疍户共一千九百十三户，但据各县疍户数统计应为一千七百十三户，予以校正。

　　表6中所列渔户户数部分为文献记载其时的实际户数，如琼州府为一千七百十三户，而据前文可知明前期洪武原额仅府下香山一县即有各色渔户二千六百二十户之多。又如儋州渔户数其时已仅三百三十三户，而洪武原额也达二千二百余户。前后对比之鲜明、递降之剧烈由此可知。可见明中后期渔户严重逃绝耗散的程度，也由此可反见明代前期广东地区渔业之盛，渔户数量之多。当然，这中间由于按丁计征之鱼课米数的比例乃根据少数实际数据推断，因而可能存在较大误差，则渔户总数及相应的渔民人口总数可能会有较大出入，但因各府应征之鱼课米数绝大多数都为其时文献中记载的实际数据，故其所反映的渔户及渔民人口的分布情况则应大体真实。

　　据表6可知，明代广东地区的渔民人户以广州府最为集中，占广东全省的30％以上，其次为潮州府、琼州府、肇庆府，都在11％到16％之间，再次为惠州府、高州府等。渔民人口最为稀少的是南雄府，因其地处粤北内陆，仅内河水域中有少量从事打渔为生者。由此可知，明代广东地区以沿海及海南主要靠海洋渔业捕捞为主者渔户数量最为密集，而内陆河湖水域以淡水捕捞为业的地区渔户数量稀少。

略论清代的渔盐

尹玲玲

关于明清时期的食盐专卖制度,有关专家学者已经做了相当深入的研究,而对于历史时期水产盐藏加工所必需的渔业用盐却很少论及,仅个别学者的研究论文涉及相关主题。就笔者管见所及,有刘淼先生论及宁波府的鱼税票盐及各类船只行盐斤数情况。[①] 此外,日本学者佐伯富在论述私盐类别时提到,本为提供给鱼汛专用的渔盐中有一部分可能透漏给盐枭而进入私盐行销渠道。[②] 但迄今为止,未见有专文论述历史时期的渔业用盐情况及其相关事项者。事实上,笔者在研究明清时期的渔业时注意到渔业用盐量相当巨大,占食盐生产总量的比例十分可观,本文即拟对这一主题进行探讨。

鱼虾贝类等水产除少量渔民自食及以时鲜或冰鲜形式进行交易外,绝大部分渔获物都是以加工产品的形式进入市场。而水产传统加工方式主要采用盐藏,也就是用盐防腐,即文献中所称"腌切"者。明代渔业腌切所需用盐属于票盐范围,鱼税纳银多少根据渔船大小而定,而行销盐斤多少及票盐引额则根据鱼税多少

---

① 刘淼:《明代盐业经济研究》,汕头大学出版社,1996年。
② 〔日〕佐伯富:《清代盐政之研究》,顾南、顾学稼译,载《盐业史研究》1994年第3期,第19—20页。

而变化,如浙江宁波府就有此类鱼税票盐共计 6 000 张。① 根据
计算,大约每鱼税银 1 两配销渔税票盐 2 500 斤,每盐 300 斤折合
一大票。有清一代关于渔汛腌切用盐的制度多所变化,不同的地
域也有所不同,有的因习惯相沿已久乃变为成法。渔户要给官方
或地方交纳渔盐税,名目不一。渔汛期渔盐用量巨大,而渔获量
却非定数,因此,往往不可避免地造成渔盐走私。现分述如下。

一、广东沿海的干标、帮饷制度

广东沿海一带居民多以渔盐为生,渔船"每出海捕鱼,俱于盐
埠领票,名曰干标"②,又名坐标,等出海回来以后再向埠商交纳
银两,即所谓"回水纳银",有一年一上者,有一水一上者,名曰帮
饷"③。在"各墟、场、镇、市设立馆舍,凡遇挑卖盐鱼、盐菜等物,
勒令纳税",名为行标。④ 后广东总督鄂弥达上疏,言东莞、新会
等十三埠之坐标、行标"苦累贫民",奏请"将坐标、帮饷严行禁革,
令各商带罪办课,并晓谕沿海渔户,照部定价值减去一厘五毫,务
买食盐应用"⑤。雍正十一年(1733 年),户部题准其奏,并"勒石
永禁"⑥。

但行之不久,呼声又起,言前之坐标、帮饷制度"相习已久,皆

---

① 刘淼:《明代的票盐行销》,《盐业史研究》1995 年第 1 期,第 18 页。
② 〔清〕裴谦编,永瑢校:《世宗宪皇帝朱批谕旨》卷二一四之三,《影印文渊阁四库全
  书》,台湾商务印书馆,1986 年,第 425 册,第 256 页下。
③ 〔清〕允禄辑:《世宗宪皇帝上谕内阁》卷八九,《影印文渊阁四库全书》,台湾商务印
  书馆,1986 年,第 415 册,第 384 页。
④ 《清朝文献通考》卷二八《征榷三》,浙江古籍出版社,2000 年,第 5108 页中。
⑤ 同上书,第 5108 页中。
⑥ 〔清〕程嘉谟等修:《钦定大清会典则例》卷四五,清文渊阁四库全书本,第 64 页。

出情愿"①，"在渔人，腌鱼一船，费盐十倍，帮饷不过一二；在盐埠，只发虚票，得收实饷。是两得其利，彼此相安"②。而自从严行禁革坐标、帮饷成法以后，盐埠欲"避干票之名"，"按船计数，实发盐斤"。这样一来，虽然能多销引盐，但对于渔户来说"则增饷数倍"。故世宗上谕内阁云："嗟此渔民，冲风冒险，觅微利以活身家，朝廷不忍收课，盐埠独得帮饷亦已足矣。今又数倍取盈，何所恃而为此耶。"③并下谕旨告诫道："为督抚者，此等处当细心体查，务得其平，使民生乐业。"④

关于这一事情的前后经过，相关文献有简明扼要的记载，现引述于下：

> （粤东）沿海之州县，渔船出海捕鱼，悉买私盐腌浸。经盐臣题明，增立渔引。令渔户买用官盐，埠商给标，便于查验。乃渔户贪图贱买私盐，以致官盐壅积、缺饷无完。渔户不领官盐，情愿每船一只帮贴埠商饷银三钱五分。及总督管理盐政，历经严禁，饬令渔户赴埠减价买盐。欲使官引多销，则正饷不致拖欠。无如私盐价贱，渔户以帮饷甚轻，若买官盐，价须加倍，故仍有赴埠领标者，发给干标作为已买官盐之符券。⑤

渔户应纳帮饷每一艘船仅需 0.35 两，再加上购买私盐所需费用，仍远低于购买官盐所需值，故强迫渔民购买官盐的做法就很难真

---

① 《世宗宪皇帝朱批谕旨》卷二一四之三，第 425 册，第 256 页下。
② 《世宗宪皇帝上谕内阁》卷八九，第 415 册，第 384 页。
③ 同上。
④ 《世宗宪皇帝朱批谕旨》卷二一四之三，第 425 册，第 256 页下。
⑤ 《世宗宪皇帝朱批谕旨》卷七三之二，第 419 册，第 251 页上、下。

正实现。据以上引文可知,事实上当时人对这一问题就已有明确的认识。我们还能从相关文献中看到利用场、埠盐价相差悬殊的具体数据对这一问题所做的更详细的分析。《论渔户私盐状》一文详细申述了这一相沿已久的制度的合理性,言其不可轻易更改。现分析如下。

"盖沿海地方既已私盐充斥,而各邑部定原价又属过昂",比如香山县境内的三处场灶,盐价"每斤不过二厘。而在埠每斤八厘,已浮三倍",其他各县的官盐价比香山县更高,"于是民间利于食私",每有私盐入乡,不但销售,而且为他们袒护包庇。生活在城市当中的居民还稍稍知道畏惧法律,而在那些穷乡下里地方,则已"非文示鞭笞所能易俗"的了。况且本来就已严格按照惯例按户摊派官盐,埠商的课饷又还能从何而来呢?于是创设这种干标印票通融售卖,"或按额实买,盐价两清;或标领十分,盐仅一二;又或但售空标以作护身,先纳票钱,后清标价。商家赖之,不无所补"。这样既可以省免巡逻哨丁的工费,又不会出现告讼纷纭的现象。盐商赖此输纳课饷,对他们私人而言也可以借此获得一份微薄的利润。这就是盐商不得不售卖干标的缘故。对于渔民来说,以海为家。一旦出海捕鱼,动辄就是好几个月。鱼虾捕获量的多少,完全要看风信状况。如果必须要从盐埠买盐并载盐出海,就有可能鱼还没有捕到,而盐已经透风了,"潮浸卤销,半归乌有"。如果等到捕获鱼虾,满载而归以后,再前往盐埠买盐,渔获物早已腐坏变质了。况且腌一尾鱼就需一斤余盐,"尽以官价相售,利微无所得食",因此只有采取在还没出海之前,先领取渔盐干标的办法。从海中捕捞到鱼鲜后,就在盐场买盐腌制。因盐价低,买来腌鱼的盐多,腌制品就能保持较长时间而不会腐败。将这些腌制品运回港口以后,也容易销售出去一些。对于朝廷来说更为重要的是,如果不默许这些事实并进行操纵控制的话,"恐将来渔户只向洋中买放,不于埠内售标",就是说恐怕渔民以后索性只在海上购买私盐,不到盐埠去购买干标了。如此,则"沿海诸埠,立见其败,实非商人之福"。而要另想办法,则"不独积重难返,无济于事",即使是沿江把截,逐一搜查,也只不过是内地少了一个私贩,外洋又多了一个强盗而已,"更非地方之福"①。由此可见渔盐对于广东沿海盐业、盐商的重要性,渔盐销售在其海盐销售总量当中占据非常重要的地位。

二、两淮江浙地区的渔盐配售制度

雍正十一年(1733年)九月赵宏恩任两江总督,其后针对商量筹办盐务事宜,奏请并被准覆,凡渔户领渔票执照前往盐埠购买渔盐,官方按照渔船的尺寸大小,明确规定了配售给渔民的渔盐额。具体操作办法为:每逢渔汛时期,沿海居民可雇备船只,先到海关交纳船税,申领渔票。海关验明该船只的梁头尺寸,凡梁宽九尺以上为大型渔船,梁宽八尺以上为中等渔船,梁宽七尺以上为小型渔船,各发给不同的渔票盐引。各渔票盐引内要求将舵工船户的姓名以及属大中小何种尺寸等内容填写清楚。渔户拿到票引后到盐场支领渔盐,盐场官员验明票引规格,大型渔船配售渔盐三千斤,中等渔船配售二千斤,小型渔船则配售一千斤。渔户将所买渔盐装船出洋捕捞,渔汛期结束后,渔船返归渔港,渔户要到盐场官员处报告渔获物多少。如渔获物少,配售的渔盐多于腌切所需用盐,渔户就要将多余的盐返还给盐场售于盐商。如渔获物多,配售的渔盐少于腌切所需用盐,渔户

---

① 〔清〕张甄陶:《论渔户私盐状》,〔清〕贺长龄、魏源等编:《清经世文编》卷五〇《户政二十五·盐课下》,中华书局,1992年,第1242页上、下。

就可到专门从事水产腌制加工用盐的渔盐"腌切牙行",按照渔获物数量购买渔盐再行腌制。腌制加工好后,就可以将加工产品装船前往江南出售。[1]

对于渔汛腌切所用渔盐,以及供贫困人户挑负贩卖以谋生之盐,官方规定了各场灶应预留的数量。[2] 官方配售给渔户的渔盐,其来源一般都为正盐之外的余盐。如上述两江总督赵宏恩曾上疏,奏请按通州、泰州等州县渔户贫民户口多少,从附近场灶所产余盐中酌情预留若干,待渔汛期到时,按规定应配售的渔盐额填写好,经海关查验渔票后前往盐场买盐,有司机构则要将渔户所领渔盐情况汇总成册上报以备查考,朝廷并从其奏。[3] 官方规定预留的渔盐数额有时可能会超过实际用量,这样容易导致流入私盐渠道,因此朝廷谕令"收买余盐以清私贩",收买余盐给价要比正盐额价酌情稍增。[4]

从渔盐配售比例来看,清代前期,江苏沿海一带的渔汛腌切用盐一般按"货七盐三"的比例配给,也就是说,如以十分计,则为七分货,三分盐。乾隆五年(1740 年),运司卢见曾等奏言,狡黠的商贩往往借渔盐之名乘机"拌合夹带,每多影射兴贩",因此规定此后每一担货,只配给盐十五斤,名为"护盐"。这一规定并被通告各地,饬令其遵照执行,记录在案。其后不久又有官员奏言,根据其考查,从事水产腌制加工的各牙行本来就和私盐兴贩相勾连,难免盐枭借渔盐之名影射贩卖私盐,如果再配给其护盐的话,沿途巡查的兵役就很难查考,即使查出其所带之盐超额,他们也要借渔盐之名蒙混狡辩。乾隆二十四年(1759 年)正月朝廷即准

---

① 《定渔户领盐例》,《清朝文献通考》卷二九《征榷四》,第 5111 页下、5112 页上。
② 《清朝文献通考》卷二八《征榷三》,第 5109 页下。
③ 《清朝通典》卷一二《食货十二》,浙江古籍出版社,2000 年,第 2090 页上。
④ 《清朝文献通考》卷二八《征榷三》,第 5109 页上。

其奏,下令"禁止腌切货物带盐出场"①。

每逢渔汛到来时,渔盐用量相当巨大。如前所述,大型渔船配售渔盐三千斤,中型渔船配售渔盐二千斤,小型渔船配盐一千斤。淮南地区除草堰场及角斜场之外的其余十八场,"按照产额,自三四厘至二三分不等。共开销至二十四五万引,几及淮南额引十分之二",差不多要占淮南额定盐引数的 20%。这确实难保没有渔民借腌切为名,暗中将渔盐接济给私盐枭贩,盐枭随地零收趸贩,累积起来的私盐总量就会相当可观,以致两江总督陶澍奏请凡"渔汛腌切食盐,除向来开报不及一分者,仍照旧发卖,不得加增外",其余各场,每年也只准依照产收盐数,卖给十分之一。也就是说,渔盐配售只能占产收盐数总额的 10%。每到年终,责成各分司亲自到各场去认真盘查。②

道光十二年(1832 年),两江总督陶澍上疏,奏请在淮北地区尝试推行票盐,他认为该区产盐本十分丰富,但大多售于渔船用于防腐加工。改行票盐后,应将原有食盐店也一律裁撤。建议遴选二名妥当官员驻扎在青口地方,专门经办管理渔船腌切及该区食盐用盐,并按照规定的章程,开给盐票,收取盐税,以防止通过这两个渠道透漏给私盐兴贩。

根据有关文献可知,其时在今上海地区的嘉定和宝山也实行渔盐配售制度。因其"地濒江海,每届洋汛,渔船出口,准带盐斤",但在季节和渔船种类上有一定限制,按规定"每年自谷雨至夏至,止限定黄花鱼船"。渔盐配售比例也稍有不同,只分成大小两类。渔船"凡梁头在一丈以上者准带盐三十担,五尺以上者准

① 张茂炯等编:《清盐法志》卷一四四《两淮四十五缉私门》,第 13 页。又见于浩辑:《稀见明清经济史料丛刊》(第二辑),国家图书馆出版社,2012 年,第 323—324 页。
② 〔清〕陶澍:《陶文毅公全集》卷一八《复奏筹议稽察场灶章程折子》,《陶澍集》(上),岳麓书社,1998 年,第 309 页。

带盐十担"①。

在渔业占据重要地位的崇明地区也有渔盐名目,除渔汛期水产加工所需渔盐之外剩下的渔盐在负贩盐商缴纳一定的包税、包捐后就可像官盐一样在港内销售。② 这就说明官方不仅有渔盐配售给渔民,且其配售量还不在少数。

不仅两淮江苏地区,浙江省境也同样存在渔盐配售制度。浙江除正引和余引之外,又有所谓"溢额盈余",其中就包括渔盐这一项。如台州、温州两所和镇海县嵩玉场的余盐,台州、温州、松江三所官厂销售的零星负贩盐和渔盐,共计有八万六百零二引,各则科算及引课公费等共计有银一万九千七百七十一两有余。有司官吏解释其原因说,"此因正引已完,余引未到,而民食不能稍缓,渔汛更难愆期。暂印照配卖,接济急需"③。由此可见,渔盐配售对于渔业生产的重要性和必要性。

在一些沿海地区刚刚开发的海岛,岛上场灶所煎之盐甚至规定全部供给渔户。如浙江"玉环地方,周围约有七百余里,峙立海中",玉环岛上各港澳,"向年虽名为奉禁不开,而利之所在,群趋如鹜"。多有百姓偷偷进入该地,在这里搭棚盖厂,挂网采捕,刮土煎盐,私相买卖而偷逃课税。如果遇上巡查船只,则向他们行贿以买脱,通同一起蒙混欺隐。或者一时被驱逐离开,过不了多久就又偷偷地聚集到了这里。聚集到这里的绝大多数是从事捕捞的渔民和从事煎盐的灶户,有司官吏奏请"将渔户逐厂挨查,取

---

① 张允高、钱淦等纂:民国《宝山县续志》卷四《盐法》,《中国方志丛书》,据民国十年(1921年)铅印本影印,1975年,成文出版社,第304—305页。
② 曹炳麟纂修:民国《崇明县志附编》卷一《盐税》,民国十三年(1924年)修、十九年(1930年)刊本,第7页。
③ 〔清〕李卫等纂修:《浙江通志》卷八四《盐法中》,商务印书馆据光绪二十五年(1899年)十月重刊本影印,1934年,第1563页。

具保结,许其采捕","将煎盐之户,取具新邻族保甘结,一体编入保甲,著令并灶聚煎,官收官卖,止在本山卖与渔户居民,毋许贩卖出境"①。

三、渔盐税收

明清两代渔汛用盐都要交纳盐税,如上文述及的明代宁波府鱼税票盐,这类鱼税票盐共计六千张,每票收取税银 0.4 两,一共二千四百两。②

有的地方因相沿习惯,官税变而成为私税项目,如上文中提到的清代广东的坐标、帮饷制度。广东沿海各埠,因逼近盐场场灶,故私盐充斥,无法真正阻遏私盐兴贩。如新会、海丰、归善、惠州等处,一有私盐经过,每担抽取税钱,名为帮饷。抽税以后,并发给私贩干标执照。③ 各盐商不仅设立坐标帮饷,还在各墟、场、镇、市立馆舍,设收税点,凡是有挑担贩卖盐鱼、盐菜等货物,即勒令交纳盐税,称为行标。雍正十一年(1733 年),批准广东总督鄂弥达的奏疏,严行禁革盐商设坐标、行标私收税课,并谕令沿海渔户,务必购买官盐用于水产腌制加工,并交纳盐税。④

也有原来属于地方私征税收项目,后经官方查核,成为官方名正言顺的税收收入,如潮州府大埔县的鱼卤税银即为此例。该项鱼卤税银向来并非额设税目,也没有解送上报手续。所谓"鱼卤",就是腌制加工好鱼类水产等之后因鱼体所含水分渗出所产

---

① 《浙江通志》卷八《建置五》,第 366 页。
② 刘淼:《明代的票盐行销》,《盐业史研究》1995 年第 1 期,第 18 页。
③ 《世宗宪皇帝朱批谕旨》卷二一四之二,第 425 册,第 247 页下。
④ 《清文献通考》卷二八《征榷三》,第 5108 页中,《钦定大清会典则例》卷四五,第 63—64 页。

生的鱼腥盐水,故可以想见其腥臭。在今天的眼光看来,鱼卤只不过是加工过程中所产生的污秽废盐水,但在实行食盐专卖且盐价高昂的当时来说,含有相当盐分的鱼卤仍可佐食,故仍具有价值。正如大埔县知县吴车泰所言,大埔县喜欢食用鱼卤,也是因为其价格低廉。但这样一来,无疑会影响到盐引销售。因此,出售鱼卤给民人的渔民情愿交纳一定的税银以贴补官盐盐课。每年数量多少也没有一个定数,从雍正五年(1727 年)十一月吴车泰到任起至七年七月奉旨查报之间的约二十个月中,总共收过鱼卤税钱一千八百二十余千钱,约值银一千九百余两。事实上,这项鱼卤税银乃历来相沿已久的习惯法。其后,大埔县这项税收在雍正年间的厉行严查下被饬令"尽收尽解,帮贴引课",盈余部分则归入广东省埠羡项下,成为官方名正言顺的税收收入。①

对于刚刚开发的沿海岛屿,如前述浙江省玉环岛各港澳,也明确规定"征收渔盐税银例","所有渔盐税银,即以备各项公费之需,俟玉环一切经理完备后,另照内地之例,各归藩司盐政项下充饷"②。

前述两淮地区渔户领渔票执照前往盐埠购买的渔盐,除淮分司所属各场历来并没有海关查验其渔票,也没有完纳课税之处外,通州、泰州两分司所属的各场则都要由海关查验其渔票,并交纳渔盐税。这些渔船"承潮云集,赴场则多报渔数,希图混冒盐斤;赴关则少报鱼数,希图脱漏税课"。关场的官役,势必很难盘查实数,往往多被其欺蒙。针对这种情况,两江总督赵宏恩奏准"饬令各场员,每年汛毕,渔船进港,该船报明捕得鱼数。一面查核用银之多寡,一面将各船鱼数咨呈狼镇收税衙门"。如果渔户

---

① 《世宗宪皇帝朱批谕旨》卷二一四之三,第 425 册,第 251 页。
② 《皇朝文献通考》卷二八《征榷三》,第 5106 页上。

投纳渔盐税时少报渔获数量,听凭收税衙门查究。这样一来,渔船就不敢捏造虚报冒领渔盐,也不敢减报渔获数量以偷逃渔盐税。所谓"报税用盐俱以鱼数之多寡为凭",也就是说,渔民要按照所捕捞的渔获物所用渔盐的实际用量交纳渔盐税。[1]

清代后期崇明地区实行淮盐、渔盐与本地灶盐三七配销的制度,负贩盐商要包缴淮盐、渔盐配销捐。崇明渔盐以前并不属于官盐范围内,时至宣统二年(1910 年),盐场大使奏请将崇明渔船渔户手中的渔盐除渔汛期水产腌制加工所需外剩下部分,"照淮盐化官例,报局输捐给票,准销港内",也就是说,渔盐在缴纳包税包捐后演变成为官盐。[2]

中华人民共和国成立后,"全国渔业会议决定大力经营水产加工","且以盐干鱼的生产为重点","中央人民政府财政部对渔业用盐因此定有优待办法,即按食盐税率收百分之三十"[3]。也就是说对于渔盐也仍然征收一定的盐税,只是渔盐税率相对来说要远远低于食盐税率。

四、渔盐走私

由于渔汛期渔获物需用大量食盐进行防腐加工,如果要求渔民全部以官盐价购买的话,渔民几乎无利可图,甚至可能大大亏折,渔业生产就可能陷于停滞瘫痪。因此,官方不得不制定相应的渔盐配售制度以维持正常的渔业生产,以维持渔民社会的稳定。而在官方实行食盐专卖制度以敛税的时代,渔民可购到远低于官盐价的渔盐,这就不可避免地带来利用大量渔盐进行走私的

---

[1] 《定渔户领盐例》,《清朝文献通考》卷二九《征榷四》,第 5112 页上。
[2] 民国《崇明县志附编》卷一《盐税》,第 7 页。
[3] 韩非木:《祖国的渔盐》,《地理小丛书》,大中国图书局,1953 年,第 21—22 页。

问题。这是令官方统治者十分头痛的矛盾,可谓两为其难。历史文献中关于渔民利用渔盐乃至伙同盐枭走私的相关记载颇多,一些研究私盐问题的论著已论及这一现象。以下利用相关文献拟作一较为详细的探讨。

据文献记载,从事海洋捕捞的海船渔户往往借腌切之名"串通偷载漏私",一艘海船所装载的私盐就远不止百来个贫难人户所允许肩挑负贩的食盐数量,而且这些私盐乘帆装载,"到处可通,尤害课地"。原来派设在地方巡查的团长人员又"皆系积年匿私之徒",官方因此仿照保甲法,又添设相当数量的团长、甲长,"每日令甲长查报晒丁所晒之盐",又令团长再查"甲长所报之盐"[1]。

前已述及,清代前期江苏沿海一带的渔汛腌切用盐一般按"货七盐三"的比例配售。一些狡黠商贩即乘机拌合夹带、影射兴贩私盐。从事水产防腐加工的腌切各行往往都和兴贩私盐者有密切联系,盐徒私枭即冒腌切之名从事走私。[2]

道光十二年(1832 年),两江总督陶澍奏请在两淮地区改行票盐,遴选委派妥当官员二名,驻扎于青口,专门经办管理渔船腌切用盐及该区食盐事宜,"给票收税,以杜透漏"[3]。

在江苏淮安扬州所属的下游州县,向来有一种常以捕鱼为业的名叫艒船的小舟。有一年因洪水涨发,流落成饥民外出逃难者,"或数十船一起,或数百船一起,私枭乘势勾结,令其载运私盐"。这些船队由戚家汊、孔家涵等处径出运河并沿江一带地方售卖私盐,并设立章程,置有护卫,且派人各司其事。船大的装至

---

① 《世宗宪皇帝朱批谕旨》卷一七六之七,第 423 册,第 802 页下。
② 《清盐法志》卷一四四,第 323 页。
③ 〔清〕陶澍:《酌议淮北试行票盐章程疏》,《清经世文编》卷五一《户政二十三·盐课二》。

千斤,小船也达数百斤。那些私盐枭贩在江南的观音门、安徽的枞阳镇都立有码头,用以销售艒船所装载的私盐。事实上早在这之前的一年,因被水成灾,淮阳各地的贫穷百姓就曾纷纷四出乘坐艒船乞食逃荒,"内中即有乘便捎带盐斤,偷卖糊口者,枭匪乘机诱雇,内载私盐,外坐老幼妇女,装点灾民,偷越撒泼"[1]。

以上还只是盐枭雇用渔民进行走私,更有甚者,"有江北枭徒驾驶艒船、黑鱼腮等船,装载私盐,络绎进口,更有地方棍徒,勾引接招,私设秤手行家,到处贩卖"[2]。

因渔盐和私盐之间有着如此密切的关联,官方有时甚至将贩卖干鱼的客商也当成私盐走私商。后经辩诉,"以客商兴贩干鱼难同私盐",才令"免其断没,从便法卖"[3]。围绕渔户冯有贵、张洪业走私渔盐一案,张甄陶的《论渔户私盐状》中详细申述了部分渔盐进入走私渠道的情有可原,现详述如下。

冯有贵是广东香山县的一名持有渔船执照的渔户,常年在盐埠买盐从事渔业捕捞。据查簿册可知,乾隆十二年(1747年),交纳盐价银一百四十余两;十三年,交纳盐价银九十二两;十四年,因所捕获的鱼少失利而拖欠盐价银未交。其时尚欠盐埠盐斤银七十余两。"乃以盐斤余溢、年月参差"被定性为私盐而判处杖徒刑。

张氏认为:作为一名以腌鱼为生的渔户来说,冯氏每年交纳给总埠盐价银百数十两,也不算少了。官方对壅滞盐引妨碍盐课的私盐断刑很重,但应该是针对那些不好好从事生产经营而专门

---

① 〔清〕陶澍:《陶文毅公全集》卷一三《查禁艒船带私折子》,《陶澍集》(上),岳麓书社,1998年,第193页。
② 〔清〕陶澍:《陶文毅公全集》卷一五《会同浙闽督抚暨苏抚筹议堵截淮私章程以卫浙盐折子》,《陶澍集》(上),第236页。
③ 《钦定续文献通考》卷一九《征榷二》,浙江古籍出版社,2000年,第2949页中。

从事贩卖走私活动的情节恶劣的私盐盐枭。对冯氏的这一判处虽然按当时法律来说难辞其罪，但从情理上来说却并不允当。至于张洪业则是受雇于人从事捕鱼，但却于新会埠私自领取盐票，而后又向贫难百姓零星售卖，可谓唯利是图，罪不可赦。但这种行为和私枭巨贩实不相同。况且如果将持有执照的渔船因票盐不足额就定罪为私盐的话，对广东省的利弊关系太大。因为广东本属沿海省份，到处都是坞。沿海人民成千上万，没有别的办法糊口，大家都贩卖私盐。即使是请商鞅来执行法律、韩非来制定刑律，每天杀戮掉一个人，这种势头也不会停止下来。前人用心良苦，因地制宜，将沿海各埠印制发卖的盐票称为干标，相沿已久。虽然其中存在盐埠商人售卖干标牟取利益、渔船利用盐票夹带私盐的现象，看起来是积弊多端，实际上是双方有利。盐商和渔民借此相互扶持以立于不败，这种弊端可以悉知而不可去除。……有时候天气长时间阴雨，风信失时，"鱼虾绝港难寻，米粮又将垂尽"。于是将这些干标影射，辗转贩运到盐场私自售卖。虽然说罪不可赦，然而他们事先已经付盐价于商人，再说天不遂人愿，情形也确实令人怜悯，这就是渔民不得不卖掉干标的缘故。沿海地方的私盐商贩数不胜数，很少能将他们抓获归案的。只有这些因为干标和渔盐对不上数的渔户，接连被送官查办。有的渔船被海风吹到了别的地界，不属于他们捕捞的海域，就要受到多方盘查诘问。而如果碰到的是真的成帮结队的持有兵械的私贩盐枭，巡逻兵士只有乖乖地放行，哪里敢诘问责难，"惟此渔民易于欺压"。渔民倚恃手中持有干标，不肯屈服，"往往被拘"。其时"生齿浩繁，谋生路仄"。以前香山的渔民出海捕鱼，不过到老万山就算是走得很远了；"今乃出至老万山外二百里瓮山、鞋山诸岛，尚有空载而还者"。沿海百姓从事渔业捕捞，大多迫于贫穷无奈。如果再用严刑峻法去逼迫的话，他们什么事干不出来？所以说"买标卖标,乃两利俱存;商民交持,以立于不败"。干标帮饷的制度以及部分渔盐进入走私渠道的弊病"可知而不可去也"①。

五、渔盐用量估算

清代长江干流及中下游地区各河湖水域的淡水捕捞渔获量是相当巨大的,如据日本人山本由方1886年撰写的《清国水产辨解》中记载,"鮊鱼在江苏长江年产五百万斤,干鮊鱼年产约十五万斤运销各地"②。沿海地区的海洋捕捞渔获量更为可观,如沿海地区出产的黄花鱼分为南洋鲜和北洋鲜两种。前者渔汛期自一月至三月,早春用冰运,末汛期多用盐藏。后者的渔汛期自三月至四月下旬,均以盐藏运销。该鱼出产于吕泗洋面,渔民用载重五百担的帆船备上囊网驶抵产地捕捉,渔汛期中每条船每十来天就可捕获鱼"二百余石",也就是二万斤,销售于吴淞及浏河等处的各鱼行,然后再批发给苏州、嘉定、太仓等邻县的各市场。③

渔获物除很少一部分为渔民自食外,绝大部分都会进入销售市场,其中大多数又为盐制防腐的加工产品。关于渔获量与用盐的比例,文献记载中甚至有渔人"腌鱼一船,费盐十倍"之说。④当然,其中不乏夸张的成分,但也可见渔获物加工用盐之多。清代文献当中提到乾隆年间多有狡黠商贩"因腌切一项","向借货七盐三"而拌合夹带、影射兴贩私盐之事,后经奏定"每货一担,准

---

① 张甄陶:《论渔户私盐状》,《清经世文编》卷五〇《户政二十五·盐课下》,第1243页下。

② [日]山本由方:《清国水产辨解》,水产局编,1886年,第74页。

③ 吴葭等:民国《宝山县再续志》卷六《实业志·渔业》,第6页。见《中国方志丛书》,据民国二十年(1931年)铅印本影印,台北:成文出版社,1970年,第163页。

④ 《世宗宪皇帝上谕内阁》卷八〇,第8页。

带护盐十五斤"①。据此可知,其时水产防腐加工用盐量至少应为渔获量的 15%。据丛子明等主编的《中国渔业史》言,"一般用盐量占渔获物的二成,即每一斤鲜鱼就要用二两盐来防腐"②。

清代的食盐专卖中,"淮南盐政盐课甲于天下,两江三楚皆仰给于淮盐,课源用以饶裕"。两湖平原地区"夙为鱼米之乡,湖鱼旺产",盐商得以销售大量渔盐给渔民用来进行水产腌制防腐加工,借此完纳盐课。雍正末年"汉口盐壅未销,积至七八百万包"。当年因"汉水涨发,鱼市稀少",从而导致水产加工用渔盐量大为下降就是"盐壅未销"的重要原因之一。③

事实上,据有关文献记载,渔业用盐量确实是相当巨大的。如清两江总督陶澍奏言,在淮南盐场,每年除草堰场没有腌切用盐及角斜场仅只数引外,其余十八场,按照产额,渔汛用盐"共开销至二十四五万引,几及淮南额引十分之二"④。渔获物防腐加工用盐竟然占到淮南盐场产盐额的 20%,由此可知渔盐用量之巨。如根据每引盐斤三百斤折算,则淮南盐场每年配售给渔户的渔盐约为三万七千五百吨。按照每一斤鲜鱼用二两盐来防腐的比例进行折算,则于淮南盐场支领渔盐的渔户,其年总渔获量当为一十八万七千五百吨。渔汛用盐不唯淮南地区,凡在渔业繁盛的沿海地区当同样如此。如以淮南区域产量占全国总产量(包括淡水鱼)的十五分之一计,则全国年总渔获量当为二百八十一万二千五百吨。据抗战前的不完全统计,鱼类总产量(包括淡水鱼)

---

① 《清盐法志》卷一四四,"乾隆二十四年正月条",第 323 页。
② 丛子明、李挺:《中国渔业史》,中国科学技术出版社,1993 年,第 78 页。
③ 《清朝通典》卷一二《食货十二》,第 2090 页上。
④ 〔清〕陶澍:《陶文毅公全集》卷一八《复奏筹议稽察场灶章程折子》,《陶澍集》(上),第 309 页。

达二百二十一万四千余吨。[1] 以此数据对照比较,可知前之估算大致离事实不远。因此,估计清代道光年间每年所需渔盐约为五十六万二千五百吨。

---

[1] 韩非木:《祖国的渔盐》,第4页。

近代上海的渔业用冰与冰鲜水产消费
（1931—1949）

姜明辉

　　上海是全国最早出现机制冰厂的城市，同时上海在 20 世纪
30 年代成为全国水产品交易和消费的中心。明清以来长三角地
区的水产品加工经历了一个明显的变迁过程。明清时期长三角
地区的水产加工工艺趋于多样化、精致化，但仍以干制、腌制、制
鲊等盐藏加工为主。自近代上海开埠以来，水产加工逐步转向以
冷藏即冰藏为主。明清时期虽已出现较大规模的冰窖，但在清代
后期以前，其在渔业生产上的应用仍不普遍。专业冰厂仍未大规
模普遍兴建，冰鲜鱼因成本较高、数量少而价格昂贵。然而，真正
较大规模地将冰应用于渔业则是近现代才有的事。许多沿海地
区为了海洋渔业保鲜的需要，都建有很多天然冰厂，供渔船出海
和鱼行冰鲜之用。在江南地区，渔业在整个农业经济中占有不小
的比重，同时人们日常生活中蛋白质的来源有很大一部分是从水
产品中获得。研究上海地区冰鲜水产的消费，不论是从加工工艺
的角度还是从饮食文化的角度，都有一定的现实意义。此前史学
界对于该领域的关注较少，尤其是从历史经济地理的角度去研究
的更少，本文着意于对这一问题的讨论。

　　在古代，水产保鲜多采用盐制和干制等方法。此种方法保鲜
时间虽长，但水产品的风味早已改变，谈不上鲜。古代保鲜水产
也有用冰的，但是古代天然冰在南方制取不易，所以用冰来保鲜

水产更是难上加难,这种冰鲜也仅供地主或皇家独享。清代中后期时,随着天然冰厂的大量出现,水产已经多用冰来保鲜,近代以来,机制冰技术传入,天然冰也逐渐被机制冰所取代,用于水产保鲜。

从水产品的保鲜加工角度,对冰鲜水产进行论述的,有马馨铭的《我国近代水产品保鲜与加工》①一文,对我国近代水产品的保鲜与加工进行了概括性的论述。文章主要分为两大部分,第一部分主要论述近代以来天然冰保鲜和机制冰保鲜两种方法,第二部分论述了传统的水产加工方法:干制、盐制,及近代以来出现的加工方法:罐装、鱼肝油、鱼粉等。文章虽然是概述性质的介绍,但也是较早研究近代水产保鲜的论文。此外,还有《明清长江中下游渔业经济研究》②一书,虽然该书主要是从征收渔税的河泊所的裁革来看河湖淤废的环境变迁,但是书中对于明清时期长江中下游地区的渔业生产及水产市场等有专门的论述,尤其是对水产加工与保鲜和水产贩运等论述较为详细,并明确指出直到清代后期,冰才被广泛应用于水产保鲜上来。李建萍的《中国古代水产品传统加工储藏方法述略》③一文也对古代水产品保鲜干制、腌制、酱制、糟制、醉制、矾制、冰鲜等加工方法进行了总结。

在已有研究的基础上,本文拟主要依据民国时期《水产月刊》《上海市水产经济月刊》这两种期刊,以及上海的地方志和专业志、报刊档案、近人著作或论文及地图资料等进行研究。《水产月刊》是由实业部上海鱼市场筹备委员会发行的,从民国二十三年

---

① 马馨铭:《我国近代水产品保鲜与加工》,《古今农业》1990 年第 1 期,第 140—147 页。
② 尹玲玲:《明清长江中下游渔业经济研究》,齐鲁书社,2004 年。
③ 李建萍:《中国古代水产品传统加工储藏方法述略》,《古今农业》2011 年第 2 期,第 93—104 页。

(1934年)六月开始发行第一期,到民国二十六年(1937年)五月停刊。抗战结束后,由上海鱼市场编印,民国三十五年(1946年)六月复刊,到民国三十七年(1948年)十二月止。前后总计50余期。中华人民共和国成立后陆续还有用《水产月刊》命名的期刊,但与新中国成立前不同。该刊体例上主要分为三部分,第一部分是有关渔业的文章,第二部分是统计资料,即上海或附近地区的鱼价及水产品消耗量统计表,第三部分是刊登国内外的鱼界消息。《上海市水产经济月刊》由上海市市立渔业指导所编,从民国二十一年(1932年)十二月到民国三十六年(1937年)三月,共52期。该刊逐月刊登上海市水产消费统计表,同时还有天气预测情况表,在第二卷第五期之后又新增《水产画报》一栏,普及水产知识。方志类的资料主要检索关于冰厂或冰鲜的资料,如(民国)《宝山续县志》、(民国)《川沙县志》等,专业志如《上海渔业志》等,有相关水产加工及鱼市场等资料。报刊类资料主要有《申报》《新渔》等,尤其是《申报》刊登了很多关于机制冰和天然冰的资料。档案类资料主要集中于上海市档案馆,其中与本文相关的资料多集中在Q类和S类,如:Q460-2-340《善后救济总署渔业善后物资管理处及上海冰厂英文案卷清册》,S113-1-4《上海特别市冷藏制冰业同业公会会员名册和入会志愿书》等。内容主要是关于制冰业同业公会、冰鲜业同业公会及联合国善后救济物资分配的相关资料。此外,还有《上海市水产供销史》《上海文史资料存稿汇编》等内部资料或资料汇编及《渔业史》《渔史文选》等期刊。

　　本文拟采用历史文献学的方法,对方志、档案、报刊等多种材料进行爬梳排比、整理归类,将有用资料进行分类、对比。同时,用地理学中经济地理的分析方法,对冰厂、大型水产市场的选址进行分析。此外,本文还将运用经济学中计量统计等方法,制作数据表格,对资料进行量化的分析,以期直观形象地体现所要论述的问题。

一、天然冰厂与机制冰厂

天然冰厂比机制冰厂出现得要早，它从古代贵族、地主家的私人冰窖转化而来，直到"清代中后期，政府对天然冰改变了只许官采的政策，开始允许私人经营冰窖"[①]。这样一来，冰的价格逐渐下降，更多的百姓也能买得起冰，也促使冰的用途更加广泛。关于机制冰在我国出现的时间，"据有关史料记载，我国人造冰（机制冰）的生产始于19世纪80年代"[②]，也就是"始于清光绪六年由英国人开办的'上海机器制冰厂'"[③]。上海地区的机制冰厂不仅是全国最早出现的，而且在数量上也是全国领先的。这不仅得益于上海是最早一批开埠的城市，而且其产生也必然与上海有广阔的市场有关。

（一）天然冰的制取与天然冰厂的分布

天然冰的制取方式，在民国《宝山县续志》中有详细的记载："凡设厂者，先择隙地，锹掘长方形之深坑，积薪燃之，厂旁置田堘以围圩戽入河水，冬季结成薄冰即取入坑中，稍加食盐，坑满即用芦席盖之，以泥封固，上搭草房，夏季开坑发售……"[④]从这段记载中可以看出，天然冰的制取方式的确较为原始。由于其建造方式简单，所以也更易受水灾、火灾、风灾等影响。

天然冰厂的制冰方式，不能随时制取冰，更像是"一次性"的冰厂，整个冰厂一年只能制冰一次，开厂只能发售，随着天气逐渐变

---

① 潘秋生：《中国制冷史》，中国科学技术出版社，2008年，第7页。
② 同上书，第9页。
③ 顾惠庭等编：《上海渔业志》，上海社会科学院出版社，1998年，第154页。
④ 张允高等修：民国《宝山县续志》卷六，台北：成文出版社，1975年，第414页。

热,冰厂内的冰也会有损耗。也正是因为夏、秋季节对冰的需求量最大,所以天然冰的价格也是随时波动的,以这两季的价格最高。"天然冰之价格,依天时而不同。平均每担在二三角之间,今年夏秋因天候特热,故价亦较贵,虽至八月,价格尚呈高昂(每担计售四角)。"[1]以1934年的价格来看,机制冰每吨七八元,天然冰的价格大约在每吨四到六元,天然冰的价格较机制冰的确低廉。

天然冰相对于机制冰出现要早,尹玲玲在《明清长江中下游渔业经济研究》一书中指出,直到清朝末年,天然冰才广泛应用于水产保鲜。"用于渔业方面者,约为三分之一,凡渔船出海捕鱼,与冰鲜渔船赴渔场收鲜,及鲜鱼之运送,目前俱使用此项天然冰,以维持其鲜度。"[2]所以天然冰与渔业有着密不可分的关系。截至1934年,"上海地区的天然冰厂有155家之多"[3]。冰厂的规模大小不等,大的有七八千至一万担,小的有三五千担。

1. 天然冰厂的分布

1934年上海地区天然冰厂的分布范围主要集中在浦东六里桥、高桥一带和闸北区,尤其是浦东六里桥,155座冰厂中,有超过半数集中在这一区域,155座冰厂,藏冰量可达到1 848 000担;并且多分布在河流周围。其分布范围与以下两点有关:一是与天然冰的制取方式有关。天然冰厂多分布在稻田及河流周围,这是因为天然冰的制取方式较为原始,所以多分布在郊区。多是冬季在稻田里注水,等气温下降凝结成冰之后,由挑冰工人进行收集并储存在冰窖中。二是与天然冰的供销场所有关,制约天然冰厂分布的因素,除了离原料和稻田较近之外,另外一个重要因素就是与供应地有关。因为天然冰不耐储存,尤其是天气转暖,气

---

① 觉僧、均远:《上海天然冰产销概况》,《水产月刊》1934年第7、8期合刊,第43页。
② 均远、觉民:《上海机制冰产销概况》,《水产月刊》1934年第7、8期合刊,第36页。
③ 同上文,第37页。

温升高之后,天然冰会逐渐融化,所以离供应地越近就越有利于天然冰的出售。从上文可知,天然冰有三分之一供应渔业保鲜,而浦东六里桥一带距离十六铺鱼行较近,足以证明这点推论。

2. 天然冰商的分布

从表1中可知,天然冰商的分布主要集中在法租界十六铺一带,而这一带也是上海鱼类买卖交易的主要场所,这也与天然冰主要应用在水产保鲜上相符。天然冰贩的组成上,大的冰贩本身就是一些天然冰厂的厂主,小的冰贩可以小到个人。从这一点上可以看出天然冰的不稳定性,厂主大多需要亲自去联系买主或者做担保,将冰贩售出去,如果不能及时贩售出去,天然冰可能会随着温度上升出现损耗,造成更多的损失。

表1 1934年上海天然冰商号分布

商号名称	经理	地 点
天然	罗守贤	虹口狄斯威路(今溧阳路)、分处十六铺(小东门外)
和记	张全魁	南市大达码头大达里(今黄浦江下游西岸)
衡源	陆根涛	法租界源吉里八号(今黄浦区局门路)
新安	潘守先	四马路(今福州路)新民园
合成新	周文岐	无
裕大	董耀珊	十六铺大街
隆记	周根生	十六铺
洽记	周高余	十六铺
无	黄丽生	十六铺接鲜所
无	金少卿	杨家浜
无	李小陀	屈家桥

资料来源:《水产月刊》1934年第7、8期合刊,第42页。

(二) 机制冰的制取与机制冰厂的分布

机制冰的制取是与制冰机的发明和改进密切相关的,"1876 年德国人考尔·范·林德归纳了氨压缩的理论,制造出性能优良的氨压缩机"[1]。其主要利用了氨水气化时吸热的原理,从而使水变成冰。

1880 年上海出现第一座机制冰厂,从机制冰厂的出现到1936 年的 50 余年中,机制冰厂不仅在数量上有了增加,而且从最初洋人开设冰厂,发展到华人开设的冰厂后来居上,这一过程又可以分为几个小的阶段,详细情况见表 2。

表 2　1880—1936 年上海机制冰厂的发展

名称	时间			
	1880—1900	1900—1920	1921—1930	1931—1936
机制冰厂	上海、新上海、同茂	华昌、东方、上海	玛礼、广艺、大茂、茂昌、屈臣氏、洽和、洽龙、上海、广艺	大华、洽茂、新茂昌、永新、茂昌、宏昌、洽和、洽龙、同茂、上海、东方、中央、海宁生、屈臣氏、广艺等
总计	3	3	9	15 家以上

资料来源:邱嘉昌主编,《上海冷藏史》,同济大学出版社,2006 年,第 5—7 页;《水产月刊》1934 年第 4、7、9 期;《申报》(1880—1936)等。

据表 2 可知,在 1880—1936 年之间,大体可分四个阶段,前两个阶段主要是外国人开设的冰厂占据主要地位,并且从数量上看并不是太多,而后两个阶段是逐渐发展和壮大的时期。在 1921—1930 年,新出现的冰厂就有 8 家之多,华人开设的冰厂出现,并且数量上超过洋人开设的制冰厂。在 1931—1936 这个时间段内,

---

[1] 孙瑞章:《制冰》,农业出版社,1988 年,第 2 页。

054 | 滨海历史地理

全上海的机制冰厂数已经至少有 15 家,据《申报》的统计甚至有 20 余家,1934 年上海地区机制冰厂与机制冰商分布示意图见图 1。[①] 需要注意的是,由于在《水产月刊》出现之前,并未有真正的关于冰厂数量的调查,表 2 的前三部分多依据《上海冷藏史》和《申报》中在该时段所提到的冰厂,而第四部分则是有确切统计数据,所

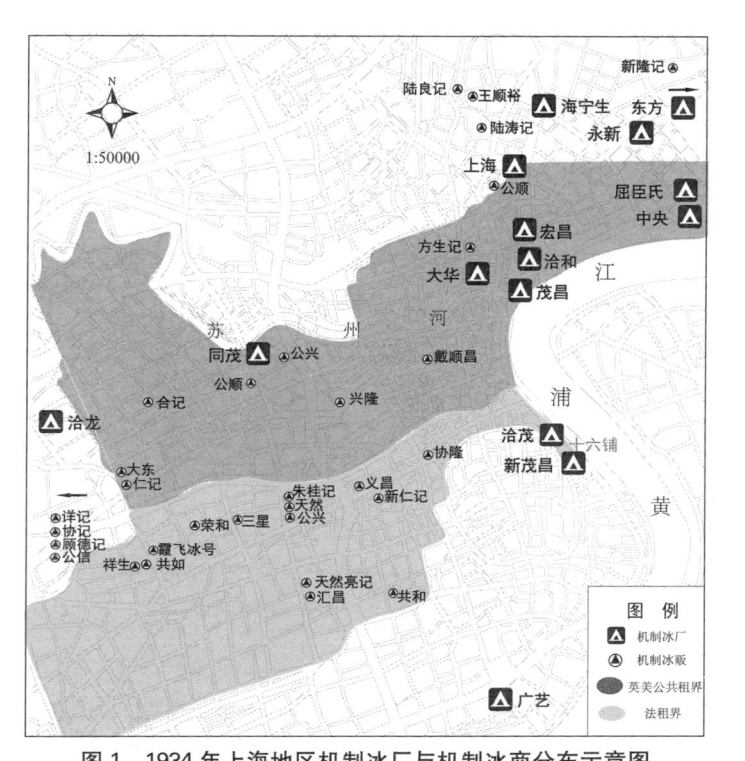

图 1   1934 年上海地区机制冰厂与机制冰商分布示意图

资料来源:《水产月刊》1934 年第 7、8 期合刊,第 34、35 页。底图为上海市测绘院编制,《上海城区交通图》,2012 年 1 月第 22 版。

说明:箭头示意这几处机冰商之位置已在本图图幅范围之外。

———————————

① 据《申报》1936 年 8 月 2 日第 2 版统计,上海当时的冷藏企业有 20 余家,当然其中也包括部分经售冷藏器、冷气机和制冰机的公司,即便剔除以上三种,与 1934 年统计的冰厂数相加,总数也达 20 余家。

以表格中的数据是指在本时段内出现的冰厂数。

据资料统计,每日制冰最多的机制冰厂为上海机器制冰厂,可达到70吨,出冰最少的为同茂,为3吨,所有机制冰厂每日出冰总数为331吨左右。[①] 冰厂多分布在租界地区,尤其是公共租界杨浦和虹口一带,以及法租界十六铺周围。这种分布范围是与机制冰厂自身原因有关,因为机制冰厂是由西方传来的,造冰的成本较高,应用范围有限,所以受众一般以"菜馆、冷食铺、影戏院、跳舞场、兵舰、住户"[②]为主。机制冰的贩卖,并不是商家直接从冰厂拿货,而是由专门的冰贩去贩卖,商家从冰贩的手里买冰。正如《水产月刊》中提到的,"但非直接向制冰公司购买,另有机制冰贩,从中贩卖,由各冰贩向制冰公司购入,再行销售。故此冰贩,可谓机制冰销售之唯一交易者"[③]。所以有必要对其分布进行研究,从而得出机制冰的辐射范围。据《水产月刊》统计,1934年共有机制冰商45家,其中地址不详的有14家。根据已知的31家机制冰商进行统计,得出当时机制冰商的籍贯,如表3所示。

表3　机冰商籍贯表

地区	海门(19家)	崇明(5家)	上海(2家)	其他(5家)
名称	天然、朱桂记、共如、详记、协记、祥生、新仁记、天然亮记、汇昌、义昌、协隆、公兴(大通路今大田路)、公兴(圣母院路今瑞金一路)、新隆记、公信、陆涛记、陆良记、公顺、戴顺昌	仁记、方生记、公顺、荣和、共和	大东、合记	兴隆(温州)、顾德记(通州)、王顺裕(南通)、霞飞冰号(无锡)、三星(宁波)

资料来源:《水产月刊》1934年第7、8期合刊,第34、35页。

---

① 均远、觉民:《上海机制冰产销概况》,《水产月刊》1934年第7、8期合刊,第34页。
② 同上。
③ 同上。

依据表3中数据可知,从事机制冰贩卖工作的大多数商人来自外地,上海本地人从事贩冰工作的较少。"在上海的中国人中有许多是外地人,他们是被各种各样的就业机会吸引到这里来的。职员、外语通、经营广州零星装饰品的商人和餐馆的老板,主要是广东人。买办、仆役、船员、木匠、裁缝、男洗衣工、店员则主要来自宁波。"[1]而从事贩冰行业的,则是海门人占绝大多数。上海本地的冰贩主要集中分布在租界范围内,即今天的杨浦区、虹口区、黄浦区和静安区等,以上几个地区也就是机制冰的主要消费区域。

二、天然冰厂与机制冰厂的发展

1933年前后,是天然冰厂和机制冰厂蓬勃发展的阶段,这一时段天然冰厂和机制冰厂的数量都达到了顶峰。但是随着"二战"的爆发,天然冰厂和机制冰厂的蓬勃发展态势被拦腰截断,战时的冰厂呈现出萧条的景象,而战后天然冰厂和机制冰厂处于逐渐恢复的阶段。

(一) 冰厂萧条之前奏:协成公司垄断机冰市场

虽然本节研究的时段主要是1937—1949年,可是日本帝国主义的侵略、垄断却早已开始,其中日本人背后组织策划于1934年成立的协成机冰公司,试图垄断上海地区的机制冰业。

> 上海机制冰厂商,分华、英、日三国籍。华商与英商之冰厂每日产量约各五十吨,日厂约四十吨,向来自由

---

[1] 邹依仁:《旧上海人口的变迁研究》,上海人民出版社,1980年,第21页。

出售。乃今日日商思垄断市场,利用日商东方冰厂经理符志清,卫生公司顾福祥及高阿炳、胡慧卿、小阿才等为傀儡,组织协成公司于汉壁(璧)礼路(今汉阳路),与各厂订立合同,所有出品全部独包专卖,独占全沪市场,操纵冰价。[1]

协成[2]公司垄断的手法有两种:一是"由与各冰厂熟稔之冰贩,将各制冰厂每年所出之冰全部包下,约定该冰厂每年出冰若干,订定价格,如市面销路旺盛,须额外出冰,每吨只照成本计算"[3]。二是"由协成全年给与津贴停止出冰"[4]。由此可知协成公司的性质,因为机制冰的销售方式是从冰厂出冰后,委托给冰贩去贩售,而日商成立的协成公司,则是想一举取代这些冰贩,成为最大的机制冰销售者。这样一来,无论是冰厂卖冰还是冰贩买冰,都要经过协成公司。协成就可以达到操纵机制冰冰价、垄断机制冰市场的目的。表4即协成公司给予各个冰厂的承包条件。

表4 1934年协成公司成立后给予机制冰厂承包条件表

厂名	每日出冰数(吨)	承包人	承包价格(每吨/元)	贴费(元)	备注
上海	70	钱阿福	8	44 000	英商[5]
北茂昌	20	徐和尚	6	60 000	

---

[1] 《上海经售机冰业反对协成公司垄断市场》,《水产月刊》1934年第1期,第20页。
[2] 也有报道写作"协盛",在此统一写作"协成"。
[3] 均远、觉民:《上海机制冰产销概况》,《水产月刊》1934年第7、8期合刊,第35页。
[4] 同上。
[5] 上海机器制冰厂原属英商,1937年抗日战争全面爆发后,"委托"日本经营。

续 表

厂名	每日出冰数(吨)	承包人	承包价格(每吨/元)	贴费(元)	备注
南茂昌	17	吴渭卿	6	60 000	
东方	46	高阿炳	7	36 000	日商
屈臣氏	6	协成	缺	1 000	
同茂	3	协成	缺	8 000	
洽茂	20	沈金才	6	32 000	
洽和	13	高阿炳	6	25 000	
宏昌	15	吴渭卿	6	25 000	
大华	36	高阿炳、陈银郎	6	50 000	
中央	20	协成	缺	26 000	日商
广艺	20	缺	缺	52 000	不出冰
海宁生	15	不包	缺	未贴	英商
永新	20	缺	缺	16 000	不出冰,倘冰不敷时,该厂出冰一吨贴三元五角
洽龙	13	缺	缺	10 000	不出冰

资料来源:《水产月刊》1934 年第 7、8 期合刊,第 36 页;第 9 期,第 10 页。注:各厂订约,除贴费外,每出冰一吨,结算六元至八元不等,出售价格高低,与各冰公司无关,唯归协成机冰批发所经售。

表 4 中所列的冰厂,几乎是 1934 年前后从事机制冰行业的全部冰厂,承包人一栏为人名者,采取的是第一种方式,即通过熟悉的冰贩入手,将冰厂所出之冰全部包下的办法;承包人一栏为协成者,采取的是第二种办法,即相当于一次性买断,给予一定的费用,不允许冰厂出冰。至于冰厂的厂主能与协成合作,笔者认

为有以下两种原因：第一，像宏昌、东方等制冰厂，协成采用的是第一种承包方式，通过熟悉的冰贩将所出之冰全部包下来，而承包的价格与之前所卖的价格相差无几，甚至协成公司所给津贴，要高于以前卖冰所获得的利润。未承包之前，"上海各机制冰价格，历年原在七八元左右"[1]，而协成公司给予各冰厂的价格也是六元至八元，相差无几，并给予一定的津贴补偿。既然有公司能够全部承包自己冰厂所生产的冰，不必为冰的贩售发愁，估算下来，各机制冰厂并没有亏损，机制冰厂主们一定是愿意与之合作的。第二，像屈臣氏、同茂等，本来出冰较少，给予全年的津贴，让它们不出产机制冰，加上它们本来就不是以制冰为主业（很多冰厂同时兼营冷藏业务，或者其他业务），对它们来说这也是一本万利的买卖。总之，无论机制冰厂从何种角度出发，协成公司成功地将它们收买，开始了垄断生意。

协成公司成立之后，冰价较原来大幅度上涨，"当未成立前，冰价每吨四五元，四月成立时，为五元至八元，殆五月升至十二元八角，六月在十六元左右，七月十六元七角，八月十六元，比之往年，几增一倍"[2]。机制冰的成本没有上涨，而协成公司将冰价抬高一倍，从中获取了巨大利润。冰价上涨，与冰有关的行业的价格都跟着上涨。"查冷冻鱼类，数月来每担贮藏费须八元，惟二十三年下半年市面，每担所售鱼价高出贮藏费无几，现各鱼商正与各冷藏公司交涉减收冷冻费。"[3]冷藏费用的上涨，使得从事冰鲜水产贩卖的鱼商们损失巨大，所卖出水产的价格几乎和冷冻费用持平，所获利润几乎都用在支付冷藏费用上。如此一来，获得利润的是协成，损失严重的则是冰贩和消费者。以前冰贩贩冰，只

---

① 均远、觉民：《上海机制冰产销概况》，《水产月刊》1934年第7、8期合刊，第36页。
② 同上。
③ 姚焕洲：《二十三年上海渔业之总检阅》，《水产月刊》1934年第9期，第9页。

需从冰厂购买即可,现在只能从协成购买,而且"以前贩户向制冰公司购冰,其营业账目,每月结算一次,账款则未必付清,到年底始行清讫,但自协成成立,凡贩户通知协成需冰若干,协成即将冰送往,送到时即向冰贩取四十日付款之期票,到期务须付款,但其冰价,则必须依协成所定"①。如此严苛的规定,协成只管从中获利,不顾冰贩的死活,并且冰价一日三涨,冰又不是长久保存之物,若是冰贩不能将冰贩出,协成也不负任何责任,照常收款,从而将风险都推给冰贩,这样下去必定导致很多冰贩破产。

这样一来冰贩与协成之间的矛盾便暴露出来,双方在《申报》上展开激烈争论。首先出击的是冰贩们,在 1934 年 4 月 20 日的《申报》上刊发了题为"经售机冰业昨赴市党部请愿,反对同业勾结日商垄断市场"的文章,主要内容如下:

> ……在沪以小资本贩卖各种冰类为业。已往营业,各个自由竞争,获利虽微,但冰价始终尚能维持均衡,制造者贩卖者消费者三通,形成一体。从无纠纷,讵有日商东方冰厂(系日人所设),经理符志清,卫生公司顾福祥,及高阿炳、胡慧卿、小阿才等,甘受日资本家之指使,组织协成公司,将各冰厂出品,全部独包专卖,意图垄断市场,操纵冰价,力事压迫行贩,实行榨取用户,具呈人等,既不得直接向各厂订购贩卖,不愿受日本资本家压迫,为此请求迅速予制止各冰厂,与协成公司订立独包专卖合同,以利贩卖,免被垄断操纵,压迫榨取,并维持大众生计,实为德便,谨呈。②

① 均远、觉民:《上海机制冰产销概况》,《水产月刊》1934 年第 7、8 期合刊,第 36 页。
② 《申报》1934 年 4 月 20 日,第 12 版。

近代上海的渔业用冰与冰鲜水产消费(1931—1949) | 061

这篇报道只是争论的开始,冰贩们因为正常的营业秩序遭到破坏,自身势单力薄,只能以请愿的方式,向政府及各部门诉说个中情由。1934年4月21日的报道载:

> ……该业于昨日下午并召开紧急会议,到代表仇海桃、方锡成、王信聪、王凤山等三十余人,公推主席潘祖强,报告市政府、社会局、商会、市民会请愿经过后,讨论(一)定期招待新闻记者。(二)定期召集全市同业会议。(三)通知同业一致反对托拉斯之协成公司垄断市场,操纵冰价。(四)揭破符某等勾结日商阴谋。(五)如必要时,推派代表赴京请愿。[1]

以上是冰贩们发表的连续声明,而协成公司也不示弱,紧接着在1934年4月23日进行回应:

> 新新社云,经理冰厂各同业代表顾福祥、钱阿才、胡慧卿等因连日报载经售冰贩仇海桃、王凤山、唐阿炳等,因反对厂方经理组织协成号,勾结日方东方机器冰厂,垄断市场,阻碍贩户生计,请愿党政机关,设法制止等语,颇多误会。特于昨日下午二时,假座法租界金神父路(今瑞金二路)三观堂等第二特区市民会六区分会开会,讨论对付办法。当由顾福祥首先说明组织协成号完全为华人集资,并无日方关系,且东方冰厂与协成更无关系,但我冰厂经理同业,因近年来鉴于机冰跌价,血本

---

[1]《经售机冰同业昨续向市府请愿,下午并召开紧急会议》,《申报》1934年4月21日,第14版。

难保,故组公司藉谋整顿,使将来经理与贩户均有利益,不致长此衰落。岂料该贩户等,因为我同业之整顿行规,借口勾结日方,垄断市场。殊属误会,今我同业为维持营业,顾全血本计,决不因贩户之反对而停止进行,应计诸君从长计议,共商对付办法。……①

关于二者的争论一直持续到 1934 年 4 月 27 日,在此不再赘述,相信通过双方的言论,再加上表 4 中的数据,可以明确看出协成公司的垄断行为,以津贴或以成本价从冰厂买冰,然后以高出一倍的价格转手贩卖,并强制规定买卖只能通过协成公司,这种垄断行为是不容争辩的事实。并且协成公司 4 月 23 日的回应也漏洞百出,讲到协成"并无日方关系",可是协成的合伙人中就有在日商东方冰厂工作的符志清;并且"机冰跌价、血本难保"更是一派胡言,众所周知 1936 年之前,是我国制冰业蓬勃发展的阶段,上海地区的冰厂数量如雨后春笋般涌现,多达二三十家,制冰技术改进,成本降低,已逐步取代天然冰市场。如果血本难保的话,怎么会有如此多的冰厂、如此多的冰贩从事此行业,相反正是由于协成公司的垄断行为,才扰乱了正常的市场秩序,让冰贩和消费者受到压迫,它反而趁机从中牟取暴利。

协成公司垄断机制冰行业的行为,不仅由于与各冰厂签订的合约(一年)到期而终止,也是由于冰贩等各方的势力施压而协成没能继续承包下去。近代以来,由于基础薄弱,我国的民族资本主义工商业从产生开始,一直是在夹缝中生存,受到外商和本国旧势力的剥削和压迫,此次协成公司得以垄断成功,是因为我国

———————————
① 《申报》1934 年 4 月 23 日,第 10 版。

机制冰行业和冰贩缺少类似同业组织，冰厂间独来独往，只知互相竞争，不知团结合作，使得冰厂和冰贩的利益被外人剥削，从侧面暴露出当时我国民族资本主义工商业的脆弱程度。

（二）战时冰厂的萧条阶段

战时冰厂萧条最明显的表现就是冰厂数量的急剧下降。据上文统计，在抗战全面爆发前，上海的机制冰厂有二十余家，这二十余家大都分布在十六铺、虹口、杨浦一带。天然冰厂最多时也有近一百五六十家，这一百多家主要分布在浦东高桥、六里桥以及闸北一带。

战争开始以后，日军的狂轰滥炸加上人口的逃亡，到了1938年机制冰厂剩下的"只同茂、洽龙、洽茂、茂昌、兴记、上海等七八家"[1]。剩下的这七八家，分别位于沪西苏州河南岸、法租界十六铺以及公共租界内。其中同茂、洽龙能够幸存，是因为战争开始后，"未受战事影响者，只有沪西苏州河以南自曹家渡至交叉嘴地方"，而它们二者正好位于这一带。至于洽茂、茂昌能幸存的原因与其坐落在法租界不无关系，而上海冰厂能幸存，与其属于英商资本的背景也有一定关系。

至于天然冰厂到1945年6月时的数量，"本市天然冰厂散处浦东高桥、白莲泾等地约共八九家"[2]。根据《上海天然冰产销概况》[3]一文，笔者统计得出，战前分布在高桥处的冰厂有29家，白莲泾处有5家，而分布在白莲泾附近六里桥处冰厂就有59家之多，可见战争对天然冰厂的破坏程度是相当严重的。天然冰分布

---

① 全国报刊索引数据库：《现世报》1938年第5期，第7页。

② 《申报》1945年6月27日，第2版。

③ 觉僧、均远：《上海天然冰产销概况》，《水产月刊》1934年第7、8期合刊，第36—42页。

的位置也逐渐缩小到高桥、白莲泾等几处,不可与战前同日而语。

"八一三"事变后,日军占领上海,"国民党政府在战前却毫无准备,在战争爆发后,才匆忙将上海等地厂矿内迁,尽管做了很大努力,但是在仓促混乱中上海民营工厂只迁出 146 家,其余绝大部分工厂陷入日军控制之中"[1]。对于未能及时迁走的沦陷区的工矿企业,日军采取"军管理、委托经营、中日合办、租赁、收买"[2]等形式进行掠夺。对于机制冰厂的掠夺主要表现为"军管理""委托经营"和"收买"。

上海地区战时冰厂的数量只剩 8 家左右,与表 4 中的 15 家相比,有消失,也有新增的部分。具体统计如表 5。

表 5　上海地区战时冰厂与战前冰厂比较表

类别	战前的冰厂	战时的冰厂 *	战时消失者	战时新增者
名称	大华、洽茂、新茂昌、永新、茂昌、宏昌、洽和、洽龙、同茂、上海、东方、中央、海宁生、屈臣氏、广艺	茂昌、洽茂、洽和、大沪、合众、通惠、洽龙、胜利	大华、新茂昌、永新、宏昌、同茂、上海、东方、中央、海宁生、屈臣氏、广艺	大沪、合众、通惠、胜利
数量	15	8	11	4

资料来源:《水产月刊》1934 年第 7、8 期合刊,第 34 页。

说明:"*"表示根据《上海特别市冷藏制冰业同业公会会员名册》,上海档案馆,全宗号 S113 - 1 - 4。这一列中并不包含战时属于日本的四个冰厂。

与战前相较,消失的 11 家冰厂中,可以分为中资、英资、日资三类,日资不必说,本来就属于日本的企业,除去日资的两家,其余中资有 6 家,分别是大华、新茂昌、永新、宏昌、屈臣氏和广艺;

---

[1] 中国企业史编辑委员会编:《中国企业史(近代卷)》,企业管理出版社,2004 年,第768 页。

[2] 同上书,第 747 页。

英资有 3 家,是同茂、上海和海宁生。

第一,以军管的方式占据的冰厂。"所谓'军管理',根据日本'兴亚院'的解释,就是依'国际公法'及'战时法规'没收'敌人官产'的行为,但防止'不逞之徒'加以破坏,私人产业则由日方暂为'保管'。"[1]实际上就是日军名义上打着"法规"的幌子,而事实上从事着非法侵占。在军管理的名单中,主要为纺织、面粉的工厂,也有部分机制冰厂,如位于上海狄斯威路(今溧阳路)的"中国制冰厂"[2]。据笔者推测永新机制冰厂也属于这类范畴,可能就是战后从敌伪手中接收后改名为"华海冷藏厂",因为二者所处位置都是周家嘴路。

第二,以委托经营的方式占据的冰厂。委托经营是指"日本私人工商业者自行在华劫夺之工厂,与前述军管理委托经营不同,无论主权或经营权均直接操诸日本会社之手,与日本军队无关"[3]。以这种方式取得的冰厂,虽然与日本军队无关,这里指不是直接靠武力占据的冰厂,但却是间接依靠武力取得的。1941年太平洋战争爆发后,日军接管租界,属于英国的上海机器冰有限公司也不能幸免,"委托"给了日本水产株式会社经营。[4] 这些机制冰厂虽然在战争初期躲过了日军的狂轰滥炸,却依然没有摆脱日本的魔爪,也被迫沦为日本的财产。

第三,以"收买"的形式攫取的冰厂。最为典型的例子就是东方冰厂收购宏昌冷气公司的例子。"符志清本人战前原在日人开

---

[1] 黄美真主编:《日伪对华中沦陷区经济的掠夺与统制》,社会科学文献出版社,2005年,第 283 页。

[2] 《日军在华中地区"军管理"的华商工厂情况表》,黄美真主编:《日伪对华中沦陷区经济的掠夺与统制》,第 289 页。

[3] 陈真:《中国近代工业史资料》第四辑,生活・读书・新知三联书店,1961 年,第 81 页。

[4] 上海市档案馆编:《日伪在华中经济掠夺史料(1937—1945)》,上海书店出版社,2005 年,第 378 页。

设东方冰厂任跑街之职,战时东方冰厂收购密勒路(今峨眉路)之宏昌冷气公司,改组为东方制冰株式会社,系全由符志清拉拢妥办手续,符志清以拉拢有功,即为日人赏识,擢升为该株式会社华经理,专代日人经营制冰冷藏业务。"①符志清这个名字,本文已经不是第一次提到,在上文日商成立的协成公司中,其就有份参与,如今又勾结日本人趁战争期间收购华商的冰厂。被日本以收买形式攫取的冰厂除了典型的宏昌之外,还有以前属于英商后属中资的屈臣氏。屈臣氏"1940年被日商收购,改名为华中水产株式会社第二冷藏库,抗战胜利后改名为中华水产公司华汇冷冻厂"②。

日本直接或间接地借助军事力量将大量中资、英资冰厂据为己有,即使没有占据的冰厂,也可以说被日本间接地占据了,因为"海关和总税局既是在敌人势力支配之下,则上海租界的民族工业,所需要的原料输入和制成品的输出,必须通过和缴纳为敌人所把持的关税、转口税、统税等,这些关税大半又为敌人劫持而去,作为以战养战之资"③。虽然日本控制的冰厂所产的机制冰全部用来作为其垄断中国水产行业之用,但是在沦陷区,我国民族资本的冰厂也有所发展。"在沦陷区内敌人的威胁和包围中,我国民族工业曾在上海租界内一度'繁荣起来',他们据守着最后的'堡垒'作了一次最后的挣扎。"④战时较战前新增的冰厂,如大沪制冰厂,"1943年华商承购同茂伙食冷藏库,改组成立大沪公司,1946年改名为大沪冷藏厂"⑤,而胜利制冰厂也是在战争期间

---

① 《上海市冷藏制冰业同业公会符志清呈请发还东方冷藏厂的有关文书》,上海市档案馆,档案号:S113-1-9。
② 邱嘉昌主编:《上海冷藏史》,第6页。
③ 陈真:《中国近代工业史资料》(第四辑),第112页。
④ 同上书,第82页。
⑤ 同上。

开设的,"胜利制冰厂于 1938 年开业"。

在 1937—1945 年这段时间里,上海地区的冰厂因为战争因素,其发展受到很大影响,无论是机制冰厂还是天然冰厂,不仅表现为数量上的减少,并且性质上也发生变化,在沦陷区沦为日本统制经济下的工具,被日军用武力手段控制,华商冰厂多被日本以"军管""收买"等方式归入囊中,而英商冰厂多以"委托经营"的方式被日本占据。这段时间可以说是中国制冰业发展历史上的萧条阶段。1937 年之前蓬勃发展的制冰业,受到狂风暴雨般的摧残,中国民族资本主义工商业的发展遭受重创。

(三)战后冰厂的恢复和发展

抗日战争结束后,国民政府派人去接收上海地区敌伪的资产,其中就包括日本开设的几家冰厂,并重新命名。"民国三十四年 8 月下旬,国民政府接收日伪华中水产株式会社在上海的 4 个冷冻工场并改名为华浦冷藏厂、华海冷藏厂、华江冷藏厂、华济冷藏厂。"[1]其中,华济冷藏厂的前身是日商的东方制冰厂。除了接收之外,国民政府还发还了一批战时被日伪侵占的工厂,其中就有抗战时委托给日本水产株式会社经营的、英商的上海机器制冰厂。

抗战胜利后,各项事业百废待兴。上海地区的冰厂战后处于恢复和发展阶段。相较战前,无论是在数量上还是规模上都大不如前,机制冰厂在 1949 年 4 月时,数量上逐步恢复到 15 家左右,其详细分布情况如图 2 所示。

战后上海地区的机制冰厂大多是接收敌伪时期的资产,其核

---

[1] 顾惠庭等编:《上海渔业志》,第 154 页。另,据《水产月刊》1946 年复刊号记载,华江冷藏场在南京下关,并不在上海,《上海渔业志》记载中有误,所以上海有 3 处。

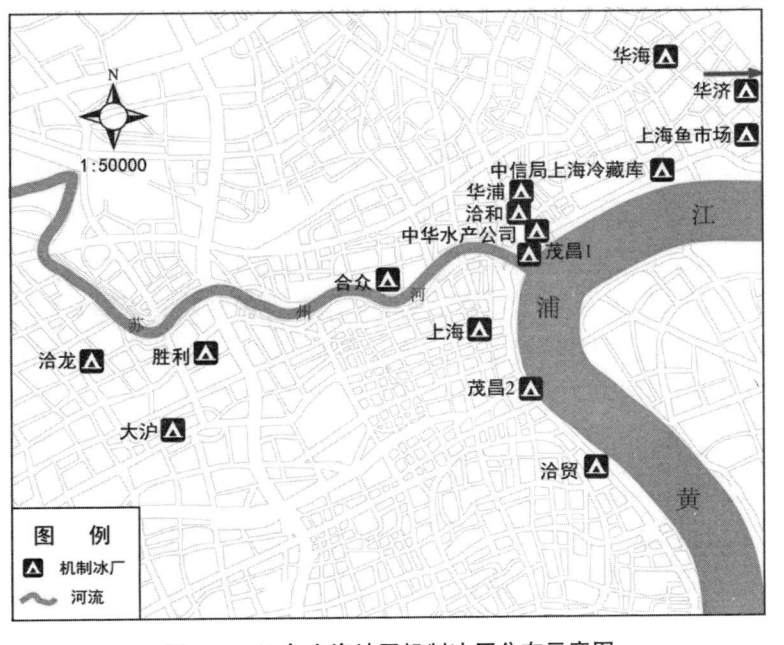

图 2　1949 年上海地区机制冰厂分布示意图

资料来源:《上海特别市冷藏制冰业同业公会会员名册》,上海档案馆,全宗号 S113 - 1 - 4。

心,就是位于杨浦区鱼市场附近的几家冰厂。冰厂分布的重心相对战前,也有所变化。战前机制冰厂的重心在租界范围内,主要供应租界范围内的娱乐场所及用户等。而战后重心则在鱼市场周围,主要供应渔轮等渔业用冰。同时战前机制冰已经开始用于水产保鲜,并逐步取代天然冰;抗战期间,机制冰大量应用到了水产保鲜上,基本上完成了对天然冰的取代。战后上海地区的机制冰厂处于恢复和发展阶段,但是随着解放战争的爆发,恢复的程度相对缓慢。

抗日战争之前,天然冰厂数量最多时达到 150 多座,而抗日战争爆发后,受损情况严重,1945 年 6 月时,仅剩八九家。可以想见在战乱的环境之下,机制冰厂的发展十分艰难,而使用天然冰保鲜较多的渔业,在抗战时期几乎被日军垄断。"在抗战期中,我国渔业界损失旧式渔船一万五千艘,手操网渔轮一百八十艘,轮船拖网渔轮十艘,渔民无辜被杀者数万人。"[1]较多依赖天然冰的冰鲜渔船为主的旧式渔业受损严重,在抗战期间渔船几乎损毁殆尽,渔轮有的被破坏,有的被征用,所以天然冰也失去了水产业这个巨大的市场。

战后,在我国水产业复兴的前提下,天然冰厂也悄然复苏。解放战争时期有所停滞,"1949 年,在解放战争中被国民党军队烧毁和台风破坏的天然冰厂达 80%,1951 年勉力恢复到 83 家"[2]。据《上海渔业专用天然冰高桥、杨浦区联合联销处章程》档案记载,1950 年前后,杨浦、高桥有源丰、福泰、生大等天然冰厂和冰库 79 家。[3] 此时天然冰厂的中心主要集中在杨浦和高桥两地。浦东高桥一带在战前即为天然冰的生产中心,而杨浦区的冰厂,主要是由于地处鱼市场和战后渔业复兴而兴起的。

战后机制冰和天然冰的地位又发生了逆转。这段时期,上海地区冰的市场主要有两个特点:一是机制冰不能满足市场需求,二是物价飞涨。正是在这两种因素的作用下,天然冰重新成为市场的主角。

上海地区的机制冰其实在战争期间已经出现供不应求的现象,为了弥补这一不足,1945 年 6 月 28 日,"市卫生局准予运销天然冰以补(机制冰)不足"[4]。在抗日战争爆发前,上海地区机

---

[1] 谢潜渊:《日本渔业赔偿问题》,《水产月刊》1947 年第 3 期,第 16 页。

[2] 顾惠庭等编:《上海渔业志》,第 153 页。

[3] 《上海渔业专用天然冰高桥、杨浦区联合联销处章程》,上海档案馆,档案号:S383 - 4 - 17 - 26。

[4] 《申报》1945 年 6 月 28 日,第 2 版。

制冰几乎占据天然冰的市场,因其冰厂数量较多,价格与天然冰相差无几,又因为工部局因天然冰不卫生,而下达命令严禁其与生冷食品接触。可是在战后,机制冰厂所产之冰不能满足市场需要,另外随着上海地区水产事业的复兴,需要更多的机制冰用来保鲜水产。机制冰占一艘渔轮成本的 18%,一吨机制冰价格,战前为 10 元,而战后为 33.30 元(金圆券)。与战前相较,上涨230%。[①] 而一艘渔轮每次出海捕鱼,装冰 50 吨,回港时须浇冰 6 吨,每吨价格 33.33 元,又有运费每吨为 2 元。所以,综合来看,每次渔轮出海捕鱼,需要冰的成本就达到 1 978.48 元。查 8 月份渔轮每次出渔成本,需金圆一万二千九百元,每次捕鱼一千六百箱(为渔轮上等之成绩),即六万四千斤,以 8 月 19 日平均价,每斤一角二分三厘计,可售七千八百七十二元,收支相抵,净亏五千元。[②] 机制冰的成本如此之高,渔业又需要大量的机制冰,所以市卫生局只能允许天然冰进入市场,来弥补机制冰的不足。在市场需求的压力下,似乎战前严格的"卫生条款"也只能尽量放宽了。

机制冰价格上涨也是有原因的,不仅因为市场需求旺盛,更是因为机制冰的成本提高了。众所周知机制冰的原料主要为阿摩尼亚液(氨水),利用氨水在压力下的汽化和液化,从而实现制冰的过程。战后阿摩尼亚液进口较战前不易,在《中国旧海关史料》中有 1946—1949 年进口阿摩尼亚液的情况,如表 6所示。

---

① 上海市渔轮业同业公会:《对于鲜鱼限价之意见》,《水产月刊》1948 年第 8 期,第43 页。

② 上海市渔轮业同业公会:《对于鲜鱼限价之意见》,《水产月刊》1948 年第 8 期,第42 页。

近代上海的渔业用冰与冰鲜水产消费(1931—1949) | 071

表6　1946—1949 年我国进口的阿摩尼亚溶液数量及价值表

年份	1946 年		1947 年		1948 年	
数量、价值 名称	数量 (公担)	价值 (国币 千元)	数量 (公担)	价值 (国币 千元)	数量 (公担)	价值(国币千元)
无水阿摩尼亚	1 706	324 607	1 258	1 469 235	1 063	594 396 000(198 132)
桶装阿摩尼亚溶液	624	44 175	643	55 802	31	14 589 000(4 863)
他种装阿摩尼亚溶液	59	4 338	40	32 671	12	5 277 000(1 759)
总数	2 389	373 120	1 941	1 557 708	1 106	614 262 000(204 754)

　　资料来源:《中国旧海关史料》第 151 册(1948 年),京华出版社,2001 年,第 19 页。

　　说明:此表中国币指法币,价值栏中括号内为金圆券。

　　从表 6 中数据可以看出,从 1946 年到 1949 年,阿摩尼亚液的进口数量越来越少,并不是因为国产阿摩尼亚液产量增加的原因,而是进口受到限制的缘故。数量虽然有所减少,但是价格却成十倍、百倍上涨,这也是机制冰价格较高的根本原因。

　　天然冰允许进入市场销售后,机制冰的市场迅速被占据,从而机制冰的销路也成了问题:

　　　　本市夏季冷藏冰市场,向系由机器冰业独占,今年浦东一带之天然冰(俗称中国冰),已得市卫生局检验合格,准许销售,故机器冰之市场有一半以上已为廉价天然冰所代替,至机器冰业本身方面,又因阿摩尼亚进口受有限制,其价格较战前涨起二千万倍,即国产阿摩尼亚亦涨至一千万倍左右,再加电费工资激增,成本益形加重,致每吨价格高达三千六百万元。现全市机器冰业虽尚能保持每日四百二十吨之产量,与去年相差无几,但实销不及一半,亏损至巨,故据该业表示,今夏是为机器冰业之严重难关。[①]

天然冰在战后重新占据上海地区冰市场的重要地位,但这种取代,是战后机制冰价格昂贵,不能满足市场需求所引起的。而且使用成本较低的天然冰后,对价格昂贵的机制冰更是一种冲击。这种现象一直持续到中华人民共和国成立后,机制冰价格和产量才逐渐恢复正常。"1975 年底,历史悠久的高桥地区,最后几家天然冰厂也全部停业,天然冰保鲜已全部由机制冰保鲜代替。"[②]

三、渔业用冰逐渐采用机制冰

自天然冰厂大规模出现之后,从前多用盐制、干制保存的海水鱼类,现在多用冰来保鲜,并且渔业用冰也逐渐扩大到淡水鱼类的保鲜上,应用范围越来越广。清末以来,水产保鲜多依靠冰厂已成为事实。随着机器制冰技术的传入,机制冰开始进入人们的生活,由于机制冰产量多,分布位置较为灵活,以及制冰原料洁净等原因,开始逐渐取代天然冰,用于水产保鲜行业上来。

(一) 关于采用天然冰与机制冰的争论

在《水产月刊》中有这样的记录,"有英人在申开设华昌机冰

---

① 《申报》1948 年 7 月 15 日,第 4 版。
② 顾惠庭等编:《上海渔业志》,第 154 页。

厂（1900 年前后开设），因谋上海冰市场之独占，乃以有碍卫生之名，控告天然冰于公堂，因而双方大起冲突，涉讼颇久"[1]。从这段记录中可以看出，机制冰商控诉天然冰商之焦点在于天然冰的"不卫生"。关于华昌机制冰厂和天然冰厂的冲突、诉讼并没有查找到相关的史料可以直接证明，但是从以华昌机制冰厂为首的一批机制冰厂在《申报》上所做广告内容的变化，可以看出双方矛盾的逐渐深化。在《申报》1900 年 12 月 1 日第 7 版，华昌机制冰厂的广告是这样描述的：

> 　　用冰者鉴，启者本公司有机器冰出售，每磅价洋一分，每担价洋一元三角三分，此冰清洁耐久不化，较之本地冰有天壤之别，洵属价廉物美。诸君赐顾多少任便，请至五马路华昌洋行内冰栈房购取即可也。华昌机器冰公司谨启……[2]

这条广告只是一条简单的商品介绍的广告，此时还看不出机制冰与天然冰的矛盾，广告中只是有一小段比较性的描述："此冰清洁耐久不化，较之本地冰有天壤之别"，只是突出了机制冰的特点——清洁、耐久不化，并没有提及天然冰，这条广告在《申报》上持续的时间是 12 月 1 日至 7 日。这次机制冰商对天然冰商控诉的解决是由"英籍某老牧师，出面证明其并不有碍卫生，乃得继续经营，未被外人势力所压倒"[3]。也就是说天然冰并非像机制冰商控诉的那样，有碍卫生，不能使用。

如果说这是第一次出现机制冰商和天然冰商之间的争论的

---

① 觉僧、均远：《上海天然冰产销概况》，《水产月刊》1934 年第 7、8 期合刊，第 43 页。
② 《申报》1900 年 12 月 1 日，第 7 版。
③ 觉僧、均远：《上海天然冰产销概况》，《水产月刊》1934 年第 7、8 期合刊，第 43 页。

话,那么集中在 20 世纪 20 年代《申报》上机制冰的广告,可以说是与天然冰矛盾的大规模爆发。1922 年 7 月 12 日,《申报》刊登一则关于机制冰的广告,内容如下:

> 平安第一!!! 未经沙滤之水君愿饮之否?君必不愿也,然则君等奈何以食物、饮料与污秽池沼之冰共藏耶?君必用机器造成清洁之冰方保无虞!租界区域以内无论何处专人送上,不取分文,每磅只售大洋二分,独家经售,上海机器冰厂……①

在这则广告中,明显可以看出语气和用词的严厉之处,为了平安,只有用机制冰才能保平安。机制冰一方已经将天然冰认定成了危害人们健康、平安的对象了。这则广告并未持续多久,1922 年 7 月 15 日,《申报》刊登的广告内容如下:

> 用不洁之冰,最危险可怕!时届伏暑,需冰尤多,但任何用途惟机器造成清洁之冰方无危险,若夫池塘冰则冰既用完,试一观其箱中,当可信其为害之烈矣,沪上各种天然冰设化验其是否清洁,则可断言无一两冰中绝对的无致生疾病,危及生命之源之微虫也,希即拿定宗旨,必购清洁沙滤水制成之清洁结晶冰,每磅只售大洋二分,十磅起码,租界区域以内专人送上不取分文,请即向南京路二十四号,上海机器冰厂定购,无任欢迎……②

---

① 《申报》1922 年 7 月 12 日,第 21 版。
② 《申报》1922 年 7 月 15 日,第 26 版。

这则广告中不仅直接提到天然冰是否清洁的字样,指出只有机制冰是安全的,没有危害的,并且提供租界内专人送货上门服务来扩大销路,可见机制冰与天然冰的矛盾逐渐扩大。这则广告一直持续到 7 月 19 日。不仅如此,还有专门论述用冰卫生的报道出现——《论夏日用冰之卫生》[1],规劝大家虽然机制冰很贵,但是物价飞涨,机制冰比天然冰贵也是有道理的,不要因小而失大。接下来在 7 月 26 日又有新的广告,内容如下:

> 真相既明,优劣乃见。机器冰性冷耐久,迥非天然冰所能及!此本厂以两种等重之冰几度试验所得结果,君如怀疑请自试之。当知不谬,天然冰取自溪涧,一无所费,故售价当可较廉,但每一立方生的米达中,微菌之数竟达一万一千,请三思之其危险为何如? 最近本厂卫生部部长报告云"据考察所得乃知用天然冰与食物饮料相接触,将必发生伤寒霍乱红白痢泻泄等症,且万难幸免",临渴掘井,曷若防患未然!!! 请购纯洁机器冰,每磅大洋二分,专送租界区域内,不取分文,批发价格特别从廉,上海机器冰厂启……[2]

这次不仅提及天然冰,更是直接指出天然冰有碍卫生,对人体有害,制冷性能不如机制冰。这样的广告不仅是在做机制冰的宣传,更是在诋毁天然冰,这样的广告一直持续到 1922 年 8 月 26 日。在 1922 年 8 月 31 日之后的机制冰广告就变得逐渐"正常":

---

[1] 《申报》1922 年 7 月 19 日,第 20 版。
[2] 《申报》1922 年 7 月 26 日,第 16 版。

阖家安乐,疾病不侵,赖有冰介于其间耳。惟所用之冰必须清洁结晶而为机器造成者,"机器冰"不独为健康之保障且使食物新鲜清洁,利益之厚,价值之巨,殆数十百倍于所费也,为夏令安适计,是诚不可少者,请向上海机器冰厂购结晶机器冰,每磅大洋二分,专送租界区域内,不另加费……①

这次广告中并未提及"天然冰"等字样,也只是宣传机制冰自身的优点而已。这一切争论的背后,其实是机制冰和天然冰的市场份额之争。如果说机制冰与天然冰在 20 世纪初第一次交锋时,最后由英籍老牧师出面和解,证明天然冰并不有碍卫生,同样也证明机制冰并未过多占据天然冰的市场,它的初始目的并未达到。而在 20 世纪 20 年代第二次矛盾集中爆发时,情况则大为不同。随着西方卫生观念的传入,人们更多地去购买相对卫生的机制冰。并且从 1934 年前后上海地区冰厂的分布情况来看,至少租界区域内的市场已经被机制冰所覆盖。

(二) 机制冰取代天然冰的原因

机制冰商控诉天然冰商的问题在于"不卫生",到 20 世纪 20 年代《申报》上机制冰的广告词中,更多是指出天然冰存在更多细菌,易导致疾病。所以卫生观念则是导致机制冰取代天然冰的第一个原因。

西方卫生观念的传入是一个渐进的过程,而上文的争论也正好体现了这样一个渐进的过程。西方卫生观念最初是通过传教士传入中国,《申报》上"卫生观念"一词,最早出现在 1907

---

① 《申报》1922 年 8 月 31 日,第 16 版。

年,"东西各邦卫生法之完美,首推英国,而群傲之者,正以其兴民之富于自治力也。然漠昧如今日同胞,阐觉其卫生观念,灌播以卫生新智"[1]。当西方各国卫生法、卫生条例完备的时候,中国人的卫生观念才刚刚觉醒。1918 年 4 月 9 日,《申报》中有一则新闻《警厅订定垃圾处罚专则》载:"对于人民乱倾垃圾者,处罚极严,实为根本切要之计,本厅前已令,定十时后不准在路倾倒垃圾,违即处罚在案,乃近查各处道路或商店或居户仍有逾限在门首倾积垃圾事情,此等住户绝无卫生观念。"[2]通过这则新闻可以看出,卫生观念已经被提升到官方层面,自上而下地去贯彻落实。与此同时"工部局档案规定:'一切生食或未曾煮过之食物不可与天然冰接触。'"[3]这为机制冰取代天然冰起到了推动作用。

20 世纪 20 年代《申报》中大量机制冰广告所宣传的天然冰不卫生的观点,应与这一时期的政策吻合。卫生观念普遍被国人所接受的时间大致是 1937 年前后,"厥唯市民对于卫生观念之进步,而向卫生机关商请指导援助事件之逐年增多,及执行卫生法令之顺利进行,可为明证者也"[4]。而机制冰取代天然冰占据大部分市场份额的时间也与此相似。1936 年 8 月 2 日《申报》中的《上海冷藏业》报道:"十几斤机器冰不过卖一角来钱(天然冰已逐渐淘汰了)。"[5]这里所说的天然冰已逐渐被淘汰,至少是在租界范围内,菜馆、住户等领域。卫生观念是促进机制冰取代天然冰的重要原因,除此之外还有制冰技术的革新等。

---

[1] 《申报》1907 年 6 月 4 日,第 12 版。

[2] 《申报》1918 年 4 月 9 日,第 10 版。

[3] 熊月之:《上海通史》(第九卷),上海人民出版社,1999 年,第 38 页。下同。

[4] 《申报》1937 年 7 月 7 日,第 12 版。

[5] 《申报》1936 年 8 月 2 日,第 2 版。

078 | 滨海历史地理

机制冰和天然冰之争,虽然表面上是通过宣传天然冰不符合卫生的手段来争夺市场,实际上有价格和供求的因素。现根据机制冰厂和天然冰厂在《申报》上所报道的冰价进行整理,得出机制冰与天然冰的价格,如表 7 所示。

表 7　天然冰与机制冰价格比较表　　　单位:(元/担)

名称	年　份						
	1920 年	1921 年	1922 年	1923 年	1924 年	1926 年	1933 年
天然冰	0.67—0.9	2	2—2.24	—	1	1.12	—
机制冰	—	—	2.24	2.24	—	1.35	0.9

资料来源:《申报》1920—1933 年。

无论是天然冰还是机制冰的冰价,并非一成不变。天然冰的制取本身受自然因素影响较大,所以其价格高低既要看每年冰窖中冰的存量,也要看季节而定,夏秋季节天气炎热,是需求旺季。而机制冰在刚出现时价格较天然冰贵很多,但是随着机制冰厂数量的增多及制冰技术的改进,价格逐渐和天然冰持平,甚至低于天然冰。

20 世纪 30 年代,上海地区的机制冰厂数量达到 15 家以上。随着冰厂数量的增加,机制冰的产量也逐渐提高,并且采用了当时最先进的氨压缩制冰机。[1] 从表 7 中的数据可知,除去 1922 年之前机制冰缺少价格的相关资料外,在 1922 年之后,机制冰的价格与天然冰相差无几,甚至有时要较天然冰为廉。从表 2 中可知,1921 年之后,机制冰厂的数量大幅度增加,对机制冰价格的降低有着重要影响。

天然冰的主要营销对象除菜馆、住户外,最多的还是渔业用

---

[1]《水产月刊》1936 年第 7 期,封底。

冰。渔业用冰量较大，每次渔船出海，"夏季每次六万至八万斤"[1]，按照 1936 年的冰价来算，"用天然冰十五磅用机器冰十磅足矣，天然冰十五磅价约一角半左右，本厂机器冰十磅价仅一角二分半则用本厂冰与经济方面每日可少二分半"[2]。如果全部采用天然冰，6 万—8 万斤需要 672.6—896.8 元，如果全用机制冰，价格约相当于 840.75—1 121 元，按照这样计算，当然是用天然冰划算，但是我们不能忽略的问题，就是机制冰的冷藏性能要优于天然冰，正如文中所说"用天然冰十五磅，用机器冰十磅足矣"，若是这样计算，那么用天然冰 6 万—8 万斤，需要 672.6—896.8元，而用机器冰则需要 4 万—5 万斤，价格为 560.5—747.33 元。所以经过这样的比较可知，在渔业用冰上，用机制冰比天然冰更划算。不仅如此，由于渔船所能承载的数量有限，采用制冷效果更好的机制冰就可以减少一部分冰的携带量，这样就能装载更多的渔获。"一条渔轮如果用天然冰代替机制冰，用量要增加 2—3倍，而且加冰时间也长很多，很不经济。"[3]所以渔业用冰逐渐采用机制冰来代替天然冰。

四、冰鲜水产的产、运、销

冰与冰鲜水产有着密切的关系。在冰大规模应用到水产保鲜前，水产多采用盐制或干制之法来长久保存，而用冰保鲜的鱼类则多供皇家或者地主来食用。随着冰厂数量的扩展及制冰技术的提高，更多的冰应用到水产保鲜上。由于水产保鲜

---

[1]《上海之渔轮业(第四号)》，《水产月刊》1934 年第 2 期，第 9 页。
[2]《申报》1936 年 8 月 2 日，第 2 版。
[3] 潘炳炎：《渔业用冰史略述》，《渔业史》1984 年第 2 期，第 38 页。

用冰数量巨大,所以水产行业的兴衰与制冰业也有着密切的关系。

(一) 冰鲜水产的三个来源

上海地区冰鲜水产来源主要有三种形式:"一由本市渔轮直接采捕而来,二由冰鲜渔船收买贩运而来,三由各冰鲜装桶以商轮运载而来。"[1]无论何种形式的冰鲜水产,都离不开冰,至于保鲜一担鱼需要多少冰,或者说冰鲜渔轮出海需要携带多少冰,冰鲜渔船和冰鲜鱼桶头的性质,以及它们各自的特点,则是本节重点讨论的问题。

1. 冰鲜渔轮及渔轮用冰

渔轮的出现,可以说是渔业史上革命性的事件,它不仅可以进行远洋捕捞,而且可以捕获海洋深层的鱼类,拓宽了传统渔业的宽度和广度,成为新式渔业的标志。而中国的渔轮业要属上海最早,清光绪三十年(1904年),"中国第一艘拖网渔轮'福海'号从青岛驶抵上海"[2]。同年,张謇在吴淞创立了"江浙渔业公司"。而上海渔轮业的发展却不是很顺利,同中国的命运一样,跌宕起伏,"30年代初,上海渔轮曾达31艘,在抗日战争中损失殆尽"[3];抗战胜利后,"上海渔轮又有发展,一度将近200艘,上海解放战争前夕再次遭到破坏"[4]。当时的渔轮主要有拖网渔轮和手操网渔轮两类,详细情况见表8。

---

[1] 耘圃:《民国二十二年份上海市进口海产鲜鱼之观察》,《水产月刊》1934年第2期,第5页。
[2] 顾惠庭等编:《上海渔业志》,第10页。
[3] 同上书,第174页。
[4] 同上。

近代上海的渔业用冰与冰鲜水产消费(1931—1949) | 081

表 8　1934 年前后上海渔轮一览表

类别	数量（艘）	平均吨位（吨）	购自何处	每次用冰量（斤）	主要渔获物
拖网渔轮	10	约 170	除自造外，其余购于德国、法国	4 万—5 万	鲟鱼、鳐鱼
手操网渔轮	25	约 45	除自造外，70%购于日本	3 万—4 万	小黄鱼、鲨鱼

资料来源：《上海渔轮专号（上、下）》和《上海渔业志》，《上海市水产经济月刊》1934 年第 1、2 期，第 176、177 页。

当时中国的渔轮多数是购自外国（尤其是日本）的旧渔轮。本国所生产的渔轮较少，生产尚处于初级阶段，而拖网渔轮和手操网渔轮的区别不仅在于渔船体积、吨位，而且在于二者的捕鱼区域。拖网渔轮的捕鱼区域为"长江口外佘山及花鸟山东北"[①]，而手操网渔轮则多在"海礁附近东汀岛东方一带"[②]，二者的捕鱼区域有时也有重叠的部分，如浪岗南方渔场[③]。

关于拖网渔轮和手操网渔轮捕鱼范围的不同，笔者认为有两种原因：一是渔船自身的差别，拖网渔轮可以捕获海底的鱼类，例如鲟鱼为底层鱼类；而手操网渔轮捕获的多为中下层鱼类，如大、小黄鱼都是中下层的洄游鱼类。[④] 二是北部海况较好，岛礁较少，便于吨位较大的拖网渔轮远洋捕捞，而南部岛礁众多，适宜船体稍小的手操网渔轮，岛礁同时可以避风。

渔轮捕获鱼类后因船上并无冷藏设备，故而用冰存储，这涉及用冰量的问题，如表 8 中所示，拖网渔轮和手操网渔轮每次出

① 耘圃：《最近三年来上海渔轮业之回顾及今后之展望》，《水产月刊》1934 年第 4 期，第 28 页。
② 同上。
③ 同上文，第 29 页。
④ 李明德：《鱼类分类学》（第二版），海洋出版社，2011 年，第 200—201 页。

海的用冰量约为 4 万斤。众所周知,用冰量不仅与渔获物多少有关,而且与季节也有很大关系,夏季温度较高,冰易融化,渔轮每次出海所需冰的数量肯定较冬季要多。而表 8 中的用冰量为春季用冰量。

2. 冰鲜渔船及用冰量

（1）冰鲜渔船的性质

冰鲜渔船与渔轮的相同之处在于,渔船运来货物送到鱼行代售;不同之处在于,渔轮有自己的公司,自负盈亏。而冰鲜渔船多受鱼行控制,关于鱼行的性质,尹玲玲在其《明清长江中下游渔业经济研究》中已有论述:"'鱼行'之性质实际为预付本金的包购包销商行。"[1]即在这个环节中,实际上冰鲜渔船起的是中介的作用,将"鱼行—冰鲜船—渔民"联系起来,形成一个网络,因为大部分渔民察觉到贩冰鲜可以从中获利,可是他们并没有资本,无法经营冰鲜船,这样才会出现大部分贩冰鲜者"自废历八月中出发,至翌年五月中终了。十之八九借用鱼行,以作收鲜资本"[2]的情况,也就使得渔民、贩冰鲜者和鱼行之间通过这种关系而联系起来。渔民将鱼捕获,然后卖给冰鲜船,冰鲜船再将鱼贩给鱼行,但是由于鱼行是出资方,所以很多鱼行和冰鲜船之间达成默契,一般从哪家鱼行借贷,就将收来的鱼在哪家贩卖。所以说鱼行既是出资方,又是代售方。正是由于鱼行的双重身份,鱼行会尽可能压低收鱼的价格,抬高卖鱼的价格,才能使利润增大,而冰鲜船的收鲜者也会采取同样的办法施加在渔民身上。综上所述,最后取得最多利益的还是鱼行,而受到压迫最多的还是渔民。

---

① 尹玲玲:《明清长江中下游渔业经济研究》,第 236 页。
② 杨月庵:《上海港冰鲜鱼船之调查》,《水产月刊》1934 年第 6 期,第 9 页。

近代上海的渔业用冰与冰鲜水产消费(1931—1949) | 083

（2）主要渔获物及用冰量估算

冰鲜渔船并不是捕鱼用的渔船,其性质实际上是一种收鲜船,"冰鲜船为大型帆船,渔泛时装载多量之冰,往渔场收鲜,以冰保藏"[1]。所以,冰鲜渔船的出现与用冰来保鲜鱼类有密切的关系。由于冰鲜船是一种收鲜船,所以其货物的来源大多为近海一带,而其运销范围并不大,主要为上海、宁波两地及长江和钱塘江的各埠。兹举上海为例,冰鲜船一年内主要进口的鱼类及次数,如表9所示。

表9 一年内主要冰鲜鱼的运销地及次数统计表

鱼类	运销地					
	上海(次)	宁波(次)	长江各埠(次)	钱塘江各埠(次)	定海、海门、石浦各埠(次)	每次平均积载数(担)
大黄鱼	550	330	180	100	50	400
小黄鱼	700	600	220	100	50	550
带鱼	400	250			20	350
鲳、鳓鱼	50	20				300
墨鱼	50	80			100	400
合计	1 750	1 280	400	200	220	1 750 000

资料来源:《水产月刊》1934年第6期,第11页。

冰鲜渔船"完全用天然冰,容量自五百担至八九百担不等"[2],取每次的平均数为700担冰,而根据表9,平均每次渔获物的担数为450担,可以估算出每担鱼大概用1.5倍的冰来存储,

---

[1] 耘圃:《民国二十二年份上海市进口海产鲜鱼之观察》,《水产月刊》1934年第6期,第6页。

[2] 杨月庵:《上海港冰鲜鱼船之调查》,《水产月刊》1934年第6期,第9页。

而一担鱼等于 50 千克,那么也就是说保鲜一担鱼就需要至少 75 千克的冰。

3. 冰鲜鱼桶头的运销地及用冰量

冰鲜鱼桶头,实际上是将鱼类放入桶中,然后加冰保存,用商船将其运销外地的一种方式。根据文章描述,冰鲜鱼桶头是这样一种形制的桶:"一种松杉木类木材所特制成椭圆形一只木桶而已,普通高约四尺,长口径三尺余,短口径二尺半相近,桶底凿孔两个,备作漏泄溶冰水用。"[1]根据当时的单位,一吨冰等于两立方米冰[2],一米等于三尺。椭圆形桶的体积,椭圆的底面积乘以高,约等于 90 立方尺,而一吨冰等于 54 立方尺,所以一个冰鲜鱼桶头假设全部装冰的话,应该能装 1 吨到 1 吨半之间。当然因为冰鲜鱼桶头中不可能全部装冰,冰和鱼的密度也不相同,冰鲜鱼桶头中冰和鱼的摆放方式是铺一层冰,码一层鱼,"全桶能装鱼自四百斤至六百斤左右"[3],那么可以估算出,冰鲜鱼桶头中,鱼和冰的比例约为 1∶1.5,也就是说冰鲜鱼桶头中需要冰至少 600 斤。

与冰鲜渔轮和冰鲜渔船的性质不同,其原料来源多为冰鲜渔轮和冰鲜渔船所带来的鱼类。与上述两种性质相比,其最突出的特点在于"运输",是一种间接的行为,从渔获较丰的产地,运往需求量较大的地方,或者从鱼价较低的地方运送到鱼价较高的地方。所以冰鲜鱼桶头的出现,更加能调剂供求与价格之间的关系。而上海是全国渔业的重要枢纽,输入上海的数量也最多,"上海各项冰鲜鱼类之运输,大都装于木桶,由商轮载往他埠,或由他

---

① 董亲正:《江浙冰鲜渔船及冰鲜桶头业透视》,《水产月刊》1936 年第 1 期,第 16 页。
② 见《上海市冷藏制冰业同业公会会员冷库容积调查表》,上海档案馆,档案号:S113 - 1 - 8。
③ 董亲正:《江浙冰鲜渔船及冰鲜桶头业透视》,《水产月刊》1936 年第 1 期,第 17 页。

埠载来"[1]，如表 10 所示。

表 10　1933—1936 年运销上海的冰鲜鱼桶头的主要供应地
　　　　及数量统计表　　　　　　　　　　　（单位：担）

时间	地点						
	浙江	山东	天津	江苏	辽宁	福建	日本
1933 年	70 750	45 949	9 371	1 700	395		
1934 年	79 642	58 824	102			152	
1935 年	57 805	26 682	19 201		258		439
1936 年	77 975	18 676	135	1 360			
总计	286 172	150 131	28 809	3 060	653	152	439

资料来源：《上海市水产经济月刊》1933 年 1—12 期，1934 年 1—12 期，1935 年
1—12 期，1936 年 1—12 期。

　　笔者统计了 1933—1936 年间冰鲜鱼桶头主要输入上海的省
份和国家，在这些地区中以浙江和山东为最多，因为浙江拥有舟
山渔场，距离上海位置最近，二者之间运销较为方便，而山东烟
台、青岛一带也为重要的水产运销地和消费市场。冰鲜鱼桶头运
销上海的，"在北方有大连、烟台及青岛等，在南方则为舟山、沈家
门、宁波、石浦、海门、坎门、温州、瑞安等地"[2]。

　　通过对以上三种不同来源的冰鲜进行统计，发现保存一担冰
鲜水产大概需要 1.5 倍的冰。上海地区的冰鲜水产通过以上三
种途径运来，所运鱼类多为黄鱼、鲟鱼等产量较大的海鱼，由鱼行
贩卖给摊贩，再由摊贩贩卖给消费者，随着上海鱼市场的成立，冰
鲜水产转由鱼市场贩卖。

————————

① 《上海冰鲜鱼桶头之现状》，《水产月刊》1934 年第 2 期，第 11 页。
② 耘圃：《上海渔业的鸟瞰》，《水产月刊》1934 年第 7、8 期合刊，第 20 页。

086 | 滨海历史地理

（二）鱼行、鱼市场与鱼摊分布

上海地区水产的贩卖，在鱼市场成立之前多由鱼行来贩卖，冰鲜水产也是如此。遍布上海各地的鱼贩，根据与鱼行位置的远近分别采取不同的运输方式来运送水产，而上海水产交易中心位置的变迁，对水产运送也产生了很大影响。只有深入了解鱼行、鱼市场的运作流程，及其与鱼摊之间的水产运送路线，才能更好了解冰鲜水产的消费。

1. 冰鲜鱼行的运作流程

上海的鱼行主要集中在十六铺一带，"随着上海辟为通商口岸，水产品贸易量增加，鱼摊逐步发展成鱼行，并集于小东门大街（今方浜东路十六铺一段）"[1]。按照鱼行贩卖种类的不同，又可以分成"淡水鱼行（俗称'河鱼行'或'鲜鱼行'）、海水鱼行（简称'海鱼行'或'冰鲜鱼行'）和咸干行三类"[2]。鱼行性质为"代客买卖，从中收取佣金，以营水产物之交易机关，凡水产物到埠后，俱由鱼行代售"[3]。渔民将鱼交给鱼行代售，鱼行再将鱼卖给鱼贩，然后鱼贩把鱼拿到菜场去卖或者以零售贩卖的方式卖给住户或商家。关于鱼行与鱼市场的性质和基本情况，李勇在其博士论文《近代苏南渔业发展与渔民生活》[4]中已经作了基本情况的介绍，笔者在此不做赘述，而是重点介绍冰鲜鱼行的运作流程。

首先要清楚鱼行的运作方式及其人员构成，如表 11 中所示。

---

① 郎汾初主编：《上海市水产供销史》（内部资料），1991 年，第 1 页。
② 顾惠庭等编：《上海渔业志》，第 217 页。
③ 搴：《上海冰鲜鱼行之现状》，《水产月刊》1934 年第 1 期，第 8 页。
④ 李勇：《近代苏南渔业发展与渔民生活》，苏州大学博士学位论文，2007 年。

近代上海的渔业用冰与冰鲜水产消费(1931—1949) | 087

表 11　冰鲜鱼行职务表

名称	月薪(元)	职　　务
经理	30—50	总理一切
落河	30—50	至冰鲜渔船执秤者
高凳	20—40	在行门口执秤者
开价先生	30	专事开价(但亦有老司务之首脑开价者)
汇总	25—30	清账
出摊	20—28	出摊执秤者(但此有时担任外流水)
收账员	12—14	大小月底至各处收账
立桶头	8—12	招揽生意记呼价者
出栈货	8—10	为学生向栈房提货者
流水	6—12	清晨鱼市时,在行门口临时记账者
外流水	6—12	清晨鱼市时露天临时记账者
河下记账	3	随落河至冰鲜船记账,大都由学徒担任之
协理	缺	协理经理办理行中事务
老司务	缺	无工钱,月规一元八角扛手
学徒	缺	每一鱼行大都招收学徒多人,担任屑事,有时记账等即以资格较老者担任之

资料来源:《水产月刊》1934 年第 1 期,第 8—9 页。

按照表 11 中职务的不同,大致可以分为三类:一是经理类,总管一切鱼行事务;二是鱼类买进卖出之工作人员,此类人员负责从渔船上买鱼,然后经过鱼行中转卖给鱼贩;三是管理账目及杂务人员,此类人员多为处理账目及负责日常杂务等。从工资水平上也可以区分出所担任的职务大小及重要程度,除经理外,一般总账房的权力最大,"在每日清晨营业时,有随往冰鲜渔船记账者,有在行外记账者,有在行门两旁记账者,凡每日各项账目俱即日结算清楚,清账后则汇交总账房"[1],即鱼行的任何事情几乎都由账房在监督管理。虽然账房的权力较大,但是从工资上看,执秤者和开价者也并不低,因为他们的工作关系到整个鱼行鱼类的买进和卖出,账房所记账目也要听从执秤者和开价者所报数据。所以他们的工作也非常重要,其余人员可以算作他们的副手。

冰鲜鱼行的运作方式可以这样理解,鱼行的"经理"和"协理"负责整个鱼行的运行工作,当有冰鲜渔船来贩卖,(由于冰鲜水产特殊)"落河"和"河下记账"到渔船上负责称重及记录在册,清晨鱼行贩卖给鱼贩之时,由"高凳"负责在门口称重,然后由"流水"负责记账;"有的鱼行距黄浦江较远,在冰鲜渔船码头附近的路旁,临时架设电灯柱营业,名为'出摊'"[2],此种情况则由"出摊"负责称重,由"外流水"负责记账。这一切鱼类的价格及生意的招揽由"开价先生"和"立桶头"负责,这样一笔生意就做完了。如果人手不够,还需要各类学徒去充任。整个买卖环节结束之后,由"汇总"清账后交予"总账房",以上就是冰鲜鱼行的整个运作流程。

表 11 是 1934 年 6 月统计的结果。根据《申报》1934 年 6 月 2 日记载的鱼价来看,大黄鱼 4—5.5 元/担,小黄鱼 3—3.2 元/担[3],表 11 中给出的最低工资,由学徒充任的河下记账,每月 3 元,其工资水平相当于一担小黄鱼的价格。这样的比较还不能十分确切地看出其工资水平,我们可以用当时的粮价来比较。在 1934 年 6 月 2 日的《申报》中,沪南米市和沪北米市的米价不同,

---

[1] 搴:《上海冰鲜鱼行之现状》,《水产月刊》1934 年第 1 期,第 8 页。
[2] 顾惠庭等编:《上海渔业志》,第 251 页。
[3] 《申报》1934 年 6 月 2 日,第 22 版。

但基本上价格在 7—9 元/石。[1] 也就是说当时员工最低的工资尚不能买半担米,足见当时员工的工资水平。《水产月刊》中的一篇名为"十六铺鱼市夜巡印象"[2]的文章,则生动形象地再现了鱼市交易的场面:

> 我辈为好奇心驱使,不惜牺牲睡眠,到此观临,乍闻腥臭,作呕欲吐,而反身人海潮中,前挤后拥,人身在云雾中矣,彼攘攘者中,均系上海四十余小菜场之鱼贩,及与鱼贩卖鱼类有关之人员,人声之嘈杂,秩序之紊乱难以笔述焉。……所有鱼行之老司务(鱼行长年雇佣之苦力),则精神抖擞,纷向各码头上之冰鲜船,驳船,渔轮船,活水船上(码头上亦因地位狭小,拥挤与纷乱之状,一时无可形容)。扛抬鱼篰、鱼箱、鱼桶等物,行动急速而凌乱,颇似行军之动员。冰鲜渔获物中为大鲜(大黄鱼)、小鲜(小黄鱼)、米鱼(鮸鱼)、毛(鳗)、车片(鲳鱼)、箬鳎(鞋底鱼)、赤色(鲷)……一时纷然排列于临时账桌之四周,淡水鱼如青鱼、草鱼、白鲢、胖头……等,则多系养殖物,尚游于水桶内。鱼行伙友,则高据凳上,手执长秤,司账者急拨算珠,兼司收现,状至为匆忙,另有一人高呼唱价,此外尚有分鱼者及渔轮职员之从旁监秤。各鱼贩则团团围观,背负鱼筐目光四射,如江湖测字先生之观人气色者,在察看鱼之鲜度及价格之合算与否也。各人面部表情均极为紧张而敏锐,其为合意之目的物,则立即放下竹篰,分别选装。盛满之后,随即过秤兑价,

———————————

[1]《申报》1934 年 6 月 2 日,第 22 版。

[2] 耘圃:《十六铺鱼市夜巡印象》,《水产月刊》1934 年第 1 期,第 21 页。

> 高呼野鸡（俗呼扛抬者为野鸡，盖与鱼行之老司务有
> 别）。簇拥而去。如此流水般前后来去，有似潮涌，顷刻
> 之间，变化万千……①

从该文作者的亲身经历可以感受到上海鱼市的火热场面，但更多是感受到交易市场的混乱、嘈杂，以及卫生条件恶劣等问题。鱼行存在的缺点：冰鲜鱼行是冰鲜水产贩卖的中介，它还作为冰鲜渔船的出资人，负责借贷资本给冰鲜渔船，但是要求冰鲜渔船的渔获物必须送到该鱼行来卖，这种交易方式被称为"对卖"。② 这种"对卖"的方法其实是不公平的，"市价之高低，一任鱼行之操纵，受其宰割剥削"③。从事冰鲜鱼船行业的人员，迫于资本是从该行借来，就要受其压迫，而他们从渔民那里收来渔获时，会将这种压迫转嫁到渔民身上，层层剥削，最终受苦的还是渔民。而且不同的鱼行之间内部也会形成不良的竞争，"其在鱼商，惟利之是图，或则贬价竞卖，破坏同行之利益，或则锐意之倾销，或则冒混以为国货，至乎其极"④。

　　1936 年上海鱼市场成立，成为新的鱼类交易中心。它的成立对原来的十六铺一带的鱼行造成了一定的冲击，但是鱼市场的成立是否有必要？成立后它的最初目的是否达到？这是一个值得深思的问题。

2. 上海鱼市场成立后的水产运销

　　"民国二十二年，国民政府实业部为谋'调节产销，平准市价，

---

① 耘圃：《十六铺鱼市夜巡印象》，《水产月刊》1934 年第 1 期，第 21—22 页。
② 顾惠庭等编：《上海渔业志》，第 250 页。
③ 君一：《渔业统制政策之实施》，《水产月刊》1934 年第 1 期，第 2 页。
④ 同上。

发展渔业，统制渔业经济'，计划在上海建设规模较大的鱼市场。"[1]关于上海鱼市场的未来预期，在《水产月刊》中有专门的描述，如表 12 所示。

表 12　上海鱼市场的预期优势

设备方面	经济方面	销路方面	其他方面
有专门设备之市场，秩序整齐，交易迅速，有专设之冷藏库及堆栈设备	冰鲜船进口，鱼市场代办报关手续，迅速便利	鱼市场力谋推广销路，以发达生产	鱼市场因组织严密，对于鱼目混珠者，能立时发现
交通便利，缩短航程，码头长阔，足敷停泊，码头上下，运输极便	鱼市场除为买卖双方迅速完成交易外，所收手续费较少，且予买卖双方以甚多之利益，为渔业中人及公众谋利益		
市场与渔场消息灵通，便利渔业中人	鱼市场视市面需要，均衡支配以稳定市价		
注意清洁	设消费合作社，冰、煤、油及渔具日用品，供给便利而价廉		

资料来源：《水产月刊》1934 年第 3 期，第 5 页。

　　从表 12 中可知，上海鱼市场成立之后，主要解决的问题包括四个方面：设备、经济、销路和外国水产倾销。这四个方面中，又以前两个方面最为重要，而设备属于硬件方面，是场所等基础设施建设的问题。只要鱼市场选址得当，建设完善就可以解决，经济方面的问题则非易事。

————————

[1]　顾惠庭等编：《上海渔业志》，第 224 页。

上海鱼市场成立后,按照营业规定,"鱼货输入上海市之第一次交易须在鱼市场行之"[1]。将水产交易的权力从原来鱼行的手中,收归鱼市场管理,起到规范市场秩序的作用。具体的水产交易方法为:"渔轮捕捞的水产品、冰鲜渔船(帆船)的海水产品和内河活水船的淡水鱼以及桶件的海淡水产品,采用委托鱼市场经纪人(鱼行)代销的形式,称为卸卖。"[2]

上海鱼市场选址在复兴岛是与大上海计划有关,"闻此次鱼市场将改建筑于杨树浦定海桥附近,其地距离市中心区不远,是与总理计划——现在市政府当局努力建筑的大上海计划相吻合"。实业部将上海鱼市场位置选定在复兴岛,同时也是想使鱼市场脱离租界范围,便于实业部掌控。[3]

1937年"八一三"事变爆发,"鱼行同业仍回到十六铺小东门一带恢复原有营业状态"。但是这种状况并没有维持多久,1938年日伪"在杨树浦齐物浦路(今江浦路)黄浦江畔"成立鱼市场,对上海的鱼市实行统制。爱国人士在十六铺成立中法渔业公司等机构顽强抵抗,但最终力不能敌,还是沦为日伪鱼市场的分支机构。这种状况一直持续到1945年。抗战胜利后,国民政府派人接收日伪上海鱼市场,而复兴岛的旧址则"出借于渔业善后物资管理处使用"。上海鱼市场从复兴岛—十六铺—杨树浦几经变迁。[4]

为了了解上海鱼市场成立后水产交易情况,笔者取1936年7—12月半年来上海全部水产进口数量和价值与1935年7—12月做对比,详细情况如表13所示。

---

[1] 顾惠庭等编:《上海渔业志》,第224页。
[2] 郎汾初主编:《上海市水产供销史》(内部资料),第115页。
[3] 徐季搏:《上海设立鱼市场的面面观》,《水产月刊》第5期,第21页。
[4] 顾惠庭等编:《上海渔业志》,第225页。

近代上海的渔业用冰与冰鲜水产消费(1931—1949) | 093

表 13　1936 年 7—12 月与 1935 年同比水产品进口统计表

1936 年	7 月	8 月	9 月	10 月	11 月	12 月	总计
数量(担)	76 085	78 378	124 634	176 184	173 823	239 773	1 152 109
价值(元)	1 053 313	1 055 598	1 556 648	2 154 467	2 469 881	2 835 835	12 821 764
1935 年	7 月	8 月	9 月	10 月	11 月	12 月	总计
数量(担)	74 610	69 302	78 303	136 712	176 184	127 963	808 835
价值(元)	1 220 798	877 976	935 002	1 698 612	2 154 467	1 289 166	9 466 915

资料来源:《上海市水产经济月刊》1936 年第 7—12 期,每卷第 1 页。
说明:小数点后数字四舍五入。

通过表 13 可以看出,上海鱼市场成立之后水产进口与成立之前相差无几,不仅数量上没有减少,反而有所增加。在上海鱼市场成立一周年之际,《水产月刊》1937 年第 4 卷第 5 期《上海鱼市场一周年纪念专刊》里,鱼市场的总经理王晓籁在总结鱼市场成立一周年的成就时讲到:"上年(1936 年)5 月 12 日至 6 月 10 日,与本年(1937 年)同月同日相较,此一月中除咸干鱼外,上海河海鱼营业总值计 1 387 180 余元,本年计 2 122 030 余元,实增 734 840 余元。以百分比计,增 50.3%,足证营业发展,与时俱增。"[①]

由此可见,上海鱼市场的成立还是收到一些成果,但是由于上海鱼市场存在的时间较短,刚刚成立一年多,就被战争打断了正常的进程。所以其标榜的目标能否实现,达到的效果如何,是不能在短短的一年之中看出来的。依其这一年来的营业额来看,与前几年相较有所增加,可见上海鱼市场的成立,在当时还是有一定效果,但其自身的缺点从成立之初便显现出来。

其一,从性质上来看,上海鱼市场并不是纯官方领导的,而是官商合办。纯官方办理的话,一是经费有限,二是恐怕没有鱼行

———————————
① 王晓籁:《一年之回顾与展望》,《水产月刊》1937 年第 5 期,第 12 页。

愿意进入鱼市场。鱼行们以"有现成鱼市场七八十年了,不需要另设鱼市场,冰鲜业无力投资,也不愿当经纪人"[1]等理由拒绝加入并抵制上海鱼市场的成立。"余凯湛(实业部参事)则拉杜月笙帮忙,不断向鱼行劝说,不断设宴请客,先后宴会至少十二三次之多。"[2]同时,请杜月笙来做上海鱼市场的理事长,而鱼市场的最高权力机构也是理事会,鱼市场的大权都掌握在杜月笙手里。

其二,鱼市场成立后,将鱼行搬到市场内,鱼行老板以经纪人的身份参加,并占有一定的股份。水产品交易方式上,并未采取新的竞卖方式(拍卖制),还是采用原来惯用的鱼行对卖的销售方式。这样一来,鱼市场也只是"换汤不换药",是和鱼行商人们争夺利益而已,将鱼行的利润分割一部分给鱼市场。更有人建议说,"不消灭中间剥削的鱼行,中国渔业无法复兴"[3]。其实,中国渔业的复兴在于生产、销售、分配等各个环节的发展,而不单单是消灭鱼行,并且鱼市场成立后,鱼行并未彻底消灭,而是摇身一变,以经纪人的身份继续参与鱼市场的交易,只是利润有一部分落入鱼市场手中而已。

其三,上海鱼市场成立后不公平的现象仍然存在,而且变本加厉。"他们(指恶霸)在鱼市场强占硬买,压斤抑价,甚至不付钱。他们往往在鱼市场未开秤前,抢先进场,上船翻舱,将优质鱼货霸占一空,人们称之为'钻舱老鼠',他们看中的鱼货,装篰过秤,一般六折计量,甚至还要白拿。"[4]这种黑暗面到中华人民共和国成立前一直存在。

———————————

[1] 上海市政协文史资料委员会编:《上海文史资料存稿汇编》第六辑,上海古籍出版社,2001年,第231页。

[2] 同上书,第232页。

[3] 同上书,第231页。

[4] 顾惠庭等编:《上海渔业志》,第226页。

上海鱼市场存在的固有缺陷,在当时有些是无法根治的,所以即使不被战争影响而打断进程,上海鱼市场未来的发展恐怕也与预期所设立的目标会有很大差距。上海鱼市场从1934年计划建设到1936年正式开幕,再到1937年"八一三"事变爆发,运行仅短短一年时间后就落入敌手。虽然战后重新恢复上海鱼市场,但是其重心已经转变到战后的恢复和发展,与之前不可同日而语。

3. 鱼摊分布与水产运送线路

菜场作为人们生活的公共空间,在这里不仅进行着简单的商品交易,这里更能体现和折射出上海市民的生活水平和生存状态。菜场集中分布的地点,也通常是交通便利、人口分布密集的地区。通过研究在菜场交易中占有重要地位的水产交易场所——鱼摊的数量和分布,可以展现出一幅水产消费的图景。

上海既是全国水产的重要集散地,也是一个重要的消费市场,"据30年代的记录,本市经销的鱼类等水产品约占全国水产品销售量的三分之一"[1]。据《上海市水产经济月刊》1936年统计,上海市一年可以消耗水产130余万担。鱼贩从十六铺一带的鱼行批发水产,然后运送到菜场的鱼摊去贩卖,从鱼摊的数量上来看,租界内有鱼摊2 000多个,沪西、闸北、南市内有鱼摊1 000多个,这还只是固定的鱼摊数目,还不算沿街挑担叫卖的鱼贩。由于各个菜场内包含的鱼摊数目有多有少,多者如虹口三角地菜场可达200余个鱼摊,少则如方斜路菜场,仅有3个鱼摊。鱼摊的运营情况,与资本额度和所处地理位置有很大关系,这一点从菜场中鱼摊数目分布上即可看出,距离十六铺鱼行较近者,交通便利,人口密度大,需求量也多,所以菜场中鱼摊数目也较多;而距离十六铺鱼行较远者,菜场中鱼摊的数目也较少,"即同一菜场内,有每

---

[1] 郎汾初主编:《上海市水产供销史》(内部资料),第145页。

月售出十余元者,有竟致三百余元者,亦有每日仅售三四元者"[1]。

根据所收集资料,可对 1935 年上海鱼市场计划的水产运送线路与鱼摊数量分布有一个较为全面的了解,从规模上来看,鱼摊数目较多者,如虹口三角地、大自鸣钟、八仙桥、老闸桥、福州路等菜场,多分布在租界范围内及南市十六铺一带。从贩售鱼类上来看,"沪西、闸北一带鱼摊,大都售淡水鱼及咸鱼。杨树浦之西,八仙桥西藏路之东,十六铺附近,售海鲜鱼为多"[2]。从这句话可以看出,食用海鲜鱼类的人大多集中在今桃园路、西藏路(大世界附近)及法租界十六铺附近,而食用河鱼的人多集中在上海西部和闸北一带,海鲜鱼类似乎并未完全为上海市民所接纳。其中的原因据笔者估计,是与当时上海各个区外来移民的分布有关,另外也是由不同的生活习惯造成的,"苏锡帮擅长烹制河鲜、湖蟹、蔬菜类的菜肴"[3],"而宁波菜以海鲜占多数,品味偏咸,又咸又鲜"[4]。上海人有很大一部分是外来移民,在这些移民中数量较多的"第一是江苏,第二是浙江,至于第三名,在公共租界是广东人,在华界是安徽人"[5],所以很多人本身并不喜欢吃海鱼,如"上海海洋鱼类,其过剩原因,实由于社会人士,无食鱼之习惯,及当业者缺乏宣传所致"[6],加上冷藏保鲜设备的不完善,海鲜鱼类还不能更多深入内地所导致的,如"铁道对于鲜鱼运送,最为便利敏捷,但吾国各铁道对于输送鲜鱼,尚无特种设备,故鱼介由铁道输送者,并不多见"[7],又如"沿铁路各市镇鱼类之消费数量不多,其

---

① 张济、觉民:《上海各菜场鱼摊之概况》,《水产月刊》1935 年第 9 期,第 51 页。
② 张济、觉民:《上海各菜场鱼摊之概况》,《水产月刊》1935 年第 9 期,第 50 页。
③ 顾承甫:《老上海饮食》,上海科学技术出版社,1999 年,第 40 页。
④ 同上书,第 48 页。
⑤ 熊月之:《上海通史》,第 73 页。
⑥ 耘圃:《推广水产物销路方法刍议》,《水产月刊》1935 年第 10 期,第 2 页。
⑦ 搴:《二十二年上海鲜鱼铁道输送之调查》,《水产月刊》1934 年第 3 期,第 17 页。

原因为内地人民食惯河鱼,所有各种海鱼除大小黄鱼及一部盐干品外,嗜者甚少"[1]。

在上海鱼市场成立之前,鱼贩们要到十六铺鱼行去买鱼,然后拉到菜场去贩卖。由于鱼摊距离十六铺鱼行的远近不同,采取的运送方式也稍有不同,"凡近者,雇挑夫或黄包车输送,稍远者,雇黄包车或小汽车送之"[2]。采用汽车运送的菜场,从位置上看,多处于沪西、闸北一带。距离不同,所付车费也不同,在虬江路、虹口三角地、三阳路、提篮桥一带,车费大约 15—18 枚铜元,而距离较远的徐家汇、曹家渡等地,车费要 45—60 枚铜元(大洋一分等于铜元三枚)。具体情况详见表 14。

表 14　鱼市场成立前汽车从十六铺运送水产品到鱼摊所需车资表(单位:铜元)

地点	今址	每次车资
华德路	长阳路	十八枚
高郎桥	长阳路桥	二十四枚
虬江路	虬江路	十六枚(包月四至六元)
杨树浦洋布局	杨树浦	二十枚
北泥城桥公安里	北京路、西藏路	十六枚
虹口三角地	塘沽路、汉阳路、峨嵋路	十五枚
虹镇香烟桥	香烟桥	十七枚
三阳路	中山北路	十二枚
八埭路	不详	十八枚
辽阳路	辽阳路	十八枚

[1]《实业部上海鱼市场计划说明书》,《水产月刊》1934 年第 5 期,第 7 页。
[2] 张济、觉民:《上海各菜场鱼摊之概况》,《水产月刊》1935 年第 9 期,第 50 页。

续　表

地点	今址	每次车资
拉都路	襄阳南路	包月六元
黄浦码头	外滩附近	十八枚
狄斯威路	溧阳路	十八枚
提篮桥	海门路、长阳路处	十八枚
闸北宝兴路	静安区宝兴路	十六枚
长浜路	长浜路	十六枚
王家楼	不详	六十枚
曹家渡	苏州河南岸	六十枚
共和路	共和路	六十枚
徐家汇	徐家汇	六十枚
周家桥	不详	四十五枚（包月五元）
小沙渡路	西康路	三十枚

资料来源：《水产月刊》1934 年第 9 期，第 50 页。

上海市内水产的运送，"因临时输送而雇佣车船或小工，往往费用甚巨，增加水产物之成本，减少盈利"[1]。按照上文有的鱼摊每日仅售三四元，有些位置偏远的小鱼摊，车费"每天大洋就要一角至三角，若包月，每月四元至六元"[2]。其他费用不算，一个月的车费就要抵上两天的收入。随着上海鱼市场的建设完毕，水产到沪交易的地点从十六铺变为复兴岛鱼市场。由于鱼市场位置距离水产消费量大的菜场较远，从而催生了一个新的行业，即专

---

[1] 张济、毛菊生：《上海市内水产物输送方法暨渔船进口报关办法》，《水产月刊》1935 年第 11 期，第 21 页。

[2] 张济、觉民：《上海各菜场鱼摊之概况》，《水产月刊》1935 年第 9 期，第 50 页。

门运送水产的车队,从鱼市场出发,将水产运送到上海市内的主要鱼摊上,改变了以前由三五鱼贩结伴包车将水产自行运送到鱼摊的历史。"我(黄振世)就组织 100 辆卡车,成立利商汽车运输公司。"[①]上海鱼市场根据上海市内鱼摊数量的分布,规划了五条水产运送路线(另有水路一条)。1936 年 5 月 25 日《申报》中刊有利商公司运送路线及运费的价格表,如表 15 所示。

据表 15 可知,运输公司根据运送地点的远近,分为"二十段",也就是根据鱼摊距离鱼市场位置的远近,基本上将其分成 20 个地段,列出 20 种不同的计价方式。与上海鱼市场成立前相比较,汽车从十六铺鱼行运送水产到不同的鱼摊,有以下变化。

其一,因为水产交易的中心位置发生变化,所以鱼摊相对于水产市场的位置也发生了变化,曾经有些距离十六铺较远的虹口、闸北一带的鱼摊,如今距离鱼市场的位置较近,所以运费较为便宜,十六铺附近的鱼摊,距离变得相对较远,而沪西一带,徐家汇、曹家渡一带仍然距离较远,运费较贵。

其二,对于运费规定的详细程度上,鱼市场成立之前,根据距离远近,运费仅按次计算,包月大洋 4—6 元,每次也仅大洋 1—3 角。而鱼市场成立后,水产运送的费用上,划分得更加详细,不仅按照距离结算,而且还按照货物重量结算。纵向来看,运送到同一地点的水产品,因为包装规格的不同,会有不同的价格。以运送到平凉路为例,大箱口每件 150 斤,价格 6 分;大擎篰每件 70 斤,价格 4 分;中擎篰每件 40 斤,价格 2 分。从横向来看,同一种规格的水产品,运送距离远近不同,价格也不同。以大箱口每件 150 斤为例,送到平凉路价格为 6 分,运送到三角地价格为 7

---

① 黄振世:《旧上海的鱼市》,上海市政协文史资料委员会编:《上海文史资料存稿汇编》第六辑,第 233 页。

表16 上海利商运输公司全市菜场路线及运价表

与鱼市场距离	第一段	第二段	第三段	第四段	第五段	第六段	第七段	第八段	第九段	第十段
菜场所在位置	平凉路、太和街、松潘路	引翔港、舟山路、江阴路、齐齐哈尔路	元芳路、梧桐路、三角地	有恒路、三角地	虹镇、虬江路、嘉兴路、狄斯威路	伯顿路、唐家弄、老闸桥附近四马路	老闸桥、八仙桥、九亩地	菜市街、梅白格路、山海关路	大沽路、哈同路、西摩路、长浜路	
大扛篮每件市秤三百五十斤价格	松潘路一角八分,平凉路二角,太和街二角	引翔港、舟山路二角二,齐齐哈尔路二角,辽阳路二角四	三角五分	三角五分	三角五分	三角五分	三角五分	三角七三角	三角	三角五
大箱口每件一百五十斤价格	六分	六分	七分	七分	七分	七分	一角	一角	七分	一角
大簍筁每件七十斤价格	四分	四分	五分	五分	五分	五分	八分	八分	五分	八分
中簍筁每件四十斤价格	三分	三分	三分	三分	三分	三分	四分	四分	三分	四分
冷藏额每件五十斤价格	三分	三分	三分	三分	四分	四分	七分	五分	四分	五分
笋箩每件价格	五分	五分	六分	六分	六分	六分	七分	七分	六分	七分

续表

	第一段	第二段	第三段	第四段	第五段	第六段	第七段	第八段	第九段	第十段
与鱼市场距离										
代步费每位价格	六分	六分	七分	七分	一角	一角	一角	一角	一角	一角

	第十一段	第十二段	第十三段	第十四段	第十五段	第十六段	第十七段	第十八段	第十九段	第二十段
与鱼市场距离										
菜场所在位置	唐家湾、菜市路、打浦桥	小沙渡、将家桥、静安寺、曹家渡、猪油浜等处	建业里、徐家汇、江阴街、新桥头、法华镇、福佑路、拉都路、斜桥、老白渡、三角街、高昌庙、老龙华	小东门、万生桥、水神阁	小东门、沪军营、宝家阁、严家路、宝昌路、三阳路、吴淞	宝山路、高兴路、宝源路		共和路、公益路、卡德路	周家桥、中山路、北新泾	
大江篮每件市样三百五十斤价格	三角五分	蒋家桥、小沙渡、婴华里三角二分；曹家三角五分；猪油浜三角五分	三角二分；曹家三角、余三角三分	三角五分	三角六分	三角三分		三角三分	三角五分	三角五分

续表

与鱼市场距离	第十一段	第十二段	第十三段	第十四段	第十五段	第十六段	第十七段	第十八段	第十九段	第二十段
大箱口每件一百五十斤价格	一角	一角	一角四分	一角	一角	一角五分	一角七分	一角七分	一角七分	一角二分
大鲞箱每件七十斤价格	八分	八分	九分	八分	八分	一角	一角	一角	一角	一角八分
中鲞箱每件四十斤价格	四分	四分	七分	四分	四分	八分	三分	八分	四分	八分
冷藏每件五十斤价格	五分	五分	八分	五分	五分	九分	四分	九分	五分	九分
笋鲞每件价格	七分	七分	九分	七分	七分	一角二分	一角六分	一角二分	一角六分	一角二分
代步费每应价格	一角	一角二分	一角四分	一角	一角	一角二分	一角	一角五分	一角	一角五分

资料来源：《申报》1936年5月25日，第2版。

分,而到老闸桥、四马路则要 1 角。

按照表 15 中呈现的价格,不仅价格较之前要高,而且尚有不合理之处。如:汽车不仅是运送水产,还要将摊贩从鱼摊拉到鱼市场,返回时不可能只运送水产回去,而不将鱼贩带回去。按常理来讲,一车之上肯定不止一家鱼摊的货物,所以摊贩都会随车返回,那么这样一来,代步费就成了额外征收的一笔费用了。其次,费用计算方式,从每次按照距离不同,费用不同,转变到加上按照货物重量计算,无疑增加了鱼贩的负担。以前距离十六铺鱼行较近的鱼摊,可以不用汽车运送,如此一来,只能选择汽车运送,运送费所占比重也逐渐增加。

总之,上海鱼市场建立之后,按照这种水产运送价格,比之前在十六铺鱼行时的价格要高很多。比较大的鱼摊如八仙桥、福州路、大自鸣钟、老闸桥等,或者说消费水产比较集中的地区多在租界地区和十六铺一带。这里曾经距离水产交易中心很近,运费低廉;而随着水产交易中心转移到位置较为偏僻的复兴岛一带,距离大大拉长,鱼摊摊贩们无形中多了一笔不小的运费开支。这种水产交易市场与水产消费市场分离的布局,给鱼贩们带来许多不便之处,从这一角度来看,上海鱼市场的选址并不十分科学。

一个个菜场中鱼摊的点和不同交通工具输送水产的线,构成了一个上海水产消费的网络。通过它们又可以知道上海租界与沪西、闸北一带水产消费的差异,这种差异不仅与不同区域居住的人口的食鱼风尚有关,而且也与水产的保鲜和供应有关。随着水产大部分用冰来保鲜,人们也不用再"忍臭吃石首"[1],也为各

———————————

[1] 〔宋〕范成大撰,陆振岳点校:《吴郡志》卷二九,江苏古籍出版社,1999 年,第 437 页。

种不同风格的菜馆落户上海提供了丰富的食材。供应网络的不断完善,使得内地居民也可以吃到海鱼。

五、冰厂蓬勃发展至"二战"后上海地区的水产消费

随着上海地区冰厂数量的遍地开花和冷藏制冰行业的蓬勃发展,上海地区从事冰鲜水产贩卖的冰鲜鱼行数目也在逐渐增加。据统计[①],1936 年时经营冰鲜鱼行(海水鱼行)的数目达到26 家,而同时期经营河鲜行业的淡水鱼行,数量仅有 8 家,二者相差悬殊。从事冰鲜水产贩卖行业的人数逐渐增多,反映该地区冰鲜水产消费的比重上升。

我国古代鱼类保鲜,通常采用盐藏和干制之法,这两种方法的原理相似,都是尽可能榨干鱼体内的水分,使其不易腐败。但是这两种传统的保鲜方式似乎达不到"鲜"的标准,它们的适口性较差,或多或少都改变了鱼肉的本来味道。在南方甚至有被称为"忍臭吃石首"的习惯。清末民初随着冰窖、冰厂的大量出现,冰也大量应用于水产保鲜。"上海为吾国冰鲜鱼类集散之总枢。"[②]在这一时段中,冰鲜水产已经占据了水产市场的大半,输入上海的冰鲜主要有冰鲜渔轮、冰鲜船和冰鲜鱼桶头三种类型。

随着渔轮业的发展,出现了很多新式海鲜,并且数量、价格等方面较传统的海鲜(大、小黄鱼)要高,所以后面渔业努力的方向是捕获更多价值较高的海鲜,如"铜盆鱼、金线、鲳、鲵、鳗等"[③],

---

① 《解放前上海鱼行户数变化情况表》,郎汾初主编:《上海市水产供销史》(内部资料),1991 年,第 34 页。
② 佚名:《上海华商冷藏公司之调查》,《水产月刊》1934 年第 4 期,第 3 页。
③ 耘圃:《最近三年来上海渔轮业之回顾及今后之展望》,《水产月刊》1934 年第 4 期,第 31 页。

但并不等于大、小黄鱼不重要。从数量和价格来看,虽然在渔汛时节数量多,较为便宜,但是由于冰厂、冷藏库的兴建,大量的商人发现其中的商机,在渔汛时冷藏大量的大、小黄鱼,而在淡季时以更高的价格出售,所以大、小黄鱼成为冷藏鱼类的宠儿,不仅因为其数量巨大,更因为它们是传统受欢迎的海鲜,易于出售。

在抗日战争之前,上海地区的水产消费每年达到 130 万担左右,而冰鲜水产的消费占据水产市场的 60% 以上。从 1937 年"八一三"事变爆发,到 1949 年上海解放,中间经历了抗日战争和解放战争,由于战争因素的影响,上海的水产业也受到很大影响,水产消费从数量到种类上都发生了很大变化。

从 1937 年到 1945 年的这段时间,上海地区的水产消费出现了非常态的发展,这种发展并不是正常的发展,而是受战争因素影响出现的。从外在表现看,随着战争的开始,上海及周边居民纷纷到租界避难,他们所带来的购买力,为水产消费带来异常的繁荣;随着战事的推进,日军进入租界,一大批人纷纷逃难,又使水产消费骤降。从内在看,日本利用战争期间对上海的控制,向上海大肆倾销水产,侵占了中国的水产市场,为其自身牟取了巨大的利益。这种非常态的发展直到抗日战争结束,才得以终结。

抗日战争结束后,经过日军八年的蹂躏和摧残,我国的各项事业百废待兴,水产业也不例外。在战争期间,"日本船只在日军的保护下乘机大举侵入中国东南沿海,大肆捕捞,并将捕获物运入上海鱼市场倾销"[1]。不仅如此,捕获鱼类的渔船、渔轮等,破坏、受损严重,导致到 1946 年为止,"上海方面接收敌伪水产机构的渔轮,现在可以勉强应用的,共有五对"[2]。上海地区的渔业想

---

[1] 黄美真:《日伪对华中沦陷区经济的掠夺与统制》,社会科学文献出版社,2005 年,第 396 页。

[2] 谢潜渊:《论上海新兴的渔业公司》,《水产月刊》1946 年第 2 期,第 18 页。

要恢复到战前水平,是需要一段时间的。

联合国拨给我国渔业的救济物资,截至 1948 年 4 月,"两年多来始终没有分配"[1]。笔者认为计划实行不顺利的原因主要在于政府部门的监守自盗,"一部分渔业物资,经由商人之手,在市场上发现"[2]。原本是用来救济我国渔业的物资,却被资本家用来贩卖以获取利润。并且除已经拨发下去的渔轮外,渔管处的渔轮也参与海外捕鱼,"本市自上年(1947 年)以来,因行总渔管处渔轮三十余艘,全部鱼货在沪销售"[3]。与民争利,无形中又增加了上海鱼市的压力,让刚刚复苏的民营企业受到冲击。并且冰厂及冷藏库等配套设施未能及时建造。"(联合国)给予当时的政府大批渔业救济物资,其中有 75 套 15 吨的制冰厂设备。但由于当时政府的无能,连一个制冰厂都没有建立起来。"[4]

虽然联合国救济我国渔业的计划实行并不乐观,很多救济物资并没有落到实处,但是在战后各种刺激政策的影响下,我国渔轮业几乎恢复到了战前水平。从海水鱼的消费数量上看几乎与战前持平,这对于抗战刚刚结束、正处于复兴阶段的我国渔业来说已经是一大进步了。

在物价飞涨的时期,上海市民消费水产的风尚也有细微的变化。"近半月来,有几种东西的上涨率,已超过粮食和燃料多多。一种是咸黄鱼,近日上海的街头巷尾,或者临街晒台上,到处可见晒干的咸黄鱼,几乎可以说是家家必有几斤,其销路的总数如何,

---

[1] 《渔业物资木材数量·民营渔业需求查明并要求分配木材以外的物资》,《水产月刊》1948 年第 3 期,第 39 页。

[2] 《联总渔业器材一部分已抵沪》,《水产月刊》1947 年第 2 期,第 95 页。

[3] 上海市渔轮业同业公会:《对鲜鱼限价之意见》,《水产月刊》1948 年第 8 期,第 42 页。

[4] 潘炳炎:《渔业用冰史略述》,《渔业史》1984 年第 2 期,第 39 页。

当可想见。"①由于咸干类水产可以长久存放,水产的价格较其他物价来说上涨缓慢,从而对消费者有利,所以咸干类的大小黄鱼成了家家户户必备之物。咸干鱼的消费量几乎快达到海水鱼的消费量了。

1945—1949年上海地区水产消费,总体上来说是在战后渔业复兴及联合国救济中国渔业的前提下,经过战后的恢复和联合国的救济,基本上恢复到了战前的水平。但是受到解放战争爆发和通货膨胀的社会背景影响,水产消费出现了以咸干类水产居多的特点。

结语

随着清朝末年冰被广泛用于水产保鲜,水产保鲜加工工艺经历了一个历史性的变革,冰鲜水产逐渐发展起来,冰与冰鲜水产紧密联系在一起。上海地区冰厂的发展从抗战前、抗战时、抗战后三个不同的时段来看,经历了蓬勃发展、萧条和战后恢复的过程。冰鲜水产随着冰厂的发展变化,也经历了类似的过程,由战前冰厂蓬勃发展时冰鲜水产占据水产市场半数以上份额,到战时冰厂被日本垄断,生产的机冰全部用到倾销中国水产的渔业保鲜上,我国水产市场的正常秩序遭到破坏,再到战后在联合国救济的背景下冰厂数量与冰鲜水产产量逐步恢复到战前水平。冰厂数量不仅影响到上海地区渔业的发展,同样随着上海水产市场位置的变化,对冰厂的分布也有一定影响。战前机制冰厂多分布在十六铺、闸北等租界范围内,战后机制冰厂多分布在杨树浦上海鱼市场附近,这一变化也导致渔业用冰上的一个变化,即机制冰

———————————
① 《炮火下的物价》,《申报》1949年5月19日,第4版。

和天然冰地位的转换。

与战前、战时、战后相对应的分别是机制冰逐渐取代天然冰，机制冰几乎完全取代天然冰，天然冰重新占据市场。在战前冰厂刚刚起步和发展时，机制冰从最初以供应菜馆、住户为主，开始出现取代天然冰用于水产保鲜的迹象。战争开始后，日本垄断冰厂，将生产的机冰用来保鲜从中国沿海捕获、倾销于中国市场的水产。并且随着西方卫生观念的传入，工部局以天然冰有碍卫生，禁止其与一切生冷食品接触。在这一阶段，机制冰已经取代了天然冰的地位。而战争结束后，各项事业百废待兴，渔业也逐渐恢复和发展到战前的水平，需要保鲜的水产也逐渐增多，可是冰厂恢复发展的速度却明显跟不上水产发展的速度。生产机制冰的原料阿摩尼亚（氨）进口受到限制，机制冰不能满足市场需求，人们只好请出天然冰来救济市场，而此时负责主管卫生的部门也放松了禁令，称经检验合格的天然冰可以用来保鲜水产。于是天然冰又重新占据水产保鲜的市场，直到 20 世纪 70 年代，天然冰彻底退出历史舞台。

冰鲜水产行业的发展促进了冰鲜水产的消费，上海地区冰鲜水产主要来源有三个，即本市冰鲜渔轮所捕获者、由冰鲜鱼行出资的冰鲜渔船所收购者和外地鱼市场冰鲜鱼桶头运来者。在这三者之中，占据比例最大的是冰鲜渔船运来的冰鲜。上海鱼市场成立之前，冰鲜水产多由位于十六铺一带的鱼行代售，再运送到遍布上海的鱼摊去零售，上海鱼市场成立后，由鱼市场统一贩卖。上海地区水产消费的中心，从鱼摊的分布上来看，主要集中在租界范围内及租界外的南市一带。但由于上海鱼市场为配合大上海计划将场址建在远离水产消费中心的复兴岛上，如此一来，增加了鱼摊摊贩们进货的成本。从这一点来看，上海鱼市场的选址，并未充分考虑到消费市场的因素。

上海地区冰鲜水产的消费与人口的流动有很大关系,上海的外来人口以宁波人、苏北人、徽州人、广东人、四川人等居多,宁波人、广东人多喜食海鱼,苏北人、徽州人多喜食河鱼,不同的饮食风格在此汇聚,不同的菜系推动着上海饮食风尚的变迁,尤其是洋人开设的西餐厅,更加丰富了水产的做法。海鱼中尤其以大小黄鱼、鲩鱼、鲟鱼等较受欢迎。人所到之处必有消费,人群汇集之处必是消费的中心,即使在抗日战争爆发后,大量租界外人口向租界内涌进,一时间租界内人口骤增,同样也带动水产消费异常繁荣,但当日军进入租界后,人们纷纷逃难而去,租界内人口骤减,水产消费大打折扣。

总之,随着冰厂的发展,冰被广泛用于水产保鲜,促进了冰鲜水产行业的发展,而冰鲜水产行业的繁荣,也带动了冰鲜水产的消费,改变了过去"忍臭吃石首"的习俗,产生了新的饮食风尚。

论民国二十五年浙东岱山的盐户渔民暴动案

尹玲玲

民国二十五年(1936年)7月13日,浙江岱山的盐户渔民因反对食盐归堆与渔盐变色,联合三千余人发动空前的暴动。这次暴动的规模无论从参与人数、武力配置还是持续时间来看,都可以说是相当大的。岱山盐场场长、秤放局局长被害,税警局员工被害者二十余人,伤者四十余人,而渔民盐户死者三十人,伤者百余人。秤放局长缪光及书记员钱甸和并遭暴动民众执行剖腹挖心,悬尸示众,甚至填石沉海之刑,情状极其惨烈。[①] 对于这一暴动事件及其善后的问题,事后不久就有专题性研究论文在相关专业杂志发表或转载。[②] 20世纪80年代,中共岱山县委党史资料办公室组织编写了关于此次盐渔民暴动的综合报告,文后并附有一篇曾亲眼看见这一惨案的当时人的回忆录。[③] 90年代后,陆续

[①] 《时事公报》1936年7月16日,第1版;《岱山渔盐民大暴动》,《申报》1936年7月18日,第11版;《岱山渔民暴动真相》,《申报》1936年7月19日,第10版。

[②] 盐迷蒋:《论岱山盐户渔民之暴动及其善后》,《盐政杂志》1936年第65期,第1—21页;《水产月刊》1936年第9期,第66—72页。黄敬武:《从最近岱山盐渔民暴动想到实行新盐法的要点》,《盐政杂志》1936年第65期,第70—83页。《岱山盐渔民暴动案之真相》,《盐务汇刊》1936年第95期,第155—159页。

[③] 中共岱山县委党史资料征集小组办公室:《一九三六岱山盐、渔民暴动:岱西公社老盐民座谈记录》,《舟山革命斗争史资料》1982年第6期,第1—4页。中共岱山县委党史资料办公室整理:《一九三六年岱山盐渔民暴动》(综合报告),《岱山革命斗争史资料》1988年第4期,第1—9页(附《金春来回忆》,毛全庚、张昌茂访问、录音、整理)。《岱山渔民暴动案推事化装调查真相》,《岱山革命斗争史资料》1988年第4期,第61页。

又有涉及这一问题的研究成果,如马登潮先生 1996 年的《浙江省民国盐务档案述评》[1],对于我们全面而充分地利用档案资料做进一步的深入研究很有帮助和启发。叶恒先生刊发于《盐业史研究》2012 年第 4 期的《从岱山惨案看民国浙江地区的盐政》[2],则是进行专题性的深入讨论的研究成果,有助于我们从盐政制度及其变革这一视角很好地认识此次暴动案。事实上,对于官民双方就暴动事件的经过、原因及其善后方面的不同立场和矛盾说辞,以及在此事件之后浙东滨海地区的渔盐生产和区域开发的经济和政治环境方面的深远影响,都还存在较大的讨论空间。本文希望在已有研究的基础上,追溯岱山盐场的建置沿革以及盐业生产之源流,从其渔盐资源的密切配合这一角度深入分析岱山渔业资源的开发利用,指出岱山惨案爆发的原因之一在于渔盐资源配合上的失衡,并进一步探讨渔盐税额的演变与渔盐用量在岱山产盐总额中所占之比例,以期增进对滨海地区的渔盐经济与渔盐社会的更深层次的认识,希望这些讨论可以为之后对民国时期该区域的经济史和社会史的深入研究打下一些基础。

一、岱山渔盐资源的配合与失衡

定海岱山盐民,与来自奉化、象山、定海等地的各帮渔民,于七月十三日下午三时三十分,聚众三千余人,在使基乡东岳宫开会讨论后,意欲向岱山盐场秤放局请愿,税警第五区第三十四队前往弹压,发生误会,开枪击毙南峰山渔民一人,以致激成盐民渔民之暴动。盐户、渔民聚众抗拒,夺枪还击。税警队队长胡不归

---

[1] 马登潮:《浙江省民国盐务档案述评》,《浙江档案》1996 年第 1 期,第 37—38 页。

[2] 叶恒:《从岱山惨案看民国浙江地区的盐政》,《盐业史研究》2012 年第 4 期,第 32—39 页。

当场被击毙,盐场秤放局被焚。匿避于当地士绅之家的岱山场长兼秤放局局长缪光及书记钱甸和其后也在化装出逃过程中被识破,并被执以剖腹挖心、悬尸示众之刑。暴动案发生的两天当中整个岱山陷于枪声火光之中,到十五日各帮渔民才扬帆他去。双方死伤百余人,事后渔民多下海走避,肇事盐民也逃避一空。[①]

(一) 常态下渔盐资源的配合

定海岱山自古以来即因其优越的地理位置而有着十分丰富的渔盐资源。岱山县位于浙江省东北部,舟山群岛中部,隶属于舟山市。北与嵊泗列岛接界,1953 年建置岱山县,县政府设在岱山本岛东南的高亭镇,建县前属浙江定海县。岱山本岛面积119.3 平方千米,是舟山群岛的第二大岛。目前,岱山县已经成为浙江省最大的盐业生产基地,拥有盐田 2.1 万亩,总产量近 10 万吨,占全省海盐产量的 65% 以上。

舟山是中国四大渔场之一,也是中国最大的渔场。舟山渔场海域范围在北纬 29°30′至 31°00′,东经 125°以西,常年四季分明,冬无严寒,夏无酷暑。这里处于长江、钱塘江、甬江三江入海口,为江水与海水的交汇口,是江浙沿岸台湾海峡暖流与黄海寒流的交汇之处,系我国沿海低盐海域。岛海间水流急缓相交,水域浑浊,饵料丰富,海底平坦,海床宽阔。海水深度一般在 20 至 40米,太阳光可直射海底,生物的光合作用强。岱山海洋资源蕴藏丰富,渔场水域宽阔,水质肥沃,气候适宜,饵料充沛,海洋生物种类繁多,渔业资源十分丰富,曾是著名的“岱衢族”大黄鱼的故乡,为全国十大重点渔业县之一。2013 年岱山县渔业总产值 56.37亿元,而 2013 年全县农林牧业总产值 2.86 亿元。

---

① 《定海岱山渔盐民反抗税警大暴动》,《时事公报》1936 年 7 月 16 日,第 1 版。

舟山渔民习惯以舟山本岛为中心,南面的海域统称为南洋,北面的海域统称为北洋。在南洋,靠近大陆的有猫头洋、大目洋,是盛产大黄鱼的场所。外侧的洋安(东亭)渔场、将军帽渔场、鱼山渔场是春汛捕小黄鱼的主要作业区和冬汛后期带鱼的主要产区。在北洋,靠近大陆的金塘洋,是秋汛鲵鱼、毛常鱼的主要产区;岱巨洋、黄泽港、马迹洋、大戢洋渔场,是夏汛大黄鱼、鲳鱼、鳓鱼的主要作业区;外侧海区的中街山、浪岗、嵊山、花鸟、海礁等,夏汛盛产乌贼、鲲鱼,冬汛盛产带鱼,春汛盛产小黄鱼。各个渔场都互相衔接,没有明确的疆界。[①]

从渔、盐二种资源的配合情况来看,舟山群岛在全国的地位独一无二。民国时期,这里的渔业生产已相当繁盛。1920 年左右,常年来舟山渔场生产的渔船达 12 000 艘,其中定海本县有4 000 多艘,计大对船 800 艘,大捕船 600 艘,各种溜网船 1 180艘,小对船 1 000 艘,张网船 770 艘,乌贼船 1 100 只。渔业劳动力占全县总劳动力的 18%,年产量约 6 万吨。到 1934 年,暴动案发生前的二年,浙江省出海船只 25 809 只,年产量达 25 万吨,其中舟山占 9 万吨左右。[②]

"岱山处定海县治之北,为浙省东南渔盐旺地,每当春夏两季,台、象、奉各帮渔船,麇集于此"[③],"岱山一场为渔船麇集之区"[④]。渔业资源的丰富与否取决于每年洋面上的渔汛是否旺发,所谓

---

① 中国社会科学院农业经济研究所、农牧渔业部水产局、全国渔业经济研究会合编:《中国渔业经济(1949—1983)》,内部发行资料,中国社会科学院农业经济研究所,1984 年,第 923 页。

② 同上书,第 921 页。

③ 《定海岱山渔盐民反抗税警大暴动·岱岛渔区盐务概况》,《时事公报》1936 年 7 月16 日,第 1 版。

④ 盐务总局所藏财政部盐务署档:第二科,场产股,两浙卷第 146 号,第 1 宗,岱山盐民渔民暴动卷,转引自《中国近代盐务史资料选辑》第二卷,南开大学出版社,1991年,第 308—313 页。

"渔有汛,各自不同,因鱼之类别而异。至论舟山之渔汛,则以夏历五、六、七月为最旺,往往渔船万艘,星罗棋布"[1]。1850 年前后,近海作业有了较大的发展。由过去每天在近港内湾、早出晚归进行生产,发展到使用较大的渔船,带着较为齐备的工具和柴、米,离开自己居住的岛屿,到较远的渔场去赶渔汛。渔民对赶汛有自己的专门称谓,对应着不同的生产周期。如"一潮",是指一天内的涨退潮;"一风",指三到五天;一水,则是指七到八天。近海作业也从"一潮"一捕改为"一风"一来回,或是"一水"一来回。[2]

岱山海盐的生产历史久远,岱山制盐起于唐乾元年间,至今已有 1 200 多年的历史了。自宋朝以来,岱山就使用刮泥淋卤之法生产食盐。"岱山为舟山列岛之一,归定海县管辖。舟山列岛,计三十七,而产盐者二十八,以岱山为最多,仅亚于余姚。"[3]清代中前期,岱山盐民又采用煎煮法制盐。到清嘉庆年间,岱山盐民王金邦首创木板晒盐法,在各地广为推广。到 1936 年,"全岛居民,约计六万另,盐民约居半数。统计该区所有盐板约二十五万另"[4]。盐民人口约占岛上居民人口的一半,可见比例之高。相比于两淮、长芦盐业等而言,浙东沿海的产盐量在全国虽然并不占据十分重要的地位,但岱山产盐量在浙江全省则仅次于余姚而居第二位。

岱山至民国元年(1912 年)才设场,从前不过是以商仓所认定的官板数量来计算产额。每年每块盐板丰年可产盐三百来

---

[1] 盐迷蒋:《论岱山盐户渔民之暴动及其善后》,《盐政杂志》1936 年第 65 期,第 6 页。
[2] 《中国渔业经济(1949—1983)》,第 920 页。
[3] 盐迷蒋:《论岱山盐户渔民之暴动及其善后》,《盐政杂志》1936 年第 65 期,第 2 页。
[4] 《定海岱山渔盐民反抗税警大暴动·岱岛渔区盐务概况》,《时事公报》1936 年 7 月 16 日,第 1 版。

斤,歉岁也在二百斤以上,而商仓每板只收一百五十斤,因此官书记载不过年产三十万担,也就是二十万块板乘以每板一百五十斤的得数,但实际产量可能在三倍以上。正如盐迷蒋所云,要想估算岱山每年产盐的总量,统计上不能仅限于官板,也不能仅限于岱山一岛,必须包括舟山群岛的产量,才能得其总数。单就岱山一岛来说,每年就不下六十万担。而岱山以外二十七岛的产额相加,也与岱山岛所产相差无几。舟山列岛的产盐总额,实际可依据民国三年(1914 年)浙江场产调查报告所做实地调查所得的较为详细确凿的数据。据其报告,定海所属各岛的总产额,司马秤为九十五万余担,岱山为五十六万余担,舟山为十一万余担,舟山南岸的十个小岛为九万余担,大瞿山为八万余担。其余满万担的,有六横、佛肚、长涂、金塘、大榭、册子等六岛。其他四岛,不过数千百担而已。论者以为,民国三年的调查报告距暴动事发虽已有二十来年,然而产额当无多大变更,即使增加,总额也不会超过百万担。如是这个数据,岱山应占六十万担,其他占四十万担。[①]

　　以上数据是当时论者根据民国三年的调查数据所做的估算和推断,应该说,这一论断是基本恰当的,与岱山当时盐业生产的事实大致相符。笔者这一论断,有史料依据作为支撑,我们可以从一幅保存至今的 1942 年的日本陆军参谋部调查和制作的地图《浙东并浙赣铁道沿线地区经济资源并物资流动概况图》[②]得到印证。现将数据统计如表 1 所示。

---

① 盐迷蒋:《论岱山盐户渔民之暴动及其善后》,《盐政杂志》1936 年第 65 期,第 5 页。
② [日]唐川安夫:『浙東並に浙贛鉄道沿線地区経済資源並に物資流動概況図』,1942 年。为便于读者查询,此处书名用日文注出。

116 | 滨海历史地理

表1　1942年浙江全省各盐场盐产数量分布

盐场名	产盐额（担）	占全省比例（%）	辖域备注
余姚场	1 907 000	50.1	
岱山场	780 000	20.9	包括岱山、衢山二岛
钱清场	268 000	7.2	
玉泉场	171 000	4.6	
定海场	157 000	4.2	
北监场	110 000	3.0	
三江场	100 000	2.7	
双穗等六场	238 000	6.4	包括双穗场、黄岩场、长林场、清泉场、南监场、长亭六场
合计	3 731 000		

资料来源：据日本昭和十七年（1942年）陆军省第十三军参谋长唐川安夫绘「浙东並に浙赣铁道沿線地区经济资源並に物资流动概況图」统计。

说明：低于10万担以下的六场合在一起统计，以便说明问题。其中双穗场9.4万担，黄岩场5.3万担，长林场4.6万担，清泉场2.6万担，南监场1.2万担，长亭场0.7万担。

（二）非常态下渔盐资源的失衡

暴动案发生前的当年3月，因为春汛歉收，岱山岛上高亭镇蒲岙170户渔民"生计难以维持，春前无宿粮，几已十室九空。山穷水尽，满目苍凉。老弱妇孺，嗷嗷待哺。壮者强者，徒呼负负。饥饿所迫，群吃大户"①。好在6月时，情况明显好转，渔汛旺发，且看见诸报端的暴动案发生之前的6月上旬的一条报道：

———————————

① 《中国渔业经济（1949—1983）》，第943页。

定海岱山今年渔汛旺发、各帮渔船、均庆满载。尤以东门帮红头对为最佳。自起水至现在,各帮渔船,不但够本,而且获利累累,所以渔民个个喜形于色。如岱山高亭之鲣鱼大发,更为十数年来所未有。现在岱山最大之问题,即为缺盐。因今年雨水太多,产量不丰,致影响鱼价不少。现各厂家正设法向五属公廒商借。榷廒方尚须向上峰请示。又讯,连日霪霖绵绵,岱山浙产之白盐,产量为此大受打击。而盐随之惊人暴涨。阴历二月间,每担最高不过八角,尚无销路。现被天雨,不得盐出。且值鱼汛鱼盐畅销之际,遂骤涨至二元四角。该地鱼厂,固视盐为唯一生命线。非盐则不能收鲜鱼制鲞。渔船非鱼厂收买,则鲜鱼臭腐,而不能再捕。是故鱼渔两业互有束手待毙之势,生计影响至大。鱼厂业同业公会会长汤说倩,特向就地五属公廒主任姚稚梅磋商,拟购买廒盐二千五百担,以事补救。廒商业已赞允,价定每担(百公斤)二元,不日即可成交。①

由此可知,当年虽然春汛歉收,但六月时夏汛渔汛旺发,渔船“获利累累”,渔民们“喜形于色”,然而情况不妙的是“缺盐”。7 月,本为一年当中最佳的晒盐旺季,当年却因多雨而大大减产。“今岁夏季雨水过多,盐产减少,价格飞腾,每担售价自一元涨至三四元之间,渔民经济方面影响甚巨。”②与盐业生产的情况相反,当年的渔业资源因渔汛旺发而相当丰富,因此对渔盐的需求十分旺盛,两相对冲,盐产供需关系就显得极为紧张。盐价从二月的最

① 《岱山渔汛旺盛·缺乏渔盐之救济》,《时事公报》1936 年 6 月 9 日,第 1 版。
② 《岱山渔盐民大暴动》,《申报》1936 年 7 月 18 日,第 11 版。

高不过八角猛涨到二元四角，是原价的三倍。即便是这样，为了有盐腌鱼，鱼厂同业公会还是同统购岱山盐产的五属商廒积极磋商并达成一致意见，以二元的价格购置 2 500 担盐。这里不妨通过 1936 年前后舟山地区多个不同年份的水产品产量统计（见表2）来认识这一问题。

表2　1936 年前后舟山地区多年份的水产品产量统计

年份	1920 年	1936 年	1947 年	1949 年	1950 年	1951 年	1952 年	1953 年
水产品产量（吨）	60 000	92 500	35 000	12 500	25 000	56 500	82 500	113 500
所占比例	69％	100％	38％	14％	27％	61％	89％	123％

资料来源：据《中国渔业经济(1949—1983)》第 950 页改制。
说明：原书中，1936 年前，只有 1920 年的数据，1936 年后，也有一些年份的数据缺失，仅据已有数据制表。

据表2可知，1936 年之前的 1920 年，全舟山地区渔获的水产品产量共 6 万吨，与 1936 年年产量相比，只占其 70％不到。1936 年后，抗战全面爆发，数据基本缺失，抗战胜利后，才又恢复。1947 年的水产品产量相较暴动案发的 1936 年低出很多，只占其 40％不到，说明抗战期间遭受的损失非常巨大。之后的数年大体呈现逐步上升的态势，但直到 1953 年才明显超越 1936 年的数据。总的来说，排除其他干扰因素，即使在自然状态下，渔汛旺发与否，其年际变异率是比较大的。不仅如此，在年内的不同渔汛期，变异率也可能比较大。

据表3可知，1936 年舟山地区渔获的产品中，仍以鱼类为最大宗，占总量的 90％出头，其中又以大黄鱼、小黄鱼、带鱼和墨鱼四大类为最多。其余虾蟹、贝类和其他产品各占一小部分比例，分别在二千吨到四千吨。众所周知,历史上相当长时期以来,官方对于食盐都是采取高额税收的政策以支撑财政。如此巨大的渔获量当然需要大量的盐进行防腐加工,如果渔盐征税与食盐税率一样的话,渔业生产是难以为继的,故而历史上一直以来对于渔盐采取的是轻税的政策。以下即专门阐述岱山渔盐的税率及其管理。

表3　1936年主要水产品产量统计

水产品	鱼类						蟹	贝类	其他	合计
	总类	分类								
		大黄鱼	小黄鱼	带鱼	墨鱼					
产量(吨)	83 500	15 500	10 000	10 500	10 000		2 000	4 000	3 000	92 500
所占比例	90.2%	16.7%	10.8%	11.4%	10.8%		2.2%	4.3%	3.2%	100%

资料来源:据《中国渔业经济(1949—1983)》第951页改制。

二、岱山地区的渔盐税率及其管理

岱山设盐场,始自宋端拱二年(989年)。昌国场、东江场、芦花场都设在舟山岛,岱山场和高南亭场则都在岱山岛。元大德中改岱山场为司,延祐中仍复改为场。明正统二年(1437年),裁革盐场,盐课归并于大嵩场,属镇海,各场遂废。民国元年(1912年),始在岱山设场,这时距明正统二年裁废而复设,已经隔了三朝。民国三年(1914年)盐务署命令,限五年内,煎盐一律停止,改运晒盐。余姚、岱山两场成了著名产区。[1]

---

[1] 盐迷蒋:《论岱山盐户渔民之暴动及其善后》,《盐政杂志》1936年第65期,第3页。

岱山"岛民有盐板二十五万块,产盐数额,年计六十万担,为本省第二大盐场。渔汛时期,台、象、奉各帮渔民,多来岱山配用渔盐,故渔盐之盛,甲于全省。盐税所入,数亦可观"[1]。设在岱山的盐务机关,"有岱山场,秤放局,五属公廒,税警第五区第三十四队等。秤放局长司管理食盐渔盐事项,五属公廒专管收放,缉私则全由税警队担任"[2]。

岱山渔业之盛,居于全国之冠,都以岱山为渔盐供给地。渔盐用户,可分船用与厂用两种。渔船小者,每季(即一渔汛)用盐三四千斤,大者七八千斤,最大者在万斤以上。厂用者系各岛专做腌鲞之厂家所用。其用盐之多寡,以渔汛之衰旺为断。亦有做淡鲞不用盐者,如台州之松门、楚门。著名之台鲞,即淡鲞也。而舟山各岛,则做淡鲞者少。论渔盐之用别,则有鱼盐、蜇(水母)盐、蟹虾盐等之别。鱼盐以黄鱼、乌贼为最多,而海蜇用盐比鱼则更费。[3]

关于渔盐税率问题,1918 年 3 月 2 日盐务署颁发《修正盐税条例文》,第二条规定"每盐百斤税 3 元,但工业、渔业用盐不在此限"[4]。"食盐税率之种数,当民国三年仅食盐一项,税率已共约有 305 种,历经稽核所裁并",至 1934 年,"已减至 90 种,最低自陕西每市担 4 角,两浙每市担 8 角,至最高者为扬子四岸,每市担连同附税共计 10 元 4 角"[5]。据录自盐务总局所载民国二十三年

---

① 《鄞区赵专员查报岱案详情并设法善后》,《时事公报》1936 年 7 月 29 日,第 1 版。
② 《定海岱山渔盐民反抗税警大暴动·岱岛渔区盐务概况》,《时事公报》1936 年 7 月 16 日,第 1 版。
③ 盐迷蒋:《论岱山盐户渔民之暴动及其善后》,《盐政杂志》1936 年第 65 期,第 6—7 页。
④ 《中国近代盐务史资料选辑》第一卷,南开大学出版社,1985 年,第 332 页。
⑤ 《1934 年盐税率及各种税率占销盐总量之成数》,《中国近代盐务史资料选辑》第二卷,南开大学出版社,1991 年,第 255 页。

（1934年）盐务稽核所年报可知，1934年"食盐平均税率每市担为5元5角2分，渔盐、工业用盐本年税率仍为3角"。1935年国内食盐平均税率每市担约为5.54元，与上年相差无几，渔盐税率每市担最低仍为3角，最高则升至1.05元，工业用盐的税率较之渔盐则大大下降，每市担仅3分。1935年国内放盐总数3 899万市担，其中免税盐、工盐、副产品等298.8万市担，渔盐未计入298.8万之内。各地税率中，最低者为陕西富平等8县，每市担4角，及两浙芦沥、定海，每市担8角。最高为扬子四岸，每市担共计10元4角（见表4）。[1]

表4　1934—1936年放盐总数、食盐平均税率及渔业、工业用盐税率

年份	1934年	1935年	1936年
放盐总数（万市担）	3 676.5	3 899	4 460.2
免税盐、工盐等（万市担）	缺	298.8	690.3
食盐平均税率（元）	5.52	5.54	缺
渔业工业用盐税率（元）	0.3	0.3—1.05	0.3—1.2
工业用盐税率（元）	0.3	0.03	0—0.03
轻税或免税盐所占比例（%）	缺	7.66	15.47

资料来源：据《中国近代盐务史资料选辑》第二卷进行统计改制，南开大学出版社，1991年，第255—261页。

1936年国内食盐平均税率每市担仍约为5.5元，渔盐税率每市担最低降为2角，最高仍为1.05—1.2元，工业用盐则免税者占92%，其余每市担税率仍仅为3分。全年国内放盐总数4 460.2万市担，其中食盐一项共计3 772.4万市担，免税盐、工盐、副产品、出口盐、渔盐共计690.3万市担。渔盐已被计入这一

---

[1]《1935年盐税率及各种税率占销盐总量之成数》，《中国近代盐务史资料选辑》第二卷，第257—258页。

轻税或免税税率范围内。[①]

上述食盐平均税率约为 5.5 元,据表 5 可知,实际上有些食盐税率尚远在这一平均数之上,自 1934 年至 1936 年的三年当中,食盐税高达 6—8 元、8—10 元和 10 元以上三个档次的也都在 15% 左右。与表 4 中数据对比可知,渔盐税 0.3 元的税率相较食盐税率轻上数十上百倍。清光绪初年,虽设有商仓收盐,每年所收者,不过岱山所产盐之半数。其余皆为渔盐。每逢渔汛旺时,商仓甚且停止收盐,专供渔户购买,否则就可能发生聚众闹盐之风潮。可见岱山以渔盐为主体,已不是一朝一夕的事。渔盐税,按清代制度,由宁波提中营发给,每引可配给盐八百斤,课税甚微。舟山群岛因捕鱼腌鲞晒盐,同在一处,一般就近多用岱山所产的盐。民国三年,盐务稽核所规定两浙渔盐税率为每担 2 角,相比其他各省,又大为减轻,而渔民仍然反对。结果每担名为课税 2 角,而实际上有三四百斤盐,如此则每担不过 5 分钱。暴动案发生的 1936 年,规定每市担盐要严格按照 3 角钱课税,如此则渔盐税率较之前骤然增长六倍,渔民如何能忍受? 因此,渔盐税率的陡然增加实为渔民反抗并发生暴动的主因,于是空前之惨剧,遂由此引起。[②]

表 5　1934—1936 年各种税率放盐数量所占百分比

年份	税率百分比(%)						
	1.0 元以下	1.1—2.0 元	2.1—4.0 元	4.1—6.0 元	6.1—8.0 元	8.1—10.0 元	10.0 元以上
1934 年	0.2	11.5	30.3	13.4	13.8	14.3	16.5

[①] 《1936 年盐税率》,转录自盐务总局所藏民国二十五年盐务稽核总所《年报》,《中国近代盐务史资料选辑》第二卷,第 259—261 页。两数相加,与总数不符,原文如此。

[②] 盐迷蒋:《论岱山盐户渔民之暴动及其善后》,《盐政杂志》1936 年第 65 期,第 8—9 页。

续　表

年份	税率百分比（％）						
	1.0元以下	1.1—2.0元	2.1—4.0元	4.1—6.0元	6.1—8.0元	8.1—10.0元	10.0元以上
1935年	6.4	12.5	23.1	15.5	17.2	12.1	13.2
1936年	0.79	11.07	26.14	17.92	18.64	14.08	11.36

　　资料来源：据《中国近代盐务史资料选辑》第二卷第255—261页的资料进行统计改制,南开大学出版社,1991年。

三、草蛇灰线：盐民与税警间的矛盾与积怨

　　如上所述,渔业与盐业在岱山地区的经济结构中占据极为重要的地位,是故渔官与盐官之职均属重要职位。《申报》1900年11月15日登有《浙省官场纪事》,云"岱山盐局会办一差,现由两浙运宪世振之都转札委候补运副邹分转久敬接办"①。渔官与盐官的派设与迁转都是该区的重大事情,意味着区域内部各派势力与结构平衡的变动或打破。《申报》1908年4月19日载有《渔盐又须改章》一文,云："定海岱山等处各渔船所需腌盐课两,向归提标中营营兵经收给行,嗣由各渔户邀请绅董出首,具禀运司改归绅办。近来运司又复札令标营仍照向章办理,各渔户因此集议,拟嗣后改归渔业公司经办,以免多所周折,未识运司能允准否。"②渔盐的管理与渔盐之职均属关键岗位,我们从中不难看出提标中营、运司、渔业公司等多方势力的拉锯或迭代变迁。可以说,一直以来,官方对岱山地区渔盐之利的争夺和管控无有松懈,

---

① 《浙省官场纪事》,《申报》1900年11月15日,第2版。
② 《渔盐又须改章》,《申报》1908年4月19日,第12版。

强调"因该乡四面环海,易于走私,最为官销之苦",然该处"虽设有缉私局督同商人巡缉私盐,而卖私晒私之弊终难尽绝",故而"经由陈运宪具详抚院,请将岱山置设场官一员"①。

(一)清末至民国初年的社会生态

事实上,岱山地区自清末民国之交以来即已表现出极为复杂的社会生态。岱、衢两山孤悬耸峙于海中,产盐极盛。早在清末时,岱、衢两地私商盐枭即互通声气、武装走私,官民之间、官商之间时有武装对抗。例如,1878 年 8 月衢山"因闹粮戕官",官方"带兵五百名,乘元凯轮"前往弹压,兵船"于二十二日开船出镇海口,拟往定海会商进剿事宜"②。又如,岱盐与闽盐之间的利益争端,可谓冲突不断。③ 不仅海上走私,清末尚有宁波钓船且装载岱盐进入长江流域淮盐地界进行走私,导致"浙淮引界,已被全侵",甚或雇洋人、插洋旗,"直上皖鄂",沿途售卖,致使"鄂省淮引销路极疲,均为岱私侵灌"④。除走私外,因岱盐品质胜于淮盐,还有一部分岱盐被"援土货改造洋货之例重提重制",因"旧例凡货自香港出口者,皆以洋货论",故而英商于"香港地方广收浙江岱盐,运至海参崴",将岱盐改造成洋盐出口海参崴。⑤

1. 清末的渔民暴动案

据《申报》1910 年 7 月 27 日报道,"宁属岱山镇本届渔汛因细

---

① 《岱山将设场官》,《申报》1911 年 10 月 4 日,第 12 版。
② 《衢山续信》,《申报》1878 年 8 月 24 日,第 2 版。
③ 《温郡纪闻》,《申报》1888 年 11 月 27 日,第 2 版;《永嘉琐录》,《申报》1888 年 12 月 27 日,第 3 版。
④ 《严禁钓船走私示》,《申报》1880 年 10 月 28 日,第 2 版。
⑤ 《续录出使俄国大臣胡考求中国出口土货公文·二曰盐》,《申报》1904 年 11 月 12 日,第 2 版。

故肇祸,渔民相率暴动,格毙一名",事后官绅纷纷向上电奏禀告,指认其为土匪,并归咎于董事项某,要求将其下狱彻查究办。但此次暴动案实则另有隐情,故而暴动案之定海渔民向上联合诉冤,各渔户和被格毙渔民家属曾两次向浙江督抚电奏禀告呼吁,请求查办。①

2. 民国元年的闽盐岱盐争端与海难事件

时至民国初年,不唯政治形势风云激荡,地方上的经济利益格局往往亦因时势与人事而发生一些相应的变动。民国元年(1912年)的闽盐与岱盐争端②就是时局变动下社会生态变迁的相应表现,据《岱廒贩运闽盐之骇闻》这一标题本身即不难看出其背后的矛盾与张力,存在明显的岱盐与闽盐两方所各自代表的利益。③ 据《申报》所载往来电文,可知卷入势力之多,从财政部总长及苏、沪都督到苏五属盐政、松盐局长等各级官僚,以及苏五属引商等,可见事涉人物之多、层级之广。④ 引人注意的是,随着时代的发展与科技的进步,电报等快捷的通讯方式使得这种异地的即时沟通成为可能。然而,有时这种即时通信却因某些偶然因素的叠加而酿成惨剧。例如,1912年7月9日,岱山走私盐船得电报后迅即开出,却因大洋山洋面突然风浪大作,其中一艘盐船全船覆没,导致多名人员溺毙。⑤

3. 紧随其后的盐户组合会风潮

民国初年的江浙盐政制度与管理前后有因革,食盐专卖制度

---

① 《定海渔民暴动案联合诉冤》,《申报》1910年7月27日,第10版。

② 《岱山并未缺盐》,《申报》1912年5月26日,第6版。

③ 《岱廒贩运闽盐之骇闻》,《申报》1912年7月5日,第6版。

④ 《公电·江苏程都督复电》,《申报》1912年6月6日,第2版;《公电·上海陈都督电》,1912年6月22日,第2版;《苏都督咨沪都督文——为租界食盐事》,《申报》1912年7月20日,第7版;《电查许管带被掳情形》,1912年7月24日,第7版;《私运闽盐案应归浙省主持》,《申报》1913年1月20日,第7版。

⑤ 《岱廒盐船遇险纪闻》,《申报》1912年7月9日,第7版;《岱廒盐船遇险续记》,《申报》1912年7月12日,第6版。

及其销区的划定因时局的动荡而发生一些波动。一些利益方往往攀附政治上正得势之人物,借其政治影响为自己谋求经济上的好处。就在上述廉价闽盐冒充岱盐运沪销售导致严重冲突与海难事故之后,紧接着又发生岱山盐户组合会风潮。盐户组合会风潮是该区社会生态变迁的又一表现,现详录一段如下:

> 定海县属岱山民人周志刚等设立盐户组合会,以均价平秤为宗旨,叠请都督立案给示,未蒙批准。兹周志刚等偕同上海某会会员俞某等二人来岱,自称为孙前总统、黄前留守之特派员,周志刚等预派民团赴埠欢迎,前呵后唱,声威赫濯。一面遍发简章,发起人系林少和等十六人,赞成人系借孙中山黄克强二君名义。七月十三日,在高桥天后宫开会,无知愚民讹传为孙黄二君,争欲一睹为快,纷至沓来,持洋五角各买入场券一纸。①

官方将该盐户组合会定性为非法组织,盐事长王清甫以周某等招摇撞骗,于 7 月 16 日用电文禀告都督,请求对其严行查办。②

4. 民国八年(1919 年)的渔民暴动案

民国前期,官方又对岱山盐场进行归并③,并对渔盐税进行整顿④,因改革举措不够周全平缓,执行上又较为激进,由此造成对社会生态的进一步扰动。⑤ 时至民国八年(1919 年),则酿成惨

---

① 《岱山盐户之招摇》,《申报》1912 年 7 月 20 日,第 6 版。

② 《岱山盐户组合会之不法》,《申报》1912 年 8 月 21 日,第 6 版。

③ 《归并盐场》,《申报》1916 年 7 月 7 日,第 7 版。

④ 《杭州快信》,《申报》1917 年 12 月 9 日,第 3 版;《渔盐税之又一整顿法》,《申报》1918 年 3 月 7 日,第 7 版。

⑤ 《知事赴岱晓谕盐户》,《申报》1918 年 7 月 21 日,第 7 版;《宁波·请免减销岱盐》,《申报》1918 年 9 月 13 日,第 7 版。

案。现将案情详录如下:

> 岱山奉帮渔民,因盐税问题要求不遂,盐警开枪示威,致相奋斗。渔民中弹死者六人,伤者二十余人。其盐警被棒殴死者一人,小岭墩新设之盐局已举火焚毁。现经县公署会拨警队驰往弹压。闻所毙之盐警一人,姓余,湖南籍。当时由众渔民用刀将该警腹部剖开,将盐纳入,裹以麻绳,投入海中。该镇第十五营缉私营长,亦曾被渔民掳去,经盐警奋勇夺回,未致伤命。渔民方面,以无枪弹,故死伤倍多。两浙缉私米统领得报,于二十七晨乘江天轮由沪抵甬,转乘缉私巡轮前往岱山查办。[①]

据引文可知,渔民因盐税问题与盐警之间的矛盾进一步激化,直至发生暴动,双方互有死伤。渔民不仅棒殴税警,更将其处以剖腹填盐并裹绳投海的极端手段。据此并之后的报刊载述可知,岱山地区的社会生态已走向恶化。[②] 发展到民国二十五年(1936年),社会生态之恶化则进一步加剧,盐户渔民走向武装暴动以与官方税警相对抗,以下进行详细阐述。

(二)矛盾的酝酿与发酵

正如当时报刊载述所揭,税警与盐民渔民等在渔业、盐业生产方面所站的立场不同,甚至完全对立,所谓"在办理盐务者只求

---

① 《定海渔民闹盐》,《申报》1919 年 6 月 30 日,第 7 版。

② 《甬团体为盐民请命电》,《申报》1919 年 7 月 30 日,第 11 版;《盐务署饬查岱山盐案》,《申报》1919 年 8 月 9 日,第 7 版;《岱山盐案之善后》,《申报》1919 年 8 月 13 日,第 7 版。

严杜走私、涓滴归公。盐民渔民,则因本身生计所关,设有苛扰,易起怨恶"。这两种对立的立场导致官民双方的矛盾日益积累,乃至走向激化。如前所述,"民国八年间,奉帮渔民,因岱山场为处理渔盐案件未能融洽,亦曾激成暴动。场长遇难,房屋被毁。与今日情形,如出一辙"。而民国二十五年(1936年)的这次盐运署意欲办理盐场归堆,恐怕盐民未能了解,酿成风潮,"曾令驻定税警五区区长吕梓荫,和平办理,并饬定海岱山各场长广事劝导,以免误会",但矛盾并未得到化解,而是愈演愈烈,最终酿成更大更严重的惨案。①

1. 矛盾的酝酿

事实上,在暴动案发生前的数月,就已有一系列诱因与先兆。先是岱山盐民呈请分摊借配台州所属玉泉各场所产之盐,但却未能如愿。《时事公报》2月29日刊文云:"定海岱山盐民,闻台属玉泉各廒,呈请借配余、岱食盐。五属廒有即日补收去年未收之四成额盐之说。群相惊喜。近悉该项借盐,两浙盐运使方面,令饬统向余姚借配。岱山盐民,于是大失所望,咸谋挽救之策。……现各板户纷纷请求转恳钧长,一视同仁,毋分彼此,以免岱民向隅,缘同一补收去年未收之四成。应请收回成命,仍照原票余、岱两场分借。准予电饬岱局照放,庶昭公允,迫切代陈,不胜待命之至。"②由此可知,岱山盐民在数月之前已因借配不公等问题向上呈控,与官方之间已有矛盾积累。

据《时事公报》3月25日讯,定海岱山场的五属盐厂,前一年即1935年因经济困难,无力收盐,经召集盐民、盐董暨厂、场两方,商定了较原价为低的临时价格,约定以旧历年底为止,但一直

①《定海岱山渔盐民反抗税警大暴动·岱岛渔区盐务概况》,《时事公报》1936年7月16日,第1版。
②《岱山盐民请分摊借配玉泉各廒额盐》,《时事公报》1936年2月29日,第1版。

到 3 月尚未恢复原价，盐民因以损失巨大，于月前派"周凤仙、冯天宝、王孝章、刘光栋四人为代表，莅县请愿，县府当局以其请求正当，即予据情呈请省政府转函饬廒恢复原有价额收买，以维盐民生计"，但官方也仅表示"县府昨日奉到指令，已由盐运署令岱山场公署查报核议"①。至于后来具体到底落实如何，则不得而知，估计仍是以"查报核议"走程序等为借口千方百计推脱拖延，盐民生计维艰。

2. 矛盾的发酵

与上文相对照的是，《时事公报》的同日同版同张还刊登有《鄞江等十三乡镇举发盐务税警队苛索扰民》一文，题头并称"迭在该乡查缉私盐，勒索罚金，人证确凿"。文中综括为"鄞县第七区鄞江桥它山庙盐警队班长程凤岐，检查张祖日等，开枪恫吓及逮捕乡长一案"。可见，税警队不仅与普通民众之间有矛盾积累，且与基层行政管理人员也已积怨甚深，乃至直接开枪恫吓并逮捕乡长。此事激起"该地士绅刘祁尚等电告税警第八区"，税警方面"经派第一分区区长邓赞枢，下乡查勘"，在第七区保甲督导办事处接见各乡镇长官及副官，邓当面允诺说将"报告上峰，严予惩办，请静候以待"，不料邓去后，却"毫无动静"，故而"该区全区十三乡镇长，遂联名呈请鄞县政府法办"。为方便讨论，不妨详列该联名呈控信的具体内容如下：

> 窃查属区鄞江桥它山庙盐务税警队班长程凤岐、检查主任张祖日等，专藉缉私放私为手段，图达敛财中饱之目的，试观驻扎以来，迄今三月，专扰民间，未缉私贩，即可知其用心之所在。元琮等忝列乡镇长，目击彼辈苛

---

① 《运署饬岱山场查覆收盐价额》，《时事公报》1936 年 3 月 25 日，第 2 版。

索扰民,地方鸡犬不宁,心所畏危,难安缄默。虽自愧菲材,力未能为地方造幸福,亦当为民众除痛苦。爰特列举罪状,胪陈如左:一、该盐警队搜查民间私盐,事前既不依法会同就地军警机关及乡镇长办理,事后又强欲乡镇长出具证明盐在某家搜获。民正乡乡副不从,该盐警队即开枪恫吓。杖锡乡乡长不从,即带队拘留。二、该盐警搜查民间私盐,不据报告,不着制服,挨村滥行搜查。民主有不在家中者,即破扉而入,追入家内,闭门拒入,翻箱倒筐,肆无忌惮。有民正乡王德镛王德生王朱氏等家,可资证明。三、该盐警等,在杖锡乡搜查私盐,黑夜破扉而入,乡民疑为盗匪,相率逃避。事后与之理论,该盐警等不但出言不逊,反敢动手就打。被伤者呼吁无门,只好忍痛悔气。并闻该盐警等在某甲长家,曾发生开枪示威,弹穿楼板情事。四、查盐警队照章无处罚之权,乃该班长等,三月以来,在民间搜获之私盐,擅自处罚,不给收据,中饱私囊,侵蚀国课。[①]

全区十三乡镇长联名控告,要求将该税警队犯案人员法办。文中罗列了税警队班长和检查主任等借缉私之名,对盐民行敲诈勒索之实,一一胪列他们的四大罪状。盐警队并没有处罚权,却违规向盐民收取多宗罚款,可具体落实的就有六起,且将具体时间、地点、人物与罚款数额一一列出,可谓证据确凿。十三乡镇长认为,该盐警等营私舞弊,骚扰乡里,造成民怨沸腾,已属恶贯满盈,其他还有像"勒索供应,擅收民家食米,及宰杀鸡羊,不给代价,以享

---

① 《鄞江等十三乡镇举发盐务税警队苛索扰民》,《时事公报》1936 年 3 月 25 日,第 2 版。

口福"等情事,更是"目无法纪,形同土匪",故而大声疾呼,问说"若不严予惩办,何以儆不法而裕国课?"况且各乡镇正副长官,均为义务公职,却被该盐警等如此非法逮捕,开枪恫吓,莫不人人自危、惴惴不已,联名呈控恳请务必迅即转呈两浙盐务税警第八区以及宁波所属盐引公所,将涉案人员撤职查办,"以伸国法,而安地方"!

税警一方为表明自身立场,在《时事公报》的同日同版同张则刊有《税警区暨盐引所会衔布告查禁冒名骚扰》一文,说是驻姚盐警在便衣佩枪缉私时引起误会。文中强调"近来私枭遍地,私盐充斥,致宁属官销,较前锐减,影响国课,殊非浅鲜",认为"本区职责(所引销)所在(关),设法补救,不容或缓",且"本区(所)辖境辽阔,私路歧多,税警不敷堵缉,良非无因,爰经将情报告上峰,准商由宁属盐引,派出稽查,协助查缉送办"。当然,为了回应民众对自己苛索扰民的指控,文中也承认"惟在查缉时,无论税警稽查,均各备有正式符号,以资识别。检查民居时,须依正式手续,会同当地军警或乡镇长办理",然后强调"乃近查有不法之徒,假冒本区(所)名义,到处骚扰,殊堪痛恨。除函请公安机关查拿外,并准民众扭送来区惩办或来所送办。抑指名控告,当即严究,以儆效尤",再冠冕堂皇地说担心民众"恐未周知,合亟会同布告,希各界民众一体知照"。最后,还煞有介事地列举了扭获三名被认为匪类的持枪者,后经查证乃未佩戴符号的轻税盐警便衣查私一事,用以对自己苛索扰民指控的辩护。①

距暴动案事发前仅几日之隔的7月9日,《时事公报》还有关于《定岱山秤放局设立泗礁分驻处管理嵊泗列岛盐务》的报道。报道一方面称颂"定海岱山秤放局长兼场长缪光,莅任以来,整顿盐产,不遗余力,嵊泗列岛,虽不产盐,而每年各帮渔船前来捕鱼

---

① 《税警区暨盐引所会衔布告查禁冒名骚扰》,《时事公报》1936年3月25日,第2版。

者,数以万计。除冰鲜不用盐外,或自至岱衢山购盐腌渍,或由运驳船运往接济,历年如此,商渔均便",声言"嗣以不肖之徒,每采私盐腌鱼,腌后装运宁沪各埠销售。非但妨碍国课,正式渔户亦受害匪浅",故而"近年海关稽查綦严,遇有无票咸鲜,辄被扣留"。另一方面,又透露说"此固杜绝走私之一法,惟购用运驳船盐之正式渔户,同样未有引票,往往无法鉴别,故每遭池鱼之殃。用是渔户至岱请求在嵊泗列岛设立分局,俾便商渔者,不一而足"。可见实则不少正规渔民可能往往无辜遭殃,深受其害。局长缪光原以"嵊泗列岛离场窵远,鞭长莫及,且毗连重税食盐区,固早有添设分局以便就近管理之计划,卒因场产尚未归堆,渔盐食盐又无区别,管理如不得法,反资流弊,故几经调查考虑,终未实行",然而当年渔盐已奉令变色,该列岛食盐已成问题,因此"除一面招商承办食盐店外,并于五月间呈准设立收税秤放分驻处于泗礁,以便管理嵊泗列岛各食盐店,兼解决各正式咸鲜船户无引运之问题"。该报道并强调其"开办不久,成绩斐然"[1]。可见岱衢、嵊泗渔盐原有之私利空间进一步被压缩,这应该也是几日后暴动案的重要诱发因素之一。

(三) 积怨的爆发

在上述矛盾的酝酿、累积与发酵下,盐场税警队与地方之间积怨日深,税警队在地方上下完全不得人心,从民众到士绅到基层行政管理人员如乡镇长官等都视税警如土匪。余姚的轻税盐巡队,早在暴动案发前一月曾"被人将三盐巡杀害投江"[2]。事实上,惨案爆发之前的两天,已显事件前兆:"定海马鞍秤放分局,于

———————————

[1]《定岱山秤放局设立泗礁分驻处管理嵊泗列岛盐务》,《时事公报》1936 年 7 月 9 日,第 1 版。

[2]《姚盐警又遭毒害》,《申报》1936 年 7 月 14 日,第 10 版。

本月（七月）十一日傍晚被匪抢劫，并将任龙文、吴汝芳两司秤员及公役姜少安绑架以去。"①之后的两天内，抢劫案不仅未能告破，被绑人员也尚无任何着落和线索，此前的矛盾和积怨最终以更惨烈的方式不可避免地爆发了。当时的报刊对此有详尽的、连续的报道，今日读来仍觉惊心动魄。

1. 事变经过的不同说辞

按照《时事公报》1936 年 7 月 16 日《定海岱山渔盐民反抗税警大暴动》的报道所说，7 月 13 日下午 2 时半，岱山高亭南峰山、北峰山盐民，会同象山、合山东门帮、台州帮及奉化帮等各帮渔民，聚集三千余人在使基乡东岳宫内开会，拟向岱山场秤放局请愿。此事被驻岱税警第五区第三十四分队知悉后，由队长胡不归带同税警十八名前往弹压。税警队伍与前来请愿的盐民、渔民等在使基乡相遇，"因言辞间发生误会，遂起冲突"。按该报道所说，"税警因盐民众多，乃开枪示威，盐民等因见税警开枪，愈形忿怒，致起争斗"。当时就有一名南峰山渔民被税警开枪击毙，这时群情愈见愤怒，"当将税警包围，缴夺枪械。各帮渔民，各往携取自卫枪械，向税警开火抗拒"。驻扎岱山的税警第五区第三十四队，共有税警百余名，所佩用的都是廿响木壳枪及大刀等。听到与渔民冲突的消息，税警即全部出动前往援助。盐民与渔民中，除少数渔民携有自卫枪械者外，其余大多徒手，"乃分向五属公廒岱山公安局掳取枪械，声言暂时借用，并可邀鱼行鱼栈，保证归还"。此时岱山区署长兼公安局局长杨宝楚以及五属公廒、保卫团等机关闻讯后，本已预先将枪械藏匿起来，并一面由杨区长向盐民、渔民等劝导。但终究由于事态严重，公安局及保卫团也已无法弹压下去，"税警队长胡不归，即在使基乡被盐民渔民等击毙，同时死

---

① 《定秤放局悬赏找寻马鞍被绑员工》，《时事公报》1936 年 7 月 24 日，第 2 版。

伤队警十余名,渔民二十余人"①。

　　据鄞区赵专员查报该案案情,事变经过叙述非常翔实,还原了事件的许多细节,现详细转述如后。当月10日岱山盐业信用合作社,因盐务机关举办测丈,实行造仓归堆,有妨盐民生计,是以召开会议,讨论不晒盐以为抵制办法。驻地税警队队长吕梓荫闻讯后,即前往责问,大兴训斥。盐民怨恨在心。到12日,有个西区盐民叫黄宝顺的,因违约晒盐,被东区盐民察觉阻止,木匠李阿富在旁闲话,于是被东区盐民拖往东岳宫吊打,由西和乡乡长费恭斋报请公安局率警营救出险。13日下午3点来钟,有一名测量员叫刘文星的,与盐民发生口角,也被拖往东岳宫吊打。税警队队长胡不归,就派武装队伍,到公安局加派了四名警士,会同一起前往解围。税警随后将刘文星夺回,并抓捕了二名渔民,民众于是尾随喊冤,原本希望释放了事。等到了龙岩泥场,盐民愈益拥挤,要求释放被捕盐民。税警不予理睬,民众愈益纷扰,税警乃向天放枪。盐民见状,尤为愤怒,于是逼近追索。据当时在场公安局警士王培荣、江佐林、萧振邦、卓尧宾等声称,税警恐枪被夺,由胡不归队长向前拿枪一指,盐民略向后退。胡队长倒卧泥堆,不料在队长后面的税警已经开枪,有二三十响。在前面的班长,误中要害倒地,一个盐民于是上前拟向打倒班长取枪,随即被税警开乱枪打死,击毙盐民赵光信、刘阿来二人,并枪伤陈阿善等。因此激成各帮渔民鸣锣纠集,与盐民混合冲入税警队部,税警不支,退守总局。盐民、渔民数千人,乃由大岭墩进攻岱山场,声势汹汹。居民惧怕祸及自己,相率罢市,秩序大乱。当时秤放局紧闭铁门,盐民渔民群集包围。税警盐巡则由内用枪抵抗。群

————————————
① 《定海岱山渔盐民反抗税警大暴动·不服弹压·开始格斗》,《时事公报》1936年7月16日,第1版。

众赤手迎战,拥入铁窗,前仆后继,死伤不计其数。税警负伤的也多。到晚上 10 点来钟,盐民渔民用煤油干柴焚毁秤放局。待到午夜,又毁掉该局后幢。守待局内警员等出外逃避时,又将书记员钱振喜击毙。秤放局局长缪光本藏匿于市民家,化装而出时也被击死。另有两名场警同时罹难。该场盐民及各帮渔民,知已扰下祸端,在 14 日早晨,纷纷逃匿。待绥南兵舰赶到,汽笛一鸣,民众狼狈而逃,适值大雷雨,扶老携幼,衣服淋漓,听闻有数名小孩被踩踏致死。①

然而,在赵专员该篇报道发表的第二天,又另有代表盐场税警一方态度与立场的报道同在《时事公报》见刊,现亦详细转录如下:

有盐业兼营信用合作社人员郑锡琨,及曾犯罪出家为和尚法名心良之张一飞等为主谋,竟在该和尚住脚之资福寺,召集盐民两度会议暴动,于十三日上午十一时,将工作归途秤放局测量夫刘凤新架至东岳宫,悬梁毒打,经其妻得悉,奔至秤放局报告求救。适缪局长等正在开整理场务会议,闻报即派胡队长率领警士十名,往东岳宫营救,途中即遇群众将该测士捆绑而来。胡队恐暴民误会,即命警士停止前进,单带警士徐励一名,上前劝解,不料盐民五六十人,不由分说,即蜂拥而上,抢夺徐励之木壳枪。徐励正与争持,暴民连开数枪,徐励当场击毙。后面有一警士,见势危急,非发枪难保性命,遂将击毙励之暴民开枪击倒,夺回失枪。未几渔盐暴民连

————————
① 《鄞区赵专员查报岱案详情并设法善后·事变经过》,《时事公报》1936 年 7 月 29 日,第 1 版。

合共约三四千人,由四面包围,愈逼愈近,不幸演成空前
浩劫。计被害盐务人员共九人,伤三十人,当时因胡队
长始终恐事态扩大,严令警士不准乱发实弹,故暴民死
伤可证者仅一人,伤五人。[①]

对照观察其立场与措辞,可见在其笔下,事变经过则全然不
同。无论事件起因,抑或过程中双方态度,还是死伤对比,均与另
一方说法形成截然不同的鲜明对照。相关的报刊载述尤多,可资
比较。[②] 限于篇幅,此处不再展开。

2. 暴动事件升级

时间进展到仅仅一个半小时左右之后的下午 4 时许,"税警
在使基乡败退,盐民、渔民三千余人,由大岭墩冲至东沙角岱山
场"。此时全镇商店居户均关门闭户,"不敢出外探望"。东沙角
一带秩序大乱,秤放局将铁门紧闭。但盐民、渔民等已将该局包
围,"税警盐巡,则由内开枪抵抗。一时枪声劈拍,弹如飞蝗。盐
民、渔民图冲入铁窗,前仆后继,因之死伤甚众,税警伤亡亦夥"。
到晚间 10 时许,"渔、盐民用煤油干柴,纵火焚烧,该局前幢被毁
后,继续又进攻后幢"。至 14 日凌晨 2 点,"暴民以后幢未易燃
烧,故示退让。诱局内警员等出外逃避,实则隐伏局旁",见该局

---

① 《岱案善后拟责成盐民赔偿场局损失·经过》,《时事公报》1936 年 7 月 30 日,第
1 版。
② 《岱山渔民暴动真相——增加盐税所激成》,《申报》1936 年 7 月 19 日,第 10 版;
《省商联大会昨闭幕·鱼盐变色案室碍难行》,《时事公报》1936 年 7 月 26 日,第 1
版;《沪全浙公会声援岱山场被难盐民》,《时事公报》1936 年 7 月 27 日,第 2 版;
《苏浙两税警局长会勘嵊泗后过甬赴杭》,《时事公报》1936 年 7 月 28 日,第 1 版;
《检举禁毒专员吴望及谈岱山渔盐民民变案症结》,《时事公报》1936 年 7 月 28 日,
第 1 版;《盐务稽核所和平办理岱山盐潮善后》,《申报》1936 年 7 月 28 日,第 11 版;
《岱山渔盐民暴变后盐政上应有之改革》,《时事公报》1936 年 7 月 29 日,第 1 版;
《岱案善后拟责成盐民赔偿场局损失》,《时事公报》1936 年 7 月 30 日,第 1 版。

书记钱甸和以及盐警等寻路往外逃奔，当场就被抓住，"用石块击毙后，复将其腹部剖开，悬尸于东沙角山嘴头，惨酷之状难以笔宣"[1]。

3. 封锁海口以追杀场长

渔民、盐民们担心秤放局及税警等出走逃跑，于"十三日晚将海口用渔船封锁，不许船只进出。民船及商轮经过该镇者，但见火光枪声，恐怖难以名状"。至 14 日晨 4 时许，秤放局第二幢也已被焚毁。缴获枪支四五十支，子弹两大箱，全局之职员税警等，除伤亡外，其余均逃避一空。盐民、渔民们因未见场长缪光，恐避匿民家，乃鸣锣呼叫，谓"如有藏匿秤放局职员者，则全家诛戮"。或说"缪局长对于盐民，曾多所周全，此次盐民暴动，对于缪氏，或不致加害，但事为反对食盐归堆及渔盐变色而起，秤放局长，首当其冲，九死一生，殆已绝望"。但实际上当时场长缪光出事时避匿于该镇某士绅家中。该士绅听闻暴民等叫嚣，"恐祸及于己，不敢庇藏。嘱缪氏化装出走"。缪氏当于 14 日清晨，"扮作佃工，头戴笠帽，短褐跣足，由后门逃走。场警两名，亦化装佃工，暗藏枪械，随行保护。惟缪局长身躯肥硕，中途即被渔民识破，当被击毙，暴尸途中。场警两名，同罹于难"[2]。

综合以上多宗事实，可知惨案爆发之前，已然露出草蛇灰线，伏笔埋藏已久，既有早在十几二十年前发生于民国八年（1919年）的前案的远线，又有数月前的一系列近踪，可谓诱因与前兆尽显。

---

[1]《定海岱山渔盐民反抗税警大暴动·焚烧场署·杀害盐员》，《时事公报》1936 年 7月 16 日，第 1 版。

[2]《定海岱山渔盐民反抗税警大暴动·掳取枪械·击毙场长》，《时事公报》1936 年 7月 16 日，第 1 版。

四、小结及余论

综上所述,民国二十五年(1936 年)7 月 13 日,浙江岱山的盐户渔民,因反对食盐归堆,渔盐变色,联合三千余人,发生空前的暴动,伤亡上百人,盐场场长兼秤放局局长及税警员工等数人,被暴动渔民们施以剖腹挖心、填石沉海之酷刑。此次暴动发生的时间和地点有其特殊意义。岱山岛为舟山群岛第二大岛,具有优越的地理位置和丰富的渔盐资源。相比于两淮、长芦盐业等而言,浙东沿海的产盐量在全国虽然并不占据十分重要的地位,但岱山产盐量在浙江全省则仅次于余姚而居第二位。尤其是从渔、盐二种资源的配合情况来说,舟山群岛在全国的地位可谓独一无二。暴动案的发生,总的来看,原因有三。其一,源于该年渔盐资源配合的失衡,渔业资源极其丰厚,而盐业则因阴雨而大为减产。当渔汛期渔获量丰产时,其渔盐需求量大大上涨,而渔盐供给却因长时间阴雨导致盐产量大为下降,渔盐的供给和需求出现严重不匹配的失衡局面。其二,在于渔盐税率管理上的失当。为有利于渔业发展,渔盐税率历来采取轻税政策,较之食盐税率低十倍、数十倍以上,岱山渔盐也同样如此,渔盐在岱山产盐总额中占据相当高的比例,占有十分重要的地位,暴动案前的渔盐管理则贸然采取了渔盐变色及严缉走私的从紧政策,盐业政策的变动和改革全然不顾实际情况而强行推动。其三,则源于盐场税警与盐民之间的矛盾积累与积怨。盐政部门的人员不仅尸位素餐、高高在上,端着置盐户、渔民生死于不顾的官僚作风,更借缉私之名行敲诈勒索之实,颐指气使,违规罚款,形同土匪。以上因素的叠加导致了这一暴动案的爆发。这些因素既有自然的,也有人为的,可谓既是天灾,也是人祸。官民双方不仅事前未能较好沟通,案发后就暴动经过的调查及其善后办法，各自说辞也完全不同。这次暴动事件折射出了其时浙东滨海地区的渔业经济与盐业经济、渔民社会与盐民社会的实况，反映出其社会生态处于官民严重对立的局面。

岱山地区的渔盐社会生态严重恶化后激发的盐户渔民暴动案，不仅案件之后的相当长一段时间内仍有余波，并在社会的各个方面产生回响，以下简要叙述。暴动案经省方派大队税警及保安队水警第二大队前往镇压，事变本"已告敉平"，大批暴动渔民分乘渔船百余艘扬帆驶回奉化原籍，几日之后"至大浦口为税警查见，双方开火，税警以机枪扫射，渔民不敌，均四散逃逸"，后经追获渔船五艘，渔民二十余名被解省查办，"由两浙盐运使讯问，根究首要凶犯，从严惩办"，岱山场务则"特派税警副局长余炳勋代理场长"[1]。更有调税警独立营由海州过甬开岱的举措[2]，甚至将四省绥靖会议放在衢山岛上召开，讨论进剿散匪办法，可见其震慑之心。

惨案之后的十来天，《时事公报》1936 年 7 月 24 日第 2 版第二张刊出《定秤放局悬赏找寻马鞍被绑员工》一文，题头称，"获救生还者，每人给赏百元"。如前所述，定海马鞍秤放分局于 11 日傍晚被匪抢劫，任龙文、吴汝芳两司秤员及公役姜少安被绑架。民众与盐场秤放局之间，亦即当地官民之间的矛盾积累已久，积怨已深，民众乃至采取极端方式，以海上劫匪的身份绑架官方人士，并以极为残忍的手段杀人分尸。定海秤放总局于是悬赏布告找寻任、吴二人，称"如有确知任、吴两员下落来局报告，因而救获生还者，每员给赏一百；有寻得该两员遗尸，认经明确系正身无讹

① 《暴动渔民解省》，《申报》1936 年 7 月 22 日，第 10 版。
② 《税警独立营由海州过甬开岱》，《时事公报》1936 年 8 月 10 日，第 2 版。

者,每具给赏二十元"。定海秤放局估计是因为惨案爆发,惊惧之余,疲于应付,更无暇应对,故而是在事发之后的十来天才登报悬赏搜寻。没过几天,"公役姜少安尸体已于王家墩海面捞获,尸首支离,头遭戮杀而死"①。

又,定海沈家门对面的港口名为鲁家峙的地方,渔民、盐民各占其半,盐民平日雇用农民搬运盐泥,向来不给付工资,而是每日给予白盐若干以代工资,"该项白盐,亦称力盐,向不做引纳税,习以为常"。暴动案后仅十来天的 7 月 27 日,沈家门镇、陈家塘、泗湾等地方农民十余人,各带以一日劳力所换得之白盐一担(每担五六十斤不等),被沈家门税警目为私盐,要拘人扣盐,引发纠纷,税警鸣枪示警,"秩序顿逞紊乱,全镇布满恐怖空气"。围在税警队部和商会门口的人数已分别达六七百人以上和四五百人,"形势万分严重"。最后税警答应给农民补发力盐盐引并发还力盐,农民在所提要求得到变通满足后"认为满意,始各散去"②。

也仅在十九日后,驻余姚的税警第二十一队得密报说有人在胶路潭海口贩运私盐,队长严亦三率警前往缉捕,未料对方"已惊觉,严阵以待,双方遂发生激战,约历半小时,匪弹告罄,当即脱逃,伤匪一人,亦被运去"。税警当即将私盐截获,"计装二大船,共重三万余斤,带队呈报"③。

再有,定海衢山岛斗岙盐务游缉队,于 7 月 27 日在南陀岙海滨查获奉化渔民沈阿补渔船内未变色的渔盐二三百斤,当即将人船一并扣留,"适当时渔船拢岸者众多,一时议论纷纷,人声嘈杂",公安局局长陈凤鸣闻讯后,"乃密令警士,将局内枪

---

① 《定秤放局悬赏找寻马鞍被绑员工》,《时事公报》1936 年 7 月 24 日,第 2 版。

② 《定海鲁家峙运盐农民力盐被扣引起轩然大波》,《时事公报》1936 年 7 月 30 日,第 2 版。

③ 《姚税警截获私盐》,《申报》1936 年 7 月 31 日,第 8 版。

械,及重要文件,移藏私寓;一面即会同保卫队陈队长,向双方奔走调停",最后"由游缉队将人船释放,白盐没收",事本已了结,可当时恰有兵士擦拭木壳枪走火,弹伤旁立兵士右大腿,"该岛斗斋住户商店,骤闻枪声,以为大祸已至,纷纷闭户,致全市恐怖万状"。之后又"有奉化帮渔船三十余艘,由洋回岱,或因言语不慎,致二次暴动之谣言甚炽"。新任岱山秤放局局长余炳勋,乃致电"鄞区赵专员,请转饬该帮渔业公所,转嘱渔民,安分守法,毋滋事端",赵专员得电后,"当于三十一日晨,由甬乘克强舰赴岱镇慑"①。

暴动案当时之血腥恐怖,官民双方作为当事者,应该都已在心底留下深深的阴影。民众与官方,盐渔民与税警双方之间,尤其后者对前者持明显的既防备又惧怕的心理。防备心理从上述暴动案后的镇压、威慑与缉捕不难窥见,惧怕心理则由上述风声鹤唳可见一斑。暴动案后,还有官场上相应的人事变更,可能亦与此案有关,或有追责令辞之意,例如照准渔业管理会主任秘书江家楣辞职,遗缺则由省府委派张孟强接充。② 此外,可能因暴动发生时,岛上尚无电话铺设,导致官方信息交流与沟通不畅,暴动案后仅十几日的 7 月 30 日,一则报讯载:"定海岱山一岛,地面辽阔,人口稠密,岱东与岱西相距虽只三十里,中隔磨心岭,高出云表,因之交通间阻,殊嫌不便",故而规划迅即铺设乡村电话,并筹资实施,其"完成,可指日而待"③。可见,暴动案不仅对该区的社会生态造成直接影响,还间接影响到民政建设等方面。

---

① 《岱山情势又紧张》,《申报》1936 年 8 月 2 日,第 12 版。
② 《渔管会主任秘书江家楣辞职·张孟强接充》,《时事公报》1937 年 1 月 6 日,第 1 版。
③ 《定岱山岛设乡村电话》,《时事公报》1936 年 7 月 30 日,第 2 版。

142 | 滨海历史地理

　　总之,岱山乃至舟山,甚至整个江浙沿海渔盐经济地区的社会生态将很难在短时间内得到恢复。案件之后被提交法院审理,其审结过程同样一波三折。[1] 可以说,暴动案在民众中的心结与负面影响,即便直到法院具结并最终宣判,都还远未消歇。

---

[1]《岱山暴动案犯杭法院提起公诉》,《申报》1936 年 10 月 9 日,第 7 版;《岱案就获渔民昨移送杭地法院》,《时事公报》1936 年 7 月 26 日,第 1 版;《岱山暴动案判决》,《申报》1937 年 1 月 19 日,第 9 版;《岱山暴动案审结》,《申报》1937 年 7 月 15 日,第 9 版。

历史时期利津县境的盐场与盐业

蒋宜兰　尹玲玲

　　食盐作为居民日常生活中不可或缺的物质,是关乎国计民生的重要方面,历朝历代都受到统治者的重视。在以往的学术研究中,盐业通史与区域盐业史都已取得相当丰富的研究成果。盐业通史自不待言,区域盐业史中,关于山东一省,纪丽真的《明清山东盐业研究》一书对明清时期山东的海盐生产技术、盐业运销体制、盐课及私盐、场产、盐品等一系列问题进行了研究,部分涉及利津县境内的盐场与盐业;王赛时的《明清时期山东盐业的生产状况》则涉及盐场设置与裁并、制盐技术、盐产运销与私盐等众多问题。已成序列的《利津县志》和《山东盐法志》为研究利津县境内的盐场起源及发展提供了充实的文史资料。本文拟从更微观的区域,选取一个特定的县——利津,对该县境内的盐业起源、盐场设置与盐业生产稍做更进一步的深入分析。

一、元代以前利津县所在区域的盐业生产

　　在三大盐场正式设立之前,利津县所在地区一直属于产盐地,下面将按照朝代顺序对此阶段利津县产盐地的发展概况做一综述,分秦汉时期、唐代、宋代、金代四个阶段,分别进行论述。

（一）秦汉时期利津县明集乡已有盐业生产

利津县在先秦时期属于齐国管辖[①]，当时齐地不仅有丰富的盐业生产，齐桓公还因为当地发达的盐业而独霸一方。《管子》早有记载："齐有渠展之盐。"房玄龄注曰："渠展，齐地，沛水所流入海之处，可煮盐之所也，故曰渠展之盐。"[②]又有："桓公问于管子曰：'今亦可以行此乎？'管子对曰：'可夫，楚有汝汉之金，齐有渠展之盐，燕有辽东之煮。'"[③]可以看出，齐国的盐业生产是领先于其他国家的，盐业是齐国的经济发展命脉。1975 年，在利津县明集乡南望参一带挖掘出春秋战国时期的古窑群遗址，出土了大量制盐陶器，有将军盔（煮盐器物，形似古代军人头盔）、漏器、篦（盛器）、罐、瓮、盆等。在沾化县的杨家遗址、陈家遗址、郑家遗址，滨州的小赵家遗址，东营区的六户遗址，也先后出土了同时期古窑遗址或制盐器物，充分说明该地已经有了盐的生产。从今天利津县的地名录看，在明集乡南望参村西南侧有孔家灶村、杨家灶村、谢家灶村、荆家灶、王家灶，或许早在先秦时期这里即为煮盐之地。一则看其地名通名中都有"灶"字，可能与煮盐有关。再者，有文献记曰："汀河西北之流沟庄尚存古灶形，古则煮盐，厥后灶改为滩，煮易为晒，而灶为空名矣。"[④]可知利津县境内盐滩的位置由西向东推移，其制盐技术则由"煮易为晒"，即由煮盐法改为晒盐法，相应的盐滩名称也由"灶"改为"滩"。汉代之后，利津县

---

① 〔清〕盛赞熙修，余朝菜等纂：光绪《利津县志》卷二《舆地图第一》，"周春秋战国时为齐地"，《中国地方志集成·山东府县志辑》，凤凰出版社，2008 年，第 290页。

② 《管子》卷二三，《四部丛刊》景宋本，第 242 页。又见〔宋〕马端临：《文献通考》卷一五《征榷考二·盐铁》第 1 册，中华书局，2011 年，第 418 页。

③ 《管子》卷二三，第 234 页。

④ 〔清〕盛赞熙修，余朝菜等纂：光绪《利津县志》卷二《舆地图第一》，第 299 页。

为湿沃县地,属于千乘郡管辖。据《元和郡县志》卷一七《河北道二》记载,"蒲台县,本汉湿沃县地,属千乘国。宋属乐陵郡。……海在县东一百四十里。海畔有一沙阜,高一丈,周回二里,俗人呼为斗口淀,是济水入海之处,海潮与济相触,故名。今淀上有甘井可食,海潮虽大,淀终不没,百姓于其下煮盐"。据此推测汉代湿沃县(治所在今山东滨州市滨城西)为食盐产地。

(二) 唐代蒲台县永利镇斗口淀盐的生产

据光绪九年(1883 年)《利津县志》所载利津县的沿革表,从唐代贞观十七年(643 年)至垂拱四年(688 年),利津县均属于棣州乐安郡管辖,其中先由蒲台县永利镇管辖,后由渤海县永利镇管辖,而蒲台县和渤海县地均在现今的滨州市的管辖范围之内。据《新唐书》卷三八《地理二》载:"蒲台,紧。本隶淄州,贞观六年省入高苑,七年复置。景龙元年来属。渤海,紧。垂拱四年析蒲台,厌次置。有盐。"[1]另外,河北道棣州渤海县有盐业的生产(《新唐书·地理志》),蒲台县有斗口淀盐场,其内有哈垛盐池(《元和郡县志》)。[2] 关于斗口淀盐场,《太平寰宇记》卷六四《河北道十三·滨州》所载与上文《元和郡县志》卷一七所记相仿。[3]据已有研究,北宋大中祥符五年(1012 年)蒲台县(今山东滨州市蒲城街道)废为镇,其辖地并入渤海县(治所在今山东滨州市滨城区)[4],可见蒲台县永利镇从北魏、隋代到唐朝一直有盐的生产,并成为居民日常生活中必不可少的部分。直到道光十二年(1832

---

① 〔宋〕欧阳修、宋祁:《新唐书》卷三八《地理二》,中华书局,1975 年,第 995 页。

② 朱建君、修斌主编:《中国海洋文化史长编》(魏晋南北朝隋唐卷),中国海洋大学出版社,2013 年,第 123 页。

③ 〔宋〕乐史撰、王文楚点校:《太平寰宇记》卷六四《河北道十三·滨州》,中华书局,2007 年,第 1316 页。

④ 吉成名:《宋代食盐产地研究》,巴蜀书社,2009 年,第 23 页。

年),"滨乐分司驻武定府蒲台县北关,下设蒲台批验所"①。之所以设立蒲台批验所,与此地悠久的盐业历史息息相关。

(三) 宋代雍熙二年(985年)今利津县乃滨州场下辖四务之一

五代十国的产盐情况与之前唐代的一样,渤海、蒲台两县都有盐的生产。值得注意的是,到了宋代,滨州场的盐业生产已经有了明确的分工,"宋雍熙二年置滨州场",岁煮盐二万一千余石(宋代五十斤为一石)。②《文献通考》卷一五《征榷考二》记载:"又有滨州场,岁煮二万一千余石,以给本州及棣、祁州杂支,并京东之青、淄、齐州。"③其中滨州场还下辖四务,"宋至道二年,山东产盐划为两区,一是京东路,设密州涛雒场,后增登州四场。二是河北路设滨州场,下设四务"④,但是具体是哪四务,由于资料阙如就不可考了。笔者根据滨州下辖有渤海、利津、蒲台、沾化四县,据此猜测"滨州四务"可能就是指这四个县。宋王朝在产盐基础较好的山东地区不断扩充盐场,此时山东盐场发展尤其兴盛。许多沿海居民放弃农耕,纷纷投入制盐业中来谋求生计,北宋王朝也曾严禁沿海居民私自从事盐业生产,后来又通过提高盐税的措施来控制盐业利润。

(四) 金明昌三年(1193年)因军事战略重地和产盐地由 永利镇升为利津县

早在北魏时期,黄河三角洲边缘已建立永利镇等较大聚居村

---

① 徐来成编著:《惠民地区税务志(1840—1990)》,滨州地区新闻出版局,1994年,第27页。

② 〔明〕章潢:《图书编》卷九一,清文渊阁四库全书本,台湾商务印书馆,第971册,第759页上、下。

③ 〔宋〕马端临:《文献通考》卷一五《征榷考二·盐铁》,第一册,第435页。

④ 山东省盐务局编志办公室:《山东省盐业志》(征求意见稿),1990年,第101页。

落,居民分布在陆地或沿海一带从事农业或渔业。金代继宋代之后继续加强盐业的生产,增设盐场,并成立正规的盐业管理机构,加强对食盐的控制。金明昌三年十二月(1193 年 1 月),渤海县永利镇升为利津县。其升县的原因之一是其所处的重要军事战略位置。其军事战略位置主要表现在:大清河流经利津县,而大清河岸高水阔,是一条纵贯南北的黄金水道,可以连接内陆的许多区域来运送盐等重要物资,是重要的运河;利津县东临渤海,可以接通外面的交通。作为河运、海运的纽带,处于枢纽的位置,因此金朝政府在明昌三年将其升为利津县,并且同时设置了丰国镇、宁海镇和永阜镇,设巡司管理。同时金朝政府在大清河入海口设置重要海关码头——铁门关,筑土城,屯兵设防,时人称为"铁门锁浪"。铁门关在"利津城东北七十里,今汀河乡前关村有铁门关遗址。金朝初期,此地濒临大海。有一自然海沟,船只能在此靠岸。渤海滩盛产盐,这里盐业日益发达。外地小商船、渔船不时在此停泊。金朝政府为控制海滨之险,筑了土城"[1]。又云:"铁门关在县北七十里丰国镇,金置,明设千户所,以资防御,有土城遗址……按千户所,明洪武初置,初名乐安,后改武定,故城在县东北七十里,国朝裁之。"[2]

利津县设县的第二个原因是其长久以来丰富的盐业生产。《金史》卷四九《食货四》曰:"益都、滨州旧置两盐司,大定十三年四月,二者并为山东盐司。"[3]可见益都府和滨州均有盐场。滨州下辖渤海、利津、蒲台、沾化四县。其中利津(治所即今山东省利津县)濒临渤海,当为食盐产地。盐,作为国家经济命脉和重

---

① 中国人民政治协商会议利津县委员会文史资料研究委员会:《利津县文史资料》第一辑,1986 年,第 119 页。

② 〔清〕盛赞熙修,余朝菜等纂:光绪《利津县志》卷二《舆地图第一》,第 294 页。

③ 〔元〕脱脱等:《金史》卷四九《食货四》,中华书局,1975 年,第 1094 页。

要财政收入，是必须要由政府掌控的。金朝设置利津县之后，就要制定措施、设置职官来集中管理盐业经济的运行了。

利津县既有沟通河运、海运的重要交通位置，又有便利的港口码头，加之其有从春秋战国渠展之盐就开始的发达的盐业生产，其便利的交通方便了盐和粮食的运输，也促进了其商业的繁荣兴盛。之后利津县城南土地相继脱盐变为农耕区，农业快速发展。城北土地临海，含卤重，不适宜农业生产，却促使盐业、渔业和海关运输业及商业兴起，先后形成丰国（今汀河）、永阜、宁海等较大村镇，出现巨海枕其北，清河绕其东，南有桑枣之饶，西通舟车之利的繁华昌盛情景。

二、元明时期利津县境内三大盐场正式建立及发展

元太宗六年（1234 年）设山东都转运盐使司，委任运盐正使（秩正三品）、副使、运判（秩从五品）、经历、照磨等官，掌场灶、榷税、销售事宜。至元十九年（1282 年）山东设滨乐、胶莱、吕密三处运盐使。至元二十六年（1289 年）山东辖盐场 19 个，实为管理机构，计有永利、富国、丰民、利国、永阜、丰国、宁海、新镇、高家岗、固堤、官台、王家岗、海沧、西由、登宁、行村、石河、信阳、涛雒。在各盐场设置司令一人（从七品）、司承一人（从八品）以及同管勾等官，掌管督促制盐、收购、催办盐课等事。元朝在山东的盐政管理，基本上形成了完备的体制。"元初朝廷于济南设转运司，后因袭无改。中统、至元始克就绪，北海之滨，西极利津列十一场，滨乐二司主之。"①由此可见，利津地区正是从元朝至元二十六年（1289 年）开始正式设置盐场。利津县县城东北部有三大盐场，

———————————

① 张国旺：《元代榷盐与社会》，天津古籍出版社，2009 年，第 16 页。

名曰宁海场、丰国场和永阜场。

（一）三大盐场的始设时间和地理位置

利津县境内的宁海场、丰国场和永阜场都是在元代至元二十六年（1289 年）正式设立的，下面将详细介绍利津县境内这三个盐场的职官、机构设置及其地理位置。

1. 宁海盐场的始设时间及其位置

宁海盐场正式设置于至元二十六年，设有宁海场大使一员。康熙十二年（1673 年）《利津县新志》记载，宁海场盐课司在利津县东北三十里。雍正二年（1724 年）《山东盐法志》记载宁海场在县北六十里。光绪九年（1883 年）《利津县志》记载，宁海场盐课司在县东北三十里，"县东北三十里有宁海镇渡"[1]。宁海场后来割属于垦利县辖区范围，不再属于利津县管辖。

2. 丰国盐场创设与铁门关繁华的盐业运输

丰国场位置在今汀河乡前关村。据康熙四十四年（1705 年）《滨州志》记载，汀河乡有其独特的产盐方式，"又一百五十里汀河等处疏畦积水，受南风而成盐，即所谓解池盐也，今属利津县"[2]。在自然条件之下即可成盐，成为丰国场产盐的一大优势。至元二十六年丰国场正式设立，设有丰国场大使一员，在县北七十里有丰国盐场盐课司，位于利津县境内。康熙十二年（1673 年）《利津县新志》记载："丰国场盐课司在海运分司西（海运分司隆庆年建，在县北七十里丰国镇，今废）。"[3]另有雍正《山东盐法志》记载："利津县东北五十里有永阜场，北六十里有宁海场，北七十里有丰

---

① 〔清〕韩文焜：《利津县新志》卷二，台北：成文出版社，1976 年，第 73 页。

② 〔清〕杨容盛修：康熙《滨州志》卷四《赋役·盐法》，清康熙四十四年（1705 年）刻本，哈佛大学燕京图书馆藏，第 35 页。

③ 〔清〕韩文焜：《利津县新志》卷二，第 76 页。

国场,康熙十六年裁并归永阜场管理。"①

丰国盐场的发展及兴盛得益于繁华的海关码头铁门关。清代官宦张铨为铁门关作诗:"丰国场边问旧营,前朝几度设屯兵。至今明月荒城畔,铁马金戈夜有声。"②由此可以看出当时铁门关重要的战略军事地位。丰国镇在县北70里,铁门关在丰国镇,遗址犹存。"金代建丰国镇,明设千户所,置城屯兵防守。"③据利津县赵安亭考证,铁门关遗址应有两处,始建于金代的铁门关,现今位于利津县北小牟里村东,到明代中后期,因黄河尾闾改道,陆续迁至现汀河村东南的前关村,两址相距10千米。"作为金、元、明、清重要关防,铁门关最繁华的时期是明清两代,为山东省第一座海关。"④"铁门关是明清两代繁华的水旱码头和盐运要地。筑有土城,建有庙寺、戏楼。"⑤由于铁门关交通便利,又产盐兴旺,丰国盐场被认为是当时的"渠展之盐"所在的位置,按《山东通志》:"在利津县北滨海,古置盐官所,《管子》:'齐有渠展之盐,此荫王之国也',注云:'渠展,齐地,济水入海处,可煮盐之所。'……按之邑志,今县北丰国场是。"⑥不管将丰国场作为渠展之盐的位置是否准确,其产盐兴盛的事实是不容否定的。

3. 永阜盐场的始设时间及其规模

永阜场现位于北岭乡永阜村。永阜盐场同丰国、宁海盐场一

---

① 〔清〕莽鹄立、常岩立等:雍正《山东盐法志》卷三《疆域》,《四库未收书辑刊》编纂委员会编:《四库未收书辑刊》第一辑,第24册,北京出版社,1997年,第370页。

② 〔清〕盛赞熙修,余朝菜等纂:光绪《利津县志》卷四《利津文征·诗》,第474页上。

③ 中国人民政治协商会议利津县委员会文史资料委员会:《利津文史资料》第五辑,1996年,第42页。

④ 蒋义奎、崔光编:《沧海桑田黄河口》,黄河水利出版社,2009年,第19页。

⑤ 中国人民政治协商会议利津县委员会文史资料研究委员会:《利津县文史资料》第一辑,1986年,第119页。

⑥ 岳濬修,杜诏纂:雍正《山东通志》卷九,景印文渊阁四库全书,第539册,第385页下。

样,也是于至元二十六年(1289 年)正式设置的,并设有永阜场大使一员。据康熙十二年(1673 年)《利津县新志》记载,永阜场盐课司在县东北 50 里;雍正二年(1724 年)的《山东盐法志》记载永阜盐场在县东北 55 里;光绪九年(1883 年)《利津县志》记载,永阜场盐课司在县东北 50 里,按永阜场署在辛庄,因河水冲没建公所于庄北,后复被水,乃于辛庄就民屋居之。康熙十六年(1677 年),宁海盐场和丰国盐场裁并进入永阜盐场后,此时的永阜盐场成为一个规模更大的盐场。

“永阜场在利津县城东北五十里,距运司四百五里,领于滨乐分司,其地东北两面距海各六十里,西至滨州七十里,南至蒲台县六十里。裁并丰国、宁海两场在其境内,渤海东濒,清河中贯。该场产盐甲于十场,露积海滩,虑致私贩,自雍正六年巡盐御史郑禅宾题请设立盐坨,以宁灶盐夹于大清河两岸,所以便转运也。永阜场设立有仁、义、礼、智、信五坨,场地东西广一百三十里,南北袤一百二十里。”[①]又有“永阜场灶地四百八十四顷,一亩二分六毫九丝,草荡滩池地一百三顷七十六亩,九分八厘六毫九丝八忽”[②]。由此可以看出永阜场规模之大,产盐之盛。

(二) 明代的盐场机构、制盐技术及盐业聚落

1. 明朝盐场机构、职官的完善

元明两代是利津县境内三大盐场产量丰富、兴盛发展的时期。元初盐场设立后,明朝进一步设官管理,“山东都转运盐使司

---

① 〔清〕崇福修,宋湘等纂:嘉庆《山东盐法志》卷二二《图识·永阜场图识》,嘉庆十三年(1808 年)刻本,见于浩辑:《稀见明清经济史料丛刊》第一辑,第 22 册,国家图书馆出版社,2009 年,第 112 页。

② 张茂炯:《清盐法志·山东》卷五一《场产门二·灶地》,于浩辑:《稀见明清经济史料丛刊》第二辑,第 3 册,国家图书馆出版社,2012 年,第 208 页。

运使一人,同知一人,判官一人,经历司经历一人,知事一人,盐仓大使一人,益昌库大使一人。滨乐分司:永利场大使一人,丰民场大使一人,富国场大使一人,利国场大使一人,永阜场大使一人,宁海场大使一人、副使一人"①。滨乐分司下辖的宁海场盐课司、永阜场盐课司和丰国场盐课司也纷纷建立,组成控制盐业生产的一个严密系统。

关于利津县境内所设盐业机构的位置,雍正《山东盐法志》卷五《公署》中记载,永阜场大使公署,在利津县城东北五十五里,距省三百二十里。又,据咸丰九年(1859年)《武定府志》卷一二《盐法》中记载,永阜场大使署在利津县东北五十里的辛庄,康熙十六年裁丰国、宁海二场归并本场管理,该场额丁、地等项银一千三百六十九两五钱一厘。府属十州县皆票地。按,盐商有引商有票商,凡行引之地,票商不得撬越,票地亦然,划里分疆各有界限。

永阜场盐官的职责主要是:"督查煎盐、征收灶课、按商引称验街角、稽查窝囤私贩,并管理场垣坨地。"②关于利津县盐业机构的职官俸禄,雍正《山东盐法志》卷四《职官》中记载,永阜场大使俸银三十两五钱二分,皂隶两名,工食银十四两四钱,在利津县支领。③另有嘉庆《山东盐法志》卷一五《职官》记载,时设滨乐分司运同一员,秩从四品,辖永利、永阜、富国、王家冈、官台五个盐场,负责管理蒲台关秤掣、督征场课、催赞运程、杜缉私贩、稽查所属勤惰等。明朝时期,辖王家冈、官台、固堤、高家港、新镇、宁海、丰国、永阜、利国、丰民、富国、永利十二场盐课司,雒口批验所。雒口批验所大使一员秩正八品,专门负责雒关批验所盐引岁支,

---

① 〔明〕陆钶:嘉靖《山东通志》卷一〇,《天一阁藏明代方志选刊续编》,上海书店出版社,1990年,第51册,第673页。

② 山东省盐务局编志办公室:《山东省盐业志》(征求意见稿),1990年,第103页。

③ 〔清〕莽鹄立等:雍正《山东盐法志》卷四《职官》,第389页下。

俸银四十两,养廉银二百两,额设攒典一名,书役数名。康熙十六年(1677年)巡盐御史迈色会同山东巡抚具题,将"高家港、新镇二场裁去归并王家冈管理","宁海、丰国二场裁去,归并永阜场管理","户部覆准",如此,"今之永阜场则兼并宁海、丰国矣。十场之中惟永阜、王家冈为最大,其所征粮额或一千四百或一千九百,具溢古制","永阜场大使一员,岁支俸银四十两,养廉银三百两,公费银三十五两,额设攒典一名"①。

永阜场作为利津县乃至山东省产盐的大宗,政府重视其盐业的生产、运输及防止食盐走私。政府考虑到永阜场运盐的重要地位,通过设立各"汛"缉私以掌控盐业生产。嘉庆《山东盐法志》卷一一《本朝奏疏》中记载:

> 至于坐落利津县之永阜场,东运额引五十万道,俱于此场配运,最为紧要,然引盐积弊渐轻,但永阜场之汀河西北一带地广人稀,辛庄东南一带草深土旷,应移驻外委一员、兵丁四名,安设辛庄,在拨兵丁五名安设汀河。饬今商人多设巡役协同,严缉私贩。臣思余家港汛兵专为巡缉私盐而设,除兵饷外又有商人捐给工食银两,以上九山移驻兵弁十名,辛庄、汀河移驻兵弁十名,均应就近于余家港马步兵八十名内酌留调发,无庸另为添设。其所需汛房,仍照余家港例饬令该商捐资盖给等语。户部查覆应如所请,将调发兵丁造具花名清册咨送兵部查核,仍饬今该官弁兵役不时严加巡缉,务使私贩敛迹,倘失于觉察即行照例议处究治。其久山镇、辛庄、

---

① 〔清〕崇福修,宋湘等纂:嘉庆《山东盐法志》卷一五《职官上》,第24册,第20、22、24、26页。

汀河等处移驻兵弁所需汛房,应令该商等捐资盖给。至
兵丁既专为巡缉私盐而设,除兵饷外令商人量为捐给工
食以资养赡,仍将捐盖过汛房报明户部查核。又称票商
退认之弊宜清也。查本省票盐多系本地土商承办,有力
则克,无力则退。①

嘉庆《山东盐法志》卷一二《赋课》则记载:"其要缺之永阜、永
利、涛雒三场大使每年每员给引三百两似足敷用","永阜场书役
饭食银一百五十两。"②

又,嘉庆《山东盐法志》卷一六《职官下·场官表》记载了永阜
场官员的任职情况:雍正十一年周道沣;十三年汪璇(由富国场
调任)、李杨;乾隆十四年丁长睿;十八年喻锡度(由登宁场调任);
二十三年俞调元(由登宁场调任);二十四年曾敏传(由富国场调
任);三十三年胡叙宁;三十七年杨镛(由永利场调任);三十八年
王铭锟(由蒲台批验所调任);三十九年苏俊;四十年徐淳(由信阳
场调任);四十二年杨春亮;四十七年徐士翔;五十二年杨以云(由
王家冈场调任);五十七年海亮(由蒲台批验所调任);嘉庆元年汪
德润(由西由场调任);九年胡晋(由涛雒场调任)。③《山东盐法
续增备考》中也有记载永阜场职官的历任情况,现摘录一小段如
下:"永阜场大使,胡晋,嘉庆十二年五月二十五日卸事;林辨香,
试用盐大使署理,嘉庆十二年五月二十五日到任;韩宣训,嘉庆十
三年七月二十四日到任;平克仁,试用盐大使署理,嘉庆十八年十

---

① 〔清〕崇福修,宋湘等纂:嘉庆《山东盐法志》卷一一《本朝奏疏》,第 24 册,第 293—
295 页。
② 〔清〕崇福修,宋湘等纂:嘉庆《山东盐法志》卷一二《赋课上》,第 23 册,第 317、326
页。
③ 〔清〕崇福修,宋湘等纂:嘉庆《山东盐法志》卷一六《职官下》,第 24 册,第 169—192
页。

一月十一日到任;韩宣训,嘉庆十八年十二月二十四日回任;陈泰安,盐经历署理,道光三年五月十二日到任;何学传,道光四年正月十五日到任。"①可以看出,绝大多数的永阜场官员都是由具有管理经验的其他盐场大使调任或署理的,反映出山东省境内各大盐场之间的密切关联。虽然各大盐场都有自己的管辖范围,政府对此有十分明确的严格规定,且行盐范围不可逾越,但是当某个盐场产盐不足,其他盐场可以立即进行调整,开放新的盐滩,并往该地区运盐。

2. 制盐技术的进步:从煎煮法到滩晒法

从先秦时期开始一直采用煮盐法,即用陶质盆形器加热海水,一边烧火一边添海水,直至最终剩盐为止。从唐代开始,用得最久的是煎盐法,即提取卤水,用浅而阔的铁盘或竹盘熬干以取盐,后来改为用铁锅煎盐。至明初一天一夜可煎盐六盘,每盘重一百斤。明世宗在位期间,煎盐法逐渐让位于晒盐法,尤其在明朝中期,先进的滩晒法传入北方之后,滩晒法生产工序简化,成本降低,产量大,省工时,是海盐生产史上的重大变革。

关于山东省内各个地区的盐场具体何时开始使用滩晒法制盐,王赛时在其《明清时期的山东盐业生产状况》一文中提到,从煎晒转换情况来看,日照、莱州在康熙时改煎为晒,昌邑、寿光、沾化在雍正时改煎为晒,文登最晚在道光时期才改煎为晒。但是山东省内滩晒法的最早使用却是在这之前,"(世宗大定)二十三年七月,博兴县民李孜收日炙盐,大理寺具私盐及刮咸土二法以上,宰臣谓非私盐可比。张仲愈独曰:'私盐罪重,而犯者犹众,不可纵也。'上曰:'刮碱非煎,何以同私?'仲愈曰:'如此则渤海之人恣刮碱

---

① 〔清〕王定柱:《山东盐法续增备考》卷六《历任职官》,于浩辑:《稀见明清经济史料丛刊》第一辑,国家图书馆出版社,2009 年,第 27 册,第 519—520 页。

而食,将侵官课矣。'力言不已,上乃以孜同刮碱科罪,后犯则同私盐法论"①。这是在金代发生的山东省博兴县民李孜的"收日炙盐"案,朝廷对其制盐法是否属于犯私盐罪进行了讨论,最后决定自此之后再犯的按照私盐罪给予其处罚。值得一提的是,此时在山东省境博兴县已经开始有了晒盐法的萌芽,但是由于朝廷对盐的高度掌控,此法没有延续并传播开来,传统的煎煮法仍然继续使用,直至后来明末清初南方广泛普及滩晒法制盐。南方滩晒之法始于明代中叶,此技术是由福建人传授过来的,传入后,北方才渐渐地接受并采用。如此看来,北方早在金代即已发明滩晒法,金代远在明之前,也就是说北方先于南方发明此技术。然而滩晒技术的发明,其起始时间和地点与之后的广泛传播与流行并不吻合。

已有研究指出,"晒盐比煎盐成本低,省工时,且产量高,较煎盐要先进。山东盐场中永利、利国、丰民、丰国四场行滩晒法,永阜、新镇、王家岗、宁海四场行煎炼法"②。雍正时之盐业专志已指出:"丰国等七盐场离海既近,离河不远,海水无穷,滩晒甚多。煎办正额之外,乡资私贩之源。虽欲禁之,其道无由相应,顺商人之顾,从便收买,就近截角。官引既通,私盐不禁而自绝矣。此杜私贩所当议也。"③

嘉庆《山东盐法志》卷七《场灶》中有煎晒记载,即:"晒盐之场有三个,即永利、永阜、王家冈。永利、永阜二场仅有收并盐窝数面,其产盐之丰,则专藉滩晒。""晒盐各场开沟纳潮,沟道既远又复深广,容纳甚多潮水入沟,既将沟口堵塞,只需大潮一二次即敷终岁开晒之用。"而煎盐离不开锅,文献史料中关于锅面的数量记

---

① 〔元〕脱脱:《金史》卷四九《志第三十·食货四》,中华书局,1975年,第1096页。
② 卜建华、翟新、李龙森:《山东海洋文化特征的形成与发展研究》,西南交通大学出版社,2010年,第238页。
③ 〔清〕莽鹄立、常岩立等纂修:雍正《山东盐法志》卷一四《前朝艺文》,第579页。

载如下:"永阜场旧额无,裁并宁海场原额盐锅四面","永阜场自三月至五月产盐最旺,谓之春晒。五月下旬停晒,惟有力之户下滩修筑。自七月下旬起晒至九月止谓之秋晒,但气候寒凉,卤水难成,工本较重。圈池规制与富国场同,而多一座池。大率春晒一日,卤厚一分,即可放至第二圈,至第五圈,卤厚五分,放入第一走卤池,至第四池,则卤厚九分,始灌入坐盐池内,十分卤足,而盐化成。约晒五日坐盐寸许,实之于筐,运之坨台,次第归垣。"①

值得注意的是据《山东省盐业志》记载:"元至顺元年,山东盐场实行煎晒并举。"②明朝中后期晒盐法在山东省境内得到广泛使用,这是盐业史上的一次变革。这种方法引进利津县之后,盐的生产不再是单一依靠芦苇为燃料的煎盐法,既节省了燃料,又提高了盐产量。从此晴天晒盐、雨天煎盐的方式便流传下来。随着黄河造陆的不断进行,沟滩数量明显变多,井滩数量由于距海越来越远而慢慢淤废。

3. 兴盛的盐业聚落——官灶城

"官灶城"城池禁垣的修建人是管仲,筑城时间为齐桓公称霸时代,即公元前685年到公元前643年,后来作为金朝屯兵之所,其规模"延袤三十余里"③。官灶城之前叫作"官灶村",建村于明初,朝廷推行"配户当差"制,"濒海有盐灶",则为灶籍。编入灶籍的人户,必须世代以籍为定、世守其业。移民在古城池禁垣遗址上定居繁衍,又因是官府对灶户的管理之所,取名为"官灶村"而延续至今,后被史书称为"官灶城"。据雍正《山东盐法志》记载,

---

① 〔清〕崇福修,宋湘等纂:嘉庆《山东盐法志》卷七《场灶上·煎晒》,第22册,第525、526、529、536—537页。

② 山东省盐务局编志办公室:《山东省盐业志》(征求意见稿),1990年7月,第13页。

③ 〔清〕穆彰阿、潘锡恩等:嘉庆《大清一统志》卷一七六《武定府·古迹》,上海古籍出版社,2008年,第4册,第513页。

"官灶城在利津县南,遗址生棘向上,俗传云顺皇棘,近永阜场"①。光绪《利津县志》考证云:"丰国镇在利津县东北七十里,则与所谓'官灶城一在利津'者其地同。"又,"铁门关在县北七十里。丰国镇,金置,明设千户所以资防御,有土城遗址"②。"官灶城是官府为保护盐灶不受潮水侵害,防止盐被盗运私卖而建筑的城池,亦称'禁垣'。官灶城向属利津县地,光绪三十四年(1909年),沾利两县划分界址,始归沾化县管辖。"③官灶城遗址现在沾化县下河乡官灶村东北三里许。当时官灶城产盐之兴盛,"武定府各县有盐商近百家,制盐业、销售业十分发达。仅灶户就有千户之多,每年仅此一项的收入就近万两银子。加之官府的自留地——沾化官灶城的收入,每年要有几万两银子的流水"④。

三、清朝利津县三大盐场的裁并及永阜场的兴盛发展

清康熙十六年(1677 年)山东省境内的盐场经历了一次裁并,使得利津县境内的三个盐场合并为一个盐场。本节内容将围绕盐场裁并原因及其裁并之后的发展状况,分为康熙、雍正、乾隆、嘉庆四个时段来展开论述。

宁海、丰国二场裁并入永阜场内,是有一定原因的,最直接的原因是其场区内产盐量的下滑。据史料记载,宁海场在明朝产量是减少的,"宁海场卤缩,奏损其引增永利场足之"⑤。可见当

---

① 〔清〕莽鹄立、常岩立等纂修:雍正《山东盐法志》,第 536 页。
② 〔清〕盛赞熙修,余朝莱等纂:光绪《利津县志》卷二《舆图第一》,第 10 页。
③ 中国人民政治协商会议利津县委员会文史资料委员会:《利津文史资料》第五辑,第 45 页。
④ 王剑、张世芳:《武定府史话》,方志出版社,2012 年,第 135 页。
⑤ 〔明〕焦竑:《国朝献征录》卷八六《江西·江西按察使周公轸墓志铭》,《四库全书存目丛书》,齐鲁书社,1996 年,史部 104 册,第 654 页下。

宁海场产量减少时不得不从其他盐场借盐引补足。隆庆五年（1571年），利津官方在丰国北洼（今汀河乡地）均田招垦。应招垦荒的则有外籍户，也有境内户。可见此时丰国盐场的盐业生产下滑，开始由盐业生产转变为农业生产。康熙十六年在海潮和战火破坏之下的丰国盐场产盐量下滑，裁并进入永阜盐场。至今利津县境内有铁门关遗址，应是丰国盐场当时所在的位置，在明代兴盛的官灶城也在隆庆年间毁于海潮与战火。明隆庆年间，利津知县贾光大（河南人，隆庆五年任利津知县）到北部均田安垦时至官灶城有感而诗曰："古城谁筑在荒陬，遗址犹存动客愁。……空有盐花堆似玉，年年辛苦几时休。"[①]

　　如此，宁海、丰国二场被裁已成为必然的趋势。有《裁汰冗员疏》云："康熙十六年（1677年）七月，长芦巡盐御史会同山东巡抚具题，裁汰冗员以充……宁海、丰国二场裁去，归并永阜场管理。"[②]新组成的永阜盐场空间范围和产盐规模都有所扩大。丰国、宁海两场并入永阜场，为省内最大盐场之一，有滩池四百四十六副，其中沟滩二百四十八副，井滩一百九十八副。[③]所产食盐，除供应省内六十六州县和一卫外，还行销河南省归德府所属八

---

① 中国人民政治协商会议利津县委员会文史资料委员会：《利津文史资料》第五辑，第46页。

② 〔清〕莽鹄立、常岩立等纂修：雍正《山东盐法志》卷一一《奏疏》，第501页。

③ 古代盐滩多为个体经营，一场规模从几十亩到几百公亩不等（一公亩等于一百平方米），很少有超过几千公亩的。旧式滩田一般二三公亩一池，大的不足十公亩。纪丽真在其《明清山东盐业研究》中提出山东境内盐滩大多以每副五圈四池为代表制。大沟滩一个圈的面积约900平方米，一个小沟滩的形制在1400平方米左右。大沟滩所占面积官亩4亩（72弓），小亩20亩（24号），其沟宽17丈，周300丈，深5尺；其圈数自3—12不等，每圈宽凡9丈，长如之，深五六寸。小沟滩所占面积约官亩2亩，小亩14亩，其沟宽凡12丈，周凡180丈，深凡4尺；其圈数自3—12不等，每圈宽凡4丈，长如之，深约八九寸；其池数自12—16不等，每池宽3丈2尺，长如之，深五六寸。

县。[①] 三大盐场未合并之前，各有自己的盐滩范围。大清河左岸所有盐滩应是属于古丰国场的管辖范围之内。大清河右岸的盐滩应是属于古永阜场和古宁海场的管辖范围。后来随着黄河不断造陆，宁海场相对于永阜场来说更靠近陆地，因而衰落速度比永阜场要快，其后被划进永阜场之内，后来因为利津县和垦利县的分地之争，宁海地区就属于垦利县管辖而不再属于利津县。与此同时，新合并成的永阜盐场内部的下辖盐滩在不同时期发生了数量和位置的变化。

1. 康熙十二年（1673 年）至雍正二年（1724 年）永阜场盐滩的时空分布

历史文献包括古籍和地方性资料中关于永阜场下辖盐滩未见有文字资料的记载，这是一个很大的遗憾，幸好在雍正二年纂修的《山东盐法志》中出现了第一张描绘永阜场内下辖盐滩的《永阜场图》。根据文献史料，记载的内容当属于康熙十二年至雍正二年的利津县盐场分布图。根据仅有的图的记载，大概可以看出盐滩的分布位置及盐滩数额的多少。

据雍正《山东盐法志》中《永阜场图》的记载，可以整理出雍正二年永阜场内的盐滩主要有：青坨、新滩、梁家圪塔、黄家陡崖、东合子、中字道口、霍家坨子、九个铺、五个铺、龙王庙滩、平家河滩、邵家湾滩、近滩、宋家河滩、大冲口滩、探马桥滩、牛家滩、榆树圪塔滩、杨家河沟滩、青坨子滩、旋河子滩、信字坨、智字坨、礼字坨、义字坨、仁字坨、双河子滩、插尖、毛坨子滩、狼坨子、波河稍、小堤、陡滩、冯家滩、虾蟆湾滩、八里圪塔滩、牡蛎嘴滩、大狼圪塔、岳滩、过河滩等盐滩。[②] 这些盐滩的命名有的是以村名来命名，

---

① 山东省盐务局编志办公室：《山东省盐业志》（征求意见稿），1990 年，第 833 页。
② 〔清〕莽鹄立、常岩立等纂修：雍正《山东盐法志》第一辑，第 24 册，第 339 页上。

如龙王庙滩是以龙王庙村命名，牛家滩以牛家镇村命名。有的以儒家五常命名，例如仁、义、礼、智、信五个盐坨。雍正年间总共有三十五处盐滩，五处盐坨。

从图中龙王庙滩的设置可看出盐业在利津县所处的重要位置。沿海居民为了产盐的兴旺还修建神庙，例如龙王庙等。据《利津县新志》中《重修龙王庙记》记载："夫军国之需，盐贡是尚，凡兴作煎办，必借是神之佑，莫不备香火、割牲酾酒以点奠，献诚则享而收功多，否则不享而年额不足矣……由是乞潮则滩场生，祷雨则禾稼茂盛。"①可以看出沿海居民对盐业生产的重视。

2. 雍正、乾隆年间永阜场新报垦的盐滩

雍正、乾隆年间永阜场报垦出许多新的盐滩，现根据嘉庆十四年（1809 年）《山东盐法志》中的记载，将其内容详细列于表 1 中。

表 1　雍正、乾隆年间永阜场新报垦滩池位置及其规模表②

时间	滩池	报垦滩池规模	起科时间
雍正八年（1730 年）		5 亩 3 分	
雍正十二年（1734 年）	双河子等处	15 亩 8 分	乾隆四年（1739 年），其加滩丁银一并起科
乾隆三年（1738 年）	杨家河	沟滩 6 副，计池地 13 亩 3 分 4 厘 1 毫	乾隆八年（1743 年），其加滩丁银一并起科
乾隆五年（1740 年）	大狼坨塔等处	6 亩 7 分 5 厘 8 毫	乾隆十年（1745 年），其加滩丁银一并起科
乾隆六年（1741 年）	老公领等处	10 亩 1 分 6 厘 6 毫	乾隆十一年（1746 年），其加滩丁银一并起科

① 〔清〕韩文焜：《利津县新志》卷一〇，第 345—346 页。

② 〔清〕崇福修，宋湘等纂：嘉庆《山东盐法志》卷八《场灶下 · 滩荡》，第 22 册，第 637—647 页。

续　表

时间	滩池	报垦滩池规模	起科时间
乾隆九年（1744 年）	牛家滩	2 亩	乾隆十四年（1749年），其加滩丁银一并起科
乾隆三十二年（1767 年）	旋河子等处	34 副，计池地 74亩 4 分 1 厘	乾隆三十七年（1772年），其加滩丁银一并起科
乾隆三十七年（1772 年）	林家河等处	12 副，计池地 31亩 2 分 6 厘	乾隆四十二年（1777年），其加滩丁银一并起科

资料来源：〔清〕崇福修，宋湘等纂，嘉庆《山东盐法志》卷八《场灶下·滩荡》，第22 册，第 637—647 页。

由表 1 可见雍正至乾隆年间，永阜场的滩池数量看上去貌似是增加的，但实际上是政府对盐业的控制力加强了，缉私机构、缉私措施更完善了，因此地方又报垦出这些新的盐滩，而且能看出这些新报垦滩池的起科年限都是所报时间的五年之后。

3. 嘉庆十四年（1809 年）永阜场盐滩的分布及缉私机构的加强

嘉庆十四年《永阜场图识》是继雍正二年（1724 年）《永阜场图》之后第二张记载永阜场内盐滩数量、规模的珍贵示意图，可据这张图来看其滩池分布位置及数额的变化。由图可以看出此时的盐滩主要有：新滩、霍家坨、台子后、五个铺、龙王庙（大清河西岸）、茶尖、梁家道口、申家道口、毛晏河、旧游沟、八里、九个铺、平家河、近滩（即陡滩）、八里圪塔、毛坨子、小堤、陡滩、高屋子、半截墩、林家河、虾蠚湾、波河稍、北冯、南冯、小牟里、大狼圪塔、刘家滩、狼坨子、大牟里、智字坨、礼字坨、义字坨、仁字坨、附信字坨、梁家圪塔、东坝、王二河、龙王庙（大清河东岸）、青坨子、李家灶、西坝、探马桥、榆树圪塔、三眼井、邓家岭、老瓜岭、王家涯子、棘圪塔、东双河、西双河、岔鱼岭、杨家河、蒋沟子、宣河子、牛家滩等①，共计五十一处盐滩、五处盐圪。由此可以看出，相比雍正二年(1724年)的《永阜场图》，嘉庆年间的盐滩数量明显增加了，由三十五个增至五十一个。其中，从雍正年间存续至嘉庆年间的十八个，嘉庆年间新增的三十三个，消失的盐滩数量是二十个。

此外，嘉庆十四年的图与雍正年间的图相比，还增加了许多以"汛"为通名的机构，主要有：大中口汛、东双河汛、西双河汛、孥鱼口汛、夹墙汛、邵家堤汛、甘草窝汛、张家庄汛、小宁海汛、下河汛、官灶汛、六沟汛、苏秦河汛、张家圪塔汛、利国游汛、北鉴游汛、马台汛、行洼庄游汛、甜水井汛、八里庄汛等②，共计二十处。这些汛既具有军事功能，又具有缉私功能，保证国家的安定及对盐业的掌控。与康熙年间记载的滩池数量相同，嘉庆年间永阜场盐滩仍然保持四百四十六副，具体情况如下：

> 永阜场坐落利津县东北五十里辛庄。距省四百五十里，西至滨州界七十里，又至沾化县界五十里，南至蒲台县界六十里，东南至乐安县界七十里，东北至海各六十里。大清河东滩池共二百九副，内潮滩六十八副，井滩一百四十一副。河西共二百三十七副，内潮滩一百八十副，井滩五十七副。场界内有官灶城在利津县南，遗址生棘皆向上，俗传云顺皇棘。③

---

① 〔清〕崇福修，宋湘等纂：嘉庆《山东盐法志》卷二二《图识》，第25册，第110—111页。

② 同上。

③ 〔清〕崇福修，宋湘等纂：嘉庆《山东盐法志》卷七《场灶上·场界》，第22册，第509—510页。

由此可见,永阜场盐业一直保持着兴旺发展的势头。总之,利津县从先秦时期已经有了盐的生产,秦汉时期盐业继续发展,唐代蒲台县有斗口淀盐场,宋代盐业规模扩大,盐业生产有了详细的分工,而利津县则成为"滨州四务"之一。金朝明昌三年(1193年)永利镇因为其重要的军事战略地位和产盐地位升为利津县,元朝至元年间设立永阜场(利津县东北50里)、宁海场(利津县东北30里)、丰国场(利津县北70里),并各设有永阜场大使、宁海场大使和丰国场大使,利津盐业生产旺盛。三大盐场设立之后,产盐地的变化主要体现为盐场下辖滩池的位置变化。盐场产盐中心位置就固定下来了。明代三大盐场的盐业生产依然兴旺,有大清河、铁门关码头的运输,使利津盐能够送达其他地区,盐业的繁荣带动了利津县经济的发展与贸易的兴盛。康熙十六年(1677年)宁海场、丰国场裁并进入永阜场之内,使得永阜场的规模变大,产盐兴盛,成为名冠齐鲁的大盐场。根据雍正二年(1724年)《山东盐法志》中《永阜场图》所绘永阜场内的盐滩及其名称和嘉庆十四年(1809年)《山东盐法志》所载《永阜场图识》,可大体推断出利津县境内的三大盐场下辖盐滩的区域范围。以上时期均为盐场滩池的扩展期,然而咸丰五年(1855年)之后黄河尾闾的决口改道开始影响永阜场,盐场滩池逐渐受到冲毁,盐滩数量慢慢缩减。

四、历史时期利津县境内盐场位置变迁与海岸线的关系

东部沿海地区的海盐生产与海岸线的变迁有着十分密切的关系,海岸线的变迁与否则取决于河口冲刷与淤积动力条件的对比,河流入海口流向的摆动会迅速影响到沿海地区盐业的生产与盐场位置的变迁。历史时期黄河下游的河道变动频繁,流向几经

变迁。在以往的学术研究中,关于盐业通史与区域盐业史都已取得很丰富的研究成果,细致入微地探讨局部地域如某个县境内的盐业发展与海岸线之间关系的研究则比较少。利津县地处黄河入海口西侧,黄河每年从中上游携带的大量泥沙在下游淤积成陆,海岸线也随之外延。探讨县境内盐场滩池空间位置变动与海岸线延展之间的密切关系,不仅有助于揭示利津一县境内的盐业生产与发展的变迁,也有助于认识整个东部海岸线地区的盐业生产与海岸线延展之间的关系,下文拟对此问题展开较为翔实的探讨。

1855 年黄河决口改道之前,在海岸线外延的影响之下,县境内的盐场滩池逐渐向外推移。下面以 1198 年为分界线,具体探讨不同时期海岸线的位置分布及其相应的盐场滩池的位置变化情况。

(一)1198 年以前利津县境内产盐地随海岸线向东北扩展

1. 先秦时期产盐地在南望参、利津城、史口一线以西

战国中叶以前因堤防未筑,河道无拘束,漫流改徙无定,时常出现多股河道并存的局面。[①] 在周定王五年(前 602 年),黄河出现一次大改道[②],而利津县明集乡南望参一带的海岸线正是周定王五年稳定下来的,"周定王五年(公元前 602 年),黄河改道沿今德州、沧州一线在黄骅入海。海岸在今王(疑是'望')参村、利津城、史口一线"[③],因此黄河的决口改道与海岸线的分布位置是密切相关的。而盐场滩池的分布位置也是随着海岸线的变化而变化,从先秦时期在明集乡一线开始,随着黄河造陆,海岸线外延,

---

① 邹逸麟:《中国历史地理概述》,上海教育出版社,2005 年,第 30 页。

② 清人胡渭在其《禹贡锥指》中首创"五大徙说",即周定王五年(前 602 年)、王莽始建国三年(11 年)、北宋庆历八年(1048 年)、金明昌五年(1194 年)、元至元二十六年(1289 年),后人研究黄河者多循此说。〔清〕胡渭著,邹逸麟整理:《禹贡锥指》,上海古籍出版社,2013 年,禹贡锥指略例,第 11 页。

③ 蒋义奎、崔光:《沧海桑田黄河口》,黄河水利出版社,2009 年,第 70 页。

产盐地也逐渐拓展。海岸线在明集乡时盐区以"某某灶"命名。从今天的利津县卫星地图来看,在今天的南望参遗址附近有诸多以"灶"为通名来命名的村庄,如杨家灶、谢家灶、孔家灶等,这些村是之前的古盐场滩池所在的区域。它们都分布在明集乡南望参海岸线以西的位置。

王莽新朝始建国三年(11 年)是黄河决口改道的一年,也是黄河第一次由利津入海,开始了以利津城为起点向东北展开的造陆过程。[①] 东汉王景对黄河下游河道进行了全面整治,使得此后800 多年时间里黄河下游河道基本上处于稳定期。

2. 唐末产盐地在盐窝、北岭、坨庄一带

隋至唐末的 300 多年间,利津一带海岸线外延 30 余里,今王庄、盐窝、北岭、董集、坨庄等处均成陆地。[②] 唐代蒲台县永利镇(今利津县)当属产盐区位置所在,斗口淀盐场设立。斗口淀属于后来的利津县丰国场所在位置。

3. 宋代产盐地在汀河、虎滩一带以西

到宋代,海岸线向前推进了六七十里。利津盐区也随之由先秦时期的明集一线,历经盐窝、北岭一带,逐渐推移到了今汀河、虎滩一带。[③] 至北宋政和元年(1111 年),城东增至 60 余里。[④] 宋代雍熙二年(985 年)滨州场设立并下辖滨州四务,利津县属于当时的"滨州四务"之一。宋熙宁十年(1077 年)黄河第二次由利津县入海。[⑤]

---

① 中国人民政治协商会议利津县委员会文史资料委员会:《利津文史资料》第五辑,第 41 页。
② 黄河水利委员会黄河河口管理局编:《东营市黄河志》,齐鲁书社,1995 年,第 235 页。
③ 中国人民政治协商会议利津县委员会文史资料委员会:《利津文史资料》第五辑,第 41 页。
④ 黄河水利委员会黄河河口管理局编:《东营市黄河志》,第 235 页。
⑤ 利津修防段编纂办公室,韩业深、张相农主编:《利津县黄河志》(内部刊行),1986 年,第 7 页。

(二) 1198—1855 年海岸线与盐场位置的关联

1. 1198 年产盐地在铁门关一线位置

金明昌五年(1194年)黄河第三次由利津县入海。[①] 此年也是黄河决口改道的一年。金大定二十九年(1198年)海岸线稳定在铁门关(今汀罗镇前关村,有铁门关遗址)一线,著名的铁门关码头起着运输盐的重要作用。以金大定二十九年作为分界线是有一定缘由的。一是在谭其骧的《中国历史地图集》中记载宁海镇和丰国镇在此时已经建立,而宁海镇位于老黄河一线,丰国镇位于黄河入海处,其所处的地理位置也关系到其后来盐业生产、运销的发展。二是重要的盐业运输码头——铁门关在丰国盐场附近,前文有所涉及,铁门关被称为利津县的"铁门锁浪",不仅有重要的运盐作用,也有极其重要的军事战略地位。三是金代的盐业发展渐趋完善,规模也变大,产盐量也增加,为元代利津县境内丰国场、宁海场和永阜场的正式设立奠定了基础。至元代,靠近海岸的低平地区逐渐碱化,盐业的生产迅速发展起来。至元二十六年(1289年)利津县三大盐场正式设立,它们分别是丰国场、宁海场和永阜场。此时铁门关的运盐作用更重要了,丰国盐场盐课司就在铁门关附近(利津县城北70里),而永阜场在县城东北50里,宁海盐场在县城东北30里,因此铁门关海岸线应是后来的丰国盐场所在位置。

2. 1495 年三大盐场在罗家屋子、老爷庙、郭家局子一线以西

明弘治八年(1495年)至清咸丰五年(1855年)这一段时间是盐场正式设立之后的稳定发展时期,三大盐场的盐滩已经到达此

[①] 中国人民政治协商会议利津县委员会文史资料委员会:《利津文史资料》第五辑,第41页。

海岸线附近,据后面雍正年间的《永阜场图》可以推测,其盐场所辖盐滩数量不断增加,产盐量也很大。因此可判断该海岸线附近有盐场下辖之盐滩分布。而这些盐滩具体属于三大盐场中哪个盐场,由于没有相关的史料记载就不得而知了。从古文献的记载及当时的诗歌等方面可以窥见当时产盐之兴盛,整个山东省盐业生产都处于蓬勃发展时期。

明正统十三年至清咸丰五年,黄河七次由利津县入海,这七次年份分别是:明正统十三年(1448 年)、清顺治七年(1650 年)、清康熙六十年(1721 年)、清乾隆十六年(1751 年)、清嘉庆八年(1803 年)、清嘉庆二十四年(1819 年)、清咸丰五年(1855 年)。① 从明朝中期至咸丰五年黄河几次入海并没有对利津县境内的盐场滩池造成破坏,是因为黄河最终汇淮入海,黄河大部分时间都保持在废黄河一线上。清初大清河东岸开滩近二百副,所产盐以粒大、味厚、坚固、洁白而被列为东纲之盐中的上品,每年供孔府钿盐专用,据嘉庆《山东盐法志》记载,永阜场每年要提供五千一百四十四斤盐。康熙十六年(1677 年),利津县境内宁海、丰国、永阜三大盐场经历了裁并,裁并之后的盐场统称永阜场,并设有永阜场盐大使,盐大使衙门驻辛庄。新的永阜场设立之后,其盐滩数额如前所述达四百四十六副,而其具体的盐滩分布位置可详见两幅永阜场图的记载。新设立的永阜场在康熙、雍正、乾隆、嘉庆年间一直保持这一滩池数的盐业生产。据《利津县续志》记载:"光绪十二年,改属山东巡抚兼辖,遂并为九场,嗣又改为八场,永阜其一也。利津永阜场滩池共有四百二十副,产盐之额,实为八

---

① 利津修防段编纂办公室,韩业深、张相农主编:《利津县黄河志》(内部刊行),1986年,第85页。

场之冠,销售地面亦极宽广。"①可以看出滩池数开始有所减少,但其场界不变,永阜场的场界为"东、北两面距海各六十里,西至滨州七十里,南至蒲台县六十里。东西一百三十里,南北一百二十里"②。从《济南府志》的记载中可以看出历城县、章丘县、邹平县、齐河县、齐东县、济阳县、禹城县、临邑县、长清县、德州平原县等均掣配永阜场盐。③ 永阜场以其有铁门关码头而盐运便利、航运畅通,其他地方积盐滞销而逐渐被裁并。

3. 1855 年永阜场下辖盐滩约在挑河、五河口一线以西

清咸丰五年(1855 年)黄河在河南兰仪铜瓦厢决口,从此黄河由渤海湾入海,流经利津县。黄河此次决口改道却是永阜场由盛转衰的标志。"永阜场坐落利津县,属为东纲产盐要区。自黄水改道以来,大溜现由该场附近奔腾而下,以致滩池节年被淹,堤坝冲决,且复顶托纳潮,卤气不升。历年产盐已属短少,近复加以异常亢旱,穷灶聚集,最易滋事。"④咸丰五年黄河改道,流经利津县,黄河最终由渤海湾入海。针对此次改道,朝廷不同势力集团就是否堵口问题提出不同观点。当时正值太平天国运动,朝廷无暇顾及北方治河,无力抢救北方的黄河水灾,因此洪水泛滥成灾,对山东造成了巨大的破坏性影响,也影响到了山东境内盐场滩池的正常盐业生产。继咸丰年间之后,黄河尾间决口越来越频繁,加之战争的紧迫,使得极盛一时的永阜场逐渐衰落,1895 年利津县停止盐业生产。

---

① 王廷彦修,盖尔佶纂:《利津县续志》卷一《舆地图第一》,《中国地方志集成·山东府县志辑》第 24 册,凤凰出版社,2008 年,第 510 页。

② 曾凡英主编:《盐文化研究论丛》第五辑,巴蜀书社,2011 年,第 277 页。

③ 〔清〕成瓘、冷烜:道光《济南府志》卷二二,《中国地方志集成·山东府县志辑》第 1 册,凤凰出版社,2008 年,第 453—455 页。

④ 〔清〕王先谦、朱寿朋:《东华续录·光绪朝·光绪十一》第 15 册,上海古籍出版社,2008 年,第 110 页下。

根据《东营市黄河志》《地名溯源》《沧海桑田黄河口》等资料中的记载,整理成表2。随着黄河造陆的不断进行,形成了几条相对固定的海岸线,由此我们可以看出利津县的大致形成过程。

表 2 历史时期利津县境产盐地与海岸线的位置关系

时段	公元年	海岸线位置	产盐地	成陆的县乡	资料来源
周定王五年之前	公元前 602 年之前	南望参—利津城—史口	谢家灶、孔家灶、杨家灶、荆家灶、王家灶	利津城、南望参	《沧海桑田黄河口》,第 70 页
周定王五年至唐末	前 602—907	盐窝一线	斗口淀	盐窝、北岭、王庄、董集、坨庄	《东营市黄河志》,第 235 页
唐末至北宋政和元年	907—1111		利津作为滨州下辖的"四务"之一		《图书编》卷九十一,第 2307 页
北宋政和元年至金大定二十九年	1111—1198	铁门关一线	铁门关附近	虎滩、汀河、陈庄、集贤、民丰等退海成陆	《东营市黄河志》,第 235 页
金大定二十九年至明弘治八年	1198—1495	罗家屋子—老爷庙—郭家局子	宁海盐场、丰国盐场、永阜盐场	今汀罗镇、陈庄镇全部及今河口六合乡南部成陆	《地名溯源》,第 55 页
明弘治八年至清咸丰五年	1495—1855	西起挑河东至五河口	三大盐场的下辖盐滩	太平、义和、六合、付窝、西宋、永安等地相继脱海	《东营市黄河志》,第 235 页

历史时期利津县境的盐场与盐业 | 171

由表 2 可以大致看出利津县的成陆过程：随着黄河造陆，海岸线不断向东向北移动，利津县各个县、乡也依次成陆。下面辅之以图，可以看出海岸线与盐场位置的密切关联（见图 1）。

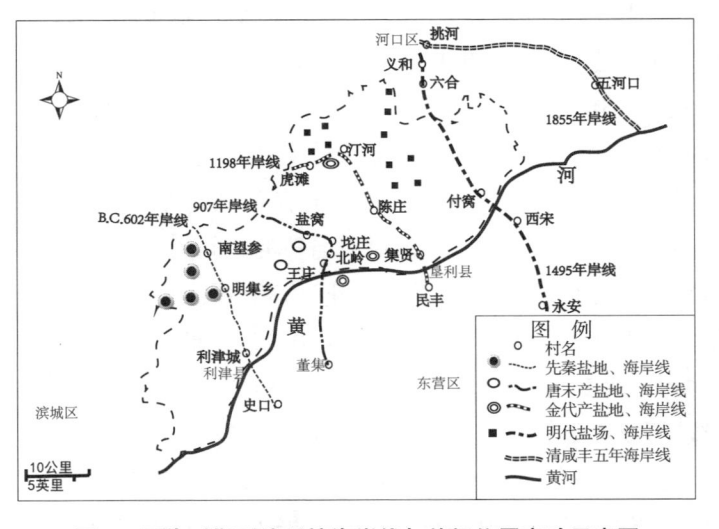

图 1 历史时期利津县境海岸线与盐场位置变动示意图

资料来源：《东营市黄河志》《地名溯源》《沧海桑田黄河口》等，据表 2 制。

由此可以得出以下结论：（1）历史时期随着黄河造陆以及海岸线的东北推移，利津县境内的产盐地点也随之向东北方向推移。并且产盐地随着时间的推进数量不断增多，在明朝达到兴盛，自咸丰五年之后开始减少。（2）由海岸线逆推产盐地分布情况发现，虽然文献记载的三大盐场正式建立于元至元二十六年（1289 年），但按照其所在地理位置，在金大定二十九年（1198 年）之前三大盐场的产盐地前身已经出现并稳定了下来。

（三）1855 年之后永阜场盐滩随着黄河决口而缩减

1855 年黄河决口改道，盐场开始由盛转衰。下面将分为两部分进行论述：一是 1855 年之后海岸线的外延情况，二是将黄河决口与盐场滩池的逐渐缩减二者之间的关系做一详细的分析。

1. 1855—1895 年利津海岸线的继续外延

清朝咸丰五年(1855 年)太平天国运动开始至光绪二十一年(1895 年)甲午中日战争爆发，这一段时间是永阜场逐渐衰落并最终消失的阶段。此阶段利津县永阜场盐滩并没有伴随着海岸线的继续推移而扩展，而是伴随着黄河尾闾决口改道呈现缩减之势，但是此时期的海岸线变化情况也有必要交代清楚，因为只有这样才能更好地理清盐场、海岸线与黄河之间的密切关联。咸丰五年之后黄河造陆活动并没有停止过，随着黄河下游河道泥沙的淤积，新淤地也逐渐形成，海岸线也相应地不断推移。1855 年之后的海岸线变迁情况，前人使用科学准确的方法确定下来四条海岸线，可以看出海岸线大致的推移方向。

据已有研究可知，庞家珍、杨峻岭二人于 1957 年进行了四十天实地调查，根据实地调查采访当地老人，了解各历史时期流入海鱼堡位置，并结合 1962 年、1963 年、1965 年黄河水利委员会所拍航空照片(近似 1∶50 000)进行判读，粗略确定了高潮线为：北起套儿河口，经耿家屋子、老鸹嘴、大洋堡、北混水旺、老爷庙、罗家屋子和幼林村附近，南至南旺河口，全长一百二十八千米。1954 年岸线是采用总参测绘局所测 1∶50 000 地形图的高潮线。1976 年岸线是采用黄委会济南水文总站实测的 1∶10 000 黄河口滨海区水深图。1992 年岸线是采用黄委会山东水文资源局及黄河口水文资源勘测局实测的 1∶10 000 黄河口滨海区水深图。这三次测图均采用现代手段，较为准确可靠。[1]

---

[1] 庞家珍、姜明星：《黄河河口演变(Ⅱ)kl——(二)1855 年以来黄河三角洲流路变迁及海岸线变化及其他》，《海洋湖沼通报》2003 年第 4 期，第 1—13 页。

历史时期利津县境的盐场与盐业 ┃ 173

　　已有研究成果指出,"用这四条岸线比较、量算后发现,在行河岸段,海岸线迅速向前淤进,而不行河的岸段,由于风浪、海流等的侵袭,海岸线尚有所后退"[1]。这样从 1855 年至 1996 年黄河口地区海岸线的位置变迁就可以清晰展示出来了。通过图 2 可以看出 1855 年之后,海岸线还是向东北方向推移的,不过海岸线的后半部分却因人工修筑海塘等原因而有所后退。

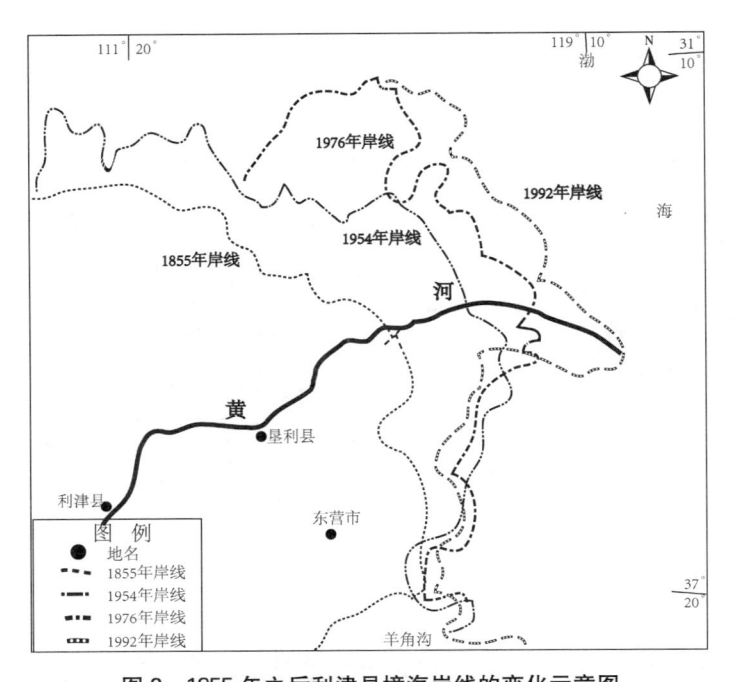

图 2　1855 年之后利津县境海岸线的变化示意图
　　资料来源:庞家珍、姜明星,《黄河河口演变(Ⅱ)kl—(二)1855 年以来黄河三角洲流路变迁及海岸线变化及其他》,《海洋湖沼通报》2003 年第 4 期。

———————

[1]　庞家珍、姜明星:《黄河河口演变(Ⅱ)kl——(二)1855 年以来黄河三角洲流路变迁及海岸线变化及其他》,《海洋湖沼通报》2003 年第 4 期,第 1—2 页。

2. 1855—1904 年永阜盐场为黄河尾闾频繁冲决所毁

从咸丰五年(1855 年)黄河决口改道至光绪三十年(1904 年)
利津县薄庄堤坝溃决,这一段时期海岸线仍然不断向东北方向淤
进,但是这一时期的盐场滩池变化却与海岸线的变化没有多大关
联。原因在于咸丰五年之后永阜场内的盐场滩池受到黄河频繁的
决口所带来的破坏,呈现缩减之势,不仅没有随着海岸线的推移增
加滩池数额,反而是伴随着黄河的频繁决口改道而走向消亡。下
面将这一时间段的黄河尾闾决口改道详细信息摘录整理成表 3,由
此可看出盐场破坏程度与黄河尾闾决口改道的密切关联。

表 3   1883—1895 年黄河尾闾的决口与堵口

时间	汛别	岸别	地点	决口情况	堵口时间
1883 年 2 月	凌汛	右岸	南岭、北岭、韩家垣、辛庄	沿河数十州、县因凌汛大涨,漫口林立,利津等处口门大者数百丈,小者亦数十丈	南岭、北岭当年四月堵住;其他的当年三月堵住
		左岸	左家庄		
1883 年 5 月 18 日	伏汛	左岸	崔家庄、盐窝、十四户	在崔家庄处口门刷宽至二百余丈	十四户于次年二月堵口,其他不详
1883 年 9 月	秋汛	左岸	四图、赵庄	霜降后黄流复涨,蒲台县四图等处(后归利津县)均被冲决。近海之樊家寨等数十庄被淹,死伤居民甚众	当年堵口
		右岸	许家沟		
1883 年 10 月	秋汛	左岸	十四户、小李	因背河漏洞决口,淹望营乡七十余村,溃水汇入徒骇河	次年二月堵合

历史时期利津县境的盐场与盐业 | 175

续　表

时间	汛别	岸别	地点	决口情况	堵口时间
1883 年 12 月 15、16 日	凌汛	左岸	小李	连决六口,小口五处先后堵合,大口宽四十余丈	次年四月堵合
		右岸	卞家庄	连决四处,合计宽七十余丈	
1884 年 2 月	凌汛	左岸	王家庄	1—5 号坝决口,宽约一百五十米	不详
1884 年 5 月 11 日	伏汛	右岸	宁海	漫决数十丈	七月初十日,十四户当月堵合
		左岸	张家滩、十四户		
1884 年 7 月 13 日	伏汛	右岸	卞家庄、张家庄	先后决口	不详
1885 年 5 月	伏汛	左岸	三不赶	黄水围城	即月
1889 年 3 月	凌汛	右岸	南岭、北岭、韩家垣	漫溢成口,河流东徙由毛丝坨入海	未堵
1891 年 6 月	伏汛	右岸	路家庄	水由南旺河入海。利津东北乡、广饶北乡均被水灾。口门宽五百余丈	当年十月
1892 年 3 月	凌汛	左岸	扈家滩		次年
1892 年 6 月 29 日	伏汛	左岸	张家屋子	埝顶漫溢,冲刷塌陷三十余丈	当年七月
		右岸	彩家庄		
1895 年 6 月 12 日	伏汛	左岸	吕家洼	漫溢成口,宽五六十丈,水由正北入海	次年十二月

续 表

时间	汛别	岸别	地点	决口情况	堵口时间
1895 年 6 月 16 日	伏汛	右岸	南岭	民修小埝坍塌,过水刷成口门五十余丈	当年
		左岸	赵家菜园	大溜北趋,一夜间将堤顶塌尽决口	
1895 年 6 月 20 日	伏汛	右岸	十六户		

资料来源:利津修防段编纂办公室编主编,韩业深、张相农主编,《利津县黄河志》(内部刊行),1986 年,第 17—19 页。

1855 年至 1883 年这一时期黄河尾闾决口的具体时间和破坏程度都已记载不全。唯一可从《利津县志》中找到的决口地点如下:姜家庄、扈家滩、大田、扬沟涯、阎家庄、张窝庄、孟家庄、韩家垣(3 次)、辛庄(2 次)、十六户、永阜、陈家庄、北岭(2 次)、盐窝、北关、西滩、南岭等 17 处地方。

由表 3 可以看出黄河尾闾决口的频繁程度,1883 年决口达 5 次,而且几乎每一年都会有决口记载,可谓是"无岁不决,无岁不数决"。黄河每次决口带来的破坏力也很大,涉及的区域很广,其中某些产盐的重要地点是黄河淹没最严重的地方,比如盐窝、北岭、南岭、吕家洼、辛庄、十六户等。其中北岭的永阜村和盐窝、吕家洼等永阜场主要产盐中心,屡次遭受黄河决口带来的冲击,直接导致永阜场产盐量的衰落(见图 3)。

在黄河水的屡次决口之下,关于永阜场的滩池副数经历的变化及如何走向衰落直至消亡,根据文献史料的记载,绘制成表 4,可以大概看出黄河与盐滩二者之间的关联。

历史时期利津县境的盐场与盐业 | 177

图 3 1883 年之后黄河决口点位置分布示意图

底图来源：利津修防段编纂办公室编，韩业深、张相农主编，《利津县黄河志（内部刊行）》1986 年。其中决溢地点中包括原属利津县界的黄河右岸部分。

表 4 咸丰至光绪年间黄河决口改道与永阜盐场滩池之灾情及存毁状况

时间	地点	被淹滩池	剩存滩池	灾情及堵复情况	资料来源
咸丰三年（1853 年）		269 副		盐垣滩屋各有冲坍	《清盐法志》卷五三《滩池》
咸丰四年（1854 年）			160 副		《利津县续志》卷一《舆地图第一》
咸丰五年（1855 年）	兰仪铜瓦厢			利津沿河村庄首次筑埝自卫	《利津县黄河志》
咸丰六年（1856 年）	兰仪铜瓦厢	34 副		黄河改道穿运夺济直入渤海，利津盐运亦称便利，是时盐池减少，盐价增高，利津灶户获利更厚	《清盐法志》卷五三《滩池》、《利津县续志》卷一《舆地图第一》

续　表

时间	地点	被淹滩池	剩存滩池	灾情及堵复情况	资料来源
光绪六年（1880年）		轻重共34副		永阜场滩池灶坝多有漫溢之处，陈家庄、信字垣等处决口，均经次第兴修	《清盐法志》卷五三《滩池》
光绪八年（1882年）	利津桃园			利津县顶冲黄溜沿河村庄及永阜场盐池灶坝被水多处	《利津县黄河志》
光绪九年（1883年）	南岭、北岭、韩家垣、辛庄、许家沟、卞家庄、左家庄、崔家庄、盐窝、十四户、四图、赵庄、小李	被淹小滩30余副，现据各滩户查明尚可修复大半	其余小滩50余副大滩30余副，均获保全	除崔家庄、盐窝不详，其余都已堵口	光绪《利津县志》卷二、《利津县黄河志》
光绪十五年（1889年）	韩家垣、南岭、北岭		余60多副（河东盐池全被淹没）		《利津县续志》卷一《舆地图第一》、《利津文史资料》
光绪二十一年（1894年）	吕家洼	河西盐池多被淹	仅余60副		《利津县续志》卷一《舆地图第一》

续 表

时间	地点	被淹滩池	剩存滩池	灾情及堵复情况	资料来源
光绪二十二年（1895年）	吕家洼	160余副，决口后冲坏90余副，又续淹30余副	其余副渐次波及，存7副		《清盐法志》卷五三《滩池》
光绪三十年（1904年）	薄庄	永阜盐场再次受害，致使利津县所有盐池淹没无存	自此70多年没有盐业生产，永阜场盐大使即于次年归并寿光之王官场	堤顶陡蛰漫溢，口门宽三百余丈。漫水入徒骇河，由老鸹嘴入海	《利津文史资料》

由表4可以看出，咸丰五年（1855年）之后黄河尾闾决口改道频繁并不断破坏永阜场滩池，以至于利津县境内盐业生产走向萧条之路。永阜场的滩池由康熙十六年（1677年）的四百四十六副，伴随着黄河每一次决口不断减少。1895年之后黄河的决口泛滥的状况非但没有减轻，反而发生得更频繁了，几乎是无岁不决，无岁不数决，主要表现为：水患发生的频率高；时间上具有连续性，一年之内就可以发生多次水灾；决口点集中，且分布范围广。由此可以看出盐场的兴衰与黄河的密切关联。已有研究指出，"1894—1896年清光绪二十年至二十二年，黄河三次决口，山东盐区最大的永阜盐场被冲，损失惨重，原西运六十州县的盐斤改由官台、富国两场济运。1896年该场再次被冲，滩池仅存七副。光绪三十年（1904年），黄河于利津县薄庄决口，水由徒骇河入海，附近所有盐池淹没无存，永阜盐场于次年并入寿光县

王官场"①。

除了黄河频繁的决口改道带来的灾难之外,还有两个原因导致永阜场的衰落。首先,永阜盐场、滩池所处的地理位置临海,但是远离居民住宅区,修筑堤防的话会劳民伤财,这样的话就提高了救助的成本,同时也降低了政府救助的决心,"惟现查铁门关灶坝以下直至海口,一百数十里,弥望芦苇,向无人烟,筑堤于漫水之中无从下手,费巨工艰,自毋庸议……又原奏保护利津县城一节,广寿等请就沿东南一带河岸,坚筑石堤,以卫城基,或于顶溜处所作挑水坝数道,以资保障"②,因此人口稠密的利津县城得到了更好的救助。其次,由于1895年中国的洋务运动彻底失败,中日甲午战争失败被迫签订《马关条约》,在黄河尾闾决口带来的灾难面前政府就更财力不足,资金投入更少,甚至最后放弃修整盐场,这样永阜场的衰败直至最后走向消亡成为必然的趋势。

3. 原利津县盐场滩池渐垦为良田

黄河的决口改道使得产盐之处均被黄河水冲走,被水稀释后的盐分降低,土壤可以种植农作物,之前产盐的永阜场滩池也慢慢变成了一片沃土,逐渐成为居民垦荒种植的地方,"光绪八年六月,利津县南北岭子决口,海滩灶场淹没多处,逾年合龙地被河淤。灶地之外亦有堪种之田,芦苇深处始有垦户出入"③。"光绪中叶,芦苇深处渐有垦户出入。官府出面迁民安垦,在盐窝设垦务分局,办理丈放土地之事。利津、沾化、广饶、寿光等县之贫民纷纷前来垦殖,罗镇、六合、四扣、义和一带几无旷土。"④光绪三

---

① 山东省盐务局编志办公室:《山东省盐业志》(征求意见稿),第20页。

② 〔清〕盛赞熙修,余朝菜等纂:光绪《利津县志·利津文征·奏稿》卷一,第434页。

③ 王廷彦修,盖尔估纂:《利津县续志》卷一《舆地图第一》,第492页。

④ 中国人民政治协商会议利津县委员会文史资料委员会:《利津文史资料》第五辑,第15页。

十年利津薄庄决口,利津县境内的所有盐池淹没无存,盐业生产陷于停顿,农业生产开始兴盛并逐渐取代盐业生产,利津县的产业结构也逐渐发生变化,即由产盐、运盐、卖盐的产业结构转变为第一产业结构——农业的生产。《利津县续志》记载:"光绪三十一年,外来垦户渐多,垦务日渐发展,遂于利津县盐窝镇设立垦务分局,别为仁、义、礼、智、信五路一并清丈。"[①]闻名于世的永阜盐场最终毁于黄河尾闾决口泛滥之中,后来政府将永阜场裁并进入寿光县的王官场,利津地区在此后的近半个世纪几乎停止了盐业生产。

根据以上论述,大体可以得出如下结论:

1. 黄河造陆与海岸线的淤进方面:海岸线的东北方向移动与黄河在利津县境内的造陆活动密切相关。黄河咸丰五年决口改道由利津县入海,由东南方向改由东北方向入海,黄河从中上游带来的泥沙也会于此淤积,而流经利津县境的泥沙对海岸线的塑造起着至关重要的作用,进而也影响到历史时期各个阶段利津县内海岸线相对位置及其与盐场滩池的位置关系。

2. 盐场滩池空间分布与海岸线变迁的密切关联:盐场滩池的位置变化大体上与海岸线的位置移动呈正相关,即都向东北方向移动。以历史时期的海岸线和盐场滩池作为两条主线,大致梳理一下历史时期几个阶段二者位置的相对变化。首先是先秦时期海岸线集中于明集乡南望参、利津县城一线的时候,此时的产盐地区主要有谢家灶、杨家灶、孔家灶等,分布于海岸线以西的位置;唐代海岸线大致到达盐窝、北岭一线的时候,利津县所在区域的斗口淀是当时产盐之处,这与后来的丰国盐场密切相关;宋代海岸线继续向东推移,利津县是滨州下辖产盐的四务之一;金代

---

① 王廷彦修,盖尔佶纂:《利津县续志》卷一《舆地图第一》,第 511 页。

海岸线在利津县铁门关一线的时候,产盐处即为后来丰国场之前身[丰国场正式设立于至元二十六年(1289年)];元代利津县三大盐场正式出现于文献记载之中,产盐机构的设置渐趋完善;明代弘治年间海岸线继续向东北方向推移,海岸线稳定在罗家屋子、老爷庙、郭家局子一线,利津县境内的盐滩数额增多,产盐兴盛,主要表现为丰国场铁门关产盐运盐的兴盛;康熙十六年(1677年)宁海场、丰国场裁并进入永阜场之后,一个新的更大规模的永阜场成立了;雍正二年(1724年)永阜场下辖盐滩随着海岸线的推进而向东北方向推进;嘉庆十四年(1809年)永阜场下辖盐滩继续向东北方向推进;雍正年间直至咸丰五年(1855年)永阜场内盐场滩池的变化,尤其是大清河东岸的盐滩呈明显的带状分布,正是与海岸线的轨迹大致重合。总之,盐场滩池在康熙十六年之前表现为盐滩数量的增多和位置的推移,康熙十六年之后则表现为盐滩数量基本不变,位置继续伴随海岸线而推移。

3. 咸丰五年(1855年)黄河决口改道之后,盐场滩池的逐渐缩减:咸丰五年黄河决口改道,盐场开始逐渐受到黄河的破坏,产盐之处不再跟随海岸线的位置移动而向东北方向移动了,而是伴随着黄河尾闾决口改道,盐场滩池副数呈现出缩减之势,永阜场盐滩从康熙十六年(1677年)时的四百四十六副减至光绪二十二年(1896年)的七副。光绪三十年(1904年)薄庄堤坝溃决,利津县从此停止盐业的生产,永阜场盐业生产走向衰落。

下编

河湖水利与社会

夏盖湖历代因革演变研究

尹玲玲　王　卫

　　两浙地区一直以来因其丰富的地方志、宗族家谱、文人笔记等文献史料而成为国内外学者研究农田水利问题的主要区域之一。陈桥驿先生在对以鉴湖为代表的宁绍地区湖泊群深入研究后提出了湖泊垂直运动理论,认为在特定的地形和气候条件下,宁绍地区的湖泊循环体现了人类对地理环境的调整和改造,为后来者的相关研究提供了思路。

　　钱杭先生以杭州萧山湘湖为研究对象提出的库域型水利社会理论将水利共同体与水利社会概念作出区分,认为不必过多顾及共同体理论的概念体系,不必在实际生活中去刻意寻找共同体,而是要把握住共同体理论的核心范畴——共同利益,运用共同体理论的分析方法——结构、互动,深入到中国历史上那些实实在在的水利社会中,观察研究它们的内部结构,并从类型学的角度,全面深化对中国水利社会史的认识程度。

　　在日本历史地理学界中,着眼于江浙,特别是宁绍地区水利探讨的论述比较丰富。斯波义信的《宋代江南经济史研究》独树一帜地提出宋代分期说和自宋至明初 400 年间的周期演变说,尤为学界所重视。佐藤武敏以浙江省萧山县湘湖为中心,对宋代宁绍地区湖水分配的研究令人注目。本田治对夏盖湖水利系统的研究,则是该专题目前所见仅有的专篇研究成果。夏盖湖作为宁绍平原上曾经的超大型水利灌溉工程，其沿革演变因其代表性而具有较为重要的研究意义。与该地区其他湖泊相比，有关夏盖湖的文献资料相当丰富。但夏盖湖这一课题目前在国内却没有专门的研究论文，一些学者在农田水利类著作里有所涉及，但多为一笔带过，没有进行更深入的研究。[①]

本文以当地古籍文献资料为基础，以前辈学者相关研究成果为借鉴，对夏盖湖的水利灌溉系统、上虞周边自然环境、周边五乡（永丰、上虞、宁远、新兴、孝义）受其承荫情况进行深入考察，力求对夏盖湖及其周边地区历史时期的变迁过程以及人为、自然因素对河湖水系的影响进行梳理，着力探索各个历史时期其废复存续的演变过程。

一、文献：连续的资料序列考证

相较于公私文献十分丰富、同处宁绍地区的湘湖及鉴湖，记录夏盖湖水利引发的用水纠纷、存废之争、围绕水权争夺的恩怨纠葛及其他社会问题的文献资料稍少。但是相较于周边其他湖泊，作为宁绍地区历史上曾经的大型水利灌溉工程，夏盖湖相关史料依然相当可观，这也是本文得以进行较深入研究的基础。因相关资料的刊刻与增订版次较多，而古文献学领域对不同版本的梳理考订工作并未能较好地完成，以下分两个序列对夏盖湖研究起重要作用的现存文献按刊刻、出版的先后次序先进行考订与评述。

---

① 相关研究有：陈桥驿的《论历史时期宁绍平原的湖泊演变》，提及夏盖湖的兴废事迹；斯波义信在《宋代江南经济史研究》中引用了日本学者本田治关于夏盖湖水利系统的叙述资料。

夏盖湖历代因革演变研究 **|** 187

(一) 基础史料:《五乡水利本末》序列

与湘湖研究有毛奇龄的《湘湖水利志》这一主要文献相类,夏盖湖研究也有元代陈恬所修《五乡水利本末》这一基础史料,其上卷侧重于夏盖湖沿革及水资源的分配,下卷则主要记载其时夏盖湖水资源分配及涉湖乡规等。其后历代学者或整理重刊,或在其基础上有增刊、附刊的内容,构成一个连续的史料序列,其序列的发展脉络清晰。以下按刊刻、出版的先后次序一一介绍。

1. 元陈恬著《五乡水利本末》二卷①

《五乡水利本末》二卷,元代陈恬著。有刘仁本、杨翮二序。元本已不存,借后之版本可见其面目,以下简称《本末》。

《本末》目录为:夏盖湖图;上妃白马湖图;三湖原委图;五乡承荫图;三湖沿革;植利乡都;沟门石闸;周围塘岸;抵界堰坝;限水堰闸;御海堤塘;科量等则;承荫田粮;元佃湖田;五乡歌谣;兴复事迹;古文碑记。

陈恬作此书,目的在于保存文献,防止贪图湖利,罔顾周边乡民福祉而围湖造田,破坏当地的农田水利灌溉。此书所收资料,从时间上看,最迟至元顺帝至正二十一年(1361 年)。刘仁本、杨翮的序分别作于至正二十二年九月和十二月,该书其时"锓梓成帙",亦即出版成书。刘仁本序云:

> 县旧有三湖,曰夏盖,曰上妃,曰白马。五乡受田之家实蒙其利,疏治围筑之规,启闭蓄泄之法,自东汉逮今,既详且密。间有擅为覆夺更易者,赖载籍明白,持以

---

① 〔元〕陈恬:《五乡水利本末》,见〔清〕连薇:《重刻五乡水利本末》卷上,光绪十年枕湖楼连氏会稽王继香署检刻本。

证据,于是乎得不泯。乡之人陈恬又惧其久而或讹也,裒集古今沿革兴复事实以及志刻左验公规讼牍,镂梓成帙,将垂不朽,俾谂来者,其用心溥矣。①

杨翮序云:

盖夏盖、上妃、白马之为湖于上虞旧矣,幸而不为田,则其乡之利甚厚,不幸而不为湖,则其乡之害有不可胜言者,利害之分较然明著。奈何细人之肤见,往往役于小利率倒施之,可为浩叹。此晏如(陈恬字)所为夙夜倦倦欲使后世长享厚利而毋蹈遗害焉。②

2. 明张光祖整理重刊《五乡水利本末》

张光祖之原本笔者目前未见。据目前可见的后之枕湖楼连氏本可知,卷首有张光祖、刘仁本、杨翮三序。据张序可知,到明代中叶,"其板已坏,其书仅见而损,且将亡之矣",嘉靖十五年(1536年),上虞知县张光祖命人整理,捐俸重刊。③ 又据卷上末尾陈骥所作《重刻水利本末跋》④可知,整理者为陈骥与成顺二人。

3. 清朱鼎祚增刻《五乡水利本末》

是书分上、下二卷,上卷乃元代陈恬所著,下卷乃清代朱鼎祚所增刻。朱本目前亦未见,借后之连氏本可见其面貌。据《〈续刻

---

① 〔元〕刘仁本:《〈上虞县五乡水利本末〉序》,见〔清〕连薰:《重刻五乡水利本末》卷上。
② 〔元〕杨翮:《〈上虞县五乡水利本末〉序》,见〔清〕连薰:《重刻五乡水利本末》卷上。
③ 〔明〕张光祖:《〈重刊水利本末〉序》,见〔清〕连薰:《重刻五乡水利本末》卷上。
④ 〔明〕陈骥:《〈重刻水利本末〉跋》,见〔清〕连薰:《重刻五乡水利本末》卷上,第78页。

三湖水利本末〉序》①可知,清代前期朱鼎祚将明代后期至清康熙年间的五乡水利,辑为一卷,和陈恬的著作合为一书,上卷是陈恬的原作,下卷是朱鼎祚的《续刻三湖水利本末》,全书沿用《上虞五乡水利本末》之名。下卷目录即为:改设堰闸;工部覆奏;徐公六议;海湖塘议;修筑江塘;陈仓事迹;郑公查勘;设法议巡;巡三湖叙;巡水条例;盗决禁约;长坝规制;应巡沟闸;众姓轮巡;折巡贴费;巡日船数;白露后巡;近年利弊;摘录印簿;六坝纪略,所谓"历叙三湖(夏盖、白马、上妃三湖)兴废事迹暨堰坝成规,足备考镜"②。

4. 清连薇附刊《续水利》一卷

据陈高华先生研究,《本末》还有清光绪十年(1884年)上虞人连薇重刻版本,且后附《水利案卷》,记录清道光、同治年间有关夏盖湖水利的争讼,被称为"枕湖楼连氏刊本",书名《重刻五乡水利本末》。《本末》因为未曾收录于《四库全书》,因此一直未被重视。日本学者本田治的论文《宋元时期的夏盖湖》最先立足于《本末》来研究夏盖湖的水利灌溉系统。陈高华在其《元代江南税粮制度新证——读〈上虞县五乡水利本末〉》一文中,介绍了《本末》的基本内容,但并未深入研究,仅采纳了书中元代田赋③相关数据。

枕湖楼连氏《本末》重刊本,连薇又附刊《续水利》一卷。是本目前得存,可见。卷首有沈宝森、杨翮、张光祖、刘仁本四序,沈宝

---

① 〔清〕朱鼎祚:《〈续刻三湖水利本末〉序》,第1页,见〔清〕连薇:《重刻五乡水利本末》卷下,光绪十年(1887年)连氏枕湖楼会稽王继香署检刻本。

② 〔清〕唐煦春等修,朱士黻纂:光绪《上虞县志》卷三六,台北:成文出版社,1970年,第720页。

③ 陈高华:《元代江南税粮制度新证——读〈上虞县五乡水利本末〉》,《中国社会科学院研究生院学报》1998年第5期,第96—104页。

森序为光绪八年（1885年）作，名为《三湖塘工合刻序》。① 卷下最后有一篇题为"近年利弊"②的文字，文末署为"王介石如甫记"，据文中"前朝崇祯"的提法，可知王氏为清人。卷下之末则有沈宝森《三湖塘工合刻跋》。③

民国年间又有此本之抄本，国家图书馆现藏有该书的民国抄本。但该抄本卷首无沈宝森序，只有杨、张、刘三序。

5. 民国连光枢纂修《松夏志》十二卷

民国二十年（1931年）枕湖楼铅印本，上虞人连光枢纂修。他后来谈到该书的编纂宗旨时说道："枢创修《松夏志》，采摭不厌夥，颐逮排比成帙，义主谨严。"④《松夏志》中不仅将历代上虞相关史料——罗列，且附有夏盖湖的清晰地图，从湖域面积来看，该图所载夏盖湖当为兴盛时期的夏盖湖。

（二）方志史料序列：历代《上虞县志》《绍兴府志》等

1. 南宋嘉泰《会稽志》二十卷

该志由南宋知府归安沈作宾等修，长兴施宿等纂。此本今仍存，有多种影印本。宁宗嘉泰元年（1201年）修成，故习称"嘉泰《会稽志》"，或简称"《嘉泰志》"。诗人陆游父子曾参与修订，陆游并为之作序。该书卷九"山"中提及夏盖山、夏盖湖及海潮之间的位置关系，"翠嶂山一名夏驾山（即夏盖山），在县西二十五里，有夏盖湖，湖北去海数里"⑤。卷十"湖"中则详记相关内容，现摘引

---

① 〔清〕沈宝森：《三湖塘工合刻序》，第1—2页，见〔清〕连蕙：《重刻五乡水利本末》卷上。
② 〔清〕王介石：《近年利弊》，见〔清〕连蕙：《重刻五乡水利本末》卷下，第70页。
③ 〔清〕沈宝森：《三湖塘工合刻跋》，第1页，见〔清〕连蕙：《重刻五乡水利本末》卷下。
④ 〔民国〕连光枢：《松陵文略》卷一，枕湖楼校印本，1931年，第1页。
⑤ 〔宋〕沈作宾修，施宿等纂：嘉泰《会稽志》卷九，台北：成文出版社，1983年，第6315页。

如下：

> 夏盖湖在县西南四十里，湖内三十六沟。其岸北二
> 斗门，依山有神祠。湖东北则夏盖山也。"夏盖"一作
> "夏驾"，又作"夏架"。《水经》云："西陵湖西有湖城山，
> 东有夏架山。湖水上承妖皋溪，而下径浙江。"古语云：
> "夏驾山浮。"盖山屹立于湖中，不为湖水之涨涸也。①

另，该志中有较长篇幅辑录了南宋高宗绍兴年间（1131—1162
年）关于夏盖湖废田还湖的朝臣奏疏，具体内容在后文详细叙述。

2. 万历《新修上虞县志》二十卷

明万历年间，徐待聘修，马明瑞、葛晓纂。该志仍存，收录于
《中国方志丛书》，据明徐待聘等修万历三十四年（1606 年）刊本
影印，影印本非全本。该志另有完整版本藏于北京图书馆，2014
年已由浙江人民出版社校注出版。该志记上虞地方自然地理环
境情况云，"虞邑山峻水泻，所在筑底阻水，以备旱。通计一邑之
湖，凡七十有一"②，"上虞、余姚所管陂湖三十余所，而夏盖湖最
大，荫注上虞、新兴等五乡，及余姚兰风乡。皆濒海，土平而水
易泄"③。

3. 康熙《上虞县志》二十卷

清康熙十年（1671 年）知县郑侨修，唐征麟等纂。此本仍存，
亦收录于"中国方志丛书"。该志是清代最早的《上虞县志》，郑侨
在序中写道："虞邑乘之失记逾六十年所矣，然井疆如旧，山川依

---

① 嘉泰《会稽志》卷一〇，第 6331 页。
② 胡耀灿、黄颂翔主编：万历《新修上虞县志》卷三《舆地志三》（点注本），中国文史出
 版社，2014 年，第 71 页。
③ 同上书，第 61 页。

然,其间啸聚之所蹢,锋镝之所加,城廓庐舍之成毁何状,户口之耗息岁何数也……岂无狷志表于当年,或有高情寄诸严壑,然则虞志当编辑,信不容缓矣。"①

该志可能因为急于求成,所以内容并不详备,且久经年月,其中散佚较多,文本也多不清晰,较多无法辨识之处。卷一《舆地志·境图》存有一《夏盖湖图》,考其内容,乃是因袭明代《绍兴府志》中相同一图。后文《水利志》中应有叙述夏盖湖的相关内容,可能因为散佚原因,已不得见。

4. 光绪《上虞县志》四十八卷

清唐煦春等修,朱士黻等纂。清光绪十六年(1890年)修,翌年刊本,亦收入《中国方志丛书》。唐煦春号师竹,江西德化人。同治甲子优贡,于光绪二年(1876年)莅任,其后十四年间,先后三次来上虞任知县。唐煦春自任主修,分别聘请邑人朱士黻为总纂,举人钱继曾、黄采风、王佐、徐承宣(后登进士)、何绍闻和贡生宋棠、王恩元七人为分纂,王彬华、谷肇寅为参纂兼总校,徐智光为总校。总纂朱士黻,名裳,丰惠朱巷人。光绪丙戌进士,后录为知县。朱为人谦虚诚恳,再三辞让总纂,均未获准,于是推荐知交蔡元培以自代。后蔡元培因修志理念不合离去,朱士黻再任总纂。此次修志从光绪十六年九月开局,到光绪十八年春装订成书。唐煦春在序言中叙述了重修县志的原因:

> 光绪二年,余奉大吏檄来治上虞,征志,得嘉庆时崔君所修本。其事疏略,分目繁碎;又嘉庆至今,多历年所,中更寇乱,义士、烈女相望林立;况复乡贤懿行,梓里

———————————
① 〔清〕郑侨:《〈上虞县志〉序》,〔清〕郑侨修,唐征麟等纂:康熙《上虞县志》,台北:成文出版社,1983年,第11—13页。

旧闻，与夫钜儒著述，大雅文章，宜所阐扬而网罗之者，不可听其湮没。至若农田水利之异宜，士习民风之殊尚，尤留心治道者所宜急讲焉。……聘邑中博雅君子发崧城夏氏藏书，复得正统残志及万历徐志，广为搜罗，参互改订，阅一载告成，凡书四十卷。[①]

从序言及后人评价可以了解到，该志编纂用力较深，对于一些现已散佚的县志等材料"广为搜罗"，使得该志史料价值尤为珍贵，更难能可贵的是该志保存完好，刊本字迹清晰，易于览阅。其中，夏盖湖历史见该志卷二十《舆地志五·水利》。其中，原应载于嘉庆《上虞县志》的夏盖湖垦废及水利之争都有辑录，弥补了散佚资料所处时段的遗憾，例如，乾隆、嘉庆年间上虞前后三任县令贪腐案的案发过程，是上虞历代史料中仅见者。

5. 光绪《上虞县志校续》五十卷、附一卷

清知县宜兴储家藻修，宛平徐致靖纂。光绪二十年（1897年）续修，二十五年刊本，亦收入"中国方志丛书"。案，本志系校补前志，卷数增加二卷。凡例云："兹编义取正伪补缺，凡原书舛误遗漏及空言论断未见确当之处，或更正，或删除，惟期实事求是……事实无甚异同者，悉用原文。"[②]书中对于金石著录特详，亦是该志特色。此外，该志最珍贵处，应该是采用了光绪年间以西方的地图绘制法绘制的浙省地图中的上虞部分，是迄今所见最为精准的上虞地图，其中夏盖湖所在亦有明确表示，该志在《县境图》后亦说明：

---

① 〔清〕唐煦春：《光绪〈上虞县志〉序》，〔清〕唐煦春等修，朱士黻等纂：光绪《上虞县志》，台北：成文出版社，1970年，第22—23页。

② 〔清〕储家藻修，徐致靖纂：《光绪上虞县志校续》，《凡例》，台北：成文出版社，1975年，第19页。

据光绪二十年，浙省舆图局新颁石印，排编里数较旧志俗传均少，测量有不同也。城中遵用工部营造尺，西尺之一分即营造尺一分，但寸只八分，以十二寸九十六分为一尺。今外加四分，以足营造尺之用，每里计营造尺一百八十丈。[1]

6. 永乐《绍兴府志》十二卷

明永乐年间上虞袁铧纂，袁铉汇成。陈桥驿先生在《绍兴地方文献考录》中考载，《绍兴府志》十二卷，卷首一卷，明知府南大吉修纂。[2] 查《明儒学案》和《明儒言行录》，均未言南大吉曾纂修《绍兴府志》。查据明人郭南在正统《上虞县志》序中记云，该志乃因"明永乐戊戌岁，朝廷颁凡例，命郡县……编纂以进……邑民袁铧得预编纂之末，遗稿其兄铉……略者详之，浮者核之，缺者补之，紊者正之，傅会而不纯者芟去之，汇成十二卷"[3]。后人自《永乐大典》残存卷影印本中辑录，仅存不完整一卷，有辖下各县境图。目前存世仅开头一卷，后十一卷只字无存。在《上虞县境图》中可以看到夏盖湖在县境所处的大致方位，是明代最早的一份夏盖湖图。

7. 万历《绍兴府志》五十卷

明万历年间，萧良幹等修，张元忭、孙金镶纂。该志是绍兴府属自嘉泰《会稽志》以来流传较广的一部方志，肇修于明万历十三年（1585 年），越年而书成，始刊于万历十五年。这一时期正是明神宗初掌政权、励精图治阶段，国家一度呈现繁荣昌盛景象。同时，绍兴府在知府萧良幹的治理下，"政通人和""诸废既举，乃次

---

[1] 〔清〕储家藻修，徐致靖纂：《光绪上虞县志校续》，第 61 页。

[2] 陈桥驿：《绍兴地方文献考录》，浙江人民出版社，1983 年，第 37 页。

[3] 〔明〕郭南：《正统〈上虞县志〉序》，〔清〕郑侨修，唐征麟等纂：康熙《上虞县志》，第 55 页。

第修志"。

《明史》中记云六十卷,有误。《四库全书》馆根据两淮马裕家藏本存目,"提要"说:"是志分十六门,每门以图列于书后,较他志易于循览,体例颇善。末为序志一卷,凡绍兴地志诸书,自《越绝书》《吴越春秋》以下,一一考核其源流得失,亦为创格。"①

该志卷七《山海图志·海江河湖》就夏盖湖的地理位置、湖域面积、范围、初创年代、创设背景等做了详细介绍。详录如下:

> 上虞夏盖湖在县西北四十里,北枕大海,海岸有夏盖山,湖直其南。唐长庆二年,永丰、上虞、宁远、新兴、孝义五乡之民割己田为之。周一百五里,滀白马、上妃二湖之源。地势东低而西高,中有镜潭,有九墩,曰枫树墩、區墩、周师墩、长墩、黄蟲(同"虹")墩、白牛墩、马墩、栋树墩、西晒墩。十二山,曰梁家山、柴家山、刺山、鲤鱼山、董家山、洋山、土长山、石竹山、荷叶山、犁山、冯家山、鲁箪山。又有三十六沟,引灌五乡田十三万亩,兼有菱芡、芙蕖、茭叶及鱼虾之利,俗谓"日产黄金方寸"云。②

万历《绍兴府志》卷七《山川志图》所附《夏盖湖》图,是现存较早的一幅夏盖湖全景图,虽无法对湖域范围、湖的轮廓外形有直观体现,但是却比较详细地展示了万历年间夏盖湖周围的斗门设施及周边乡都分布。

该志卷七《山海图志·海江河湖》还概述了夏盖湖明代之前

---

① 〔清〕永瑢等:《万历〈绍兴府志〉提要》,《四库全书总目》卷七四,中华书局,1965年,第645页。
② 〔明〕萧良幹修,张元忭等纂:万历《绍兴府志》卷七《山川志·四湖》,明万历刻本,第29—30页。

的沿革情况,可视为明之前夏盖湖史的大纲,其主要内容基本采用了《五乡水利本末》中的资料,现取关键内容条录如下:

> 宋熙宁中,县尉张渐废为田,元祐四年,吏部郎中章
> 粢奏复之。政和中,明、越二守楼昇、王仲嶷专务应奉为
> 事,又废湖为田。建炎四年,给事中山阴傅崧卿守乡郡,
> 余姚陈橐上书陈利便。绍兴二年,县令赵不摇言于朝。
> 吏部侍郎李光复力奏乃得复为湖。嘉熙元年,或献于福
> 王。民张康等争之得免。元元贞间,傍湖之民辄于高处
> 填为田,渐蔓延至数十亩不止。至正十年,县令林希元
> 定垦田数,余悉为湖。十六年,或乘间窃种,尹李睿复
> 之。十七年,建有台于越,兵田于湖,湖竭如釜。御史察
> 知,即令勿田。十八年,或献于长枪军,尹韩谏言于督军
> 郎中刘仁本,已之。[1]

志中卷一六《水利志一》中载《宋陈橐上傅崧卿太守书》[2],与元代陈恬所著《五乡水利本末》基本相同,也是之后多种文献之所本。

其他如清康熙三十年(1691年)李铎纂修《绍兴府志》与清乾隆五十七年(1792年)李亨特修《绍兴府志》,在前志基础上又有相应内容的增补,此处不再一一考论。

二、夏盖湖水利体系综论

夏盖湖作为人工创设的湖泊,其核心作用即在于农田水利,

---

① 万历《绍兴府志》卷七,第30页。
② 万历《绍兴府志》卷一六,第18页。

尤其是防旱排涝的功能。湖中所产鱼虾或者菱角等经济产品，仅是其附带的经济价值。

(一)夏盖湖灌溉受益区域

南宋建炎四年(1130年)，给事中山阴人傅崧卿为乡郡守，余姚人陈橐向其上书力陈利便，对当时的夏盖湖有过较为清楚的论述：

> 上虞、余姚所管陂湖三十余所而夏盖湖最大，周一百五里，自来荫注上虞县新兴等五乡及余姚县兰风乡，此六乡皆濒海，土平而水易泄，田以计亩无虑数十万，惟藉一湖灌溉之利。[①]

据上可知，夏盖湖湖域能达"周一百五里"。据估算，盛时上妃、白马、夏盖三湖的灌溉面积大约是二十万亩，上述引文中甚至说是"计亩无虑数十万"。依据《五乡水利本末》(后文简称《本末》)所载的承荫田粮的数字，直接利用夏盖湖水灌溉的田地面积总计133 974亩余，其中民田121 399亩余，官田2 379亩余。从湖的东西方向来区分，大体上湖东(二、三、四、五都，镇都)61 050亩余，湖西(六、七、八、九、十都)78 698亩余。关于夏盖湖的影响范围，《本末》卷上这样记载："其溉一十三万亩，其赋一万石有奇。会稽之延德、余姚兰风一都三保之境其为利亦博哉。"[②]

夏盖湖的影响范围不仅限于上虞县的二至十都，还惠及了会

---

① 〔明〕徐光启著，石声汉校注：《农政全书校注(上)》卷一六，上海古籍出版社，1979年，第388页。

② 〔元〕陈恬：《五乡水利本末·古今碑记》，第70页。

稽县延德乡以及余姚州兰风乡的一部分。关于影响范围和乡都的关系,《本末》卷上记载:"在植利乡都,上虞一邑,为乡十有四,大抵九乡在东南,皆绵亘山谷,水利无所预,其西北五乡,襟海带江,土多斥卤,雨泽不时,禾受其害,故利在割田之民,而荫溉之余波之所及于邻境者附其下,列植利乡都。"①在元代上虞县被分割成十四个乡,其中西北的五个乡在夏盖湖的影响范围内,就是唐朝时夏盖湖创设之际,捐献私人田地的五个乡。上虞的乡数,《太平寰宇记》卷九六记载"旧十三乡,新十四乡"②,从北宋初期就有十四个乡的编制。在北宋熙宁年间设立了都保制之后,全县被编成二十四个都,该数字延续到了清代初期未曾发生变化。《本末》卷上所载受惠乡(里)都保的明细如表1所示。

表1 夏盖湖灌溉受益乡都情况

县	乡	里	都	保
上虞县	永丰乡	玉祥里、游秦里、镇山里	二都	二保至十保(三保分上下,六保分东西)
			三都	五保至十保(又四保一半)
			四都	一保至九保(今并作四个保分)
			镇都	(元时系一都第五保)
	上虞乡	姚墟里、兰芎里	三都	一保至三保(又四保一半)
			十都	三保并七保
	宁远乡	夏盖里、昭德里、紫薇里	四都	十保(今五都半扇保)
			五都	一保至十保
			六都	一保至十保

① 〔元〕陈恬:《五乡水利本末·植利乡都》,第3页。
② 〔宋〕乐史撰,王文楚等点校:《太平寰宇记》卷九六,中华书局,2007年,第1935页。

续　表

县	乡	里	都	保
上虞县	新兴乡	西岑里、洋浦里、纂风里	七都	三保至十保
			八都	一保至九保
	孝义乡	嵩城里、殷宅里、孜浦里	八都	十保
			九都	一保至十保
			十都	一二保
会稽县	延德乡			三十三都
余姚县	兰风乡		一都	七、九、十保（即茹谦三保）

资料来源：〔元〕陈恬，《五乡水利本末·植利乡都》，见〔清〕连蘅，《重刻五乡水利本末》卷上，光绪十年（1887 年）枕湖楼连氏会稽王继香署检刻本，第3—4页。

（二）夏盖湖水域之管理

对于夏盖湖的管理，关于最初的情况没有资料可以考察。宋代及其后历代，该湖属官府所有，但是日常的使用及维护职责都是由乡民承担的。这在历代关于该湖的记载中都有体现，"熙宁中县尉张渐（《水利本末》作'孙渐'）废为田，元祐四年，吏部郎中章粢（应为粲，原文有误）奏复之"[1]；明代一次废湖争议后，官府昭示"闸设闸夫二名，湖东湖西老人二名以司启闭曹稽（应为嵇）沟闸，仍旧为埂，不许迁移"。

1. 堤段分管

夏盖湖周围承荫的乡都不同，周边居民就近对夏盖湖的湖堤

---

① 〔元〕陈恬：《五乡水利本末》之《兴复事迹》，第42页。

和周边孔堰水闸等设施的管理作了划分,其具体的分段管理情况如表 2 所示。

表 2　灌溉受益各乡都分管湖堤情况

县	乡	所管堤段范围	所管湖堤长度
余姚县	兰风乡	夏盖山头东平至簟浦坊前	500 丈
上虞县	宁远乡	簟浦坊前至茹谦沟	360 丈
	永丰乡	茹谦沟至柯山沟	1 355 丈
	上虞乡	柯山沟至福祈山	135 丈
	上虞乡	蒋家山南至王家山北	50 丈
	上虞乡	王家山南至牛头山北	80 丈
	上虞乡	牛头山南至驿亭经仲沟	90 丈
	上虞乡	穰草堰至新建堰	490 丈
	孝义乡	新建堰至叶珙门前	1 050 丈
	新兴乡	叶珙门前至茭葑堰	1 095 丈
	孝义乡	茭葑堰至薛泾沟	690 丈
	宁远乡	薛泾沟至夏盖山西	1 258 丈

资料来源:〔元〕陈恬:《五乡水利本末》之《周围塘岸》,第 8—9 页。

2. 沟渠堰坝分布与管理

"夏盖总纳二湖之流,旁通三十六沟闸疏派于各乡",三十六沟闸孔堰等就是夏盖湖平时取水供水的主要设施,其中穰草堰(上妃湖)、西斗门闸、石堰闸(白马湖)是夏盖湖的取水口,是沟通三湖的重要闸堰。石堰闸也叫"孙婆达",是南宋宝庆二年(1236 年)被改建的。白马湖除了通过二北门与夏盖湖连接以外,又通过湖南的水路和破岗湖连接在一起,在这之间的水利设施是孔家堰闸。据康熙《上虞县志》，破岗湖（一都）"西受孔堰闸，北合驿亭河水，入长坝"①，"孔家闸在二都白马湖东，防泄湖水"②。

南宋时李光奏请复湖的努力使得夏盖湖重新划复为湖，得以继续发挥蓄水灌溉的功用，但时过境迁之后，夏盖湖又面临着一个新的问题，那就是对湖域，包括塘堤闸堰的维护工作。当时周边乡民取利自湖，却往往疏于对湖的管理和维护，以致不数年后，夏盖湖自身出现了新的状况。南宋万居正所撰的《夏盖湖新建二闸记》中记载道："葑藻之所湮，汙（污）淖之所淤，秋冬之交则为刍牧之场，支便之径。"因为缺乏对湖边沟渠的清理和疏浚，原本较浅的夏盖湖出现了明显的淤淀现象。"及霖雨时至，所蓄未盈寻尺，荡然有溃决之虑，故又于左之卑者因石为溜以泄之。"周边乡民没有想到除淤加深夏盖湖的方案，他们选择建造坚固的石制溜水石坝来解决溃堤的忧患。然而"溜狭且窄，不足以杀水势平原之壤"，石坝过于狭小，于事无补，结果"遂受啮堤崩岸之害，迨其增筑未就则水之既散"，夏盖湖一时间"名虽灌溉而水利实废"。滨湖的一些"巨室"，如包氏、沙氏等都想过要建新闸"以便潴泄"，但最终未果。③

直至数十年后，滨湖的大户人家夏邦直在"谋诸耆艾，质诸金言"之后，又身体力行，"相夫地势"，"于（夏）盖山之阳，小穴之阴立水门二处"④，耗其家资十万，费时两月，建成了"启闭有时，蓄决有限"的两座新闸，"五乡之民被其利"。根据元代陈恬所著《五乡水利本末》所载，元时夏盖湖周边共设置沟渠堰坝 36 处，具体

---

① 康熙《上虞县志》卷三《舆地》，清康熙十年（1671 年）刊本，第 3 页。
② 光绪《上虞县志》卷二三，第 480 页。
③ 〔元〕陈恬：《五乡水利本末·古今碑记》，第 64 页。
④ 同上。

的分布及名称,斯波义信在其著作中有图述及(见表3)。[①]

表3 夏盖湖周边沟渠堰坝分布表

方位	范围	数量	名称	备注
湖东	自驿亭至夏盖山	18	经仲沟	
			驿亭堰	
			赏家陡门	
			朱家窨	
			干山沟	
			小越堰	
			孔泾沟	
			河清沟	
			柯山沟	
			徐少沟	又名"遏沟"
			十八保陡门	又名"斗门沟"
			曹嵇沟	又名"陆家沟"
			杜兼沟	
			李长官沟	
			茹谦沟	又名"余姚沟"
			方村沟	又名"阔河口"
			屠泾沟	
			张令沟	
湖西	自百官沟至夏盖山	18	名称	又名"穰草堰"
			百官沟	

---

① 〔日〕斯波义信:《宋代江南经济史研究》,方健、何忠礼译,虞云国校,江苏人民出版社,2001年,第201页。

续 表

方位	范围	数量	名称	备注
			九步沟	
			新建沟	
			捍江沟	又名"咸塘头"
			柯庄沟	即前江寿生桥
			炭堰	
			花泽沟	或写为"华泽沟"
			茭荡堰	
			苏州泾	
			短泾	
			沈泾	
			薛泾	或写为"雪泾"
			桃泾	或写为"陶泾"
			丁浃	
			桑家陡门	
			徐良泾	
			谢逸沟	
			西砬沟	

说明：夏盖湖北为夏盖山，湖南为上妃湖、白马湖，主要取水设施都在湖东西两侧。

万历《上虞县志》卷四中提到，孔堰闸限制了对破岗湖的放水量，提高了白马湖的水位，增加了对夏盖湖的放水量。虽然上妃湖和夏盖湖的水位差不多高，但是相比之下白马湖的水位较低，为了充分保证对夏盖湖的放水量，就要限制对破岗湖、运河（浙东运河）的放水量，不得不提高水位。孔堰闸原来是土堰，在至正二十一年(1361年)植利农民出资将其改建成了石闸。之后,夏盖湖的湖田经营者为了降低水位,避免湖田被淹没,经常违法地凿开孔堰闸。这亦成了之后数百年,在夏盖湖的废复过程中一再被提及却最终没有解决的一个难点,这在后文中会有叙述。

给夏盖湖边田亩供水是通过设置在湖塘东西两侧各十八沟,共计三十六沟实现的。其中比较重要的如夏盖山闸,也叫"东达沟",因为通海的闸门可将过剩的湖水泄入大海。淳熙十一年(1184年),濒湖的大户人家夏邦直私人出资十万贯将小越(穴)堰和夏盖山闸一起改建成了闸门,于是就有了被称为"限水堰闸"的水利设施,此举是为了调节用水区域内的微型地形条件的水位而设立的。《本末》卷上这样记载:"地有隆污,水势趋下,分荫灌溉,岂能适均,故中为堰埭,以遏奔放,使高不过浅,卑不过深,而水之为利得矣,筑限水堰闸。"[1]又云:"三湖之水沾溉有限,割田谋利始自五乡,旁邑诸湖连比,亦各自荫其境(余姚州有牟湖、汝仇、余支、千金等湖蓄水荫田),故以始谋为程而不及其外,备著抵界堰坝所在,俾后人有考焉。"[2]水路的末端即设置在县内,维持水位保证了县内的水利。

如上述一样,配水沟的数量是湖东湖西各十八沟,一共三十六个。"三十六"这个数字虽然是在陂湖频繁被使用的象征性的数字,湖东湖西同样数量的水沟,在取水方面一定程度上只是象征了形式上的平等,真正对湖面水位高低产生的影响还是不同的。因此,把该设施称作"限水堰闸"也好,"抵界堰坝"也好,决定湖面水位的设施主要集中在湖东的三至五都,这是由于湖西在地势上比较高,湖东比较低。正因为湖东在某种程度上掌握了夏盖

---

[1] 〔元〕陈恬:《五乡水利本末·抵界堰坝》,第11页。
[2] 同上书,第10页。

湖水资源的分配权,湖西时常觉得湖东在分配时营私舞弊,这成为后世矛盾产生的根源。

供给农田的湖水的分配是通过沟门的开关来进行的,元代至正十二年贡师泰《玩斋集》卷七《上虞县复湖记》中描述了当时水资源的分配原则:"故其堤防启闭之法视二湖为尤谨,迭堰分埭,以时蓄泄,限量晷刻,以节多寡,序次先后,以均远近。而后民免凶荒捐瘠之忧,官无侵夺分争之讼矣。"[1]这样的分配原则,一定程度上保证了湖水资源的公平利用,却也因为缺乏有效管理和监督,时移世易后渐渐不再被严格执行。

与另外两个湖——上妃湖和白马湖相比,夏盖湖的放水规则是科学的,用堰埭去泄洪,限制时间放水,根据水沟位置来决定放水次序,从而能够远近均匀地取水、用水。该放水规则叫作"成规",谓为"凡启闭之法,古有成规,遇天晴,湖西高仰,先放一日二时,湖东低下,次放一日二时。流荫既足,然后开放茹谦沟,次时自寅至午,雨水泛滥,则开二闸,疏通二江,东平西规为水利则。"[2]通常是地势高仰的湖西地区,先放一天两个时辰的水,接着才是地势较低的湖东地区。东西两边如果有足够水量的话,将开放余姚县水路的茹谦沟四个时辰。如果雨水泛滥的话,将斟酌设在夏盖湖的东平、西规的水利则,也就是水位标尺,会打开夏盖山闸、小越闸放水。放水是每年五月开始,上虞县的话是三十五沟六次,余姚县(茹谦沟)是三次。

明末后虽然五乡之民尝试修复监管体制,但是没有取得效果,直至清朝顺治十七年(1660年),一次冰雹和旱灾之后,使用湖水的湖西乡民创设了湖东水利设施巡视机制,即"各姓分巡

---

[1] 〔元〕贡师泰:《玩斋集》卷七《上虞复湖记》,影印文渊阁四库全书,台湾商务印书馆,第1215册,第620页。

[2] 〔元〕陈恬:《五乡水利本末·沟门石闸》,第6页。

之"。其内容是从清明到白露期间,每个姓氏以两天为期巡视湖东各水利设施,包括总巡一到二名。规定了各个姓氏的巡视日数、使用船数、费用(五钱至三两)。到白露之后则每月巡视一次。巡视船上配备了铁锹、泥瓦、绳子等常用工具,如水利设施有破损,立刻就地补修。巡视对象是"湖东十八沟"。《本末》卷下《应巡沟闸》云:"第五小穴闸(沟底暗去一板日放鱼虾,宜将瓦屑填塞)","第十一曹嵇沟(即徒家沟,宜多填瓦屑)"等,并记录了关于各种水利设施的注意事项。此举得到了官方认可,巡视的乡民甚至有权利去拘捕一些违规乡民。

从现存的各类历史文献来看夏盖湖,该湖在水利设施的设置、湖水资源的管理方面都是有条可依、有理可据的,无论是该湖的取水、供水、闸堰的设置和管理,还是周边各乡对水资源的分配最初都是井然有序的。然而,随着时间推移、人事变迁及湖泊周边自然环境变化,原本合理的安排规划最终没有得到持之以恒的延续,以致湖的存废成了后人反复争论的问题。

三、宋元时期的废、复因革过程

萧邦齐在《九个世纪的悲歌——湘湖地区社会变迁研究》一书前言中写道:"在湘湖的故事中,人们上演了一出如何为了生活和控制环境而奋斗的戏剧。"[1]与湘湖类似的夏盖湖有着比湘湖更为复杂和漫长的历史变迁,自唐长庆年间到清光绪年间,千年夏盖湖在数次废湖、复湖之争中上演了许多同样令人扼腕、不乏勇气的故事,一个个活生生的人物——官员、社会精英、普通百

---

[1] [美]萧邦齐著,姜良芹、全先梅译:《九个世纪的悲歌——湘湖地区社会变迁研究》,社会科学文献出版社,2008年,前言。

姓,甚至地棍、奸胥、贪官等都在这千年夏盖湖史上你方唱罢我登场,有人为了生存,有人为了利益;有自私的贪徒,也有为了公众利益仗义执言的义士。

自上虞五乡之民在唐长庆年间"割己田"创设夏盖湖之后至北宋熙宁年间,各类历史文献及历代《上虞县志》都未有围湖造田的记载,夏盖湖在两百年间一直都是沉寂无声。

(一)唐长庆二年(822年)夏盖湖之初创

据《五乡水利本末》记载,早在东汉时期,夏盖山北面临海,南面伴有夏盖湖如姐妹般互生,与白马湖、上妃湖同为当时虞北三湖。东晋时期,更是吸引了著名诗人谢灵运举家从上浦东山移居至此,并筑水塘于夏盖湖东侧。谢氏沿塘而居,便有了今日的谢塘。后来虞北地区田多湖狭,庄稼歉收。唐长庆二年,湖周围五乡之民为保丰收,主动"割己田"扩建夏盖湖。自此"(夏盖)湖周围一百五里,以为旱涝之防。旱则导湖水以灌田,涝则决田水入江"。又筑水道使夏盖湖"南连白马、上妃,北枕大海",形成完整的灌、排系统,成为历史上宁绍平原第二大人工蓄水工程,仅次于鉴湖。

(二)北宋时期全湖之频繁废复

1. 熙宁六年(1073年)首次废湖

北宋熙宁六年,夏盖湖被当时的县尉张渐(《本末》作"孙渐")废为田,张渐其人事迹已不可考,其废湖为田出于何种目的也无法探求。

2. 元祐四年(1089年)复湖

元祐四年,"吏部郎中章粢(应为棨,原文有误)奏复之"。章棨在自己的奏章中写道:

前在越州,伏见本州上虞县夏盖湖本以潴滀山水灌溉民田,为利甚博。自熙宁年中县尉孙渐建议乞立租课,许人请佃为田,自降指挥,今十五年余,人户请佃,阴取厚利,争讼不绝,而租课所入至微,亏欠省税甚多,乞废罢为田,复正为湖,转运司诣勘。上虞县夏盖湖因熙宁六年朝旨召入请佃为田。旱则资水之田无以灌溉,涝则湖势窄狭不足以贮水,堤防决溢,并湖之田悉遭冲注,为害尤甚。自熙宁六年至元祐二年,计一十五年,所收租课除检放及见欠外,实得租课米七千一百三十余石,却废湖为田后水旱为害,检放过省税比未废湖以前一十五年所收租课计亏省税四万八千余石。①

章粢,字质夫,建州蒲城(今福建蒲城)人,北宋名将,政治家,元祐四年(1089 年)时,为吏部侍郎。对于废湖为田的坏处,章粢主要针对"租课所入至微,亏欠省税甚多"的问题来强调复湖的必要性。夏盖湖被围垦后,对当地的农田水利造成了严重的危害,防旱排涝功能的丧失直接导致了"实得租课"远不如检放赈灾所发放的租课,加上当地人争相垦田,湖田没有明确归属,导致"争讼不绝"。章粢的奏章当年即获允,"八月十七日奉旨复正湖",第二年,即元祐五年,上虞"知县事余彦明、主簿何琢、县尉游充、邑民汤机等立石",将该事件勒碑刻石,一则表达对章粢为民请命的感激,再则是希望后世不要再重蹈覆辙。

3. 政和中再废湖

不过十数年,"政和中,明、越二守楼昇、王仲嶷又废湖"②。

---

① 〔元〕陈恬:《五乡水利本末·兴复事迹》,第 42—43 页。
② 同上书,第 43 页。

这一次的废湖为田活动并非上虞一地一湖的现象,而是整个宁绍地区相当数量的湖泊人为消失。这与北宋严禁围湖造田的政策发生改变有关。自神宗熙宁年间,废湖为田政策的热心宣传者之一王安石大力推广农田水利法,如何增加第一肥田的湖田面积,以此来解除或缓解北宋"三冗"的政治社会危机才是当时执政者的当务之急。因此,北宋时,大多数人是支持废湖为田的,反对者较少。钱杭在其《库域型水利社会研究》一书中引用了司马光《涑水记闻》中记录的一则关于王安石的笑话。

> 集贤校理刘攽贡父好滑稽。尝造介甫,值一客在坐,献策曰:"梁山泊决而涸之,可得良田万余顷,但未择得便利之地贮其水耳。"介甫倾首沉思,曰:"然。安得处所贮许多水乎?"贡父抗声曰:"此甚不难。"介甫欣然,以谓有策,遽问之,贡父曰:"别穿一梁山泊,则足以贮此水矣。"介甫大笑,遂止。[1]

《宋会要辑稿》评价此事说:"当时以为戏谈,今观建康之永丰圩、明越之湖田,大率即涸梁山泊之策也。"[2]观其语气似乎有些对当时的废湖为田之策颇为不屑。王安石虽是主张废湖为田,只为解决眼前的国家社会痼疾,只能评价为猛药,心思未必坏,却太伤水利根本。

政和年间的大规模垦占绍兴地区湖泊,却不是王安石之故了。马端临《文献通考》中评价宋徽宗时的围湖造田活动说:"大

---

[1] 〔宋〕司马光撰,邓广铭、张希清点校:《涑水记闻》卷一五,中华书局,1989年,第300页。

[2] 〔清〕徐松辑,刘琳、刁忠民等点校:《宋会要辑稿·食货八·水利下》,上海古籍出版社,2014年,第6147页。

概今之田,昔之湖。徒知湖中之水可涸以垦田,而不知田将胥而为水也。其主事者,皆近幸权臣,是以委邻为壑,利己困民,皆不复问。"①这言语对被裹挟北去的宋徽宗实在缺乏敬意,但却言明了王仲嶷等人之所以如此积极主张废湖为田,目的还是在于"圩田湖田多起于政和以来,其在浙间者隶应奉局,其在江东者蔡京秦桧相继得之"②。所谓"应奉局",不过是皇帝的私人金库,皇帝为首的宗室权贵为一己私欲导致了宁绍地区包括夏盖湖在内的不少湖泊纷纷被垦占。

(三) 南宋绍兴三年(1133 年)夏盖湖的复、存

1. 建炎四年(1116 年)陈橐奏请复湖

建炎四年,余姚陈橐上书越州太守傅崧卿,陈利便,请求复湖。

> 古人设陂湖以备旱岁,王仲嶷建请以为田,乃引鉴湖自然淤淀已成田陆为说,又有不妨民间水利之语,其欺罔甚矣……今则湖尽为田矣……今既涸之为田,若雨不时降,则拱手以视禾稼之焦枯耳……一遇旱暵,非惟赤子饥饿,僵踣道路,而计司常赋亏欠尤多,虽尽得湖田租课,十不补其三四,又况每遇旱岁,湖田亦随例申诉官中检放与民田等。③

陈橐,余姚人,政和上舍第,历官监察御史,擢刑部侍郎,知婺

---

① 〔宋〕马端临:《文献通考》卷六《田赋考六·水利田·湖田围田》,中华书局,2011年,第149页。
② 《文献通考》卷六,第149页。
③ 万历《绍兴府志》卷一六,第18—19页。

州。陈氏是余姚人，上虞夏盖湖毗邻余姚，对于废湖，作为当地人，更有切肤之痛。此外陈橐还引述建炎二年时上虞县令陈休锡在"邑民尝诉湖田之害于抚谕使者，使者下其状于州县"之后，不顾当时绍兴主管官员以"未得朝廷旨挥"为由，"数窘之"的逆境，"悉罢境内之湖田"。恰好当年"越境大旱，如诸暨、新嵊赤地数百里，农夫无事于铚艾。独上虞大熟，余姚次之，而上虞、新兴等五乡被夏盖湖之利尤为倍收"①。陈休锡以民生为重，坚持己见以致忤逆上官的行为确属为民请命，又颇具长远目光。陈橐以两年之前近在眼前的案例佐证自己，对朝廷诸臣也是更有说服力。

此外，陈橐一开始就驳斥了王仲嶷"自然淤淀已成田陆"的说法，斥之为"欺罔"，那么王仲嶷到底为何要"欺罔"？ 陈橐当时未敢直陈。

2. 绍兴二年（1132 年）李光奏请复湖

绍兴二年，当时的朝廷重臣李光转奏呈上虞县令赵不摇奏疏，并"力奏之"。

> 政和间，知越州王仲嶷奏请以湖为田，专为应奉之用。遂使民田频遭损伤，官中虽得些少租课而缘此检放苗米甚多。民间为害尤广，今相度到上虞夏盖等湖一十三处见今改为田计一百三十一顷二十四亩……观此则变湖为田诚为极弊，如将上虞、余姚湖田仍复为湖，委是便利。②

3. 绍兴三年（1133 年）全面调查后复湖

次年，即南宋绍兴三年高宗下诏，命绍兴知府张守对辖内湖

---

① 光绪《上虞县志》卷二〇《水利》，第 427 页。
② 同上。

田进行深入调查并将意见迅速上报。张守奏疏回复：

> 今相度上虞、余姚两县湖田复废湖经久利害以闻，守契勘民户所纳苗米，较两年虽为丰熟，但夏秋雨水稍不应时，其减放之数，以湖田所收补折外，官中已暗失米计四千二百余石，民间所失当复数倍。今相度先将余姚、上虞湖田复废为湖，委是经久有利无害，伏望早赐施行。[①]

最后的结果是朝廷认同了李光先前的奏疏，下令上虞、余姚两县湖田复废为湖，但同处绍兴的鉴湖及其他湖泊却未曾获惠于此诏。李光时为朝廷重臣，无论朝中宰执还是地方郡守，都会略给薄面。李光本身亦是上虞本土士人，出生于现在的上虞市北的驿亭镇，即古代夏盖湖驿亭沟附近。但其他被权贵官僚圈占的湖田，因其背后利益集团太过庞大，加上耕地需求，显然不可能再划复为湖。

4. 嘉熙元年（1237年）险遭废湖

一段时期内，夏盖湖周边未有关于水利的争讼出现，直到南宋嘉熙元年，夏盖湖再一次面临被废湖为田。根据光绪《上虞县志》中所收录的曾经监潭州的陈谦对此事的记述：

> 嘉熙丁酉，滨湖民徐文才托之王府，欲湮湖为田，乡之士民张康等具词赴皇弟武康军节度使陈诉曰："夏盖湖虽周围甚广，而水源悉出上妃、白马二湖，今来徐文才辄以上妃、白马为渔浦湖，打开湖闸泄放湖水，窃恐府第

---

① 《宋会要辑稿・食货六一・水利杂录》，第7517页。

一时被其蒙蔽，未必深知利害，乞移文照会，使民户永被
隆天厚地之赐。"①

这一次的夏盖湖危机显得有些奇异，徐文才其人不可考，一
介草民何以能代表五乡之民，决定投身寄户于王府，以至要"湮湖
为田"，导致乡人不得不言辞恳切，乞求勿行此事？对此，《五乡水
利本末》中，元代人也有记录："近岁有本乡破落无籍人徐文才，妄
称已经府第投献，径将湖水开放，七乡之田因此旱干，遂成
歉岁。"②
从这条史料来看，徐文才本是一介"破落无籍"之人，竟然能
够堂而皇之开放湖水，欲改湖为田，而乡民不能阻止，其中缘由从
"或献于福王府"③得以窥见。
无论如何，宋末之前，夏盖湖应该基本未遭受大规模的围垦，
夏盖湖依然是"汪洋巨浸"。公元 1279 年，南宋灭亡，江南之地都
归属于元。但元代国祚不久，政局不稳，战乱频繁，尤其是元末农
民起义爆发后，江南也是动荡不安。

（四）元代的局部垦废与复湖

1. 元贞年间的垦占

关于元代的夏盖湖，较早的记录是万历《绍兴府志》所载"元
贞间或言之营田使者，湖复湮。傍湖之民辄于高处填为田至数十
亩"④。此事后代记录仅寥寥一语，详细的情况在《五乡水利本
末》中有载：

---

① 光绪《上虞县志》卷二〇《水利》，第 428 页。
② 〔元〕陈恬：《五乡水利本末·兴复事迹》，第 49 页。
③ 光绪《上虞县志》卷二〇《水利》，第 428 页。
④ 万历《绍兴府志》卷七，第 30 页。

营田司不察利病,辄凭人户请佃到田二十顷,科粮六百石于官田项下作数,以此为名,乘时将湖面占种,止存一港线流,其涸可立而待。或于渚山之根,填叠基址,起盖房屋,筑捺园地,栽种蔬果,浚为池荡,畜养鱼虾,栽莳菱藕,妨碍水利莫此为甚。民非不告,公行贿赂,听之自若;官非不禁,揭榜墙壁,徒为虚文。所以流害至今。[①]

对于营田司官员收受贿赂,纵民开垦,当时的官府最后还是做出了较为积极的反应:"于依山高原去处丈量见数鱼鳞相拨发各户,照依元佃亩步,布种纳粮,彩画图本,每一丘出给乌由为照,不致亏官损民。其余划复还湖。"官府最终没有要求在"高原去处"围湖造田者还田为湖,而是将其收录在鱼鳞册中,得到了官府的承认。官府实际上也了解"高原去处,正一亩半亩,粮米仅纳一斗二斗,缘是本县别无籍册存照,又不曾明立字号,以致移丘易段、那高就低,与湖面一体,上下相平。如此影射布种,其间并缘侵种者尤且五亩十亩,以后贪恣不已,至于顷计者有之"的现象,但是可能出于对租课的需求,最终没有完全要求还田为湖。其时宋亡不满二十年。元初,元世祖忽必烈重视农桑的国策未曾荫庇夏盖湖,结合后代史料来看,这里的"湖复湮"并非说夏盖湖彻底湮废,而是元代时期对夏盖湖围垦的一个开端。[②]

2. 至正年间局部垦占的扩大

元至正年间,元朝的统治已经岌岌可危,中原腹地爆发的红巾军起义,江苏高邮的张士诚,占领应天府的朱元璋,以及浙江的方国珍都在拼力厮杀,江南一带是元廷最后的赋税来源之地,也

---

① 〔元〕陈恬:《五乡水利本末·兴复事迹》,第54—55页。
② 同上书,第55页。

是其最后时间试图竭力守御的地区。这一时期,夏盖湖的危机来自守御浙江一带的元朝军队。《五乡水利本末》中记载了一则绍兴路总管府奉江南诸道行御史台札:

> 上虞县带海控江,田皆泻卤,火耕水耨,民甚艰难。由汉唐以来立陂湖为旱涝之防,获利至博。近因盗起中原,蔓延江左,台治移置绍兴,屯兵守御。上虞粮饷不给,其统兵官遂将夏盖、白马、上妃三湖高原去处,许令军民屯种,所得子粒添助军需一时之急,以致三湖积水不多,涸如焦釜。五乡田土失荫抛荒,又且屯种湖田一概无收,虚费工本,无益于官,有损于民。即日农事方殷,若不更张,是关利害。今后除元佃官田依旧额顷亩布种纳粮外,其余屯种湖面田土,尽行革罢为湖。守御将校毋得仍前屯种,与民为害,湖滨居民亦不许以纳粮影射,乘时侵占,妨碍水利。[1]

屯守上虞的元朝军队大肆垦湖造田,给夏盖湖三湖带来了严重灾难,以至于"涸如焦釜",五乡居民深受其害。然而,虽然绍兴路明文禁止,却无奈此时兵荒马乱,军队为求粮饷,将榜文视为无物。至正十八年(1358年)二月,江浙等处行中书省发文称:"今体知得,本处守御将校与彼近土著权势之家交勾,意在侵占官湖。"至正二十二年四月,江浙等处行枢密院发文称:"今近湖奸贪之徒结托各寨将校军士,将湖扦插霸种……妨夺水利,实为民害……省府已尝明榜禁止。"[2]

————————

① 〔元〕陈恬:《五乡水利本末·兴复事迹》,第56页。
② 同上书,第57、58页。

3. 元末被垦占者部分又复为湖

这一时期另一比较重要的文献资料是当时曾亲身经历至正年间夏盖湖之争斗的贡师泰所写,他的《上虞县复湖记》详细叙述了事件经过。

> 至正十二年,翰林应奉林希元来为尹,遂定其垦数,余悉为湖。十六年夏旱,豪民乘间侵种,其禁复弛,县尹李睿力复之。明年春,行御史台移治会稽,驻兵县境。或妄言湖膏腴可屯田,典兵者忽于识察,一旦竭如焦釜,所得仅百许石。而官民失利,不可胜计。御史察知其弊。俾尝赋于官者,田如初,他皆谕罢。明年春,又有献之长铨军者,赖分省阻止之。于是积水盈溢惠及远近,而湖之利益博矣。[1]

元末这一时期,军民争利成了夏盖湖存亡续断的最重要标志,从政府三令五申而不得要领的情形来看,当时的地方政权对军队的约束力并不大,所幸在当地乡民努力争取下夏盖湖未被垦废为田,得以存续。

表 4　历史时期夏盖湖的垦废过程及分布

朝代	年号纪年	公元纪年	时间间隔	垦占面积	升科面积	复湖面积	田亩位置
北宋	熙宁六年—元祐十二年	1073—1097	24	不确定(仅载垦废后"涝则湖势狭窄不足以贮水")	不详	全面恢复(元祐十二年,奉旨复正为湖)	整个湖区

---

① 〔元〕贡师泰:《玩斋集》卷七《上虞县复湖记》,第620页。

续 表

朝代	年号纪年	公元纪年	时间间隔	垦占面积	升科面积	复湖面积	田亩位置
北宋	政和、宣和—建炎二年	1111—1128	17	不详（今载"悉废两郡陂湖以为田"）	不详	全面恢复（陈休锡"悉罢境内之湖田"），不数年再次被垦	整个湖区
南宋	建炎二年—绍兴三年	1128—1133	5	*1 150—1 175 亩	1 150—1 175 亩	全面恢复（遂废余姚、上虞二县湖田）	整个湖区
元	元贞间—至正十二年	1294—1352	58	**三十顷（3 000 亩）	不入升科，为驻军及周边豪强所得	不详(定其垦数，余悉为湖)	整个湖区
明	嘉靖年间	1522—1566	45	二千五百六十亩九分（三湖总数）	九百四十亩	一千六百二十九亩（未行划复）	湖东为主
明	万历元年—三十四年	1573—1606	33	四顷一十九亩八分六厘（三湖总数）	四顷一十九亩八分六厘（三湖总数）后未划复，皆陆续入册	无	湖东为主
清	雍正六年—十一年	1728—1733	5	二万一千六百余亩	二万一千六百余亩	无	整个湖区

续　表

朝代	年号纪年	公元纪年	时间间隔	垦占面积	升科面积	复湖面积	田亩位置
清	乾隆年间	1736—1795	60	一百三十二顷二百一十亩	一百三十二顷二百一十亩	无	整个湖区
清	嘉庆年间	1796—1820	25	7 873亩	7 873亩	无	整个湖区
清	光绪年间	1875—1908	34	湖周长仅余二十里	不详	无	整个湖区

　　资料来源：据〔元〕陈恬《五乡水利本末》、〔元〕贡师泰《玩斋集》所载《上虞县复湖记》、万历《上虞县志》、万历《绍兴府志》、光绪《上虞县志》、光绪《上虞县志校续》。

　　说明："＊"依据《五乡水利本末》载"元佃湖田"：三湖官田总计二千二十三亩一角五十五步半，夏盖湖田六百七十五亩一角一十四步。绍兴二年（《本末》作元年，疑误），李光上书请复湖，根据其奏疏"建炎四年，上虞收湖田米三千四百四十九石"，"绍兴元年，上虞收湖田米三千五百二十五石"。三湖官田约2023亩，秋粮约570石；又，夏盖湖田675亩，秋粮约241石，取其折中，湖田每亩产量3石左右。据此计算，南宋建炎、绍兴年间被垦占的湖田面积为1150—1175亩。"＊＊"指元贞间废湖为田事，光绪《上虞县志》载被垦二十顷，《本末》录〔元〕贡师泰《上虞复湖记》载为三十顷，以史料早出者为准，当为三十顷。

　　同宁绍地区的其他湖泊一样，夏盖湖历多次废复，"屡废屡复，翻若波涛"。对于那些新垦占的田亩应当划复为湖还是保留下来、升科入册的争论也成为当地百姓、官府都不得不激烈交锋的难题。但总体趋势是小规模的围湖造田可能仍然存在，却不严重，夏盖湖的面积在渐渐缩小却仍然保持了基本如初的湖面面积。

四、明清时期夏盖湖的垦废演变

1368 年,朱元璋在南京称帝,建立明朝。元朝在江南最后一隅之地的统治很快瓦解。终元一代关于夏盖湖的兴废之争没有随着元廷北窜而告一终结,围绕夏盖湖的占湖为田者与阻止侵湖者的斗争在新朝建立后,同样是一个争论不休的问题。自宋元后,明清两代对于类似夏盖湖这样的湖泊已不再讨论是否废复的问题,而是寻求在围湖造田与农田水利灌溉两者间寻觅到一个平衡点。

(一) 明代的垦占过程

1. 明代中前期的相对稳定

明初有关夏盖湖最早的记载来自文臣宋濂的一篇游记《见山楼记》:

> 见山楼者,上虞魏君仲远之所建也。仲远居县西四十里所,龙山委蛇走其南,将升而复翔,其旁支斜迤而西,则为福祈诸峰……复襟带乎先后。东则遥岑隐见青云之端,宛类娥眉,向群山相妩媚为妍。其下有巨湖,广袤百里,汪肆浩渺,环浸乎三方,晦明吐吞,朝夕万变。方屏插起湖滨,曰夏盖山,去天若尺五,岩崎谷张,尤可玩爱,诚越中胜绝之境也。[1]

---

① 〔明〕宋濂:《文宪集》卷二《见山楼记》,影印文渊阁四库全书,台湾商务印书馆,1986 年,第 1223 册,第 288 页下、289 页上。

文学作品在描摹景物时常作夸张语，不可尽信，却能以管中窥豹的保守态度来提取其中有价值的信息。据考证，宋濂的这篇游记大约作于公元1371年，是其拜访一上虞魏姓友人并登上友人所建的"见山楼"后写就的。从诗中所给的地理方位（"居县西四十里"）及地名（"夏盖山"）可判断，诗中"广袤百里"的"巨湖"就是夏盖湖。明初的夏盖湖规模仍然十分可观，这也印证了元末贡师泰在自己的文集《玩斋集》中所记载的"上虞复湖记"是真实可信的。虽然波折不断，夏盖湖在明初依然是"广袤百里"的"巨湖"。

2. 嘉靖、隆庆间的小规模垦占

之后数代无事，直到明英宗正统时，光绪《上虞县志》记载"豪民复肆占佃，德州守顾琳复之"，具体情状没有详细叙述得见，该事件可以视作明代对夏盖湖围湖造田的开端。

成化、正德年间，"奸民李谅、洪贵等冒奏佃种起科。听选官番用、俞琏等奏寝之"[1]。等到嘉靖、隆庆年间，"复有徐应元等投势辖众淤湖为田，当事者又秦越视之，而五乡民始不得不与之争矣"，最后"议将嘉靖三十九年以前丈量入册者，姑准为田，共有九百四十亩；三十九年以后入册者，悉行划复为湖。仍将孔堰筑塞，不许走泄"[2]。官府对于围湖造田的态度已经不再是厉行禁止，全部革复的态度，这样的转变没有让占湖为田者心存感激，稍有收敛，反而变本加厉了。其后"延至万历九年丈量田亩，又将三十九年以后续占田亩尽行混入册内"。于是，嘉靖三十九年（1560年）后续占的湖田都得以"转正"。夏盖湖垦占升科与垦废面积等见表5，其湖域垦废过程则见图1。

---

① 光绪《上虞县志》卷二〇《水利》，第429页。

② 〔清〕朱鼎祚：《〈续刻三湖水利本末〉序》，第1页，见〔清〕连薗：《重刻五乡水利本末》卷下。

表5　历史时期夏盖湖的垦占升科面积及垦废面积估算

朝代	年号纪年	公元纪年	时长(年)	垦占升科面积(亩)	所占比例(%)	田亩位置
明	嘉靖年间	1522—1566	45	940	1.3	湖东为主
	万历元年—三十四年	1573—1606	33	419	0.6	湖东为主
	天启—崇祯年间			1 500(估)	2.1	湖东为主
清	顺治—康熙年间			3 000(估)	4.3	整个湖区
	雍正六年—十一年	1728—1733	5	21 617	30.8	整个湖区
	乾隆年间	1736—1795	60	13 409 3 000	23.4	整个湖区
	嘉庆元年—四年	1796—1799	4	10 427	14.9	整个湖区
合计				54312	77.6	
剩余	嘉庆中叶	70 000 - 54 312 = 15 688 亩(大体相当"约二十余里")				
清	嘉庆后叶、道光—光绪前半叶	1808—1908	100 年	10 000(估)	14.3	整个湖区
残存	光绪中叶以后	15 688 - 10 000 = 5 688 亩(小穴等水域)			8.1	
合计					100	

资料来源：据表4统计与估算而成。

说明：垦占升科面积一栏中括号内注明为"估"者乃结合前后阶段数据所做估算数,意即明天启、崇祯年间的数据,清顺治、康熙年间的数据,清嘉庆中的剩余数据以及清光绪中叶的残存数据均为结合文献记载的估算数据。

3. 万历以后稍显加速的垦占

到万历十三年(1585 年),新任的上虞知县朱维藩"欲复西溪

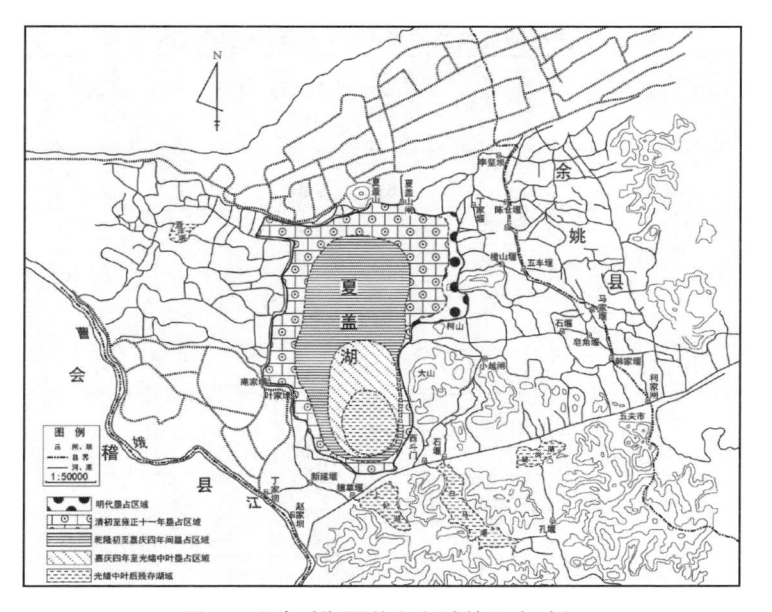

图 1　明清时期夏盖湖湖域的垦废过程

资料来源:据表 4 绘制。

湖,划去民田,议将上妃等湖高处插号拨补"。这样做的结果就是
"民人借号影射,悉行侵占,以致上妃一望尽为田亩,无复有湖。
白马仅存如线。夏盖东边高处亦被民人渐次侵占。至于方春水
溢,虑恐湖田淹没却将孔堰大开泄水以便种作;及夏水涸,又将石
堰盗决,以赡灌溉,以致各乡屡遭荒旱"[1]。恢复西溪湖后,白马、
上妃二湖已然名存实亡,夏盖湖失去了重要的水源,也是岌岌可
危。朱知县为什么要做这样拆东补西的举动,史料没有给出
解释。

　　明代围绕夏盖湖的存废产生的问题,较之宋元时期更为复

---

[1] 〔清〕朱鼎祚:《续刻三湖水利本末》之《改设闸堰》,第 2 页,见〔清〕连蘅:《重刻五
乡水利本末》卷下。

杂,且因为史料缺乏,很多情况只是寥寥数语或者模棱两可。对于湖田的态度,官府也不再如前代要求完全划复为湖了。

(二) 清代夏盖湖全湖的逐步垦废

在遵守湖规或者有发生冲突的潜在可能性的前提下,湖东和湖西的对立在湖田的扩大、水利秩序弛缓的形势下越发凸显。

1. 潮侵导致康、雍间的大规模湮废垦占与升科

康熙年间的矛盾冲突进一步加剧了湖田化现象,导致夏盖湖的再一次湮废。康熙十七年(1678 年)在杭州湾出现方圆百余里的大沙洲,水流被一分为二,一股海流袭击上虞海岸,冲破了海塘,海潮流入了湖内。之后,五十年间湖水一直被咸海水侵入,以至于粮产大为减少。[1] 于是,官府在雍正六年(1728 年),"以浙省逃亡地丁及沿海坍塌地亩钱粮无着,请将湖内可耕之地听民报垦升科抵补,其湖底低洼之处仍留蓄水"[2]。

时任闽浙总督李卫因康熙五十八年(1719 年)"海潮泛溢,坍粮莫抵,将湖内淤土给民承垦"[3]。此次大规模开垦共得田 6 700余亩,都报升输科。雍正七年(1729 年),再次报升田 90 亩,又于十一年分别报升田 11 300 余亩、1 827 亩、1 700 余亩。如此,先后共报升田 21 600 余亩。一系列大规模的开垦,使得夏盖湖在历代被围垦,湖面面积大不如前的情况雪上加霜,湖域大大缩小。李卫之所以进行大规模官方允许的开垦以求新田,究其原因是筹措兴建海塘的经费。

2. 乾隆初年停止围垦

乾隆五年(1740 年),浙省似乎停止了这一围垦活动,"委员

---

① 光绪《上虞县志》卷二二《水利》,第 460 页。
② 光绪《上虞县志》卷二〇《水利》,第 434 页。
③ 连光枢:《松夏志》卷一《舆地·山川》,枕湖楼校印本,第 37 页。

查丈,除升科入额田亩外,其余私垦概行划除,筑塍为界"①。关于原因,史料不见,笔者猜测,这可能与海塘修建完毕,省府再次考虑当地农业灌溉有关。然而,此次政令下达后可能并未得到较好实施,光绪《上虞县志》云:"(乾隆)九年八月,浙江布政使潘思渠奏请严禁侵占官湖,户部议覆。得旨谕允。"潘思渠的奏折原文不得见,县志完整记录了当时的内阁大学士鄂尔泰与讷亲对潘的奏折审阅后的复议,转录如下:

> 浙省土狭民稠,全赖溪湖之水容蓄灌溉。而民间之垦占甚多,如余杭县之南湖、会稽县之鉴湖、上虞县之夏盖湖、余姚县之汝仇湖、慈溪县之苏湖等处,向称汪洋巨浸,今已弥望田畴。占湖之律禁虽严,而民间之垦占未已。总由地方官平日不实力稽查,而地棍勾通县胥。一有报垦即滥准升科,且垦地势处低洼,并将旧置堤闸私行损坏,贻害农田非细。②

从以上内容来看,浙省垦占湖田的现象并非上虞独有,各地的湖泊都面临着由"汪洋巨浸"变为"弥望田畴"的危机,省府主政者也了解其中缘由,多半是地方官不能够"实力稽查",尤其是一般多出自地方、对地方最为熟悉的县衙中的文书胥吏为了私利对于围湖造田暗地里怂恿,并且一定程度上主导了个别不熟悉地方情形的官员。

越了解地方情形,就越明白无法扭转这样的局面,潘思渠的奏折也不再如宋元时那般提及复田为湖。从某种程度上来

---

① 光绪《上虞县志》卷二〇《水利》,第 434 页。
② 同上。

说，当政者与地方官员很明白，即便是维持现有局面，也是力有不逮。

3. 乾隆中后期复又大规模陆续垦废

果不其然，几十年后的乾隆二十五年（1760 年）、三十一年（1766 年）、四十五年（1780 年）等年份，又"续有报升田亩，嗣后湖旁日增淤涨，居民陆续私垦成田七千余亩"。到了乾隆五十五年（1790 年），地方上"奉文划除，因经费无项，因循未办"，"居民复陆续私垦成田一万余亩，而官吏视为利薮，私收租钱藉肥囊橐"①。单单算上雍正朝开垦的二万多亩，到乾隆末年，夏盖湖被开垦的面积不下三万亩之多（各时期垦占升科数据等见表 5）。面对这样的局面，地方上一方面没有财力对新近开垦的湖田进行划复，另一方面也因"肥囊橐"得了利益，更不会有什么改变现状的意图。

4. 嘉庆初年湖存约二十里

阮元奏折内对嘉庆时的夏盖湖有所描述，"勘明该湖周围尚有二十余里且支河环绕"，曾经周围一百五里的夏盖湖，嘉庆初年仅余二十里左右了。即便如此，阮巡抚还是认为"潴蓄充盈，四围田亩足资灌溉，无碍水利等"。如果说宋元两代，围绕夏盖湖的争论焦点多是复湖之议，明清两代已经转为如何保持现状，维系最后的荫灌功用。

嘉庆六年（1801 年），周围仅二十里的夏盖湖，已经被忽略了。朝廷如此短视，只重眼前田赋利益，夏盖湖的湮灭也就成为不可阻挡的大势所趋了。

5. 光绪中期全湖消亡而残存小穴等水域

夏盖湖水历经清代百年开垦，此时"水仅涓滴"，唐县令警告

---

① 光绪《上虞县志》卷二〇《水利》，第 435 页。

那些还贪图夏盖湖最后的水资源的乡民，一味肆意侵占水利，无论是垦占还是无节制的放水，都会导致"未必有秋国课"。夏盖湖的水源来处，上妃、白马二湖，一"尽为田畴"，一"尚留河道"，已经是有名无实的夏盖湖最后的水源来处。唐县令希望对于最后已经支离破碎、大湖化作小湖泊的夏盖湖能够"谨视启闭，以养夏盖湖之源"。实际上，此时的夏盖湖确实已经名存实亡，仅剩下残留的几个蓄水处成为新的湖泊，如小穴湖等。

从剩余湖域来看，经雍正、乾隆及嘉庆初年均为上万亩的垦田与升科后，嘉庆中湖已只剩二十余里，即原面积的五分之一；到清光绪中叶以后，全湖基本消亡，仅残存小穴等水域。为直观形象地在图上演示出夏盖湖明清时期的垦废变迁，现将各阶段的垦占升科面积按比例估算出其垦废的湖域。表5中，嘉靖年间所垦占的2 560亩中，最终升科面积仅为940亩，复湖面积则达1 629亩。万历年间垦占升科的面积并不大，仅419亩，约为嘉靖年间升科面积的一半。考虑到垦占升科的加速度，万历之后的明代后期升科的数据，则采取约为嘉靖、万历年间升科数据之和的处理办法，其垦废湖域的空间分布也采取类同于嘉靖、万历年间的湖东为主。因缺乏顺治、康熙年间资料，结合文献的相关记述，暂将该阶段的垦占升科面积类同于雍正年间数据的一半，垦废湖域则作类同于雍正年间的整个湖区处理。乾隆时期方志中仅有前大半段的数据，故后期约十五年的数据则做该阶段的五分之一的增补。考虑到垦占的加速度，光绪年间的垦占数据则做类同于乾隆与嘉庆年间数据之和的办法来处理。据此统计，明清两代至嘉庆中叶以前的垦占面积约为54 312亩，清嘉庆中湖域尚存15 688亩，与文献所载的"二十余里"大体相当。如此，则在接下来的自清嘉庆后半叶至光绪年间的一百来年时间里，仍存的"二十余里"水域又陆续被垦废，暂且估计又垦废万余亩，则残存的小穴等水域估计已不到6 000余亩。现将按估算数据折算出来的各阶段垦废水域与剩余湖域绘制成图1。当然,该图只能是对方志资料及数据所反映的湖域垦占过程的示意。最后剩下的残存湖域小穴湖域紧靠白马湖来水之处西斗门,对照民国年间上虞地区五万分之一的曹娥镇地图①可知,此处恰是最后又被垦废的名为南湖田的所在。

五、历史时期夏盖湖演变特点及其原因分析

夏盖湖自唐长庆二年(822年)初创,宋元时期历经多次频繁废、复,其具体过程可概括为:(1)北宋时期全湖频繁废、复,其间熙宁六年(1073年)首次废湖,元祐四年(1089年)复湖,政和中再废湖。(2)南宋绍兴三年(1133年)夏盖湖复又存设。其间先是建炎四年(1130年)陈橐奏请复湖,后因绍兴二年李光奏请复湖,故于绍兴三年全面调查后复湖,后在嘉熙元年(1237年)又险遭废湖而未果。(3)元代时的局部垦废与复湖,具体表现为元贞年间的垦占、至正年间局部垦占的扩大、元末被垦占的局部又复为湖。历史时期夏盖湖因革演变的过程如表6所示。

表6　夏盖湖历代因革演变总表

朝代	公元纪年	年号纪年	具体事件	状态	资料出处
唐	822年	长庆二年	唐长庆中民始请割己田为之	初开	万历《上虞县志》

---

① 《曹娥镇》图:日本陆地测量部参谋本部于民国五年(1926年)测图、日本昭和十三年(1938年)制版印行,《中国大陆五万分之一地图集成》(1),日本科学书院影印本,1998年。

续　表

朝代	公元纪年	年号纪年	具体事件	状态	资料出处
宋	1073 年	熙宁六年	县尉张渐(《水利本末》作"孙渐")废为田	废	〔元〕陈恬《五乡水利本末》
	1089 年	元祐四年	吏部郎中章粢奏复之;元祐五年复湖	复存	光绪《上虞县志》
	1111—1118 年	政和年间	政和中明、越二守楼昇、王仲嶷又废田	废	〔元〕陈恬《五乡水利本末》
	1133 年	绍兴三年	先是建炎四年余姚陈橐上书陈利便。县令赵不摇言于朝,吏部侍郎李光力奏之,乃得复为湖	复存	《资治通鉴续编》
元	1294—1297 年	元贞年间	或言之营田使者湖复湮;傍湖之民辄于高处填为田至数十亩	局部废为田	万历《绍兴府志》
	1352 年	至正十二年	县尹林希元定垦田数,余悉为湖	大部仍为湖	光绪《上虞县志》
	1356 年夏	至正十六年夏	岁旱,豪民乘间侵种,其禁复弛。县尹李睿力复之	局部废而复	〔元〕贡师泰《玩斋集》所载《上虞县复湖记》
	1362 年四月	至正二十二年四月	今近湖贪之徒结托各寨将校军士,将湖扦插霸种……省府已尝明榜禁止	局部废	〔元〕陈恬《五乡水利本末》

续　表

朝代	公元纪年	年号纪年	具体事件	状态	资料出处
明	1373 年	洪武六年冬	复古堤仍为二闸而湖水潴以溉田者如故	复存	〔明〕王俨《夏盖湖水利碑记》载于《绍兴府志》
	1427—1464 年	正统年间	豪民复肆占佃,德州守顾琳复之	局部废而复	光绪《上虞县志》
	1522—1572 年	嘉靖、隆庆年间	复有徐应元等投势辖众淤湖为田,当事者又秦越视之,而五乡民始不得不与之争	局部废	光绪《上虞县志》
	1573 年	万历元年	万历元年王茂贞乃特具奏,议将嘉靖三十九年以前占种者仍旧管业,置立疆界分别湖田;嘉靖三十九年以后占种者悉退为湖,钱粮即着五乡居民包办	局部废而复	光绪《上虞县志》
	1585 年	万历十三年	知县朱维藩又将湖田抵归西溪湖之升科无田者,而奸民益得借号影射,悉行侵踞,无论上妃一望膏腴无复有湖,白马仅如线之流,即夏盖湖如冯家山、大山下等处额田外,今年为池塘,明年为田亩	有废有存	光绪《上虞县志》

续　表

朝代	公元纪年	年号纪年	具体事件	状态	资料出处
清	1660 年	顺治十七年	湖东各姓分巡之（夏盖湖西）	存	光绪《上虞县志》
	1678 年	康熙十七年	海潮破堤,湖水遭咸卤	潮坏	光绪《上虞县志校续》
	1728 年	雍正六年	上虞濒海潮汐没民田,(李)卫为奏请除额;县有夏盖湖,积淤多已成田,卫令察丈,许民承业升科	大部废,丈而升科	《清史·李卫传》
	1875—1908 年	光绪年间	夏盖湖昔有其名,今无其实,惟南首小穴湖北,大小瓦泥潭尚有数区蓄水	极小部存	光绪《上虞县志校续》

　　将宋元与明清两个时段夏盖湖的演变特点进行比较后,需要思考以下几个问题:为什么北宋时期夏盖湖的废、复演变会如此频繁反复?为何明清时期从局部垦废逐渐走向全湖垦废?明清时鉴湖、湘湖、夏盖湖等大量湖泊垦废了,原来依赖湖水灌溉的田地转而依靠什么水源?

　　夏盖湖的演变可分前后两个阶段,其控制性因子在宋元时期以自然因素为主,明清时期则以人文因素为主。宋元时期可能因气候温和、海平面高而难于排涝,湖泊水域虽宽却水位较浅,又因以皇室、王府、权贵等占为主而垦实未多,故易于废、复变更。明清时期则开始转向经济、社会因素占主导,湖区开发加快,人口增多,故而从经济学所称"边际效益"的角度来看(其实就是土地利用价值的问题),湖泊开发为耕地的价值要远远大于作为水域进行灌溉的价值了。

从更广阔的视角来看,明清时江南已非商品粮基地,而反成了商品粮消费地。正如谚语"苏湖熟、天下足"已转为"湖广熟、天下足"所揭,江南地区已由原宋元时期的主要粮食作物种植区和产区转变为粮、棉、桑等的多元结合,而且经济作物在其中占据着越来越重要的地位,只因经济作物的产出价值远高于粮食,粮食则部分甚至大量依赖于沿江、沿运一带米市的商品粮供应。对灌溉供水的需求有明显下降,整个宁绍平原的大量湖泊被垦废。夏盖湖全垦后能达七八万亩以上的土地,其土地利用之价值可以想见。夏盖湖盛时共计亦只灌溉十三万亩土地,这种利用价值的对比是显而易见的,故而整个宁绍地区的湖泊当然难改其被垦废的命运了。

萧绍平原的河湖水利体系与湘湖之兴废

黄　强　尹玲玲

湘湖所在的萧山区地处宁绍平原地区西部,西、北枕钱塘江,东傍西小江,南有浦阳江,历史上先后为会稽郡、绍兴府、宁波市、杭州市所管辖。在海侵时代,宁绍地区是一片水乡泽国。海退之后,在这片地区留下了无数大大小小的湖泊。"初步统计,仅宋代以来地方史籍有记载的湖泊就有 217 个,每 20 平方公里就有一个较大的湖泊,堪称全国湖泊分布最密集的地区之一。"[1]然而,随着自然环境的演变和人类对土地资源的不断开发,绝大多数湖泊已湮废。萧山的湘湖就是典型的个例,它的历史地理变迁完美展现了大自然的造物、人类改造自然以及人与人斗争的历史。因此,研究湘湖地区的历史地理变迁,既能阐明湘湖自身的兴废过程及原因,同时对宁绍平原地区其他湖泊的兴废史研究,也有借鉴作用。

一、学术史回顾

现当代对于湘湖的研究,以佐藤武敏和斯波义信为代表的日

---

[1] 陈桥驿、吕以春等:《论历史时期宁绍平原的湖泊演变》,《地理研究》1984 年第 3 期,第 29—43 页。

本学者最早进行。1956 年大阪大学教授佐藤武敏在《人文研究》第 7、8 期两期连载《宋代湖水的分配——以浙江省萧山县湘湖为中心》。斯波义信于 1988 年完成的著作《宋代江南经济史研究》也涉及了湘湖的内容,对湘湖的水利系统做了概述,并提出了湘湖功能退化的原因:一是淤泥的堆积,二是三江闸排灌系统建成的影响,三是湘湖被一分为二,四是保湖派地位的下降,五是行政权力的转移。同时,斯波义信还专门论述了三江闸和麻溪坝的兴修情况。由于湘湖不是此书的研究重点,因此作者只是将湘湖作为宁绍地区中一个比较典型的水利工程来概述。

美国瓦尔巴莱索大学历史系主任萧邦齐于 1986 年来到杭州,专门从事对湘湖变迁的研究。他在浙江大学陈桥驿的研究室中进行了四个月的研究,并进行实地的考察,回国后于 1989 年由耶鲁大学出版社出版了《湘湖——九个世纪的中国世事》(又名《九个世纪的悲歌——湘湖地区社会变迁研究》)。该书被称为是国外学者研究湘湖最全面的著作。此书以传统的历史观点详述了湘湖地区从北宋政和年间至 20 世纪 80 年代的社会变迁,内容丰富,但对湘湖地区社会变迁的理论分析还有进一步深入的空间。

浙江大学的陈桥驿是研究宁绍平原地区历史地理的专家,在他发表的一些论文中也涉及了湘湖的内容,尤其是湘湖地区的历史地貌演变过程,如《论历史时期浦阳江下游的河道变迁》《论历史时期宁绍平原的湖泊演变》等。侯慧粦在陈桥驿研究的基础上,作了湘湖方面的专题调查研究,并有多篇研究论文发表,其中《湘湖的形成演变及其发展前景》[①],论述了湘湖的形成及演变过程,认为湘湖的湮废是自然和人文两方面作用的结果,并提出了

———————————

① 侯慧粦:《湘湖的形成演变及其发展前景》,《地理研究》1988 年第 4 期,第 32—39 页。

湘湖的发展前景,即将其发展为旅游风景区;《湘湖的自然地理及其兴废过程》①阐述了湘湖所处的特殊地理环境,并叙述了湘湖自初创以来的兴废过程。此外,还有两篇比较性的文章《论钱塘江下游两岸湖泊的变迁——以杭州西湖和萧山湘湖为例》②及《鉴湖与湘湖》③。陈桥驿和侯慧粦从历史自然地理的角度对湘湖进行了研究,阐述了湘湖所处的地理环境以及地理环境变迁对湘湖造成的影响。

与此同时,萧山地方政府也开始加强对湘湖文化价值的重视,一批地方文史工作者开始研究湘湖,并出版了一系列的书籍。如方晨光的《文脉湘湖》,沈青松等人的《历史文化名湖——湘湖》,吴桑梓等搜集整理的《湘湖文苑·湘湖民间传说》等。但这些书籍比较适合普通群众的知识普及,缺乏学术性的研究,大多是对湘湖地区历史遗迹、人物、山水景物等的记述。

上海师范大学的钱杭对湘湖的研究颇有心得,也开辟了新的研究思路及方向,弥补了前人研究的部分不足之处。钱杭以共同体理论为分析工具,对以湘湖水利集团为核心的湘湖库域型水利社会进行了深入系统的分析,发表了多篇关于湘湖专题的论文,并最终集合成著作《库域型水利社会研究——萧山湘湖水利集团的兴与衰》,主要内容包括湘湖水利集团的基本制度、结构与功能、秩序规则、意识形态的道德基础以及对《英宗敕谕》的考析。④

---

① 侯慧粦:《湘湖的自然地理及其兴废过程》,《杭州大学学报》1989 年第 1 期,第 89—95 页。

② 侯慧粦:《论钱塘江下游两岸湖泊的变迁——以杭州西湖和萧山湘湖为例》,《南京师大学报》1996 年第 19 卷。

③ 中国水利学会水利史研究会、浙江省绍兴市水利电力局编:《鉴湖与绍兴水利——纪念鉴湖建成 1850 周年暨绍兴平原古代水利研讨会论文集》,中国书店出版社,1991 年。

④ 钱杭:《库域型水利社会研究——萧山湘湖水利集团的兴与衰》,上海人民出版社,2009 年。

刊登在《大阪市立大学、上海师范大学共同研讨会成果报告书》中的《冲、繁、难——萧山历史与萧山经验》一文阐明了萧山"冲、繁、难"的社会特点,文中也提及了湘湖通往外界的交通路线。[1] 钱杭认为湘湖水利集团解体的原因在于政府决策的利益最大化以及"公利"和"私利"两种意识形态的对立导致的制度僵化。

由此可见,对湘湖地区的研究可谓是多角度、跨学科,并且硕果累累,至今方兴未艾。尤其是近几十年来,水利社会史研究在我国蓬勃发展,水利研究的主题也从"治水社会"转向"水利社会"[2],即通过对某一特定区域内的水利制度、社会组织、用水规则、宗族等的研究,来阐释水利与地方生活、社会结构及权力体系之间的关系。

随着我国改革开放的进一步深化以及社会经济的飞速发展,对水资源的需求不断增大,用水矛盾日趋严重,对水资源权利的争夺也成了关乎切身利益的问题。水危机既对水利自身的制度改革提出了挑战,更是对当代的国家治理改革提出了挑战。[3] 正是在这样的背景下,兴起了运用新制度经济学中的产权理论来探索解决水资源的分配问题,即水权研究。相关的主要著作有常云昆的《黄河断流与黄河水权制度研究》[4],裴丽萍的《可交易水权研究》[5],刘伟的《中国水制度的经济学分析》[6],王晓东、刘文的《中国水权制度研究》[7],王亚华的《水权解释》等。新制度经济学

---

[1] 钱杭:《冲、繁、难——萧山历史与萧山经验》,《大阪市立大学、上海师范大学共同研讨会成果报告书》,2010年。
[2] 行龙:《从"治水社会"到"水利社会"》,《读书》2005年第8期,第55—62页。
[3] 王亚华:《水权解释》,上海人民出版社,2005年,第14页。
[4] 常云昆:《黄河断流与黄河水权制度研究》,中国社会科学出版社,2001年。
[5] 裴丽萍:《可交易水权研究》,中国社会科学出版社,2008年。
[6] 刘伟:《中国水制度的经济学分析》,上海人民出版社,2005年。
[7] 王晓东、刘文:《中国水权制度研究》,黄河水利出版社,2007年。

在 20 世纪经济学中异军突起,在当今的学术领域备受关注,其主要理论如交易费用理论、产权理论、企业理论、制度变迁理论等适应了当今世界变革发展的大趋势,很多问题和现象大多能通过新制度经济学的理论得到合理的解释。而在湘湖课题的研究中,还没有学者充分运用经济学的理论来对湘湖进行研究。本文希望将新制度经济学的理论运用到湘湖水利史的研究课题上来,用新的视角来阐释湘湖的兴衰,剖析背后的国家、地方社会、水利之间的关系,丰富湘湖课题的研究。

湘湖自北宋政和二年(1112 年)初创至今,已历九百余年。在历史的长河中,湘湖的面貌也从初期的三万余亩水面,到 20 世纪 80 年代时成了只是向城区输水的河道。这个转折点就发生在民国十六年(1927 年)湘湖收归国有,开始放垦,湘湖的面貌由此发生巨变。关于湘湖的研究论著已有不少,但前人在研究湘湖时主要关注的是湘湖自身及所能灌溉的九乡之地。要想全面了解湘湖衰落的原因,不仅要从湘湖自身找原因,更要充分考虑湘湖所处的大环境的变迁对其所产生的影响,包括浦阳江、西小江等外围河道的变迁及麻溪坝、碛堰、三江闸等水利工程的兴修等。这些改变了萧绍平原地区的水系,还对湘湖产生了很大影响。因此,本文所涉及的地域范围不仅仅是湘湖所在的萧山县,还包括山阴、诸暨、会稽等县,主要处于今日的萧山区、诸暨市及绍兴市。

二、湘湖用水体系及湖体的历史演变

湘湖乃北宋政和年间县令杨时为解决萧山农田的灌溉问题而建,从而大大缓解了周边乡村遇秋旱无水可用而致颗粒无收的情况。湘湖历经杨时、赵善济、顾冲、郭渊明等县令的维护与完善,形成了一个较完善的用水体系,钱杭称之为"湘湖农业水利集团"。但自湘湖开创以来,围绕着湘湖的废湖与保湖、侵占与清占、开垦与禁垦的斗争一直存在。直到1927年湘湖收归国有,并建立国立第三中山大学劳农学院起,湘湖进入了放垦时代,到20世纪80年代已近湮废。

(一) 湘湖概况

湘湖位于萧山的西部,去县西二里。它西、北依钱塘江,南靠浦阳江,东有西小江,被这三条江河所包围。湘湖地区古时为浅海湾,是上游富春江与浦阳江的入海口。海退之后,泥沙沉淀,海湾底部抬高,海湾逐渐演变成为江湾。后经钱塘江与浦阳江所携带泥沙的堆积,湘湖的北侧和西侧淤涨成陆,成为一个潟湖,"湘湖旧地,从海湾演变到江湾,由江湾演变到潟湖,全程用了近3 000年时间"[①]。至唐中后期,已变成一个内陆淡水湖,名为西城湖。至五代时又湮废成为一片沼泽地。该地地势较高,且四面环山。湖体呈东北—西南走向,东北湖面狭长,西南湖面宽阔,因此形似一个口朝东北的葫芦。

自唐中后期开始,中国的经济重心已开始向南方转移。到了北宋时,南方的经济在全国占据重要地位,北宋每年八百万石的漕粮有六百万石来自江南地区。为了增产与税收,政府对南方的水利兴修也比较重视。"熙宁时(1068—1077)王安石当政,大兴农田水利,虽人为原因不尽完善,但收获也不小。"[②]这时期最早提出要创建一湖以作蓄水灌溉之用的是一个叫殷庆的县民。清康熙时的毛奇龄和民国时的周易藻对此都有记载。[③]

---

① 陈志富:《萧山水利史》,方志出版社,2006年,第243页。

② 姚汉源:《中国水利发展史》,上海人民出版社,2005年,第238页。

③ 〔清〕毛奇龄:《湘湖水利志》卷一,《四库全书存目丛书》史部第224册,齐鲁书社,1996年。

徽宗大观间,县民复有以筑湖请者。[①] 由此可知,熙宁间和大观年间,至少已有两次筑湖之请,而且皇帝也已批准,但是到了县里却无法实施起来。所谓"富民多游移不能画一"道出了筑湖会带来的社会性冲突。湘湖地区在五代时已湮废为沼泽,一旦水域面积缩小,必然导致对这一地区的开垦。尤其是北宋以来,南方的圩田、围田和湖田比比皆是。湘湖地区的可垦地多为豪强、富民所占有,如需筑湖,必然淹没这些农田和周边的一些农舍,这就损害了他们的利益。"而令其地者又惮于任事,遂不决而罢",筑湖所带来的征迁问题是一个复杂难办的社会问题,关系到多方的利益。具有一定社会威望和领导能力的县令,方能调整好各方利益,完成此项筑湖工程。

北宋政和二年(1112年)四月,杨时由余杭县令调任萧山。杨时到任萧山后,了解到当时县城周围的崇化、新义、由化、夏孝等乡农田易涝易旱,连年遭灾,便召集县里耆老讨论,并且亲自去实地考察适合筑湖之地。最终在西山之阴寻得一处高阜之地,筑塘为湖。因此处风景优美,宛若"潇湘",故取名湘湖。[②]

如前所述,湘湖荒地在唐宋之际已被开垦。而历史上两次筑湖之请都遭富民反对而不了了之,何以杨时来萧山任县令后就可以成功说服那些富民而筑湖? 湖区中原有的百姓又是如何安置的? 历史文献对此无详细明确的记载,只有文人偶尔提及。蔡惟慧《湘湖记》云:

---

① 周易藻:《萧山湘湖志》卷一,国家图书馆分馆编:《中华山水志丛刊》,第34册,线装书局,2004年,第5页。

② 萧山图书馆的方晨光先生认为,"湘湖"之名虽在南朝时已出现,但北宋杨时筑湖之后称之为"新湖","湘湖"之名到南宋之后才广为流传。参见方晨光:《"湘湖"考名》,《图书馆研究与工作》2007年第3期。

萧邑海滨,其湘湖皆田也,中惟一线通河,仅容舟楫,余依山布野为古阡陌。自宋龟山杨公令萧,虑无以引灌,度其地独高,可蓄可泄。适富人孙犯辟出其田数千亩赎罪,由是凿成大湖,今之泱漭浩荡者是也。[1]

　　蔡惟慧讲到了杨时之所以能成功筑湖,是因为刚好有一孙姓的富人犯了罪,出数千亩田来赎罪。但这一说法也有值得怀疑之处。湘湖虽有大族孙姓,但据《萧山湘湖孙氏宗谱》[2]中的记载,萧山湘湖的始迁祖为曾五公,宋、元间为避兵灾,才迁至湘湖。由于迁至湘湖时已无可垦之地,世代乃以烧砖制陶为业。钱杭教授甚至怀疑蔡惟慧错将明弘治年间何御史父子事件中的湖霸孙全移到了宋朝。[3] 而另一说,将杨时筑湖的后续安排工作描绘得十分完备:"(一)湖区迁徙户人随田走,补偿田在哪里,人户就安置在哪里;(二)县里拨出官用田二万四千亩,各受益乡调整出庙田、宗族公田一万三千亩,按数补偿失地农民;(三)所淹湖田的赋粮原额一千石零七升五合,由受益农田均摊。"[4]除了第三条有史可据外,前两条更像是作者根据现代的土地赔偿法对古人的臆测。

(二) 湘湖用水体系的完善

　　杨时创建湘湖之后,湖水溉周边八乡之田,大大减轻了周边乡村农田的旱涝灾害,对百姓来说实乃一大幸事,但杨时制定的用水规制"均包湖米"却是不完善的。所谓"均包湖米",即以湖区

---

[1] 周易藻:《萧山湘湖志》卷五,第 87 页。
[2] 《萧山湘湖孙氏宗谱》,民国十七年(1928 年)映雪堂木活字本,萧山图书馆藏。
[3] 钱杭:《库域型水利社会研究——萧山湘湖水利集团的兴与衰》,第 74 页。
[4] 沈青松等:《历史文化名湖——湘湖》,方志出版社,2006 年,第 170 页。

原先所承担上缴的一千石零七升五合粮赋，由现在的受水之乡来承担，得水之田每亩分摊七合五勺。它只规定了那些均摊原湖区赋粮的乡村有用水的权力，却没有规定各乡用水的数量，这就导致了用水各乡水资源的不平衡。湘湖的水资源是有限的，湘湖水的来源主要是蓄雨水和山水，雨水又以春夏的春雨和梅雨为主。湘湖也只在秋旱禾苗最需水的时候才开放，立秋前三日开放，白露后三日关闭，总共也就 36 日。而地有高低，水往低处流，那些地势高的和距湖远的地方，所能得到的水必然就少，由此引发的用水争斗事件和诉讼也与日俱增。

到了绍兴二十八年（1158 年），县丞赵善济以湘湖水灌溉不均，多有争水斗殴致诉讼，而集塘长、上户等，议定设一《均水法》，"相高低以分先后，计毫厘以约多寡，限尺寸以制泄放"[①]。《均水法》的制定与实施，改善了原先的用水体系，相对改善了用水平衡，减少了用水争斗事件，民皆悦之。但具体的《均水法》条例及文献已佚，无从考之。现今所能见到的最早的、也是制定得最完善的湘湖用水规则，是淳熙十一年（1184 年）知县顾冲修订的《均水约束》。

赵善济虽然对杨时的"均包湖米"进行了修改，但仍不完善。淳熙九年（1182 年），钱塘顾冲任萧山县令，他在赵善济的基础上进一步完善了湘湖的用水规则。《湘湖均水利约束记》中云：

> 绍兴二十有八载，县丞赵善济以旱岁多讼，乃集塘长暨诸上户与之定议。相高低以分先后，计毫厘以约多寡，限尺寸以制泄放。立为成规，人皆悦之。八乡既均，

---

① 〔明〕富玹等撰，〔清〕张文瑞续刻、三刻：《萧山水利》卷上，《四库全书存目丛书》史部第 225 册，齐鲁书社，1996 年，第 283 页。

有未及者若许贤居其旁不预，后有告于上者，虽得开穴
以通其利，卒用旧约。垂二十有余年，莫之重定。淳熙
九年，冲滥宰邑。适丁旱伤之，余知其湖有利于民甚溥，
既去其夺为田者，复谋于众，取旧约，少损八乡以益许
贤，利始均矣。九乡管田一十四万六千八百六十八亩二
角，水以十分为准，每亩各得六丝八忽一秒。①

由此可见，在顾冲修订新的用水规则之前，湘湖只灌溉八乡
（夏孝、安养、长兴、来苏、昭名、由化、崇化、新义），而非九乡。虽
然后来增开水穴，以溉许贤乡，但一直用旧约，许贤乡也就不在正
式的体系中。正所谓用湖水者，须担其湖粮，权利与义务是对等
的。如果一直用旧约，不将许贤乡纳入"均包湖米"的体系中，许
贤乡就得不到与其他八乡同等的水权。新的条例不仅明确规定
了湘湖水的灌溉范围为九乡一十四万六千八百六十八亩二角以
及每亩农田的得水量六丝八忽一秒，还依据不同地区的地势高
低，将放水的先后次序分为六等，尽量做到各乡用水的均等。即：

积而计之，以地势有高低之异，故放水有先后之次，
分为六等。柳塘最高故先，黄家霪最低故后。其间高低
相若同等者同放，此先后次序，不可易者。去水穴一十
有八，每穴阔五尺，自水面掘深三尺，并乐尺，其旁柱以
石，底亦如之。非石则冲洗深阔，去水无限矣。水已放，
畎浍皆盈，方得取之，先者有罚，私置穴、中夜盗水者，其
罚宜倍。昔召信臣居南阳，作《均水约束》，刻石立于田

---

① 〔明〕富玹等撰，〔清〕张文瑞续刻、三刻：《萧山水利》卷上，第283页。

畔,以防分争,后人敬慕之。兹以放水穴次时刻开列
于后。[1]

总结来说,为了保证新规则的实行,顾冲还做了以下工作。
第一,对十八个放水穴进行了整改,统一了水穴的尺寸和深度。
每穴阔五尺,深为水面以下三尺,并在两侧和底部铺石,防止放水
时冲坏水穴,这也是湘湖放水穴改建为石的最早记载。第二,放
水之后,要等田间水沟水满之后才可灌溉农田,先用水的要受罚。
对那些私自挖穴和半夜盗水的,处罚加倍。第三,将新制定的规
则《均水约束》刻石立于田边,作为时人以及后人的依据。"新约
配水体系具有相当浓厚的理想化色彩;为了实现'平等的水利
权',设计者费心劳神,殚精竭虑,安排了一套严密的、包含有种种
内控机制的制度。"[2]

顾冲的水利制度为后人所承袭,历南宋、元、明、清四朝,直到
民国时期才废除放水时刻,"统长开放,不拘时刻"[3]。

(三)湘湖湖体的演变

湘湖自北宋后期创建以来,至民国时期已历八百余年。在这
八百年的漫漫历史长河中,湘湖的面貌发生了巨大的变化。民国
四年(1915年)十二月五日水利委员会第一测量队队长陈恺《湘
湖测量报告书》中称,全湖周围照此次实测计之共为五十二里有
奇,全湖面积共为二万二千零四十二亩。湘湖面积的缩减是自然
淤积与人为垦占共同作用的结果,根据湘湖湖域变化过程的特

---

① 〔明〕富玹等撰,〔清〕张文瑞续刻、三刻:《萧山水利》卷上,第283页。
② 钱杭:《库域型水利社会研究——萧山湘湖水利集团的兴与衰》,第174页。
③ 周易藻:《萧山湘湖志》卷二,第29页。

征,可以将其大致分为三个历史阶段,每个阶段有着不同的特点。

1. 宋代的保湖与废湖之争以及侵占的开端

自湘湖开创之后,围绕着湘湖存废的斗争就一直存在。宣和改元,即湘湖创建的第七年,就有豪民提出罢湖为田。当时议罢者少,议筑者多,意见不能统一。适值有提议罢湖的乡官被召入京,于是有里老十人跪请乡官视当年之旱涝而定湘湖之存废之事。旱则存之,否则听罢之。第二年秋,果然大旱,周边农田幸得湖水而避免了灾害,于是议罢不许。时民谣曰:"民有天,湖不田,脱未信,视此年。"①

不久,宋朝南渡,定都临安,萧山成了与京城隔江而望的县城。京城的达官贵族与周边的一些豪民相互勾结,一直窥视着湘湖,一有机会便废湖为田,占为己有。乾道二年(1166年),湖民徐彦明将湘湖献于恩平郡王璩,使请为田。后经县丞赵善济入朝力争及侍郎单君、丞相史浩之助,方得免于废湖为田。

> 淳熙十年六月十四日,有百姓王四四状论李百七等六人占湖为田。又十八日,王四一论褚百六等三人拦住,称不合使王四四论种湖田,用石头打背损伤,押往张提举宅。又据汪琚等十一人列状论王七盗种牛坊坞湘湖田极多,难计其数。及追到王七,供牛坊坞田并是张提举雇人插种。不知得亩步丘片,止追到褚百六、李四二、周十四三名,各从杖一百断罪,怨谤之生实起于此。如百姓汪宁、赵七、吴五、徐荣祖、周信厚、吴文荣或占为田,或占养鱼,或占种荷,或安置私穴盗水以溉己田者,

---

① 〔清〕毛奇龄:《湘湖水利志》卷一,第614页。

重即解府断罪追偿。轻即就县行遣,尽复为湖。①

　　这里的张提举的真实姓名和具体的官职无从查考。提举是宋代以后设立的主管专门事务的职官,当时的各种"提举"名目繁多。可以肯定的是这个张提举是在职官员或致仕乡绅,具有一定的势力和威望,以至可以指使李百七、褚百六、王七等人盗种湖田,对那些议论的百姓施以暴力,私自用刑。这样的行为不仅是对法律和用水规则的挑衅,而且使得周边的一些不安分的豪民纷纷效仿侵湖。种田、养鱼、种荷、盗水等破坏行为比比皆是,如不加以严肃处理,犯罪行为将日趋增多,湘湖也将有湮废的灾难。幸好钱塘顾冲来宰萧邑,他对萧山的水利事业,尤其是湘湖水利分外用心。他每次都是亲身前往实地勘察湖区状况,同时叫上各地的耆老,共同商议,将白马湖、落星湖、詹家湖、瓜沥湖等被侵占的湖田尽复为湖,将犯罪人等按律处罚。

　　宁宗嘉定六年(1213 年),郭渊明任萧山县令后,发现湘湖有被侵占的现象,就决定进行清理。但里老与湖民关于湖界的问题争论不一。为了界定湖区的范围和判定湖民是否有侵占的行为,郭渊明的儿子出了个点子,进曰:"此易辨也,黄者山土,青黎者湖土也。"②次日到湖区一看,果然如此。于是大起疏浚,且立为令,"凡湖东西两沿以金线为界"。金线即黄土和青土的分界线,黄土为山泥,青土为湖泥,将青土之上的建筑和稻田尽复为湖。

2. 明清时期的垦占猖獗与清占

　　与宋代时的侵湖行为相比,明清时期的侵湖行为更加猖獗。宋代时,在中央设都水监,在地方设外监或外都水丞管理农田水

---

① 〔明〕富玹等撰,〔清〕张文瑞续刻、三刻:《萧山水利》卷上,第 277 页。
② 〔清〕毛奇龄:《湘湖水利志》卷一,第 618 页。

利的建设。而到了明清时期，不设都水监，农田水利划归地方管理。"政府管大水域，乡村管小水域。"[1]因此，一些豪民更加肆无忌惮地侵占湘湖，而敢于站出来与这些豪民作斗争的也是以当地的士绅为主。

明初洪武年间，县民苏原九因以佃官田坍入江内为由，将湘湖部分湖域开垦为田，以补所坍之数。每亩仍按官田性质，以秋粮五斗七升起科输官。永乐间，县民韩望等人，照例亦开湖若干亩为田，欲照民田起科，被张嗣宗告发。官府虽然禁止再开垦湖田，但承认了那些已开垦的湖田，并以"此田系湖中地，即官田也"，亦照官田五斗七升起科。自此之后，多有私佃湘湖高阜之地。

景泰四年（1453年），老人张昇、郑珪举呈本县，委县丞李孟惇将开垦人户苏原九、韩望、张伏义等所开田亩尽行清出，且计亩罚谷，共得谷一千六百余石，入官为赈济饥民之用。其后，高阜隙地悉禁栽种，但仍有湖民偷占。时南京吏部尚书、乡人魏骥告老还乡。魏骥感叹萧邑多旱涝灾害，心系水利，经常带领民众修筑麻溪、西江诸塘，尤其对湘湖水利特别用心。昔元明之间，湘湖孙、吴二氏侵占湘湖田众多，在永乐年间曾得到清理。但随后有孙全者复行侵占，魏文靖公以尚书致仕亲为恢复，并著《萧山水利事迹》一书，对湘湖的清占事实以及萧山的海塘、江塘、水闸等水利建设进行了记录。尽管魏骥已尽心尽力，但仍有部分被侵占的湖田没有得到恢复，病根尚在。魏骥去世之后，继承他的复湖事业的是他的门生何舜宾。

何舜宾，字穆之，号醒庵，萧山城西崇化人。历任行人司行

---

[1] 王建革：《传统社会末期华北的生态与社会》，生活·读书·新知三联书店，2009年，第29页。

人、南京试监察御史、南京湖广道监察御史等职,人称何御史。后因罪成广西宁远卫,成化二十三年(1487 年)遇赦回乡。[①] 何舜宾回到萧山后,发现湘湖"利归两涯之家,湖占为田半之"[②]。尤其是孙全、吴瓒两家占田众多。何舜宾将占湖事件揭发,告到县衙。但孙全贿赂县令邹鲁,诬陷何舜宾是从广西私自逃回萧山的,并在押解何舜宾去广西的路上,将其杀害。何舜宾的儿子何竞为报父仇,屡次上奏朝廷,引起朝廷重视,重查此案。最终得以昭雪,并将邹鲁、孙全等人治罪,将所占之田、房舍尽复为湖,共"清出所占田一千三百二十七亩,堰池九十六口,地二十六片,瓦窑房屋二百十间"[③]。

从何御史被害的事件可以看出,侵占与清占之间矛盾的尖锐性以及占湖豪民的猖狂达到了贿赂县令、雇凶杀人的地步,也反映了孙、吴二姓在湘湖地区的势力。尤其是在弘治年间,隔湖而居的孙、吴两家结为婚姻,从此占湖为田,填土为窑,无所不为,对湘湖为害甚多。何御史事件的结局,是对孙全、吴瓒进行了治罪,但这并没有杜绝其族人继续侵占湘湖的不法行为。

正德十四年(1519 年),湖民孙肇五复占湖。对此,乡官工部尚书张嵿、按察司佥事富玹,请御史中丞许庭光委分巡副使丁沂勘复。丁沂在了解完事实后,对孙肇五进行了治罪。为了加强对湘湖的管理,杜绝豪民对湘湖的侵占,制定了一套管理湘湖的制度,即:踏勘湖岸周围里数,分为九节,于由化、夏孝等九乡,每乡选报家道殷实、行止端正壮丁二名,充为湖长,派管湖岸。每一乡则管一节,若遇占种湖田、偷泄湖水人犯,允许湖长将其呈送官府

① 明代富玹的《萧山水利》中称何舜宾弘治九年(1496 年)还乡:"弘治九年,邑人何舜宾任御史,谪戍,遇赦,还家。"第 298 页。
② 〔明〕富玹等撰、〔清〕张文瑞续刻、三刻:《萧山水利》卷下,第 294 页。
③ 〔清〕毛奇龄:《湘湖水利志》卷二,第 621 页。

并对其所获利益进行追罚。对土豪奸民有隐占官筑陂塘两月不还的,钉发辽东卫充军。若湖长通同豪民占种分利,不进行举报的,被人告发后就一体问罪。湖长任期满两年后,进行更替。湖长还肩负着监督湖堤安全和督修的责任。尽管制度森严,还是有人会铤而走险。

正德十五年(1520年),"豪横吴景琛等日渐纤侵。继乘江西逆豪事变,料官司无暇究理,放干湖水,大肆耕占。诡情具告水利道批府梁通判见行拘审,又夤缘喇虎张奇充为水利老人,并买串老人沈铎等,人户曹阳、周堂等扛帮妄证"①。

清乾隆四十八年(1783年),库书傅学明、武举曹声煌、革书吴士达、革役周登山等嘱坝夫王良千、韩圣如于湖心定山之北周筑土塘,围长三里许,圈田千余亩,希图霸占。

除了占湖为田对湘湖的湖体产生了巨大的破坏,填土置窑、淘土烧砖,也对湘湖起了不小的负面作用。宋元之际,沿湖已有湖民以烧砖为业,尤其是跨湖桥附近的孙、吴二氏。《萧山湘湖孙氏宗谱》中就记载,孙氏祖先宋元间迁至湘湖地区时,因无地可耕,世代乃以烧砖制陶为业。② 到清乾隆三十八年(1773年)时,沿湖居民业陶者已有上百户。湘湖的定山、汪家堰、跨湖桥、湖里孙、窑里吴诸村,均以制砖瓦为业,时砖瓦已为湘湖大宗名产。

清康熙年间的蔡惟慧在《湘湖记》中记载:"湘湖岸可桑不可农,散落而居人家,大抵以陶为业,浚湖取泥,则水益深。"③因为制砖需挖湖中之泥,因此形成了大大小小的水潭,有的深达十多

---

① 〔明〕富玹等撰,〔清〕张文瑞续刻、三刻:《萧山水利》卷下,第298页。

② 湘湖地区的土质以黏土为主,适合制陶、砖。距今七千多年的跨湖桥遗址就发掘出了陶轮。该地区烧砖制陶虽历史悠久,但还没有形成相应的规模。到明清后,沿湖居民烧砖制瓦者众多,开始具有一定的规模。清末之后成为湘湖的大宗名产。

③ 周易藻:《萧山湘湖志》卷五,第87页。

尺。深潭的出现导致了对湘湖湖体的破坏,改变了原来湘湖水的流速及流向,破坏了原来制定的用水规则。清代毛奇龄就已经对这一问题的严重性做过论述。湘湖湖体本来就大体呈漏斗状,南北高,中间低。北部下湘湖地势高,各水穴在放水时也都排在放水秩序的前列,以保证地势高的地方能得到充足的水。南部上湘湖定山一带受浦阳江的冲击,易于淤涨。而这些砖瓦窑又多处于湖区的中部一带,这使得湖体中部地段愈深,水流易往中部流。而到了该放水的时间段时,由于水流向南北两端的流速减慢,有些地方还没等水流到农田处,放水时限已到,停止放水。原先"均水利"的体系被打破。

3. 清末民初湖域缩减

清末光绪二十九年(1903 年),举人黄元寿组建厚正公司,提议开垦湘湖中的六千余亩荒地。由此,关于湘湖中的高阜荒地是否该开垦的争议不断,形成了主垦派与主禁派。

主垦派认为,他们所将开垦的六千余亩荒地,是湘湖中的高阜之地,开垦之后无碍于湘湖的蓄水功能,如不开垦利用,实为可惜。而且认为,自明代麻溪坝、三江闸建成后,部分需引湘湖水救旱的乡村已经不再引湘湖水,湘湖的灌溉范围与价值也相比前朝大大减弱。开垦湘湖荒地不仅没有坏处,反而有许多好处。如开垦之后可以招募当地的农民垦种,解决就业问题。垦殖公司所获利润中的一部分可用于建设学堂,提高当地的教育水平等。

但主垦派的提议遭到了九乡大部分民众的反对。候补知县赵世芬受命前往湘湖勘察后得知:

> 上湘湖南岸,定山南北及横筑塘等处各有涨涂及高出水面二三尺者为数无几,余皆高于水平或出水面一二寸者不等,饬令丈书逐一丈量。定山南丈得涂地一百三

十八亩零,定山北丈得涂地二千三百五十一亩零。横筑塘丈得涂地二百四十亩零,杨家湾丈得涂地二百二十六亩零,山前吴暨汪家堰丈得涂地七百六十亩零,东汪丈得涂地七百四十二亩零,麻西墩丈得涂地一百六十八亩零,共计四千六百二十五亩零。该举人禀称六千余亩者,大抵就水落时而言。[1]

可见,那些湖中荒地大部分高出水面无几,而且是天旱水位回落时的现象,并非如主垦派所称的那样与湘湖蓄水毫无关系;主垦派还夸大了荒地的亩数。

这次光绪年间的开垦之请被否定后,主垦派并不死心。宣统二年(1910 年),黄元寿再次提请开垦,再次被禁垦。到了民国元年(1912 年),改朝换代,主垦派的虞祖恩、华士林、王树人、李昌寿等人组建湘利垦牧公司,呈请绍兴军政府,开垦湘湖田。军政府委绍兴府、萧山县召集士绅商议,在开垦与禁垦争论之际,民国三年(1914 年)五月,突然有地痞雇外界棍徒,在湘湖边搭厂,将上湘湖淤垫处标签开垦。幸得士绅报告县署,彭延庆率警队将其驱逐。

为了解决这个案件,1915 年,巡按使委浙江水利委员会第一测量队,对湘湖的情况进行勘察。这次测量的结果,由队长陈恺作了总结,定为《湘湖测量报告书》。其中关于湘湖面积讲到,“全湖周围照此次实测计之,共为五十二里有奇(以前清工部营造尺一千八百尺为一里计算,与志载周围八十里之数不符),全湖面积共为二万二千零四十二亩(以前清工部营造尺二百四十方步为一

———————————
① 周易藻:《萧山湘湖志》卷二,第 25 页。

亩计算,与志载湖面三万七千零二亩之数不符)"①。关于湘湖之现状也有论及:

> 今则上湘湖定山西北及东汪、黄竹塘间一带湖中涨地照此次测量之数计之,已有三千一百三十亩之多,占湖面七分之一。且此次测量之时适当霪雨之后,湖水平面较坝顶仅低五寸有奇,若水位略降,其淤出之地亩尚不止此。此外,全湖虽尽在水底,其水深之量仅自数寸以至二、三、四尺不等,其间有深至十余尺者,系湖滨窑户历年挖土使然,实非湖之本体也。②

这次测量是近代对湘湖的第一次较准确的实测,尤其是对湖域的面积和范围,打破了历来对湘湖湖域面积的表述为"周围八十里,湖面三万七千零二亩"。新测得到的数据是湖周长52里,比原来减少约35%;面积22 042亩,比原来减少了近40%。

综上所述,人为侵占湘湖,是导致湖域面积缩减的主要原因。自湘湖开创以来侵占事件不断,经过官员、士绅及百姓的不断抗争,大部分被侵占的湖域得以恢复,罪犯得以正法,但仍旧有部分湖域因疏漏或其他原因而没有得到清理。如乾隆三十三年(1768年),邑绅黄云等呈请清理湖界,转录如下:

> 当清出湖里孙上下两庄占户一百有九,计瓦屋三十间,草舍三间。窑里庄占户五十,计瓦屋六十九间,草舍六间,窑所两座。闵家庄占户四,计瓦屋十九间。金家

---

① 周易藻:《萧山湘湖志》卷三,第53页。
② 同上书,第54页。

庄占户一。罗家坞庄占户八。徐家坞占户十七。石岩
庄占户十二。定山庄占户七。杨家湾占户三。山前庄
占户四。汪家汇占户二。汇上庄占户十。湖头庄占户
十二。东汪张占户三。青山庄占户二十一。湫上庄占
户二十九。居山庄占户十六。经府县迭次详禀,以居民
搭盖房屋并窑座处所,系沿湖一带山零地角与湖身贮水
之处,并无妨碍,且系该地居民积祖相承,不知始于何年
何代。合词吁请,无庸拆毁,划复刘藩司复批。饬设法
永禁,酌议征租,又经清安两邑令详准,免除升佃,以杜
借口输租效尤续占之弊。嗣钦奉谕旨,自后但许居住岸
上,不得占垦湖身,有碍水利。[1]

可见,当时湘湖周边占湖而居的已有三百户左右,搭房、制砖
众多。而政府为了维持社会的稳定,并没有采取强制清理的措施,
而是默认了这个既成事实,只是禁止再垦占湖身,不得妨碍水利。

另一方面,我们也不能忽视自然灾害对湘湖的影响。由于湘
湖所处地理位置的特殊性,西面为钱塘江、富春江,南面是浦阳
江,三江口直对湘湖南岸,湘湖全赖西江塘的护卫。西江塘一决,
江水携带着泥沙冲入湘湖,造成湘湖的淤积。尤其是上湘湖的定
山一带,刚好处于湘湖东西两列山脉的缺口处,无险可挡,且直对
三江口,受到江沙的危害最大。而西江塘历史上也多次出现决
口,如明"正德乙卯大水入,嘉靖元年水再入,六年丁亥水又入,十
二年癸巳水又入,今年六月大水又入(按县志是为嘉靖十八
年)"[2],"清同治四年,江塘溃决,泥沙灌及湖中,胥吏藉修补之

---

① 周易藻:《萧山湘湖志》卷一,第 18 页。
② 〔清〕邹勷、聂世棠等纂修:康熙《萧山县志》卷一一《水利志》,台北:成文出版社,
   1983 年,第 317 页。

名,虚糜公款,一无实际焉"[1],"光绪十三年丁亥四月,西江塘决三口于四都。水由白马湖直灌湘湖。凡塘闸坝均被冲坍"[2]。而且,湘湖自宋朝以来,只在元至正年间疏浚过一次。因此,湘湖湖域的缩减是自然灾害和人为侵占共同作用的结果。

三、浦阳江下游的改道及其湘湖用水体系的破坏

中国古代社会可以说是一个治水的社会,从大禹治水的传说以来,关于治水的事迹层出不穷,水利事业和水利技术在当时也是世界领先。在东南地区,由于受季风气候的影响,降水量非常不均,容易引发旱涝灾害。因此,该地区的治水工程不仅仅是开凿水道、修筑堤坝那么简单,还得考虑水量调节的问题。涝时蓄水,旱时放水,湘湖初创时的目的也正是如此。学术界以往的研究已从不同视角探讨过湘湖的水利变迁,取得了各有见地的学术成果,例如以钱杭为代表的共同体理论下的湘湖水利社会[3],萧邦齐所讨论的建立在宗族基础上的湘湖水利社会等。[4]

湘湖建立后,能够蓄积霪雨、山水,对解决周边九乡农田的秋旱起到了重要作用,但湘湖自身也存在着明显的局限性。首先,湘湖所处的地理位置比较特殊。西、北依钱塘江,南靠浦阳江,东有西小江,被这三条江河所包围。一到汛期,三江上游来水迅猛,时常浸淹湘湖周边的农田。对此,湘湖没有蓄江水的能力,自身还要受到钱塘江和浦阳江的冲击。历史上也多次发生钱塘江和

---

[1] 周易藻:《萧山湘湖志》卷二,第 20 页。

[2] 同上书,第 21 页。

[3] 钱杭:《库域型水利社会研究——萧山湘湖水利集团的兴与衰》。

[4] [美]萧邦齐著,姜良芹、全先梅译:《九个世纪的悲歌——湘湖地区社会变迁研究》,社会科学文献出版社,2008 年。

浦阳江冲毁西江塘后,江水冲入湘湖的事件,造成湘湖泥沙的淤积。其次,湘湖的湖域限制。湘湖创建时的面积为三万七千余亩,且水深较浅。据民国初期测量,得其水深之量仅自数寸以至二、三、四尺不等。因此,湘湖的蓄水量有限,虽能溉九乡一十四万七千余亩农田,但放水时间仅限立秋前 3 日至白露后 3 日,共36 天。

由此看来,湘湖自身的水利体系是脆弱的。当湘湖所能惠及的那一十四万七千余亩的农田,能够另外获取水源的时候,湘湖所发挥的作用和产生的价值将大大削弱。而约从南宋之后,浦阳江主流发生改道。同时,绍兴府兴修了大量的水利工程,萧绍平原水利体系基本形成。湘湖外围的水系发生了重大改变,对湘湖影响至深,以下详论之。

在研究湘湖的过程中,不可忽视浦阳江与湘湖之间的关系。湘湖本为海湾,其成湖与富春江、浦阳江下游所携泥沙堆积也有关联。湘湖本来与浦阳江相通,渔浦湖与湘湖同为浦阳江下游的排洪区。唐、五代时期渔浦、湘湖、临浦开始被围垦、湮废,这对浦阳江下游的河道流向产生巨大影响。南宋初始,浦阳江下游改道东折,借西小江、萧绍运河、钱清江入海。到明代中期,主流复出碛堰,西折出渔浦,入钱塘江。浦阳江下游的改道直接或间接地破坏了湘湖所及的九乡用水体系。

(一) 浦阳江下游的改道

关于浦阳江下游河道历史时期的流向,历来有多种不同说法。明代以来的大部分学者认为,古代浦阳江下游河道乃东北流向,经西小江、钱清江出绍兴三江口,直到明代开凿萧山临浦附近的碛堰山后,才改道西折出渔浦。而陈桥驿教授在 20 世纪 80 年代发表的《论历史时期浦阳江下游的河道变迁》[①]一文,则彻底推翻了明代以来的种种说法。陈先生认为,古代浦阳江本来就自临浦湖西出,经河上桥、义桥出渔浦,入钱塘江。到北宋时期碛堰口成为浦阳江的主要通道。直到南宋后,下游主河道才改道东流,出绍兴三江口。到明代后期,又复西折出碛堰,入渔浦。近来,萧山、绍兴地方的学者也发表了一些关于浦阳江下游河道变迁的文章,提出了自己的见解,但大多受陈教授观点的影响或者是在此基础上的阐发。[②] 杨钧先生于20世纪90年代前期先后两次撰文认为,"当浦阳江散漫流于各峙间时,不排除在碛堰山东与西,亦有流路",但认为"开碛堰在明代中叶,无可疑义",在此之前已开碛堰的"说法是值得商榷的"[③]。近年来,复旦大学的朱海滨教授则通过对史料的再考证,认为陈桥驿教授对宋、明地方史料理解有误,否定了其在《变迁》一文中提出的萧山"临浦湖""渔浦湖"的存在,所谓的浦阳江下游原本西出钱塘江的说法不成立。[④] 本文在前人研究的基础上,对历史时期浦阳江下游河道的变迁再做考辨,认为可划分为以下几个阶段。

1. 唐代之前西出渔浦及散漫北流

萧山地势南高北低,在海侵时期,萧山北部是一片浅海。海退之后,留下了许多大大小小的湖泊。其中最大的是横亘于萧山

---

① 陈桥驿:《论历史时期浦阳江下游的河道变迁》,《历史地理》第一辑,上海人民出版社,1982年,第65—79页。

② 孔子贤、陈志根:《浦阳江下游河道变迁考略》,《杭州师范学院学报》1991年第1期,第64—67页;陈志富所著的《萧山水利史》第五编第四章《浦阳江改道与渔浦变迁》,也有相关论述,方志出版社,2006年;盛鸿郎:《绍兴水文化》,中华书局,2004年。

③ 杨钧:《浦阳江源流考辨》,中国水利学会水利史研究会编:《水利史研究论文集》(第一辑),河海大学出版社,1994年,第84页。

④ 朱海滨:《浦阳江下游河道改道新考》,《历史地理》第二十七辑,上海人民出版社,2013年,第106—122页。

中部的临浦湖,萧山西部的渔浦湖(潭)、湘湖(西城湖)也经历了由浅海湾到潟湖的演变过程。浙江萧山跨湖桥文化(包括跨湖桥遗址、下孙遗址)为浙江省新石器时代最早的文化层之一(8 000—7 000aBP),尤以中国最早独木舟的发现而饮誉考古界。浙江省地质调查院及浙江省文物考古研究所在 2010 年左右对湘湖跨湖桥遗址附近 46 平方千米中的 23 个钻孔及两条全新世剖面进行了对比研究,认为:8 000aBP 跨湖桥人的突然"消失",是由于海平面上升,遗址被淹而致,直至 3 000aBP 海水还未从本区退出。[①]

对于历史上萧山是否存在过渔浦湖、临浦湖,曾有多位学者提出过质疑的观点。朱海滨通过史料的再考证,并不认同陈桥驿教授关于浦阳江西出渔浦的观点,也证伪了其浦阳南津与浦阳北津的地点所在。朱海滨认为历史上萧山境内并无"渔浦湖""临浦湖"二湖,浦阳江明代开通碛堰前一直是东流经西小江、钱清江入海,浦阳南津不在萧山渔浦,而是位于今上虞地区的梁湖堰和曹娥堰。[②] 关于浦阳南津埭与北津埭分别即为梁湖堰和曹娥堰的观点,杨钧早在 1994 年的论文中已引述历史文献进行申论。[③] 杨氏 1948 年毕业于浙江大学历史系,不仅在史学方面,在地理学方面亦擅长,早在 1958 年即曾于《地理学报》上发表论文,有着深厚的史地学素养。[④] 关于临浦湖与渔浦湖的问题,杨氏则认为,远古时期,萧山县境的中部海湾堆积平原尚未形成,为周期性海水所浸没。浦阳江经萧山县南部丘陵地带北流,自尖山

[①] 梁河、冯宝英等:《浙江杭州萧山跨湖桥遗址发掘中的一些地学问题研究》,《中国地质》2011 年第 2 期,第 504—515 页。

[②] 朱海滨:《浦阳江下游河道改道新考》,《历史地理》第二十七辑,第 107—113 页。

[③] 杨钧:《浦阳江源流考辨》,中国水利学会水利史研究会编:《水利史研究论文集》(第一辑),第 81 页。

[④] 杨钧:《巢肥运河》,《地理学报》1958 年第 1 期,第 67—78 页。

而北,出高洪尖与太平山中的河谷平原后,即归于海。浦阳江河口当在尖山临浦之间。至春秋末期,萧山县境的中部海湾堆积平原终于形成,呈现出一片沼泽地带,地形低洼,湖泊罗布,有临浦、渔浦等大湖。[①] 表 1 列陈桥驿与朱海滨两方论点异同以及本文观点。

表 1　关于"渔浦""临浦"三方观点的异同

论点	陈桥驿	朱海滨	本文
渔浦	海侵后存在过渔浦湖,方法为卫星影像结合史料	"渔浦"与"渔浦湖"存在混淆,萧山历史上无渔浦湖,认为史料不支持陈	渔浦地区海侵时期更应该属于浅海湾、潟湖。方法为据地形并结合钻探报告以判断。
临浦	海侵后萧山中部存在大的临浦湖,方法为据地形、卫星影像及史料	"临浦"与"临平湖""临湖"等地名混淆,萧山历史上不存在"临浦湖",方法为史料之再解读以证陈误	从地形角度讲有存在临浦湖的可能,而且现有萧山的考古遗址也都在萧山中部这个低洼地形的周边

　　浦阳江发源于浦江,流经诸暨、萧山时注入临浦湖。浦阳江注入临浦湖后,出水的态势主要有两个方面。一方面是向西入渔浦,入渔浦的河道主要有二,"一条自临浦南部西折,通过高洪尖与马鞍山之间的平原地区,从今河上桥北出。这个地区至今仍有河道存在,而河上桥以北则为今永兴河河道。另一条自临浦西部木根山与碛堰山之间的平原地区西折,从今义桥镇附近北出。临浦湮废以后,木根山与碛堰山之间的平原地区残留为通济湖,仍有水道连通"。关于这一流向,陈桥驿认为,南北朝时期的西陵

————————

① 杨钧:《浦阳江源流考辨》,中国水利学会水利史研究会编:《水利史研究论文集》(第一辑),第 80—81 页。

（西兴）、柳浦、浦阳南津、浦阳北津（定山）四埭为钱塘江两岸的重要渡口，而浦阳南津经其考证即位于渔浦，渔浦渡口竟以浦阳命名，可见渔浦应为浦阳江的出口。[①] 关于这一点，清代的毛奇龄在《临平湖通江辨》一文中讲到了这一通道在南北朝时的情况：《宋书》中载，会稽太守孔觊反时，将军吴喜进军柳浦，遣将从定山向渔浦进军。又南齐永明年，富阳人唐㝢之反，溯浦阳江而上后，被峡口戍主汤休武打败。[②] 可见，浦阳江出渔浦的通道在南北朝时期是存在的。

　　另一方面则是散漫北流，向北和东北方向入钱塘江。在钱塘江三门改道之前，钱塘江南岸萧山海岸为长河、西兴、长山、航坞山一带，今日的萧山北部和南沙地区都还在钱塘江之中。在唐代之前，这一带并无坚固的海塘，有的也只是泥土所筑，遇大潮便有坍塌。因此，临浦湖水出萧山北部之后，有多个出海口。陈志富就认为，"在唐末之前，潘山的朱村桥，峡山头的渔浦，石岩山的西城湖，西山与北干山间西汉以前牛角湾及东汉时的俞家潭、高迁屯，北干山与长山间的下潦、长山，长山与凤凰山间的莫家港、郭家埠、坎山等均曾是浦阳江散漫北出的河口"[③]。事实上，在此之前，杨钧已提出，春秋末期后"浦阳江即散漫流行于萧山中部平原的陆屿之间，有如古黄河在河口地区的九河，古长江在河口地区的三江。系分道流出归海的"[④]。

　　当然，浦阳江于萧山北部平原的漫流入海，与古黄河入海之九河及古长江入海之三江到底还是有明显不同，因为后二者之入

---

① 陈桥驿：《论历史时期浦阳江下游的河道变迁》，《历史地理》第一辑，第65—79页。
② 〔清〕翟均廉：《海塘录》卷二〇，《影印文渊阁四库全书》，台湾商务印书馆，第583册，第689页。
③ 陈志富：《萧山水利史》，第356页。
④ 杨钧：《浦阳江源流考辨》，中国水利学会水利史研究会编：《水利史研究论文集》（第一辑），第81页。

海口都为无甚地势高差的均质的平坦地形,而萧山北部平原的地形地势特点及其地质背景则要复杂得多。关于萧山境内之地形地势乃至其地质背景,陈正早在民国时期即有简要而精炼的描述。陈氏云,萧山踞钱塘江下游,介绍、杭之间,为东西两浙交通之要冲。北干山障其北,县山耸于西,山峦起伏,形势天成。东南则平陆广袤,西南则有湘湖,湖西为美女山,湖东自南而北为石岩山、莲蓬山、县山,山均为东北—西南向。湘湖出两山之间,湖形狭长,亦为东北—西南向。湘湖东西两岸山脉皆由性质甚坚而极耐风化之千里冈砂岩所构成。[①] 因此之故,浦阳江北向漫流入海的孔道要受上述一系列大体呈东北—西南向的山脉所控制。

2. 唐后期至南宋时东、西分流

唐代时期,国家统一,经济发展,特别重视江南地区的社会经济发展,钱塘江南岸的海塘也就是从这个时候开始修筑的。比较重要的有萧山北部的北海塘(西兴—瓜沥)和后海塘(瓜沥—宋家溇),以及绍兴北部的东江塘(宋家溇—曹娥和蒿坝塘),与此后修筑的西江塘(麻溪—西兴)合称为萧绍海塘。萧绍海塘的修筑一方面有效抵御海潮对钱塘江南岸地区的侵蚀,另一方面也阻断了浦阳江散漫北流入海的状况。与此同时,临浦、渔浦、湘湖等湖泊不断被围垦。到了唐末,临浦、湘湖等已经湮废。临浦湖湮废后,少了一个蓄水的仓库,也就加大了下游河道的流量。而原先西流出渔浦的河道也因渔浦的湮废而淤塞。此时的浦阳江下游出水河道分为两派,一派是经碛堰口及木堰口西出渔浦,另一派是经西小江东折入绍兴三江口。

---

① 陈正:《湘湖之地理环境及其成因》,原刊 1937 年 3 月的《浙江青年》,后收入蔡堂根编:《湘湖(白马湖)文献集成》(第 4 册),杭州出版社,2014 年,第 247—248 页。

表 2　关于碛堰开堵情况三方观点的异同

研究者	陈桥驿	朱海滨	本文
观点	最早应该可以追溯到六朝时期。驳证朱庭祜等人的观点自相矛盾	最早为元代至元间	最迟南宋之前已有。认同史前时期应为浦阳江之出口

关于浦阳江下游经碛堰口出渔浦的这一流向,历来是学者争论的焦点。明代以来的大部分学者认为,碛堰的开凿是明代后期的事情,浦阳江改道西流也应当是在此之后的事。但关于碛堰山口的开凿,按时间先后又有宣德[①]、天顺[②]、成化[③]、弘治[④]等多种说法,相互矛盾。《明英宗实录》中记载:"宣德十年九月,行在吏部主事沈中言:'浙江绍兴府山阴县西有小江,通金华、严、处,下接三江海口,旧引诸暨、浦江、义乌等处湖水,以通舟楫。近者,水泄于临浦三叉江口,至沙土淤塞。乞敕有司量户差人筑临浦戚堰(碛堰),障诸暨等处湖水,仍自小江流出,则沙土冲突,舟楫可通矣。'"[⑤]这里已清楚地说明,在宣德十年时,浦阳江水已经出碛堰,致西小江淤塞,须堵碛堰,让水复流西小江,才可冲沙土,通舟楫。那么,碛堰在宣德年前就应该开通了,之后的天顺、成化、弘

————————

① 山阴人刘宗周在崇祯十六年(1643 年)《天乐水利图议》中说:"宣德中,有太守某者,相西江上游开碛堰口,径达于钱塘大江,仍筑坝临浦以断内趋之故道,自此,内地水势始杀。"

② 嘉靖、万历《萧山县志》称:"碛堰在治南三十里,天顺间知府彭谊建议开通碛堰于西江。"

③ 萧山人黄九皋在嘉靖十八年(1539 年)《上巡按御史傅凤翔书》中说道:"成化间,浮梁戴公琥来守绍兴……相度临浦之北,渔浦之南,各有小港,小舟可通。其中惟有碛堰小山为限,因凿通碛堰之山,引概浦江而北,使自渔浦而入大江。"

④ 萧山人任三宅在崇祯十六年(1643 年)《麻溪坝议》附议上说:"弘治间郡守戴公琥询民疾苦,博采舆论……凿通碛堰,令浦阳江水直趋其北,并归钱塘入海,不复东趋麻溪。"戴琥乃成化年间任郡守,而非弘治间。

⑤ 盛鸿郎:《绍兴水文化》,中华书局,2004 年,第 168 页。

治说也都是无稽之谈了。也有学者认为"戚堰"并不一定就是"碛堰",故而此条材料并不说明什么问题。

关于碛堰的开堵情况,早在民国时期,朱庭祜等认为:"从地形上之观察,碛堰山被开为浦阳江出口之处,在史前时期,恐原为浦阳江之出口,当未开之前,碛堰南北,原有小河,当为古河之遗迹。"①陈桥驿经考证认为,碛堰原为临浦湖的一处拦水堰,最早可以追溯到晋代,至少在南宋前已凿通。南宋嘉泰《会稽志》中就已提道:"碛堰,在(萧山)县南三十里。"后来临浦湖湮废,碛堰就被不断扩大。"到了北宋初期,碛堰山口已成为浦阳江的主要通道,至少到北宋末期,碛堰口还是畅通无阻的。"②杨钧则认为,"开碛堰在明代中叶,无可疑义",在此之前已开碛堰的"说法是值得商榷的","导浦阳江水北出的条件是筑临浦、麻溪二坝,以断东趋之流路。但关于这些水工建筑,明以前是没有的"③。朱庭祜等则认为碛堰可能古已有之,"名曰碛堰,其所受阻者,大概亦只如人工所修筑之堰坝耳。且碛字亦含有浅水中沙石淤积之意"④。

3. 南宋至明时主流东入三江口

到了南宋时期,碛堰口筑坝,浦阳江下游主流改道东折。浦阳江所借道的钱清江,南宋之前为一条无名的小河,浦阳江水注入后,河面不断扩大。"到了南宋淳熙年间,钱清镇附近的河面即宽达十余丈,已非一般内河可比。到元代末年,根据建

---

① 朱庭祜、盛莘夫、何立贤:《钱塘江下游地质之研究》,《建设周刊》1948 年第 2 期,第 98 页。

② 陈桥驿:《论历史时期浦阳江下游的河道变迁》,《历史地理》第一辑,第 73 页。

③ 杨钧:《浦阳江源流考辨》,中国水利学会水利史研究会编:《水利史研究论文集》(第一辑),第 84 页。

④ 朱庭祜、盛莘夫、何立贤:《钱塘江下游地质之研究》,《建设周刊》1948 第 2 期,第 98 页。

筑浮桥的记载,河面已宽达三百六十尺,成为一条滔滔大江。"[1]
"其以江名也,自南宋始。"[2]这也是浦阳江南宋时期借道东流的
佐证。

　　为何要堵碛堰山口,人为改道? 陈桥驿认为,这是因为碛堰
的开堵与萧山、山阴、诸暨三县的利益息息相关。南宋乾道年间,
诸暨县和萧山县就为此产生过争端。嘉泰《会稽志》记载:"乾道
八年,诸暨县陈请开浚湖道水利,得旨浚纪家汇,导萧山新江以达
诸暨。"[3]但萧山知县谢晖对"得旨浚纪家汇,导萧山新江以达诸
暨"持反对意见,甚至扬言:"晖头可断,汇不可开。"纪家汇因此也
一直未浚。"大体言之,从农业上说,碛堰的开启不利于碛堰以北
的萧山而利于诸暨和山阴,碛堰的堵塞则不利于诸暨和山阴,却
有利于碛堰以北的萧山。从航运上说,则山、会二县均利于碛堰
之堵。因此,碛堰的开堵,在山、萧、诸三县的地区之间,农业和航
运的部门之间,都存在着矛盾,所以碛堰山口就出现了一时筑堰
一时废堰的情况。"[4]

　　水流就下,要分析浦阳江下游河道之走向及其东西流向之对
比,必先讨论萧绍地区东西地形地势之对比。陈正指出,萧山湘
湖附近,除上文所述系列东北—西南向诸山外,别无丘陵,平陆广
袤,港汊迂回,地极卑湿,实代表一钱塘江下游之冲积平原。[5] 朱
庭祜等认为,碛堰山于明代未开之前,南北都有小河,应该是古河

① 陈桥驿:《论历史时期浦阳江下游的河道变迁》,《历史地理》第一辑,第77—78 页。
② 〔清〕全祖望:《全祖望集汇校集注》卷三〇《浦阳江记》,上海古籍出版社,2000 年,
　　第567 页。
③ 〔宋〕施宿等:《嘉泰会稽志》卷一〇,第9 页,见《中国方志丛书》,民国十五年(1926
　　年)影印清嘉庆十三年刊本,台北:成文出版社,1983 年,第6322 页。
④ 陈桥驿:《论历史时期浦阳江下游的河道变迁》,《历史地理》第一辑,第75 页。
⑤ 陈正:《湘湖之地理环境及其成因》,蔡堂根编:《湘湖(白马湖)文献集成》(第4
　　册),第247—248 页。

遗迹,"其后所以不通而走麻溪者,因碛堰山为坚固之火成岩,侵蚀不易,水流不畅,一旦山洪暴发,不得不另找出路。同时山洪之时,钱塘江水位,或高于浦阳江,更阻浦阳江之出路,于是取道于麻溪一带之平原流注。久之碛堰淤积不通,乃经钱清而向三江入海焉"[①]。

杨钧则认为,"由于钱塘江杭州湾涨水没陆的泥水沉积,形成萧山中部平原的特点是西高于东,滨海高于内地","水性就下,不会舍东北之低而趋西南之高"。但又强调萧山中部平原曾有临浦、渔浦等大湖,浦阳江有散漫北流的阶段,后来才变为逐渐集中于今西小江一带,经牛头山东折出海,"钱清江由细流而卒成滔滔大江者,盖有自然因素,也有人为因素。水循西干山脉西洼地而行,水流趋下为自然之势,萧山中部地区的垦殖及堰塘坝闸的兴筑,逼水入西小江转而东折入海,是人为的",认为正由于"萧山地区堤坝堰闸,日趋完密。水患仍未根除,而逼水东奔",于是山会地区水患严重起来,到明中叶,已到非大治不可的境地。[②] 仔细研读杨钧的相关观点,感觉前后有所矛盾。既然需要人为逼水东折,则说明其关于东北低、西南高的观点就不一定站得住脚了。更何况,文中又说,是先民以圩田形式进行垦殖,浦阳江尾间出海受阻,江水逐渐东向流的时段始于六朝,水循西小江东折入海,起初只是部分水东行,大部水仍由萧山地区的堰闸宣泄,到 15 世纪中叶时,鉴湖淫涝,尚可逆奔于萧山昭名、崇化、由化诸乡,汇为巨浸,乡民争开大堰放水入钱塘江,致潮汐奔溃而难塞,认为明代东水犹可西流,其前就更无问题了。这进一

---

① 朱庭祜、盛莘夫、何立贤:《钱塘江下游地质之研究》,《建设周刊》1948 年第 2 期,第98 页。

② 杨钧:《浦阳江源流考辨》,中国水利学会水利史研究会编:《水利史研究论文集》(第一辑),第 81—83 页。

步反映出杨文关于西南高、东北低的观点在逻辑上存在一定的缺陷。

4. 明后期主道复归西流

南宋之后，浦阳江下游主流经西小江、钱清江东流后，对萧绍地区的农田水利产生了很大的影响。一方面，主流东折后，使得山会平原地区的泄洪压力增大。一遇洪水，下游地区就来不及泄洪，造成山会平原地区洪涝灾害频发。另一方面，碛堰的时堵时开，使得西小江逐年淤塞。当浦阳江上游来水小时，钱塘江海潮便可经三江口溯江而上，造成返咸现象。为了改善山会地区的农田水利状况，形成可调控蓄泄的河网水利体系，明代之后的地方官员兴修了一系列的水利工程。其中很重要的一项便是让浦阳江复归西流，包括拓宽碛堰，开通西江（临浦至渔浦段江面，其中碛堰至义桥段称新江，义桥至渔浦段为渔浦江），修筑临浦坝、麻溪坝等。

事实上，除上述 1948 年朱庭祜等人的矛盾表述提及碛堰原应为浦阳江出口外，浦阳江下游曾西出渔浦地区的观点在民国时即已出现，并非陈桥驿首创。1927 年刊行的《湘湖调查计划报告书》中对浦阳江的流向也有相关记载，"碛堰山未曾开断之时，浦阳江水自暨阳北来，直掠湘湖、白马湖而入钱塘江。……自碛堰山开断，浦阳江水遂由义桥入钱塘江，改变水道"[①]。此调查报告也认为，在碛堰口未开大之前，浦阳江就是经湘湖、白马湖南部入钱塘江的。以下将《湘湖调查计划报告书》的目录整理成表 3，以便阐述。

---

① 国民党浙江省党部编：《湘湖调查计划报告书》，民国十六年（1927 年）第三中山大学印本，上海图书馆近代图书库藏。

表3 《湘湖调查计划报告书》目录

序号	内容	序号	内容	序号	内容	序号	内容	序号	内容
1	湘湖之来历	6	湘湖与杭嘉湖绍甬严及本县之交通	11	湘湖之土质	16	湘湖之坝闸	21	湘湖之风景
2	湘湖之沿革	7	湘湖与九乡水利之关系及今昔之异同	12	湘湖现在之物产	17	湘湖之水量	22	计划中适宜于何种农作物及其他
3	历次主张开垦者之意见	8	沿湖居民之生计与户口	13	全湖可垦面积之统计并分别高阜低洼各种性质	18	湘湖之地平线	23	建设劳农学院之最适宜地点
4	十五年开垦之经过及已民成之工作	9	全湖山地公有私有之解释	14	湘湖之塘堤	19	白马湖之概况	24	绍萧水利之概况
5	湘湖之地势	10	沿湖五里以内之山川村落	15	湘湖之面积	20	湘湖与西江塘之关系	25	湘湖调查结论

据表3可知,这一调查报告的内容相当丰富,广泛涉及湘湖的自然、经济、人文与社会等各个方面,既包括历史沿革、地形地势、湖域面积、水量多少、闸坝分布、沿湖村落、民户生计、产权分类等方方面面,也谈到了与白马湖、西江塘等河湖水系的关系,还有关于绍萧水利概况等的分析,最后是一个总的湘湖调查结论。从这些内容不难看出,这一调查是相当全面而扎实的,也是非常严谨而专业的。《湘湖调查计划报告书》本来还有一份相当有分量的附件,是一系列图表,用以与文字配套,惜因损毁严重,上海图书馆告知需专技修复,不能借阅。现将图表目录列表4如下。

表 4 《湘湖调查计划报告书》附件·湘湖图表目录

序号	内容	序号	内容	序号	内容	序号	内容
1	萧山全县略图	5	湘湖环湖道路塘堤及坝闸断面位置图	9	上湘湖东航线断面图	13	湘湖垦浚计划图
2	湘湖现状图	6	湘湖环湖道路塘堤及南闸断面图	10	上湘湖西航线断面图	14	湘湖建设计划图
3	湘湖与杭嘉湖宁绍严交通图	7	湘湖航线断面位置图	11	湘湖湖地位置图	15	湘湖湖地面积表
4	湘湖与萧绍水利关系图	8	下湘湖航线断面图	12	湘湖水量位置图	16	湘湖水量表

据表 4 可知，《湘湖调查计划报告书》除了翔实的文字报告外，曾编绘一系列图表来配合文字说明，共计有 14 幅地图，2 份表格。对于本文的研究主题来说，其中的《湘湖现状图》《湘湖与萧绍水利关系图》是至关重要的，《湘湖环湖道路塘堤及坝闸断面位置图》《湘湖湖地位置图》《湘湖湖地面积表》《湘湖水量表》等也给我们留下了无限想象的空间。不夸张地说，如果这些图表仍存的话，有些问题可以迎刃而解，有些问题则可通过前后时期的对比得出较为科学的结论。从学术史的角度来说，这份调查报告本是一个阶段性总结，对于湘湖的研究可谓具有里程碑式的意义。我们期待这些图表资料经上海图书馆修复后公之于众。当然，相关问题的研究仍有待进一步摸索，比如湘湖与萧绍水利之关系、历史时期浦阳江下游流向的变迁等诸问题。现将浦阳江下游流向的三方观点列表 5 如下。

表5 关于浦阳江下游流向三方观点的异同

论点	陈桥驿	朱海滨	本文
浦阳江下游流向	汉唐之前部分西出渔浦,部分注入临浦湖; 北宋之前过碛堰,出渔浦; 南宋后借西小江东流; 明中期后复归西流	明中期开碛堰后主道才改道西流,之前一直经西小江、钱清江东流 改道主因:钱塘江口主泓道北摆	因唐代之前萧山北部海塘未完备,唐代前部分西出,部分散漫北流; 唐宋之际东西分流; 南宋至明主道东流; 明中期后改道西流 驳证:在无人类活动干预前,钱塘江口主泓道的摆动恰恰是周期性的

朱海滨教授明中期前浦阳江一直经西小江、钱清江东流,明中期开碛堰后主道才改道西流,改道的主因是钱塘江口主泓道的北摆。笔者认为,浦阳江下游的流向可分为多个阶段,具体情况如表5。结合前文所述对杨钧相关观点的论证,笔者认为,浦阳江出口东西地势高低的对比在于:浦阳江西向入钱塘江口海拔高程的多少,浦阳江口东向汇入杭州湾时的海拔高程的高低。这两个地方,一为钱塘江出海口,另一个也已经非常接近钱塘江出口,二者相隔很近,其高程必然也非常接近。基于这一前提,本文认为,从地形地势上分析,西出与东流相比较而言,坡降明显要大,流路将更短,流速也更快,而东流则要迂缓曲折得多。在没有人类活动的扰动即干预前,钱塘江口主泓道的摆动恰恰是周期性的,故而浦阳江下游的流向也完全可能是周期性反复的。在没有筑堤建坝等干预活动之前,根据水流就下的规律,浦阳江下游河道应会自然选择坡降最陡、流路最短的顺直路线,而非迂缓曲折的长线。

综上所述,朱海滨关于陈桥驿渔浦、临浦等地名的考辨十分有益于对问题的认识,但浦阳江下游河道明中期之前一直东流的观点可能仍需讨论。本文认为浦阳江下游在唐代之前西出渔浦,散漫北流,唐后期至南宋时东西分流,南宋至明时主流东入三江口,明后期主道复归西流,浦阳江下游河道的东西向变动受制于东西地形地势的对比与钱塘江主泓道之所在,无人为干预及钱塘江主泓北摆、顶托势弱时,会自然选择比降最陡、流速最快、流程最短的流路。

浦阳江下游河道的流向不仅受制于萧绍地区东西地形地势的对比,还与钱塘江出海口门的南北摆动密切相关。关于钱塘江与浦阳江二者之间的关系,河口海岸动力学方面的专家陈吉余早在1947年发表于《浙江学报》上的《杭州湾地形述要》中就有相关讨论,其后来的相关论述则基本仍围绕此文展开,论点大致不出其右。他认为明代戴琥主持开凿碛堰,导浦阳江出临浦西北而入钱塘江的人工袭夺现象,使钱塘江接纳一股巨流以致侵蚀力加强,钱塘江在孔家埠以下一段之流路,乃循两水合力方向进行。[1]陈吉余的观点提示了我们,在研究河流交汇处的某条河流时,不能只着眼于该条河流本身,而应该认识到汇聚河流之间的相互影响,具体到这一点上来说,就是浦阳江与钱塘江二者之间的相互影响,这一思想对于我们进一步深入思考相关问题很有启发。

沿着这个思路进一步探究浦阳江下游河道的变迁,浦阳江与钱塘江二者之间的关系可能并不是这么简单,而是相当复杂的。此前的认识可能反掉了,也就是说,钱塘江对浦阳江的作用力应该要远大于后者对前者的冲击。因为浦阳江的年平均径流量仅二十多亿立方米,而钱塘江的年平均径流量则高达四百多亿立方米,钱塘江是浦阳江的二十多倍。虽说历史时期二者的年平均径流量可能有所不同,但二者之间相差极为悬殊的对比关系则肯定

---

[1] 陈吉余:《杭州湾地形述要》,原刊《浙江学报》1947年第12期,后收入氏著《中国河口海岸研究与实践》,高等教育出版社,2007年,第377页。

是不变的。当浦阳江由西北向汇注钱塘江时,与后者几成直角相交,钱塘江水的巨大流量必然对其形成巨力冲击与顶托。

事实上,早在 1937 年,陈正发表于《浙江青年》上的《湘湖之地理环境及其成因》一文中涉及这一问题的讨论可谓深有灼见。陈氏认为,钱塘江自富阳以下,流向东北,江面宽阔,水流迂缓,至湘湖西南角距湖约半千米之处,突折向西北,江面骤狭,水流湍急至百子山山麓,复转东流,仍回至湘湖北端,再向东北流入杭州湾。钱塘江原来之河道与湘湖湖床及最后注入杭州湾之河道,皆在同一东北—西南向之直线上。浦阳江现于湘湖之南约二千米处自东南向西北注入江中。浦阳江发源于义乌县境内,所经区域,俱为流纹岩所构成之新外山地,其源虽短,而水流甚急;自诸暨县之姚公埠以下,直向西北流入江中,与钱塘江自富阳以下之河道,适相垂直,而与自湘湖西南至百子山麓一段,同在一直线上。陈氏认为,由上述诸地理上之特点,钱塘江曾一度经湘湖入海,自可断言。湘湖位于钱塘江二大转弯之间,如江水由此入海,系一直线,当可省此三十余里之周折。钱塘江之所以有此二大转弯,以及浦阳江与钱塘江二者汇聚之形势与走向,均乃受地下断裂线所控制。浦阳江之河道,自姚公埠经临浦镇以下,为地壳之一大断层线,地下地层,皆沿此河道而折断。由地形上观察,钱塘江自浦阳江会口至百子山麓一段,适在浦阳江之延长线上,且江流至此,转弯之角度,达 90 度以上,江面骤狭,水流湍急,如为地下之环境所控制然,故亦可断言应为一连续之断层线。[①]

因此,从东西地形地势特点的对比及其地质背景而言,浦阳江西出由西北向汇聚钱塘江,比之迂回曲折而东注入海,比降更

---

① 陈正:《湘湖之地理环境及其成因》,蔡堂根编:《湘湖(白马湖)文献集成》(第 4 册),第 247—248 页。

大,流速更快,流路也更短。浦阳江这一顺直的西北向流路,取决于其地质背景上的地层断裂线。除非是因为西北流入钱塘江时与之相交的角度过于锐利,故而受到水量相当丰富的钱塘江的大力顶托,西出口门被泥沙所淤堵而排水不畅时,才可能出现东向迂回而下之势。也就是说,历史时期钱塘江主泓道及其出海口门的南北摆动必然直接影响到浦阳江下游河道的变迁。

(二) 湘湖用水体系的破坏

碛堰的反复开堵以及浦阳江河道的变迁,影响到了湘湖所及的九乡之田,破坏了湘湖的用水体系。

1. 湘湖创建时溉八乡之田

湘湖在北宋政和二年(1112年)初建时,乃灌周边八乡(夏孝、安养、长兴、来苏、昭名、由化、崇化、新义)之田,许贤之田并不在列。到了南宋绍兴二十八年(1158年),县丞赵善济以"旱岁多讼"为由,增开许贤霤,以溉许贤之田,但仍用旧约。直到淳熙十一年(1184年),知县顾冲才制定新的法规,"少损八乡以益许贤"。

许贤乡地处湘湖南部,此地毗邻上湘湖,理应被纳入湘湖的灌溉范围,为何在湘湖初创时,却没有许贤乡的份? 因为在南宋以前,新江(碛堰至义桥江段)、渔浦江(义桥至渔浦江段)还未开,浦阳江出碛堰山口后,经碛堰山,沿元宝山西麓,过新坝东、茅山头,至峡山头入渔浦,而非今日的临浦至小砾山浦阳江江道,许贤乡尽可引这些河流之水以灌农田。这也印证了陈桥驿的观点:"碛堰山口作为浦阳江主要通道的年代大致当在北宋初期,直到北宋后期,仍然畅通无阻。"[①]如此的话,许贤乡此时不须依赖湘

---

① 陈桥驿:《论历史时期浦阳江下游的河道变迁》,《历史地理》第一辑,第73页。

湖水。

2. 南宋时九乡用水体系形成

南宋初始,碛堰口筑坝。碛堰虽时堵时开,但主流已东折入海。就算是在碛堰开通的年份,出碛堰的水流量也较小。如淳熙七年(1180年),陆游从桐庐返山阴,途经渔浦时就写下《渔浦》一诗:"桐庐处处是新诗,渔浦江山天下稀。安得移家常住此,随潮入县伴潮归。"这说明,在当时要从渔浦向东过碛堰口,须等到涨潮之时才行。浦阳江下游河道的东折造成了许贤之地遇旱便无水可取的尴尬境况,也就有了前面所讲的南宋以来"旱岁多讼",须增开许贤霪来解旱的情况。

南宋乾道七年(1171年),萧山新江开。"但碛堰至义桥段新江初期,断面不大,与新坝上埠、茅山头段共同承担碛堰下来的泄洪任务。新江到义桥西北埠前,与永兴河合并,经义桥里河,出峡山头,入渔浦,注钱塘江。"①此时,渔浦江段未开,安养、许贤乡与湘湖地域仍相连。淳熙九年(1182年),顾冲制定《湘湖均水利约束记》,正式将许贤乡纳入湘湖的灌溉范围,九乡用水体系才正式形成。

3. 元末用水之田被江所隔

"元至正元年萧山县主崔家讷筑坝临浦,塞麻溪,开碛堰。"②崔家讷开大了碛堰,并开挖了义桥至渔浦的出水河段,所以主簿赵诚"易舟而梁"建起了渔浦新桥(1353年)。这意味着渔浦江开通,安养乡和许贤乡被江分割。按都图行政划分,安养乡原来受湘湖水的地区包括五都一图:石门、西山下和五都三图:山前吴、东汪、西汪、汪家堰、历山。许贤乡包括六都一图至七都:罗磨

---

① 陈志富:《萧山水利史》,第363页。
② 诸暨市水利电力局编:《诸暨县水利志》,西安地图出版社,1994年。

板、金街甸、南坞、北坞、下村、石盖、上董和六都四图：华家生、双桥头、渔浦庄、中坟庄。渔浦江开后，安养乡五都一图和许贤乡六都一图至七都则被分割在江南，从此与湘湖水不沾。[①] 湘湖的九乡用水体系开始瓦解。

清末宣统二年（1910 年），举人黄元寿第二次呈请开垦湘湖荒地时，就详列湘湖古今水利沿革表，指出"安、许两乡宋元时毗连湘湖，自明代开通碛堰山后，有八成地面割在大江以南，永远不沾湖水，而湖耗未除。其二成地面尚在塘内，均用湖水"[②]。黄元寿的观点也受到传统史书的影响，认为安、许两乡之地是在明代碛堰山开通后才被分割。其实碛堰早已开通，而安、许两乡在元至正元年（1341 年）渔浦江开通之时，已被分割。

四、萧绍平原水利体系的形成与湘湖水利功能的削弱

西小江作为界河将萧山县与山阴县分隔，但湘湖所溉的萧山东部平原实乃山会平原的延续。西小江虽是两县的分界线，但共有的水系又将两者紧密联系起来。鉴湖对于山会平原的作用犹如湘湖对于萧山九乡之田般重要，南宋嘉定十七年（1224 年）鉴湖彻底侵废后，山会平原进入了向河网水利的艰难过渡。浦阳江下游的借道东流与复归西流，对周边农田都产生过影响；彭谊建白马山闸，首次连接萧绍平原；戴琥又做了多点排水的尝试，最终汤绍恩兴建三江闸，宣告过渡的结束，奠定了萧绍河网水利格局。萧绍平原水利体系在形成的过程中，也在不断改变萧绍东部平原的水利格局，湘湖的用水体系相应发生改变。

---

① 周易藻：《萧山湘湖志》卷二，第 28—29 页。
② 同上书，第 28 页。

（一）萧绍平原水利体系的形成

1. 明代山会平原地区的水利状况

南宋浦阳江转入山会平原，借道东流后，使得流经地的水系发生很大变化。如钱清江原来只是一条无名的小河，浦阳江主流注入后，河面不断扩大，成为一条滔滔大江。由于洪水频发，沿江村落受灾颇深，因此碛堰也时常开通，以泄洪流。元、明以来，碛堰口多次被人为扩大，碛堰西的新江和渔浦江也已开通。到了宣德十年(1435年)前，浦阳江主流已改由西出渔浦入海，以致西小江来水锐减，淤积严重。《明英宗实录》和《明史·河渠志》都有相关记载。"宣德十年九月，行在吏部主事沈中言：浙江绍兴府山阴县西有小江，通金华、严、处，下接三江海口，旧引诸暨、浦江、义乌等处湖水，以通舟楫。近者，水泄于临浦三叉江口，至沙土淤塞。乞敕有司量户差人筑临浦戚堰，障诸暨等处湖水，仍自小江流出，则沙土冲突，舟楫可通矣。"[1]正统十二年(1447年)，浙江听选官王信言："绍兴东(应为西)小江，南通诸暨七十二湖，西通钱塘江，近为潮水涌塞，江与田平，舟不能行，久雨水溢，邻田则受其苦，乞发丁夫疏浚。"[2]

浦阳江的西流使得西小江淤塞严重，导致的不仅仅是舟楫不通的后果，更严重的是对周边农田水利的影响。钱塘江乃是一条典型的潮汐河流，钱塘江大潮更是举世闻名。浦阳江东流借道西小江、钱清江入三江口出海，这个三江口正是处在钱塘江湾的"喇叭口"上，因此受潮汐作用显见。而如今断了西小江的来水，则潮汐上溯，沿岸农田的返咸现象日益严重。此时急需修建一水利工

---

① 盛鸿郎：《绍兴水文化》，中华书局，2004年，第168页。
② 〔清〕张廷玉等：《明史》卷八八，中华书局，1974年，第2156页。

程来解决这一问题。

2. 萧山平原与山会平原的连接

天顺元年（1457 年），彭谊任绍兴知府。彭谊（1410—1498），广东东莞人。《明史·彭谊传》称："谊，好古博学，通律历、占象、水利、兵法之属。平居谦厚简默，临事毅然有断。"①并有协助石璞复堵黄河沙湾决口的经历。② 可见，彭谊为官廉明，精通水利。而彭谊刚任绍兴知府，恰遇天旱岁饥。《明史·五行志》载："天顺元年夏，两京不雨，杭州、宁波、金华、均州亦旱。三年，南北畿、浙江、湖广、江西、四川、广西、贵州旱。"③由于天旱少雨，西小江沿岸农田返咸现象严重。为了抵御海潮，保护农田，彭谊便在钱清镇的白马山麓兴筑了白马山闸。④

白马山闸修筑后，外可挡潮汐，防止潮汐上溯带来的淤积、返咸问题；内可利用西小江河道蓄淡，涝时又可排水冲淤。西小江水位开始上升并初步具有调节的能力后，就可废除萧绍运河上的钱清南北堰，使萧绍运河畅通。这就首次将萧山平原与山会平原连接起来，形成了萧绍平原。

同时，彭谊还"建议开通碛堰于西江"⑤，并筑临浦坝，阻断浦阳江水入西小江，减轻山会平原的泄洪量。

3. 萧绍平原水系的完善

白马山闸修筑后，曾发挥了一些效益。但由于闸据三江口外

---

① 《明史》卷一五九《彭谊传》，第 4346 页。

② 《明史》卷一六〇《石璞传》载："乃命内官黎贤等，偕御史彭谊助之。于沙湾筑石堤，以御决河。"（第 4361 页）

③ 《明史》卷三〇《五行志》，第 482 页。

④ 关于彭谊建白马山闸的事迹，《明史》卷一五九《彭谊传》载："天顺初，罢巡抚，官中朝有不悦彭谊者，下迁兴知府。岁饥，则发廪振贷。吏白：当俟朝命；谊曰：民方急，安得循故事耶。筑白马闸，障海潮。历九载，多惠政。"（第 4345 页）

⑤ 嘉靖《萧山县志》，《天一阁藏明代方志选刊续编》第 29 册，上海书店出版社，1990年，第 206 页。

海 30 里,闸仅 3 孔,规模较小,缺乏足够的冲淤水量,以致闸下西小江河道淤积日益严重。二十余年后,便"故道皆为良田"①。白马山闸排涝能力缩减,使得西小江在排涝时尚需经山会平原,由玉山斗门排出,这就不可避免地引起山会平原水灾频发。

成化九年(1473 年),戴琥出任绍兴知府。面对这样的水利格局,戴琥采取了与前人不同的治水措施。他既不堵碛堰,使浦阳江复走西小江故道,也不疏浚西小江,而是多建水闸,采取多点排水的方法来解决排涝问题。这批水闸有:"于山阴新灶、柘林各置一闸,以泄(西小)江南之水;又于扁拖、甲蓬各置一闸以泄江北之水;复于小山之鼋山,山阴之新河各置一闸,以泄湘湖及麻溪之水。此外,还有萧山长山闸,排水入钱塘江。"②

多点排水的优点是工程量小,就近排水,灵活方便,易为当地百姓接受。但也带来了控制与调度上的麻烦,易造成各行其事。为此,戴琥于成化十二年(1476 年)立《山会水则》碑,进行统一调度:

> 种高田,水宜至中则;种中高田,水宜至中则下五寸;种低田,水宜至下则,稍上五寸亦无伤。低田秧已旺,及常时,及麦未收时,宜在中则下五寸,决不可令过中则也;收稻时,宜在下则上五寸,再下恐妨舟楫矣。水在中则上,各闸俱用开;至中则下五寸,只开玉山斗门、扁拖、鼋山闸;至下则上五寸,各闸俱用闭。正、二、三、

---

① 戴琥:《水利碑》。《戴琥水利碑》原名《绍兴府境全图记》,戴琥成化十五年(1479 年)刻于石,并置于绍兴府署,后失佚。直到 1972 年绍兴第一医院基建时发现才得以重新示人。具体可参见朱元桂:《戴琥〈绍兴府境全图记〉碑考释》,《绍兴师专学报》1987 年第 4 期,第 30 页。
② 盛鸿郎:《绍兴水文化》,第 172 页。

四、五、八、九、十月，不用土筑，余月及久旱用土筑。其
水旱非常时月，又当临时按视以为开闭，不在此例也。

戴琥时期所做的《山会水则》，可说是萧绍平原河网水位调控
的第一个运行规则。他根据农田在不同地区、不同时节所需的水
量为依据，相应开闭水闸，调节水量。在非常时期，又可根据具体
情况来采取措施，具有灵活变通性。《山会水则》的出台使得萧绍
平原开始进入通过河网进行水量调控的时代，逐渐摆脱鉴湖湮废
的阴影。

多点排水法虽效果显著，但遇特大水灾时，仍不能完全应付。
因此，戴琥在下游排涝的同时，在上游处又继开碛堰加大出水，并
筑麻溪坝，切断麻溪与西小江的联系。

麻溪，又名进化溪，发源于今萧山境内大岩山东麓蟳斯岭。
古时注入临浦湖，临浦湖湮废后，入西小江，成为西小江的源流。
由于麻溪上游"为溪流性砂卵石河床，且两岸山体集雨面积近乎
相等，如遇暴雨，则洪峰时间集中，洪峰流量骤增，因此水位暴涨
暴落，水患尤多"[1]。在前面讲到的戴琥建排水闸时，就建有新河
闸以泄麻溪之水。此时，麻溪分为二段。一段仍经西小江，另一
段则经新开凿的"新河"，过新河闸，合浦阳江，出碛堰。虽然分流
麻溪，减少了麻溪入西小江的水量，但一遇到大潮大水，浦阳江水
就逆流合着麻溪水一同涌入西小江，危害颇大。于是，为了保全
萧绍平原免受涝灾，便筑麻溪坝，断绝了浦阳江及麻溪与西小江
的联系。从此，萧绍平原可少受浦阳江及麻溪之水患了。

关于麻溪坝的确切筑坝年份，当代学者也有不同观点。斯波
义信认为明天顺年间，知府彭谊筑碛堰，同时筑临浦坝和麻溪坝。

---

[1] 陈志富：《萧山水利史》，第107页。

在其所著的《宋代江南经济史研究》中有一图即《绍兴山阴县天乐乡水利图》[1],将麻溪坝标在麻溪原流与浦阳江之间的"新河"河道上。笔者以为,如果麻溪坝是在此处的话,不仅违背了分流麻溪水的本意,而且使得麻溪独流西小江,加重了西小江的水患。[2]而嘉靖《萧山县志》中有一图即《萧山县境之图》则明确将麻溪坝标在了苎罗山东处西小江上游的地方,阻断麻溪之水出西小江。此外,还有观点认为麻溪坝乃戴琥之后的弘治年间所筑。[3] 萧山的陈志富则认为麻溪坝所筑时间应在成化十八年(1482 年)五月之后到成化十九年(1483 年)末这段时间内。[4] 笔者认为,麻溪筑坝犹如碛堰开通一样,是个后人继承前人、不断完善的过程。麻溪筑坝的历史最早可追溯到汉代的马臻[5],之后元至正元年(1341 年)、明天顺年间和成化年间都有筑麻溪坝的记载。最终是戴琥修筑的那一段,彻底阻断了麻溪与西小江的联系。

4. 三江闸修筑奠定萧绍河网水利格局

继戴琥之后,山阴县的张焕在正德年间又对多点排水做了补充。除新建泾溇、扁拖南闸外,又扩建扁拖北闸,由 2 洞增至 3 洞。而西小江的进一步淤积,使得一遇大水,这些水闸也来不及排水,西小江以东地势较低的会稽县就会常受水灾。当水无法排泄时,又不得不开挖堤塘泄水,之后又得马上修补,蓄水防旱。这样的结果是咸水倒灌,水旱无常。绍兴文人徐渭(文长)在嘉靖年

---

① 〔日〕斯波义信著,方健、何忠礼译:《宋代江南经济史研究》,江苏人民出版社,2001年,第 616 页。

② 陈桥驿的《论历史时期浦阳江下游的河道变迁》一文中有一插图《嘉靖十六年以后浦阳江下游示意图》,第 76 页,也将麻溪坝标在新河处,斯波义信在其著作中也引过此图,因此本人认为斯波义信乃是受了陈氏观点的影响。

③ 盛鸿郎:《山阴天乐水利考辨》,《萧山史志》2003 年第 1 期。《萧山史志》未找到,转引自陈志根:《萧山历史文化研究》,方志出版社,2006 年,第 245—246 页。

④ 陈志富:《萧山水利史》,第 388 页。

⑤ 〔清〕梅堂老人:《越中杂识》,浙江人民出版社,1983 年,第 12 页。

间就写过一篇《水利考》，描绘了当时这样的水利状况：

> 迄今闸久淤塞，水道不通。一有泛滥，则不东注，则以会稽为壑，虽有玉山斗门，不足以泄横流之势，每于蒿口、曹娥、贺盘、黄草沥、直落施等处开掘塘缺，虽得少舒一时之急，而即欲修补以备潴蓄，则又难为工矣。是以不免有旱干之虞。[①]

嘉靖十五年（1536 年），汤绍恩任绍兴知府后，便着手解决旱涝问题。他相得三江口处两山对峙，是个建闸的好地方，便决定在此建闸，次年闸建成。闸全长 108 米，净宽 62.74 米，共 28 孔，分别以 28 星宿来命名，所以又称应宿闸。三江闸建成后，汤绍恩又进行了相应的配套设施建设，来完善三江闸体系。如在上游地区扩宽浚深碛堰，加大浦阳江的出水量；在新河闸附近修筑茅山闸，涝可泄天乐乡之水，旱可引浦阳江水上溯之淡水灌田。又在三江闸内修筑平水、泾溇、撞塘、蒿坝清水诸闸以调节水量。最后在闸外修筑三江石塘，来保护三江闸。三江闸体系形成，外可御潮，内可蓄泄，结束了山会平原直接通海的历史，有了可统一调节萧绍水网的体系，萧绍河网水利体系形成。

（二）湘湖水利功能的削弱

1. 萧山东部平原抗旱能力的提升

三江闸体系建成后，"把钱清江两岸的萧山与山会各自独立的水系，归并成统一的三江水系，从而确立了能人为控制蓄泄的

---

① 盛鸿郎：《绍兴水文化》，第 174 页。

萧绍平原河湖水网,其水量约 4 亿 m³,比鉴湖的蓄水量增加了近50％"[1],这就为萧绍农田水利事业提供了充足的水源保障。

同时,"闸附近设立水则,按水位高低确定开闸孔数。后来在绍兴城内还设立了一个校核水则,根据城内水则即可知闸旁水则读数。三江闸可以保护萧山、绍兴一带农田八十余万亩"[2]。水则的设立,使得整个萧绍平原的水系有了可以统一调度的准则,旱蓄涝排,统筹有度。清康熙《会稽县志》也称:"自建三江闸,而山、会、萧三邑无旱之忧,殆百年矣。"

萧山东部平原抗旱能力的提升不仅得益于萧绍平原的整合治理,水利条件有了很大提高,此外与该时期的水利技术发展也有不可脱离的关系。元代王祯所著的《农书》中,就列举了多种提水工具。书中所列简易的有辘轳、戽斗、刮车、桔槔;较复杂的有翻车(龙骨车)、筒车、牛转翻车、水转翻车、卫转筒车、高转筒车、水转筒车。[3] 这些水利技术在元末明初,已广泛应用到江南农村。"明洪武初(1368—1378),萧山人单俊良创制戽水牛车,代替当时还较笨拙的人力水车,以减轻农民的劳动强度,提高灌溉效率。"[4]之后,人力的龙骨水车又进一步改进、简化,便于其广泛推广应用。有学者也提出了"萧山湘湖水利的地位、作用的下降落败,并导致最终湮废,与广泛使用龙骨水车不无关系"[5]。

之所以选定南宋以后的时间段来进行绍兴地区的旱灾情况分析,主要在于南宋定都临安后,绍兴府受到朝廷重视,对地方的水旱情况多有关注和记载。另一方面,宋代以来,特别是南宋以

---

[1] 沈寿刚:《三江闸与新三江闸述评》,《浙江水利科技》1991 年第 3 期,第 78 页。
[2] 姚汉源:《中国水利发展史》,上海人民出版社,2005 年,第 377 页。
[3] 同上书,第 394 页。
[4] 陈志富:《萧山水利史》,第 497 页。
[5] 同上书,第 498 页。

后,地方志的编撰迅速发展,这也使得地方性的历史得以较完整传承。从表6中,我们可以清晰看出,明清以来,绍兴地区旱灾发生的频率相对于宋元时期而言,已大大降低。这也从一个侧面反映出了明清以来该地区抗旱能力的提升。

表6 南宋以来绍兴地区旱灾情况表

朝代	起讫时间	历年	有记载的旱灾次数	频率(年／次)
南宋	1127—1279 年	167	2	10
元	1271—1368 年	97	7	14
明	1368—1644 年	276	14	20
清	1644—1911 年	267	5	55

资料来源:根据《绍兴历史旱灾记录》统计得出,参见车越乔、陈桥驿,《绍兴历史地理》,上海书店出版社,2001 年,第 49、50 页。

2. 湘湖湖水灌溉区域的缩小

湘湖创建的主要任务是解九乡农田之秋旱,其放水的时间仅限立秋前 3 日至白露后 3 日,共 36 天。萧绍河网水系形成、灌溉技术提升后,萧山东部平原抗旱能力有了很大提高,其中来苏、崇化、昭明等乡的农田已经不需要依赖湘湖水来解秋旱。湘湖水所溉的区域缩小,所起到的影响力也大大削弱。

湘湖原来所灌溉的九乡之田,在元末已经有部分村落因开挖渔浦新江而被分割在江南岸,无法引湘湖之水。清嘉庆年间,萧山乡绅于士达通过实地勘察,对湘湖的水利设施进行了客观的评价,并著成《湘湖考略》一书。根据于士达当时的考证,十八穴中的石岩穴(溉崇化、昭明、由化乡)、亭子头(新义乡)、许贤霪(许贤乡)、历山南穴和历山北穴(安养乡)、周婆湫(夏孝乡)这六穴已废;而黄家霪(崇化、昭明、由化)、童家湫(崇化、来苏)这两穴也已无用。从湮废放水穴所对应的灌溉区域来看,的确也是以崇化、昭明、来苏、由化、安养、许贤这些乡为主。清末宣统二年（1910年），主垦派在论述到湘湖的水利状况时就讲到："宋设放水十八穴，明设八闸，今之所开者六闸。"[①]按此说，清末所开的水穴只占原来的三分之一。民国初经周易藻所查，当时所存者只有八闸（湫口、盛家港、横塘穴、塘子堰、河墅堰、杨岐穴、凤林穴、石岩堰）；照章开闭者四处（横塘穴、塘子堰、河墅堰、凤林穴）；遇大旱开放者二（湫口、盛家港）；石岩堰永不开放，杨岐穴永远不闭。[②]

《湘湖考略》中提到的另外一个值得注意的情况是，湘湖周边私挖霪穴、架设水车的盗水情况比较严重。"康熙五十八年县丞贾克昌会同绅士，勘得官霪十八穴，私霪三十三处，沿湖车水基址共四十余处。"[③]而经于士达考证，私霪为十四处。盗水现象的严重，造成湘湖蓄水量的骤减。距湖稍远的萧山东部平原农田，也就很难充分享受湘湖水的灌溉（见表7）。

表7　明代以来九乡用水变化表

乡名称	都、图范围	村名称	用水情况
新义乡	十五都五图至辛十六都	义桥、新坝、黄筑塘、峡山、牌轩下、亭子头	明以来仍全用湘湖水
夏孝乡	二都一图至二都五图 三都一图至三都三图	由下乡：市心桥下、东阳桥、梅花楼、西门外、后塘一带 夏孝乡：瓦窑头、西兴、杜湖、双庙庄、跨湖桥、孔家庄	
长兴乡	四都一图至四都四图	冠山前后、堰斗孙、青山张、闻家堰、潭头	

---

① 周易藻：《萧山湘湖志》卷二，第26页。
② 周易藻：《萧山湘湖志》卷四，第63页。
③ 于士达：《湘湖考略》，参见钱杭：《库域型水利社会研究——萧山湘湖水利集团的兴与衰》附录二，2009年。

续　表

乡名称	都、图范围	村名称	用水情况
安养乡	五都一图 五都三图	石门＊、西山下＊ 山前吴、东汪、西汪、汪家堰、历山	部分乡村仍用湖水 （带＊的村为开渔浦江后不用湖水）
许贤乡	六都一图至七都 六都四图	罗磨坂＊、金街甸＊、南坞＊、北坞＊、下村＊、石盖＊、上董＊ 华家生、双桥头、渔浦庄、中坟庄	
由化乡	一都一图至一都八图	塘里陈、一都韩、东许、西许、涝湖、长山、塘上王	
来苏乡	来十八都至五图	凑沿庄、大路张、东庄周、来苏周、单家堰、丁村、西周、下坂金、姚家坂	
崇化乡	十九都二十都	前吴、后吴、史家桥、西蜀山、新庄、老屋、西山一带、史村曹、大南门、小南门、城中西河	明以来滴水不用
昭明乡	二十一都南街至东门	米市、道源桥、大通桥、吕才庄、车家埭、舒家坂、曾家桥、东蜀山	

资料来源：周易藻，《萧山湘湖志》卷二，民国十六年（1927 年）铅印本，第 19、20 页。

（三）水路航运与湘湖的关系

萧山地处钱塘江南岸，乃是浙东与浙西交通的重要连接点。向北可由西兴、渔浦等渡口过钱塘江，达杭州，经大运河北上；向东可沿浙东运河到达绍兴、宁波；向南可溯富春江及浦阳江抵金华地区。因此萧山在古代的行政职守标记上就被冠以"冲"字，即地处要冲、交通繁忙者。南宋定都临安后，萧山处首都和陪都绍兴府之间,并且依托杭州、绍兴、宁波这些大城市的经济,交通地位进一步提升。[①]

位于萧山西南的湘湖乃是萧山的第一大湖,与萧绍运河、西小江、浦阳江、钱塘江等主要河流都相通,四通八达。

1. 通湘湖之河流

萧绍地区古来就是水乡泽国,湖泊众多,河网交错,水运较发达,通湘湖之河流如表8所示。纵横交错的水道不仅提供交通的便利,而且还犹如人体之血管,为九乡之农田输送湘湖水。

表8　沿湖五里以内之河流

河流	起始	讫止
萧绍运河	西兴	经湘湖北,达绍兴百官
西小江	临浦	经湘湖东南,达钱清
湫口坝内河	湫口坝	北流注于萧绍运河
湖西坝内河	湖西坝	北流注于萧绍运河
横塘坝内河	横塘坝	北流注于萧绍运河
塘子堰坝内河	塘子堰坝	西流注于白马湖
东汪坝内河	东汪坝	西流经闻家堰注于白马湖
横筑塘内河	横筑塘坝	东流经义桥注于西小江
陈家堰内河	陈家堰坝	东流注于西小江
淳安坝内河	淳安坝	东北流于南门江

资料来源:国民党浙江省党部编,《湘湖调查计划报告书》,民国十六年(1927年)第三中山大学印本。

2. 水路航运与湘湖放水河道之间的矛盾

湘湖创立之初,各乡民众时常因为配水不均而发生争讼、斗

[①] 参见钱杭:《冲、繁、难——萧山历史与萧山经验》,《大阪市立大学、上海师范大学研讨会成果报告书》,2010年。

殴事件。为了使九乡之田能够平均地分得湘湖水,后来的多任县令制定、完善湘湖的用水规则,尤其是南宋淳熙年间顾冲制定的《均水约束》,不仅明确规定了九乡每亩农田的得水量为六丝八忽一秒,还依据不同地区的地势高低,将放水的先后次序分为六等,规定相应的放水时间,尽量做到各乡用水的均等。

湘湖放水之日,十八个霪穴先后打开,通过各河道流入田间渠道,等到水渠的水满后,再灌溉农田。由于湘湖的水量有限,因此在开闸放水之前,需在湘湖水流经的河道上筑坝拦水,放水日期过后再拆除。

宋时创湖之初,湘湖放水时需筑闸坝共 24 处,元代时又加筑徐家闸。

> 放湫口、盛家港,共筑坝九处:东阳桥一,东门吊桥一,新坝头一,霪头闸一,涝湖闸一,陆家闸一,学前一,西门两。放石岩穴、黄家霪、童家湫,共筑坝十二处:张龙桥一,赵家堰一,徐家闸一,水仙庙东一,张家堰一,塘里陈一,八里横一,霪头闸一,八字桥一,上洋一,新坝头一,后八字桥一。放横塘、河墅堰、塘子堰,筑两坝:村口闸一,和尚桥一。放凤林穴,筑两坝:激堰一,天阊闸一。[①]

在筑坝拦水的 36 天内,行驶在河道上的商旅船只便无法通行,需等到放水结束后,拆除水坝才能航行。之后,一些船主为了私利,毁坝通航的事件屡屡发生。

---

① 《放湖筑坝定章》,周易藻:《萧山湘湖志》卷四,第 63 页。又,据〔清〕黄钰:《萧山县志·水利下》中则记,新坝处筑坝二,且无村口闸、和尚桥、激堰、天阊闸这四坝。

景泰四年，得县丞王瑾于东小江不两月开通，徐家闸不一月修完。至于西江塘、白露塘，亦皆增筑高厚，民受其患，孰不感之。知感者故多，而愚昧不知所自者亦有。能思患预防者，亦不可不知焉。惟徐家闸，在昔时无有。元初邑之耆士戴诚之者，以其地东接小江，旱则开闸，可引潮水入河。潦则开闸，可泄潦水入江。由是独出己资以建此闸，专济各乡旱潦，实不系古来大驿水路。近年有无籍船户，惟图一己之利，引诱盐商，假托显要声势，到即辄自开闸放船。当潦之时，外江之水，不免被其放入；当旱之时，里河之水，不免被其放出，为害不浅。①

同样，潋堰、天闻两处，"旧设闸座，年久损坏，闸底空虚。虽下闸板，水仍漏泄。每于交秋放湖，必须另筑土坝。而附近之义桥镇牙行因潋堰为通商河道，一经筑坝，客商多从他处行走，不能牟利，每为阻挠于前，盗毁于后"②。

湘湖之水流泄，九乡用水体系也就不可能实现设计者所期待的均平。湘湖创建之后，围绕着湘湖存废的斗争就一直存在，宋朝南渡后，贵族豪民侵占湘湖的事件更是不绝于耳。当然，也包括对放水穴及水坝的破坏，如湘湖北岸的郑河口。"郑河口为湖北水穴要冲，自西兴闸至钱清堰，计四十五里，中有运河。河之南即湖也，河之北为由化、夏孝二乡之地，每放湖时先于运河两头坝之，而决望湖桥下湖防以溉之运河，然后开郑家河口防（旧注，今为之郑家闸，然不知所在，或疑即盛家港。郑、盛字音之误，以县

---

① 〔明〕富玹等撰，〔清〕张文瑞续刻、三刻：《萧山水利》卷下，第 291 页。
② 周易藻：《萧山湘湖志》卷四，第 75 页。

志望湖桥西有盛家桥可据也,然究与放水旧穴,俱不甚合)灌之二乡。望湖桥者水之所自出,郑河口者水之所自入也。缘郑河口防在张提举住宅之前,断以贮船,曰船坊;以植荷曰荷池,湖水不通者二十余年。"[1]可见,郑河口的堵塞使得湘湖水不能经运河而通由化、夏孝之田,此两乡近二十年无法引湘湖水,民受其害颇深。

湘湖放水时节的筑坝,不仅对航运不便,而且百姓每年还得承担修坝的费用和劳役。想要完整地延续这一水利制度,实在是困难重重。尤其是到了明中后期三江闸的建成及萧绍水网体系完善后,萧绍平原地区的河网已初步具有了调节水量的功能。这时,也就不需要筑坝蓄湘湖水来灌溉农田,原来内河中的部分闸、坝就失去了相应的作用。到了清末时期,"萧邑放湖,除新义乡向设两闸之外,只以县城之东西门外各筑二坝,余无设坝之处。其所云十八坝尚系宋时创始之制,迨后河道变迁,遂多不用"[2]。

湘湖在创立之初,经杨时、赵善济、顾冲等多位知县的精心设计和管理,湘湖地区形成了一个较完备的九乡用水体系。钱杭教授运用共同体的理论,将其定义为"库域型的水利社会",且具有极强的排他性。宋代时,虽也有豪民、权贵侵占湘湖,破坏用水体系,但总能够引起民众、乡绅的极力反抗,并及时修补。到了明代之后,侵占、破坏湘湖体系的活动日益猖獗,垦占、筑堤、造桥也集中于明清时期,民众有怒不敢言。如康熙二十八年(1689年),湖民孙凯臣趁湖水干涸,便筑堤于湖中。当上级视察水利,征求百姓对此事件的态度时,竟无引起多大的反应:"县出亲勘,而豪家势族反袒孙姓,阻九乡里老勿使赴议。惟一都四五六图,二都二图,涝湖村民蒋邦瑞、陈大绩等公呈争执。"[3]即使有识之士出来

---

① 〔清〕毛奇龄:《湘湖水利志》卷一,第618页。
② 周易藻:《萧山湘湖志》卷四,第76页。
③ 〔清〕毛奇龄:《湘湖水利志》卷二,第624页。

反抗,也落得悲剧的下场,如著名的"何御史父子事件"。之所以明清之后湘湖被大肆侵占,而民众的反抗(即排他性)没有像初期那样的强烈,关键还是湘湖发挥的作用及其地位的下降。

造成湘湖地位下降,很重要的一个因素是自然地理环境的变迁,即浦阳江下游河道的变迁及萧绍水利体系的形成。浦阳江的改道西流,除了割裂安养、许贤部分村庄,不再引湘湖水,也为将西小江改造成为一条内河提供了前提。

东汉马臻建镜湖(鉴湖),奠定了浙江山会平原的湖网水利格局。到南宋鉴湖彻底湮废后,山会平原就进入了向河网水系过渡的艰难时期。南宋以来的历任绍兴知府及各县知县在水利建设上也都做了不少的建设和贡献,如前面提到的彭谊建白马山闸、扩宽碛堰,戴琥广建排水闸、筑麻溪坝等。但始终没有将萧绍地区的河网水系统一起来,这也是萧山、山阴、诸暨各县经常为了水利建设而闹矛盾的原因。直到嘉靖十六年(1537年)汤绍恩建成三江闸,才标志着萧绍河网水利格局的形成。至此,萧绍平原有了可以合理调节水量的体系,抗旱防洪的能力大大提升。萧山东部平原也受此惠泽,广大农田在旱时也可引西小江之水,抗旱能力提升,以至于来苏、崇化、昭明三乡都不需要赖湘湖之水以解秋旱。

湘湖灌溉作用的削弱,水利地位的下降,使得原先的九乡之民已没有当初湘湖创建时的那种强烈的保护性及排他的欲望。这就纵容了沿湖居民对湘湖的垦占,也为湘湖砖瓦业、养殖业等其他形式产业提供了发展的空间。反过来,这些新兴产业的发展又加速了湘湖的湮废。

五、湘湖水利社会变迁及其原因

经过前文的分析论述,我们已经清晰地认识到了外围水系变迁对湘湖灌溉作用造成的影响。而当湘湖的灌溉作用被削弱后，对湘湖的垦占和利用进一步发展，也加速了"湘湖农业水利集团"的解体。

但湘湖农业水利集团的瓦解不仅仅是自然环境发生改变所造成的结果，湘湖的最终湮废与其自身内部的制度缺陷、对内对外的利益冲突以及政府的决断也息息相关。本文将在前人已有研究的基础上，从共同体理论及宗族角度来观察、研究湘湖水利事业的变迁，评析这两种理论解释湘湖兴废的利弊。最后，运用新制度经济学的理论，来进一步分析湘湖湮废的根本原因。

（一）共同体视角下的湘湖水利社会

在对"湘湖"课题的研究中，钱杭教授首先将共同体理论运用到湘湖水利史的研究中来，他认为此研究是"以共同体理论为分析工具，对以湘湖水利集团为核心的湘湖库域型水利社会进行的一项社会史研究"[①]。并且通过对"由'均包湖米'奠定的湘湖为'九乡共有'的权利意识；由'均水法'确立的排他性秩序规则；由'英宗敕谕'标志的历史合法性授权；由'何御史父子'树立的道德象征"这四方面内容的分析研究，来解释说明湘湖水利集团的兴衰，开创了库域型水利社会研究的先河，为同类的人工水库型水利社会史研究提供了借鉴。

1. "共同体"与"社会"

"共同体"与"社会"的概念区分，最早由德国的社会学家斐迪南·滕尼斯（Ferdinand Tönnies）在他的成名之作《共同体与社会》中提出。他将人类在群体生活中的结合类型划分为共同体类型和社会。

[①] 钱杭：《库域型水利社会研究——萧山湘湖水利集团的兴与衰》，第 12 页。

滕尼斯认为,"共同体的类型主要是建立在自然基础之上的群体(家庭、宗族)里实现的,此外,它也可能在小的、历史形成的联合体(村庄、城市)以及在思想的联合体(友谊、师徒关系等)里实现。"[1]即共同体有三种基本形式:血缘共同体、地缘共同体和宗教共同体。同时,他认为共同体是建立在有关人员的本能的中意或者习惯制约的适应或者与思想有关的共同的记忆之上的,即共同体的感情基础——本质意志。

与之相反,"社会产生于众多的个人的思想和行为的有计划的协调,个人计划共同实现某一种特定的目的会于己有利,因而聚合一起共同行动。社会是一种目的的联合体。社会也是一种人的群体,他们像在共同体里一样,以和平的方式相互共处地生活和居住在一起,但是基本上不是结合在一起,而是基本上分离的"[2]。

当我们面对一个拥有共同地域、共同资源、共同外壳,但其内部关系又极其复杂的人类群体时,可以尝试引入共同体理论。[3]并且,我们可以不去过多顾及共同体理论概念体系的完整性,而是"把握住共同体理论的一组核心范畴——私人利益、特殊利益、共同利益、普遍利益,运用共同体理论基本的分析方法——结构、互动,透彻了解'共同体'目标的虚幻性"[4]。

2. "湘湖水利共同体"与"湘湖水利社会"之区别

根据"共同体"与"社会"概念的区分,我们将其理论运用于

---

① [德]斐迪南·滕尼斯著,林荣远译:《共同体与社会——纯粹社会学的基本概念》,北京大学出版社,2010年,第2页。

② 同上。

③ 钱杭对共同体理论的发展及本质特点已有介绍说明,并提出运用共同体理论的策略与方法,详见钱杭:《库域型水利社会研究——萧山湘湖水利集团的兴与衰》,第8—12页。

④ 钱杭:《库域型水利社会研究——萧山湘湖水利集团的兴与衰》,第12页。

"湘湖"课题的研究中时,就必须重视"湘湖水利共同体"(湘湖水利集团)与"湘湖水利社会"这两个概念的区分,水利共同体只是水利社会中的一个部分。钱杭教授就确认,"湘湖水利集团是包容在湘湖库域型水利社会中的一个特殊的'关系类型'"[1]。并且,我们应当关注和重视在这个水利社会中除了"水利共同体"之外的其他各类人群。

(1)湘湖水利集团

杨时创建湘湖之后,确立了"均包湖米"的制度,将所淹湖田之粮赋均摊于得水利之九乡农田。这既是湘湖水利体系的基本制度,也是确立湘湖水利集团形成的理论依据。该制度的确立,标志着湘湖水利集团意识的初步形成。

集团意识形成最明显的表现便是对湘湖使用权的排他性。湘湖成湖之后,便时有废湖的提议与侵湖的行为。九乡之民便是本着湘湖乃九乡共有之财产的理念,积极抵制各种侵占行为。这种集团意识以湖粮换湖水为依据,不断相承,并且在社会舆论上占据了绝对的主导地位。这从历代萧山当地的文人、士绅对湘湖水利事业的记叙、评论中可以得到证明,特别是明代富玹和清代的毛奇龄的作品等。

(2)湘湖水利社会中的其他利益集群

生活在湘湖周边,与湘湖水利息息相关的人群,不仅仅是从事农业的那一部分。砖瓦业、渔业、航运业等产业在湘湖地区也有一定的发展和规模。尤其是宋元之际,部分北人南迁。外来人群的迁入,对土地的需求,必将对湘湖地区原有的社会生活状态产生冲击。因此,在研究湘湖水利史的时候,应当关注和重视在这个社会中生活的各类人群,去探析这些群体在湘湖水利社会中

---

[1] 钱杭:《库域型水利社会研究——萧山湘湖水利集团的兴与衰》,第12页。

所起的作用,了解湘湖水利集团与其他群体之间的相处状态。

3. 制度缺陷:湘湖水利集团解体的内因

对湘湖水利集团解体的内在逻辑和历史内涵分析,是钱杭教授对于湘湖水利史研究的一大成果。他认为,湘湖水利集团的解体步伐,早在湘湖建成仅七年后的宋徽宗宣和元年(1119 年)便已启动,即由部分"豪民"向朝廷所提"废湖复田"的请求中,就已经包含了将这个水利集团推向解体的内在逻辑。因为政府在制定并主导推行的湘湖水利基本制度"均包湖米"时,忽视了对因建湖而受损"私利"的补偿范围认定。这就造成了两个相对应的历史后果:"(1)由于在湘湖'公利'的合法性来源中政府权力所占之重大比例,湘湖水利集团就不仅是一个'虚幻的共同体',甚至其存在的完整性都将取决于政府权力的强弱。(2)未得水利或蒙水害的人们,必定会根据自己对当下'私利'受损程度的判断,选择与得水利者不同的行为方式。"[①]这一逻辑深刻地揭露了水利集团内部冲突的产生之源,可以说,湘湖水利集团在产生之初就已经埋下了解体的伏笔。

通过对湘湖水利集团逐步走向解体的内在逻辑再做进一步的解读,得到了产生这种逻辑更深层次的原因。第一,政府利益最大化原则。"由于缺乏对公共权力的制衡和利益主体之间的平等博弈,专制政府对某类政策的设计初衷、考核基准、评价指标,就很容易地集中在是否能为政府带来直接的好处这一关节点上。"[②]的确,萧山地方政府当初同意创建湘湖,也是基于湘湖建成之后,能够解决九乡旱涝灾害,提高粮食产量,增加赋税。而之后,当湘湖遭遇频繁的侵占,而政府的处理却总是严重滞后,关键

---

① 钱杭:《库域型水利社会研究——萧山湘湖水利集团的兴与衰》,第 314 页。
② 同上。

在于政府的税收没有受到削减。抗旱能力的提升和砖瓦业等产业带来的收入，使得政府不愿多去管理或干涉湘湖的水利争端。

第二，"公利"与"私利"意识的对立。"与'公利'不同的'私利'，即便并不一定会与公利发生直接的冲突或对抗，也会被迅速矮化、鬼化乃至邪恶化；而政府利益，以及有助于实现政府利益最大化目标的某一类群体利益，则经常被作为一种普遍性的东西，冠以'公意'和'公利'之名，以'公约'的形式固定下来。"①如上文中所述，从事农业活动的湘湖水利集团在社会舆论上已经占据了绝对的主导地位，在湖区内从事其他经济活动的群体以及不属于水利集团的从事农业群体，都被斥之为"湖患"。"在这样两种互为对立的意识形态的共同作用下，湘湖水利集团的解体，湘湖社会的分裂和肢解，就是不可避免的历史结局。"②

4. 关于共同体理论下湘湖兴废原因之辨析

通过运用共同体理论来研究湘湖的水利社会，我们能够形象生动地体会到因为用水关系而形成的各利益群体，以及群体之间的矛盾和斗争。而这个用水体系在形成之时就存在着缺陷，导致了以用水体系为准则建立的湘湖水利集团内外部矛盾重重，不断走向分裂、瓦解。因此，湘湖水利社会的解体也就不可避免。

的确，制度的缺陷是导致湘湖水利集团和水利社会解体的一个重要原因。那么，制度缺陷是否就是水利社会解体的最根本原因呢？笔者希望对此进行更深入的探讨。

笔者以为，湘湖水利社会的解体并不取决于湘湖水利集团是否瓦解。前文中已经提到，湘湖水利集团在形成时就存在着缺陷和弊端，包括集团内部用水不均的矛盾以及与集团外非用水群体

---

① 钱杭：《库域型水利社会研究——萧山湘湖水利集团的兴与衰》，第 318 页。
② 同上书，第 319 页。

之间的矛盾。在前期(明代以前)需要湘湖发挥其灌溉作用,并且还没有新的水利体系来代替其功能的时候,这些矛盾都可以由政府来主导、调和。而一旦有新的水利体系能够代替湘湖的功能,湘湖水利集团内外部的矛盾就会被放大。退一步说,就算湘湖水利集团的内外矛盾无法调和,并最终趋向瓦解,也并不能表明湘湖就必须湮废,湘湖大可发挥其除了灌溉之外的其他作用,如航运、渔业、砖瓦业等。

因此,新的水利体系的形成(萧山水利体系),代替了湘湖所发挥的灌溉作用,最终导致了湘湖水利集团的解体。而湘湖最终的命运,也不由原先的九乡之民来决定。

(二)宗族:萧氏笔下的湘湖社会生活史

在研究中国水利史的时候,不能忽视一个重要因素——宗族对水利事业的影响。宗族活动与中国人的生活密切相关,尤其是在农村。虽然宗族具有"世界性与普遍性,却没有哪一个地区、哪一个国家、哪一个民族存在过如同中国汉族一样完整、严密、漫长的宗族制度。这些地方的人们从来就没有把自己的生活和他们的宗族组织,像中国汉人那样牢固、长久地联系在一起"[1]。

萧山的湘湖地区在水利事业建设发展中,很好地体现了宗族势力在其中所起的作用及其产生的影响力,对这一地区的水利事业兴衰产生了不可忽视的影响。正如萧邦齐在其关于湘湖史的著作前言中就提到他之所以要选择湘湖作为研究对象的原因:"在湘湖的故事中,人们上演了一出如何为了生活和控制环境而奋斗的戏剧。它为我们打开了一扇窗:通过它,我们可以观察九

---

[1] 钱杭:《中国宗族史研究入门》,复旦大学出版社,2009年,第2页。

个世纪的中国社会,特别是具体到一个个活生生的人——官员、社会精英、普通大众,他们的生活是如何围绕着湘湖而展开的。"①萧邦齐关于湘湖水利社会的著作,详细地描写了湘湖自北宋政和二年(1112年)创建到1986年近九个世纪的历史,其中大量参考、引用了萧山当地的族谱进行研究,从而也从一个侧面反映了宗族在湘湖水利发展中的事迹,间接地体现了宗族势力在其中的影响。

1. 湘湖周边的几个主要宗族

在湘湖地区相互依赖的关系中,重要的社会文化单位是家庭,从明初到20世纪的湘湖历史中,更具体地说,是家庭扩展了的家族。萧山县、山阴县和会稽县的家族素以凝聚力、权力、影响力而著称。许多村庄就是由一个家族组成,全村所有的居民都是同姓。

生活在湘湖周边的几个大的宗族有孙姓、吴姓、黄姓、来姓、倪姓、陈姓、韩姓、何姓等。这些宗族多数通过族人考取功名,即科举致仕的途径光耀门楣,提高本族在当地的地位。

而根据这些宗族对湘湖水利事业的利、害来划分的话,这些宗族主要又分为两派,即积极参与兴修、维护湘湖水利事业的"保湖派";另一派所从事的活动则对湘湖水利产生负面效果,如垦占、制砖等,被视为"废湖派"。"保湖派"的宗族主要有来姓、黄姓、陈姓、韩姓、倪姓、何姓等,"废湖派"则以孙姓和吴姓为代表。

(1)"保湖派"宗族

来姓:湘湖北岸有一长河镇,该地多为来姓族人。"始祖来廷绍,随南宋宗室从河南鄢陵迁入,曾祖父是北宋刑部侍郎来之

---

① [美]萧邦齐著,姜良芹、全先梅译:《九个世纪的悲歌——湘湖地区社会变迁研究》,第1页。

邵。"①来氏后裔家族兴旺,为官者甚多。据统计,长河来氏考取进士的有 24 人,举人有 57 人,贡生有 97 人;出任宰相至县令以上的官员达 300 余人。因此民间有"无来不出榜"和"绍兴出师爷,师爷之府在长河"的谚语。

黄姓:12 世纪中期自萧山南边的诸暨县迁移而来,主要聚居在上湘湖的东部。他们把农业上的成功(黄寿堂以"万石长"闻名一时,死于 1461 年)和商业上的精明结合起来,建立了坚实的家族力量。② 族人黄九皋为明嘉靖十七年(1538 年)进士,今天萧山蜀山街道的史家桥埭上黄自然村还矗立着明嘉靖四十年为表彰黄九皋、黄师贤等 13 名举人的"甲科济美坊"。

其他的家族,如韩姓出自义桥,倪姓出自义桥和临浦之间的新坝镇,陈姓的重要一支住在茬山南部山脚下的涝湖村等。

(2)"废湖派"宗族

孙姓:据《萧山湘湖孙氏宗谱》的记载,湘湖孙氏的始迁祖为曾五公,宋、元间为避兵灾而迁入湘湖地区。孙氏家族主要居住上、下湘湖瓶颈处的西北岸桥头山和城山脚下,主要聚居村落有上孙(50 余家)、中孙(60 余家)、下孙(30 余家)、湖里孙(40 余家)等,取土烧砖,世代为砖陶瓦窑户。族人孙学古为嘉靖二十三年(1544 年)进士,曾出任东莞知县。孙学思在明嘉靖年间任礼部郎中、中书舍人等职,后为大理少卿。

吴姓:关于湘湖地区的吴姓,钱杭教授的书中有特别介绍。"吴"姓本为"于"姓,属明正统、景泰年间的朝廷重臣于谦宗族。于谦因卷入英宗复辟、夺门之变而遭极刑,同姓顿受牵连,于是改

①　方晨光:《文脉湘湖》,方志出版社,2007 年,第 132 页。
②　[美]萧邦齐著、姜良芹、全先梅译:《九个世纪的悲歌——湘湖地区社会变迁研究》,第 80 页。

"于"姓为"吴"姓。改姓后的吴氏世代居住在湖东柴岭山、掘狗洞山、莲蓬山的湖边山脚下,发展空间有限,因而只能以烧窑为主业,所居村落故名山前吴、大窑里吴、小窑里吴。[①]

2. 宗族势力的积极保湖:湘湖水利集团利益的代表

一个水利系统建设完成之后,是需要不断进行维护保养的。否则的话,日积月累,就会导致水利设施因泥沙淤积而湮废,或者遭到唯利是图的不法分子的破坏。湘湖自北宋政和二年(1112年)建成后,灌溉湖区周边的十四万七千余亩的农田,九乡百姓因此而受益匪浅。尽管湘湖的水利灌溉作用明显,但在湖成七年之后就有人提出"废湖为田"的要求。此后不断有豪族和佃民盗垦湖田,私挖霍穴盗水灌田等。政府虽也曾下令禁止非法占田,但政府一直在"废湖"和"保湖"的争论上左右摇摆,政策执行力不强,给了盗湖者可乘之机。"北宋以来,各级政府对某项水利政策实施效益的评价标准,主要集中在是否能为政府增加实际的赋税数量上。"[②]因此,要保住湘湖的水利作用不受破坏,地方势力就需要发挥积极的作用,来弥补政府不作为的这部分真空。

如前面提到的长河镇的来姓,农业为其宗族的重要产业,他们对水的需求很大。"为了灌溉,来灿积极地在湘湖西边的小湖建筑湖坝,帮助这个地区的发展。他也因此成了在重建地方水闸事务上与州府衙署接触的地方联络人。当官府财政枯竭时,他还拿出自己的钱财作为建设资金,并亲自指导。"[③]另外,来衡曾出钱修西海塘,防止海塘坍塌对湘湖的冲击。

"黄寿堂的儿子黄养性花费大量的时间和金钱致力于水利事

---

① 钱杭:《库域型水利社会研究——萧山湘湖水利集团的兴与衰》,第12页。

② 同上书,第54页。

③ [美]萧邦齐著,姜良芹、全先梅译:《九个世纪的悲歌——湘湖地区社会变迁研究》,第79页。

业,其中包括修复西小江和保护湘湖。在黄养性的传记中也记载着湘湖东南边的另一个湘湖家族,即韩姓家族,他们正陷于艰难时期,曾建江湖一览亭。"[1]"黄姓家族的一位后裔黄九皋,1538 年进士,曾任工部尚书。他研究和维修了西江塘后,按地方风景给自己取了一个号。他意识到跨湖桥对湘湖的未来会造成毁灭性的影响。他在一首关于湘湖的诗中对跨湖桥进行了讽刺。"[2]

乾隆二十三年(1758 年)十一月,曾在四川某县任县令后告老还乡的黄云,联合另外 18 个在湖区具有相当影响力的家族(孙、吴、何、蔡、赵、王等)中的人员反对罗家坞山上的采石场。很明显,采石会破坏山体的植被,造成水土流失,对湘湖不利。

此外,在湘湖附近的河流中,尤其是在萧绍运河中设置鱼栅栏,也对湘湖造成了不利的影响。由于湘湖放水时需要通过附近的河道来对农田输水,而鱼栅栏是用竹板制成,成了水草极佳的生长场所,阻塞河道。因此,1760 年夏,在黄云的建议下,这些鱼栅栏被下令拆除了。

到了乾隆三十三年(1768 年),黄云等又呈请清理湖界。当时清理统计得出,占据湖身的占户为 300 余户,瓦屋 118 间,草舍 9 间,窑所 2 座。但此事经府县层层上报讨论后,以无碍水利为由,没有采取强制的措施进行清理。

居住在涝湖村的陈姓家族,也热衷于维护湘湖的水利事业,因为他们家族以农业为基础,需要依靠湖水来灌溉。当 1689 年 9 月,孙凯臣试图在湖中修筑横跨下湘湖的湖堤时,周边的百姓是敢怒不敢言,而陈姓家族一个叫陈大缋的人居然有胆量站出来,控告势力强大的孙姓。

---

① [美]萧邦齐著,姜良芹、全先梅译:《九个世纪的悲歌——湘湖地区社会变迁研究》,第 80 页。

② 同上书,第 88 页。

1796 年乡绅于士达提出重修湖堤和霆穴的设计方案,并组织了管理委员会。"委员会共有 16 个职位,由 11 人担任。5 个职位由长河的来氏家族成员担当,4 个由义桥的韩氏家族成员担任。县城东北涝湖村陈姓家族的陈禹畴,在委员会中担任了两项职务,其他五姓(王、倪、贾、史和于各姓)在委员会中每姓占据一席。"①

1880 年,"当残存的湖堤遭受更大程度的破坏时,五个当地领导者——两个来姓家族的、两个王姓家族的、一个有监生功名的於姓家族的——请求知县对湖堤采取措施,并再一次呼吁注意衙差和塘长管理维修资金却没有作出有效的大范围的维修的问题"②。

3. 宗族势力的竭力毁湖:其他利益集群的代表

那些需要靠湘湖水灌溉农田的宗族,能在湘湖的建设上尽心尽力。同时,其他那些与之利益不同的,不以湘湖水灌溉农田而为生的湖边宗族,就会想尽办法围湖为田、地,或在湖中养鱼、养荷,建长堤通商,挖湖泥烧砖等。这些行为对湘湖的湖体和水环境都会造成巨大的破坏。其中尤以制砖业为生的孙、吴两姓对湘湖的破坏为巨,他们不仅挖湖泥制砖,还盗湖为田,在湖中建堤等,对湘湖造成不可弥补的损坏。

明成化年间,孙全和他的亲家吴瓒将一千余亩湖地盗垦为田,并且勾结了当时的县令邹鲁。乡绅魏骥得知了吴姓的侵占行为并且把他们的地恢复为湖,但他没有能够把孙姓所占之田全部恢复为湖。在他去世前,他还嘱咐他的门生何舜宾继续清理湘湖,以至于有后来发生的"何御史事件",其背后的原因也就是何

---

① [美]萧邦齐著,姜良芹、全先梅译:《九个世纪的悲歌——湘湖地区社会变迁研究》,第 153 页。

② 同上书,第 179 页。

舜宾破坏了盗湖孙氏和贪官邹鲁的利益。

孙氏、吴氏族人还在湘湖中挖泥制作砖瓦。烧好的砖瓦作为重要的建筑材料销售到杭州与绍兴等地。"所以从明代起,湘湖砖瓦业就成了萧山的重要特产,以此为业者遍布湘湖沿岸。至民国十四年(1925 年),窑所共达 44 处,计上孙 8 处,中孙 7 处,下孙 11 处,山前吴 3 处,跨湖桥 6 处,小窑里吴 4 处,大窑里吴 5 处。至民国十六年,窑所已达 72 处。"[①]从这些窑所分布的地点名称也可以看出,砖窑业的主要从业者应该是孙、吴两个大家族。

嘉靖三十三年(1554 年),孙学思利用他曾为朝廷高官的威望,在湘湖最窄处修建了一座横跨湘湖的桥,从此将湘湖一分为二,永久地改变了湘湖的形状。跨湖桥的修筑不仅仅将湘湖一分为二,还改变了湘湖的水流状况,破坏了湘湖原来的放水体系。

之后的康熙二十八年(1689 年)九月,孙凯臣利用天旱湘湖干涸的时机,聚集了几千人,在下湘湖修建了一条东西向的大堤。该大堤西起至湖岭,东至吴姓的老家柴岭,将下湘湖一分为二。

清末光绪二十九年(1903 年),举人黄元寿组建厚正公司,提议开垦湘湖中的六千余亩荒地。由此,关于湘湖中的高阜荒地是否该开垦的争议不断。

4. 宗族行为及其利益导向

本文在前面也提到了,黄氏家族的先人对湘湖事业作了很多的贡献,而且是站在保护湘湖的这一边的,为什么到了清末时,他们的后人要提出垦湖的请求呢?说到底,关键还是利益的问题。黄氏的先人和来氏等宗族之所以竭力保护湘湖,是因为他们以农耕为生,湘湖的存废关系到他们的生存。而到了清末的时候,经过几个世纪环境、社会的变迁,湘湖水对于九乡之民的影响已经

---

① 钱杭:《库域型水利社会研究——萧山湘湖水利集团的兴与衰》,第 123 页。

没有像湘湖开湖之初那么重要了。其中的原因很多,如明成化年间碛堰山的开凿,改变了浦阳江的河道,使之西流入钱塘江。这个工程在初期对湘湖地区的百姓来说是个灾难,容易造成该地区的水灾,且不利于引湘湖水灌溉。但在后来对萧山水利系统的完善过程中,先后修建三江闸、麻溪坝、茅山闸等水利设施,使得该地区的农田可以方便地取浦阳江、西小江等河流灌溉。而到了民国时期后,引进了西方的柴油抽水机,这又降低了对湘湖水的灌溉依赖。而在社会生活方面,人们不是只被束缚在田间辛勤耕作,更多的人开始从事非农行业,如养殖业、制砖业、经商等,湘湖的压力也可以大大减轻。这也是湘湖的破坏活动主要集中在明清时代的一个重要原因。

所以说,宗族的行为是以本宗族的利益为导向的。维护湘湖的宗族也好,破坏湘湖的宗族也好,他们之间并没有本质上的对立点,他们的行为与所谓的公共利益也没有必然的联系。当时的维护者,若干年后也可能会变成破坏者。

(三) 新制度经济学下的湘湖产权解释

湘湖作为一个拥有丰厚历史底蕴的湖泊,受到了众多学者的关注和研究,研究成果颇丰。尤其是近年来,从社会学的角度对湘湖进行研究开始兴起。其中代表性的有钱杭教授和萧邦齐教授,他们分别运用共同体理论以及从宗族角度入手来研究湘湖社会,真实、生动地展现了湘湖地区的水利事业及社会生活变迁,分析了湘湖水利社会解体的原因。

上文通过对前人研究成果的总结,笔者以为,对湘湖课题的研究还可以从经济学的角度去展开,并希望以新制度经济学的理论为工具,用新的视角来阐释湘湖水利社会现象的原因,剖析湘湖湮废的经济学内因。

1. 产权与水权的基本定义

（1）产权的定义

产权（property rights），即财产权利，也可以理解为广义的所有权。产权学派的学者对产权的定义各有不同，代表性的有四种：其一，产权是一种能使人受益或受损的可交换的物或劳务的价值；其二，产权是对所有权、使用权、管理权、收益权等一系列权利的总称；其三，产权是由社会强制的对某种经济物品多项用途权利的选择；其四，产权是一系列用来确定每个人相对于稀缺资源使用时的地位和经济的社会关系。[①] 但关于产权的本质，不论是马克思主义经济学还是西方现代产权经济学，都认为产权本质上反映的是人与人之间的行为关系。[②]

产权一般有多种权能，完整的产权是对特定财产完整的权利，不是单项的权利，而是一组权利或者一个权利体系，产权经济学中将其称为"产权束"。对于"产权束"的划分，国内用得较多的是占有权、使用权（经营权）、收益权、支配权（处置权）的四权划分。但在大多数情况下，由于受各种因素影响，产权主体拥有的"产权束"往往是残缺的。如下文将提到的湘湖产权，其占有权、使用权、收益权、支配权就分别属于政府和九乡水利集团所有。而且，在不同时期，各方所拥有的权利也会变化。

（2）水权

水权即水资源产权，是水资源在稀缺条件下，围绕一定数量水资源用益的财产权利。如同产权的权利划分，水资源的权利也可以看作是一个产权束，称为"水权束"，包括对水资源的配置权、

[①] 潘义勇：《产权经济学》，暨南大学出版社，2008 年，第 17 页。

[②] 王亚华：《水权解释》，上海人民出版社，2005 年，第 28 页。又如，吴易风、关雪凌等：《产权理论与实践》，中国人民大学出版社，2010 年，第 34 页，"马克思唯物主义产权观认为产权本质上是人与人（阶级与阶级）之间的利益分配关系"。

提取权和使用权三项权能。由于"水权束"中的各项权利也是可以分割的,因此我们在研究讨论水权主体的权利时,要注意明确主体所拥有的实际具体权利。这一过程可称为"明晰水权"或"水权界定"。

水权有广义和狭义之分。"广义水权指所有涉水事务(例如水利工程修建、防洪治涝、水运等)的相关活动的决策权,它反映各种决策实体在涉水事务中的权利义务关系。狭义水权专指水资源产权,是与水资源用益(例如分配和利用)相关的决策权,它反映各种决策实体在水资源用益中相互的权利义务关系。"[1]本文所涉及的湘湖水权问题,便是指狭义的水权。

由于中国一直没有关于水资源财产权利的法律,传统上水权被认为是模糊的。法律上没有规定水资源的财产权利,并不代表在实践中不存在着财产权利关系。"经济学意义上的'事实水权'一直存在,并被从国家到个体之间的各个决策实体分层持有。大体来说,政府持有宏观配置权,社团持有提取权和供水范围内的配置权,用户持有使用权。"[2]湘湖水资源的权利分配,也基本符合上述的分配结构。

2. 湘湖的产权解释

古代中国是一个封建帝制国家,强调的是君权至上。普天之下,莫非王土。因此皇帝拥有对国内一切土地、山川、湖泊的所有权。正如前面所述,根据产权束的理论来讲,湘湖的所有权(占有权)为国有(王权所有),现代则称之为国家所有制。因此,我们所要讨论的湘湖产权问题,将是除去占有权之外的权利界定。或者说,拥有对物体最终决策权的那一方,即是产权的拥有者。

---

① 王亚华:《水权解释》,第 32 页。
② 同上书,第 34 页。

湘湖作为一个整体，其组成部分包括湖中之水、湖底之地、湖边设施以及湖中的各种动植物资源，其每部分的各项权利归属又都不相同。[①] 权利归属的不确定性及不一致性，将导致在此基础上建立的湘湖水利集团存在致命的缺陷，这也是促成该水利集团最终解体的内在原因之一。

（1）九乡水利集团拥有的仅是湘湖水的使用权

湘湖乃是由浅海湾演变而来，到了北宋前已淤积为一片沼泽地，并且已有乡民进行开垦。杨时任萧山知县后，为解决萧山频发的旱涝灾害，决定在湘湖这一高卓之地，筑堤为湖。湘湖成湖时的面积为三万余亩，"以湖田原粮一千石零七升五合加派之由化等乡得水之田，每田一亩派七合五勺以代为上纳，谓之'均包湖米'"[②]。以淹三万余亩泽地的代价来换取九乡十三万七千余亩农田免受秋旱之苦，于官于民都是十分值得的。

九乡之民自从承担湖耗之后，便视湘湖为九乡之私产，逐渐形成严密的九乡用水体系。钱杭教授首创性地称其为"湘湖农业水利集团"[③]。在集团内部，以"均平"为原则，制定完善的用水规则；对外，则积极维护湘湖的完整性，抵制豪民官绅对湘湖的侵占。湘湖农业水利集团具有如此完善的用水规则和强烈的排他性，最终却仍走向解体，很重要的一个原因就是九乡之民对湘湖资源产权界定的不明晰以及权利的缺失。

如前所述，湘湖作为一个整体，包括多个组成部分。九乡之民虽承担均包湖米，但实际拥有的只是湘湖资源的一个部分，即

[①] 例如，钱杭即认为："对于湘湖整体来说不可分离的湖中之水、湖底之地、湖边设施的产权实际上就具有九乡公有、官府独有、官民共有等三种形态。"（钱杭：《库域型水利社会研究——萧山湘湖水利集团的兴与衰》，第 87 页）

[②] 〔清〕毛奇龄：《湘湖水利志》卷一，第 613 页。

[③] 钱杭的《库域型水利社会研究——萧山湘湖水利集团的兴与衰》一书的第二、三、四章对湘湖水利集团的基本制度、结构与功能、秩序规则等已有详尽的研究。

湖中之水。联系到水权束的权利分配,以萧山知县为代表的官府拥有对湘湖水的配置权,九乡水利集团拥有湖水的提取权,承担"均包湖米"的九乡之民只有使用权。

杨时在创建湘湖之初,确立了初步的用水规则,即"均包湖米"。该规则只规定承担湖米的乡民有用水的权利,却没有制定用水的多寡。且湖水只溉八乡之田,许贤乡还没有被纳入湘湖水的灌溉体系内。因此,由用水引发的争斗和诉讼事件时有发生。南宋绍兴二十八年(1158 年),县丞赵善济制定《均水法》,"相高低以分先后,计毫厘以约多寡,限尺寸以制泄放",相对改善了用水均衡。淳熙九年(1182 年),知县顾冲又制定更加完善的用水规则《均水约束》。不仅规定了每亩农田的得水量,还正式将许贤乡纳入湘湖用水体系,形成了九乡水利集团。从九乡用水体系不断完善的过程来看,湘湖水资源的配置权一直牢牢掌握在县政府手中。当用水集团内部因配水不均产生矛盾时,往往以暴力的形式来解决,水利集团自身并不具备重新调整完善配水体系的功能,拥有和行使这项权利的只有当地政府。九乡水利集团拥有的只有湖水的提取权。当湘湖放水之日来临时,便组织乡民在周边内河筑坝拦水,保证湖水不泄于九乡之田以外。

(2)湘湖产权归属的模糊导致侵占的猖獗

九乡之民普遍认为,既然他们已承担了湖米之赋,湘湖便是其九乡共有之私产,那些没有均摊湖赋的人就没有权利来染指湘湖,这就形成了九乡水利集团强烈的排他性。而另一方面,自湘湖创建之后,对湘湖的侵占事件却屡禁不止。湘湖成湖七年后,便有人呈请废湖为田。南宋之后,更有豪民将其献于权贵。明清之后,盗湖为田、挖泥制砖的行为日益猖獗。在九乡之民的坚决抵制及乡贤们的积极维护下,当地政府对大部分的侵占行为都进行了惩治。但仔细研究这些历史案件,我们可以发现政府对不同的侵占案件处理的态度和结果各有不同。

对湘湖的侵占主要有三类。一是盗湖为田。豪民权贵一直窥视湘湖,不断蚕食湘湖。对这一类行为,政府采取的是坚决打击。盗湖为田一经揭发、核实,就将开垦之田恢复为湖,并收缴所获的利益。对盗湖者的惩罚轻则从杖一百,重则全家发配充军,甚至处死。[①] 南宋嘉定六年(1213 年),知县郭渊明定湖沿以金线为界,即黄者山土,青者湖土。青土之上者皆为湖域,其上所建房舍和稻田皆复为湖。

二是私开霤穴盗水。由于湖水有限,一些豪民总是想方设法多取湖水。因此在南宋淳熙十一年(1184 年)就定例,“放水不依时刻,先自开发者,重罚。若私置霤穴,中夜盗水者,其罚尤倍。(注:揭防断臂,窦水断趾。揭防者,私先启防,即先开也。窦水者,以穴盗水也,断者折伤也)”[②] 虽有官府的严刑重罚,但盗水情况还是比较严重。到了康熙五十八年(1719 年)时,“县丞贾克昌会同绅士,勘得官霤十八穴,私霤三十三处,沿湖车水基址共四十余处”[③]。

三是挖湖泥烧砖。湘湖地区由于特殊的地理环境,其土质以黏土为主[④],质地细腻,适合制陶烧砖。在距今七千多年前的跨湖桥文化遗址,就出土了已知世界最古老的陶轮。[⑤] 明清以来,

---

① 〔清〕毛奇龄:《湘湖水利志》卷二,第 623—624 页。

② 〔清〕毛奇龄:《湘湖水利志》卷三,第 639 页。

③ 于士达:《湘湖考略》,参见钱杭:《库域型水利社会研究——萧山湘湖水利集团的兴与衰》附录二。

④ 跨湖桥遗址位于湘湖中部的跨湖桥附近,该地区的土质类型包括粉质黏土与粉质亚黏土互层、黏质粉砂土、粉质黏土、亚黏土、黏土或淤泥质黏土、铁质风化壳、贝壳堤与牡蛎礁等。梁河、冯宝英等:《浙江杭州萧山跨湖桥遗址发掘中的一些地学问题研究》,《中国地质》2011 年第 2 期,第 504—515 页。

⑤ 柳志青、施家农等:《跨湖桥文化先民发明了陶轮和制盐》,《浙江国土资源》2006年第 3 期,第 58—60 页。

沿湖的砖瓦业兴起,沿湖居民多有从事此行业。《萧山湘湖孙氏宗谱》中就记载,孙氏祖先宋元间迁至湘湖地区时,因无地可耕,世代乃以烧砖制陶为业。到清乾隆三十八年(1773年)时,沿湖居民业陶者已有上百户。湘湖的定山、汪家堰、跨湖桥、湖里孙、窑里吴诸村,均以制砖瓦为业,时砖瓦已为湘湖大宗名产。砖瓦业的发展对湘湖湖体的破坏也是巨大的。制砖所需原料需从湖底挖掘上来,从而留下了许多深潭。湖底地貌的变化将改变湘湖水流方向,改变了原先制定的放水规则所能发挥的效能。不同于前两类,官府对砖瓦业的发展持默许的态度。如乾隆三十三年(1768年),邑绅黄云等呈请清理湖界,当时湘湖周边占湖而居的已有三百户左右,搭房、制砖众多。而政府为了维持社会的稳定,并没有采取强制清理的措施,而是默认了这个既成事实,只是禁止再垦占湖身,不得妨碍水利。由此可见,当地政府在处理上述类别的侵占湘湖情况中,对于直接影响九乡用水量的盗湖为田和私自盗水的案件采取的是打击的态度,而对于不直接减少湘湖水量的制砖挖泥,则采取不干预的态度。

从政府的角度来看,由于九乡水利集团承担了湖赋,因此要尽量保证九乡之田能够得到相应的水量,满足他们对湖水的提取权和使用权。对直接影响湘湖水量的行为理应采取积极的行动,这也是湘湖创建的初衷。而对砖瓦业采取默许的态度,一方面是由于制砖挖泥虽破坏湖体原有状况,但没有直接减少湘湖的蓄水量,对湘湖效能发挥产生的负面影响没有前面两种情况大。另一方面,沿湖居民缺少耕地,砖瓦业乃是他们的一项重要经济来源。据民国十六年(1927年)的调查得知,"全湖之生产量,除湖外田产不计外。完全由湖中及沿湖诸山所生产者。计砖瓦每年值十五万元至十八万元。果品每年五万元至八万元。鱼、虾、莼菜、芡实等水产物,年值约一万元"①。而湘湖每年产值约为 48 万元,砖瓦业的产值就占了总产值的 31.25%—37.5%。湘湖所产的砖瓦也因品质出众而成为萧山的一大特产。政府无论是为了维护沿湖居民的生计,还是为了能获取更多的赋税,都不愿去阻碍砖瓦产业的发展。

从九乡水利集团的角度来分析,九乡之民一直对自身所拥有的权利存在着误解,认为"湘湖乃九乡衣食之原,亦九乡性命之本。利则九乡独沾,责则九乡独任"②。每当有侵占湘湖的事件发生时,总能表现出强烈的排他性,但在事实中又显得那么无力,这就是产权不明晰造成的后果。湘湖成湖以来,政府与九乡之民达成的只是湘湖水资源使用权的交易,政府需保证水量供应,九乡之民承担相应的水费。至于对湘湖的其他利用,如航运、捕鱼、制砖等,九乡之民已无权干涉。反过来讲,由于湘湖各部分的产权归属不明确,就为侵占行为提供了可乘之机,对于侵占行为的治理也存在着明显的滞后性。

(四) 湘湖水利社会的治水结构

湘湖水利集团之所以在建立之初就注定了其走向解体的命运,诚如钱杭教授所分析的那样,"湘湖水利集团就不仅是一个'虚幻的共同体',甚至其存在的完整性都将取决于政府权力的强弱"。政府一手创建了湘湖,并制定、完善了湘湖水利集团的规则、秩序,这样的制度延续了 8 个世纪之后,最终还是政府的一纸公文,决定将湘湖收归国有,进行开垦。这种结果的出现,归根结底与中国的治水结构有关。

---

① 国民党浙江省党部编:《湘湖调查计划报告书》,民国十六年(1927 年)第三中山大学印本。

② 〔明〕富玹等撰,〔清〕张文瑞续刻、三刻:《萧山水利三刻》卷下,第 342 页。

1. 治水结构与水权结构

治水结构是指水治理的制度框架,是人们围绕水的开发、利用、治理、配置、保护和节约等诸方面权利义务关系的总和,我们也可以将其视为广义水权在整个社会中的分布。一个社会应对来自水的挑战,需要动员和协调各种社会资源,包括经济资源、人力资源、技术资源、信息资源等。为此社会需要有一套制度安排,以解决治水面临的集体行动问题,包括集体行动的规模、组织和激励、分工与协调、资金筹措、信息获取和传递、利益冲突的调解等一系列问题。围绕治水目标建立的这套制度就是治水结构,它的核心是决策权的分配,简单来说就是分权和集权的问题。[1]

与广义水权相对应,狭义水权在社会中的分布定义为水权结构,即水资源的产权结构。治水结构反映的是人们在所有涉水事务活动中的权利和义务关系,水权结构则反映人们在水资源用益中的权利和义务关系。正如狭义水权寓于广义水权之中,水权结构实际上也寓于治水结构之中。也就是说,治水结构是宏观的权利结构,水权结构是更为具体的产权结构。[2]

之所以要强调治水结构与水权结构的关系,是因为治水结构的选择与具体的水权结构息息相关。根据"科斯定理"的交易成本理论,如果对某一资源的交易成本为零,那么不管谁拥有产权,资源的运用都将导致相同的效率。这就意味着,在一个交易成本很低的环境中,产权的分配并不重要。相反,在一个交易成本极为昂贵的资源配置领域,产权的分配就变得极为重要,产权结构对于资源配置绩效将产生决定性的影响。而水资源正是一种配

---

[1] 王亚华:《水权解释》,第 37 页。
[2] 同上。

置交易成本高昂的资源，对中国水权结构变迁的分析，将有助于我们了解中国的治水结构，弄清楚政府对湘湖所做各种决策背后的深层原因。

2. 中国的科层治水结构

（1）科层的概念

"科层"（hierarchy）一词是来自西方学术界的"舶来品"。我国学术界对这个术语的理解通常来自马克斯·韦伯的科层制理论，我国习惯上将科层制称为官僚体制。实际上，科层制不限于官僚组织，它是现代许多大型社会组织的基本结构，如政府、军队、企业等。科层组织有以下一些基本特性：其一，等级制；其二，伴随职位而来的权威；其三，组织中的任务分工；其四，依法则规章行事；其五，强调对组织和上级的服从；其六，公事公办的非人格化关系。在新制度经济学中，科层是与市场相对的一种资源配置形式。[1]

"科层结构"既是理解中国治水结构的核心，也是理解中国古代国家治理结构的关键。在以往的政治学文献中，包括"治水派"学说在内，已经认识到中国古代这种特殊的治理结构，并将其称为"专制主义""极权体制"或"官僚体系"。用科层理论来解释中国的治水结构，使得政治学的思想与制度经济学的理论得到了结合。而科层结构是节约高昂合作成本的结果，但同时伴随着较高的管理成本，这种结构的维持以有效降低管理成本为前提。所以说，在这里运用科层理论，也是新制度经济学理论向政治学领域的拓展。[2]

---

[1] 王亚华：《水权解释》，第 39 页。

[2] 同上书，第 39、40 页。

（2）中国的水权科层概念模型

王亚华的《水权解释》借鉴了自然资源产权经济学的前沿成果"制度科层概念模型"[1]，并在对黄河流域的实证研究基础之上，开发了"水权科层概念模型"（见图1），在该模型的框架下，作者呈现了中国水权结构从古至今的演变过程。同时，还提供了解释水权结构及其变迁的经济学理论，以此来分析中国各个时期水权结构变迁的内在动因。

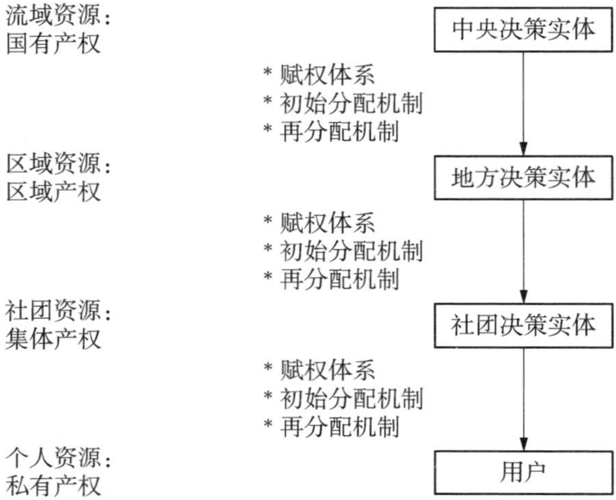

图1 水权科层概念模型[2]

---

① 澳大利亚的查林（Challen）利用新制度经济学方法，通过对澳大利亚的墨累—达令流域的水权交易研究，提出了自然资源产权科层理论。他的创新和贡献体现在多个方面：第一，将决策实体的性质作为划分产权类型的依据。第二，认识到复杂的自然资源，特别是流动性自然资源的产权结构是一个层级结构。第三，恰当区分了"产权"与"制度"，认为产权是制度的一个子集，产权的性质由资源利用的决策实体的性质来确定。第四，对"制度科层"做了出色的经济学解释，即静态交易成本或动态交易成本的最小化。

② 王亚华：《水权解释》，第122页。

以上的水权科层概念模型，体现了水资源的权利分配从国家到用户的各个层次上表现为一个层级系统。这个层级系统由两大要素组成，各个层面的决策实体和各个层次之间的水权分配机制。在纵向上，水权被国家、地方、社团和用户这四个决策实体分层持有，两层之间的分配机制都包括赋权体系、初始分配机制和再分配机制三个方面；在横向上，水权被同一级的各个决策实体分割持有。

（3）中国的科层治水结构选择

一个流域各地区利益团体之间集体行动的模式，可以大致归纳为五种基本形式。第一种，自由放任。各个地区各自独立行动，彼此互不相干。第二种，协议。地区之间就河流治理的共同利益达成协议，根据协议开展集体行动。第三种，协商。可以设立非正式的协商组织来协调各地区的行动。第四种，协调。在协商一致性难以达成的情况下，引入带有一定强制性的协调机制就变得必要。第五种，科层。如果通过"协调"模式还不足以解决地区之间的集体行动问题，则需要引入更强有力的集权模式，这就是由政府或者类似于政府的权威机构，直接对跨区域水事务行使强制性权威。①

之所以说中国的治水结构是科层模式，是由于中国水治理中的剩余控制权，全部掌握在政府手中。古代中国是单一制国家，事实上剩余控制权完全掌握在中央政府手中，只不过实践中需要分级管理，地方各级政府也被中央政府授予一定的剩余控制权。在科层治理结构中，中央政府是最终委托人，地方各级政府是中央政府的代理人。中国治水的科层结构，就其基本形式而言，自秦代以来的两千多年中没有发生根本性的变化，主要特征是几乎所有的用水和与其有关的活动，如航运、防洪和主要水利工程的修建和维修，均处在政府的直接控制之下。中国之所以能够对水

————————
① 王亚华：《水权解释》，第69—72页。

实行有效控制,维持几千年来文明的延续性,与科层的治水结构是分不开的。[1]

其实,对于中国这种科层治水模式的研究早已有之,最著名的便是以美国学者魏特夫为代表的"治水派"。他在1957年出版的《东方专制主义》一书中指出,远古中国的治水是专制主义产生的主因。由于大规模修建水利工程和有效管理这些工程的需要,必须建立一个遍及全国至少是遍及全国人口中心的组织,于是便产生了专制制度。[2]

而比魏特夫更早关注到国家与治水关系的是冀朝鼎。他在1936年出版的《中国历史上的基本经济区与水利事业的发展》一书中提出了"基本经济区"的概念。他认为,古代中国的分裂与统一,与对基本经济区的控制有关。而基本经济区的形成和发展又与水利事业的发展紧密联系。因此,一个统一的高度集权的国家就势必十分重视对水利事业的建设,尤其是对基本经济区的水利事业建设。[3]

因此,"科层治水结构"可以说是利用现代经济学分析工具对中国治水与治国关系的阐释,丰富和发展了"治水派"学说。

3. 湘湖的治水结构

笔者之所以在上文花了较大的篇幅来介绍中国的水权科层模型和科层治水结构,是因为笔者希望借鉴此理论,站在中国治水结构的角度来分析湘湖水利史的发展情况,从而了解其背后的国家、地方政府与水利事业之间的关系,阐明湘湖湮废的根源。

---

[1] 王亚华:《水权解释》,第73页。

[2] [美]魏特夫著,徐式谷等译:《东方专制主义——对于集权力量的比较研究》,中国社会科学出版社,1989年。

[3] 冀朝鼎著,朱诗鳌译:《中国历史上的基本经济区与水利事业的发展》,中国社会科学出版社,1981年。

（1）湘湖在水权结构中的位置

王亚华的水权科层概念模型是基于对黄河流域的实证研究得出的，而他所借鉴的自然资源产权科层理论，也是以澳大利亚的墨累—达令流域为研究背景。因此，将这种以流域型水环境为研究背景所得出的理论模型，运用到湘湖这样的库域型人工水库中来，它的可行性及合理性也是值得思考和探讨的。

但是，正如笔者前面所言，在这里借鉴水权科层概念模型，也是为了从宏观的、全局观的角度来分析湘湖在地区治水结构中的地位与作用，从而来解释湘湖水利史各现象的内因。换言之，如果我们在研究湘湖时，不仅仅拘泥于对湘湖这一库域的研究，而是将湘湖放入萧绍水利体系当中去，注意湘湖与周边河流水系的关联，或许这样能使我们看到不一样的结果。

将湘湖所在地区的水权情况对应到水权科层概念模型中去，见图2所示模型。

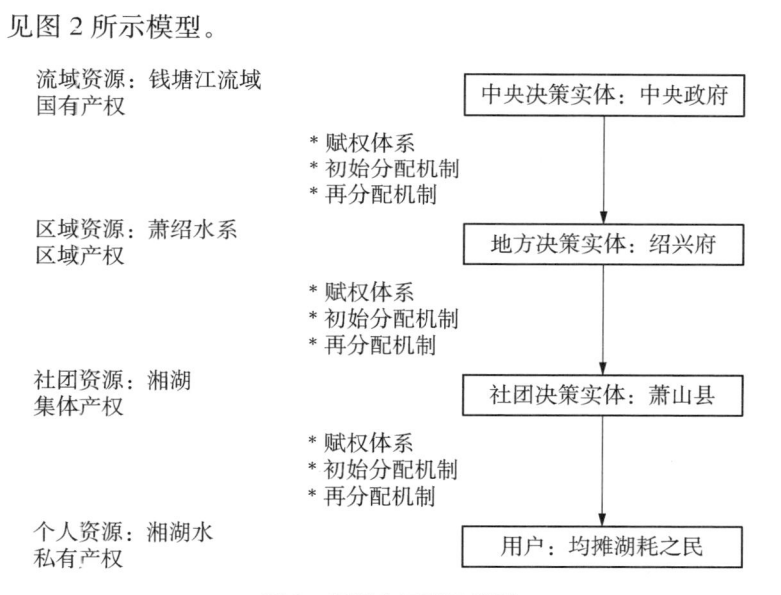

图2　湘湖水权科层模型

通过图 2，我们可以看到，湘湖在水权科层中处于社团资源的位置，这是由湘湖的湖域面积及灌溉范围所决定的。而与其对应的决策实体却是萧山县政府，并非所谓的湘湖拥有者——"九乡水利集团"。对决策实体的判断依据是，谁拥有对该资源的剩余控制权，即谁就拥有最终的决策权。湘湖自创建以来，其灌溉范围的确定、用水量及用水规则的制定和修订，都是由以知县为代表的萧山县政府所决定。所谓的九乡集团乃是"均包湖米"制度在社会意识中的反映，并不具有任何的实际权力。

社团决策实体由政府机构来替代，这样的后果便是社团资源的产权由政府控制。对资源的使用方式及最终如何处置，都由政府决定。这样就容易造成政府决策的独断性，忽视对部分底层民众利益的关注。

（2）湘湖剩余控制权的归属

由于湘湖处于水权结构的第三层，且决策实体为地方政府，因此，湘湖的命运与上一层级的萧绍水系息息相关，或者说，湘湖的未来走势取决于绍兴府所做的水利决策。

浦阳江的改道是萧绍水系变迁的前奏，也是萧绍水利体系形成的一部分。在浦阳江的人为改道过程中，拓宽了碛堰山口，修筑麻溪坝，使浦阳江主流西折注入钱塘江。但这一人为改道，却将引湘湖水灌溉的许贤、安养两乡大部分农田隔在江南，从此无法再引湘湖水。而萧绍水利体系建成后，由化、来苏、崇化、昭明等乡也不再引湘湖水，湘湖的地位和作用进一步被削弱。

作为湘湖以及萧山地方水利的实际决策实体，萧山县在浦阳江改道对湘湖水利体系破坏的问题上却没有发挥任何的积极作用。历史上，萧山县与周边的诸暨、山阴县都有水利方面的争端，并且态度强硬。比如与诸暨县关于开纪家汇的争端，为了使萧山南部地区免受开纪家汇带来的水灾,知县谢晖更有"头可断,汇不可开"之言。为何在浦阳江改道这一关乎湘湖水利体系完整的问题上不竭力力争,以及之后为了彻底断绝浦阳江与西小江之间的联系,筑坝麻溪,使天乐上乡、中乡之地常被水浸,来换取山、会地区的稳定?关键就在于,这些决策的制定者是比萧山县政府更高一级的绍兴府。

前文中笔者已提到过一个流域各地区利益团体之间集体行动的五种基本模式,即自由放任、协议、协商、协调、科层。而萧山、山阴、诸暨、会稽等县之间为了各自的利益,谁都不肯轻易让步、牺牲,因此,只能由更高一级的绍兴府采取强制性的统筹安排。当然,知府们在进行水利事业的统筹安排时,考虑的就是如何才能实现水利效益的最大化以及管理成本的最小化。

4. 管理成本最小化:政府决策的出发点

(1) 水利管理成本的上升

在萧绍水利体系形成之前,萧山、诸暨、山阴、会稽等县在水利事业上都是各自为营,鲜有合作,各县之间的水利争端也是不断。起初,各县对自己境内的水利事业都有较好的经营,遇到水害,也能通过兴修水利设施来进行改善。但到了宋代以后,该地区的情况发生了很大的改变。

萧绍平原作为宁绍平原的一部分,该地区历史上分布着大大小小的湖泊,是全国湖泊分布最密集的地区之一。[1] 比较大的有绍兴的鉴湖,可汇十八条溪流之水;萧山的临浦湖也横贯萧山中部地区。其他较大的还有萧山的西城湖、上虞的夏盖湖等。大大小小的湖泊既提供了农业灌溉的水源,也起到了很好的蓄洪作

---

[1] 陈桥驿、吕以春、乐祖谋:《论历史时期宁绍平原的湖泊演变》,《地理研究》1984年第3期,第29—43页。

用。而唐代之后，大批北人南迁，随之带来的是湖泊被大量围垦，垦废情形见表9。

表9 唐代以后宁绍地区的湖泊垦废状况

时代	被垦废湖泊		尚存湖泊	
	总数（个）	万亩以上湖泊	总数（个）	万亩以上湖泊
宋元时代	18	5	199	10
明清时代	155	5	44	5

资料来源：陈桥驿、吕以春、乐祖谋，《论历史时期宁绍平原的湖泊演变》，《地理研究》1984年第3期。

湖泊被大量围垦后，带来的后果就是水旱灾害的频发。旱时农田无水可溉，涝时无地可蓄水。而该地区最明显的表现就是浦阳江下游河道的变迁以及对周边地区带来的影响。如浦阳江下游借道东流时，使得钱清江从一条无名小河变为滔滔大江。由于上游来水迅猛，沿岸的山阴、会稽两地深受水灾。而当开大碛堰，部分浦阳江水西流时，又引发山、会两地农田的咸潮灾害。而上游的诸暨也时常受到浦阳江洪水的影响。前期的彭谊、戴琥、张焕等官员也都积极兴修水利设施来缓解灾害带来的影响，如修筑白马山闸、创设多点排水法，但都无法根治水害，施行了一段时间后也就被废置。

当地的政府在水利事业上都投入了更多的人力、财力资源，但结果却不尽人意，造成这种结果的原因是，浦阳江是一条流域性的大河，对于流域性的河流治理，必须要相关地区的协同合作，这样才能最有效地解决水利问题。但是相互的合作是需要作出一定的让步和利益牺牲的，相关的萧山、诸暨、山阴、会稽却都不肯退步，反而时有相互的争讼。因此，当基层政府无法相互合作来解决水利问题、降低管理费用的时候，就需要更高层级的政府机构进行权威性的调控。

（2）新体系的建立降低管理成本

绍兴知府彭谊、戴琥等开始对萧绍地区的水利事业进行统筹性规划安排，如在下游进行排水设施建设的同时，在上游的天乐乡地区修筑临浦坝、麻溪坝等设施，这也为后来的建设者提供了基础。最终是在明嘉靖十五年（1536年），知府汤绍恩建立三江闸，并进行了相应的配套设施建设，形成了萧绍水利体系，才较彻底地解决了萧绍地区长期以来的水害问题。

萧绍水利体系的形成，将萧山、山阴、会稽等县的水利体系都合并到了一起，形成了一个统一的、可以大范围调配的水系，发挥了比原先更大的规模效益。并且该水利体系长时期地发挥其功能，之后便少有大型的水利设施建设。这不仅加强了该地区防洪抗旱的能力，减少了灾害发生的概率（可参见表6），也实实在在地减少了政府及民众为水利建设而支出的费用。如萧山的湘湖地区，每当放湘湖水的时候，就需提前组织乡民在相关的内河中筑坝拦水，放水结束后又要拆除，以利航运。这不仅阻碍了航运业，反复筑坝、毁坝对百姓而言，也是不小的经济负担。而萧绍水利体系形成后，萧山东部平原的来苏、崇化、昭明等乡就不再引湘湖水，对这部分地区的乡民来说，就不必有这方面的负担。湘湖所在的灌溉区大部分都被纳入萧绍水利体系当中，不再需要湘湖水的灌溉，湘湖最重要的灌溉作用已经削弱，而垦殖之声兴起，最终等待它的只能是被垦殖湮废的命运。

结论

在对湘湖的研究过程中，总是绕不开一个话题，就是湘湖湮废的原因。本文通过着重研究湘湖所在大区域的水利环境变迁

及与湘湖水利的关系,并借鉴新制度经济学中的产权、水权、科层等理论,重新阐释了湘湖湮废的原因,得出了以下结论:

1. 根据对湘湖成湖至民国开垦前湖体的历史演变过程的论述,我们得知,湘湖湖域面积日益缩减,最终在 20 世纪 80 年代时完全湮废,这是湘湖不断受到自然灾害的冲击以及人为侵占破坏的结果。

2. 湘湖初建时作为萧山重要的水利工程,之后却不断被侵占、削弱,浦阳江下游河道的变迁对湘湖的兴衰产生了很大的影响。浦阳江下游主流改道西流,将部分引湘湖水的乡村隔在江南岸,破坏了原先的用水体系,削减了湘湖的灌溉范围及作用。

3. 以浦阳江改道为前提,最终以三江闸修筑奠定基础的萧绍水利体系的形成,彻底改变了湘湖所在地区的水利体系。湘湖的水利作用已大部分被新的萧绍水利体系所取代,这也是湘湖不断被侵占,而复湖力量不断减弱的原因。

4. 湘湖的湮废是由中国的治水结构所决定的,湘湖的水利事业安排需服从更高一级的萧绍水利体系。而驱使政府作出相应决策的经济学内因是政府管理成本的最小化。萧绍水系的形成,使得湘湖完成了它原有的历史使命,湮废也在所难免。

明清时期嘉定地区的水利与社会

李菡宁　尹玲玲

太湖流域水网复杂，治理情况变化频繁。在农业水利方面，有彭雨新、张建民的《明清长江流域农业水利研究》，其中专辟一章叙述了由古到清历代政权对太湖的治理。[①] 同样，张芳在《明清农田水利研究》中对此类问题也有论述。[②] 关于太湖流域水利社会的分析，则有冯贤亮的《太湖平原的环境刻画与城乡变迁（1368—1912）》。书中详细分析了太湖的地区环境、人们的水利生活，每一章节都结合实例探讨相关问题。[③] 另外他还写有《清代江南乡村的水利兴替与环境变化》。文中着重考察江南乡村的水利环境与社会变迁，将环境变化置于自然与社会两方面考察，分析其对水利设施屡次兴复和周期性堙废的深刻影响，并详细说明乡村水利与社会各阶层的诸种关系。[④] 另有熊元斌的《清代浙江地区水利纠纷及其解决的办法》，专门从水利纠纷角度，研究清代地方水利社会绅衿的兴起以及他们在处理水利纠纷时起到的

---

① 彭雨新等：《明清长江流域农业水利研究》，武汉大学出版社，1992年。

② 张芳：《明清农田水利研究》，中国农业科技出版社，1998年。

③ 冯贤亮：《太湖平原的环境刻画与城乡变迁（1368—1912）》，上海人民出版社，2008年。

④ 冯贤亮：《清代江南乡村的水利兴替与环境变化——以平湖横桥堰为中心》，《中国历史地理论丛》2007年第3期，第38—55页。

作用。①

　　嘉定有"人文荟萃"之美誉,因此学术界在研究嘉定的时候,大部分是从人文与经济两方面入手。虽然不乏与水利相关的文章,但很多时候,都是在研究苏松地区或苏州府水利的同时,将嘉定作为一个举证的例子。前文提到学者冯贤亮的两本著作即是如此。他同时写有《咸丰六年江南大旱与社会应对》一文,专门以咸丰六年的江南旱灾为例,对地方上自然灾害和社会应对进行梳理。他引用了嘉定当地文人的日记作为佐证,并以嘉定疏浚河道、兴办水利工程为例,揭示当时政府救助的形式之一是将工代赈。②

　　吴滔撰有《赋役、水利与专业市镇的兴起——以安亭、陆家浜为例》一文。安亭镇约有一半隶属嘉定,因为赋役的改革而使嘉定地区成为棉布交易市场,同时吴淞江沿岸水利的失修与棉业逐渐占据种植业的主导地位有一定的联系。在这一背景下,安亭镇顺理成章成为棉业市镇。③ 樊树志的《明清江南市镇的实态分析——以苏州府嘉定县为中心》一文对嘉定县内几大市镇的经济状况着墨甚多,并且分析了南翔镇之所以成为棉布业中心的硬性条件,即全镇河道畅通。这是货物得以在此地集散的重要条件之一。④

　　另外,彭雨新的《鸦片战争前清政府对苏松地区的减赋和治

---

① 熊元斌:《清代浙江地区水利纠纷及其解决的办法》,《中国农史》1988 年第 3 期,第 48—59、67 页。

② 冯贤亮:《咸丰六年江南大旱与社会应对》,《社会科学》2006 年第 7 期,第 162—170 页。

③ 吴滔:《赋役、水利与"专业市镇"的兴起——以安亭、陆家浜为例》,《中山大学学报》2009 年第 5 期,第 97—110 页。

④ 樊树志:《明清江南市镇的实态分析——以苏州府嘉定县为中心》,《学术研究》1988 年第 1 期,第 87—91 页。

水》、王建革的《10—14世纪吴淞江地区的河道、圩田与治水体制》《吴淞江流域的坝堰生态与乡村社会（10—16世纪）》《泾、浜发展与吴淞江流域的圩田水利（9—15世纪）》等，虽然是以讨论吴淞江水利为主，但都是以整个吴淞江流域作为研究对象，利用嘉定较为丰富的文史与方志资料进行研究。

嘉定自南宋建县之后，一直是苏松地区的一个重要组成部分。明清二代，嘉定县商业兴隆、科名称盛，不但经济发达，文化也十分兴盛。因此文人笔记、官员修撰的地方志种类繁多，有县志、镇志、村志等，在这些流传下来的资料中，对嘉定的水道沿革、水利设施的修葺都有比较详尽的记载。从这些记载中可以看出：嘉定县内水网密布，头枕刘河、脚抵吴淞江，县内河流基本上属于刘河水系与吴淞江水系，另有横沥与练祁河两条河流将整个嘉定县划为十字，四个区域内，又各有许多横塘纵浦贯通其中。虽然不缺水，但是每日两潮吞吐之苦、高地怕旱与低地怕涝之苦，使得嘉定人不得不寻求水利上的解决方法，甚至发展出一种独特的水利赋役制度来。

嘉定虽然只是苏州府下的一个县，但地处吴淞江与刘河入海的必经之路，每次官员组织疏浚两条大河，都必须参与其中。官员们需要招募农民、调度工人、合理安排劳役。同时嘉定北有太仓，南有青浦、上海，东有宝山，西有昆山、镇洋等，这些都是吴淞江中下游沿岸的重要县，在修建或维护水利工程时，官员们还要协调诸县之间的关系，以便同心协力、事半功倍。嘉定县境内水网密集，这些河流的治理同样事关县内民生。但是这些级别较低的河流的治理资金不可能动用国库，于是嘉定士绅们便担当起组织河道整修的工作。对上，他们需要对官员负责，申请必要的手续，并在关键时刻请求官员的沟通和协调；对下，他们通过各种渠道筹募资金，均衡各方利益，化解各方矛盾，并根据施工时产生的新问题进行调解和应变。

本文从嘉定县的地缘关系、农业经济、自然灾害及社会应对、相关个案分析与文化信仰等几个方面,考察水利对嘉定县社会生活各个方面的影响,并对嘉定县水利社会的特点做出一定的总结。嘉定县隶属苏州府,同时又与松江府邻近,周边的许多县,如华亭县、上海县、青浦县等,与之情形十分相近。研究嘉定,具有一定的代表性。

一、农田水利工程的兴修背景

学术界对水利社会的讨论很多,不过大部分都集中在一些特殊地区,如洪涝频繁的两湖流域,或是北方缺水严重的山陕地区。在这些特殊的区域中,水利受到高度重视,因而在地方社会结构、权力体系、政府的干预与控制等方面发挥着重要的影响。[1]

我们将嘉定县视为一个微观的水利社会进行讨论时,由于其相对于其他地区尤其是华北的水利社会来说,从对水的争夺程度来说有所不及,同时依照其濒临大海的特点,水利工程的兴修更多体现在抵抗浑潮、疏浚河道上。

农田水利工程事关一县农作物的丰歉,旱季需要借此来保证农田的灌溉用水;雨季则要及时排除积水,以免秧苗被淹。因此,谈到修建农田水利工程的必要性,首要的一点就是人们对自然灾害的积极防范。自然灾害,是导致农作物产量下降的重要原因之一。因此,对嘉定县及周边区域自然灾害的了解,也是从另一个侧面认识农田水利工程的重要性。

---

[1] 廖艳彬:《20 年来国内明清水利社会史研究回顾》,《华北水利水电学院学报》2008年第 1 期,第 13—16 页。

（一）水旱灾害概况及历次水灾举例

嘉定县地势西高东低，因此在水旱灾害的表现上，一般是高地患旱，低地怕涝。相对而言，整个太湖地区所遭受的自然灾害都是以水旱灾害为主，也是水旱灾害带来的危害及破坏为最大。

1. 灾害概况

专门探讨太湖流域水旱灾害的学术论文有汪家伦的《历史时期太湖地区水旱情况初步分析（四世纪—十九世纪）》。在文中，他专门作了分级：在同一年内灾区幅员在五县以上或府、州辖地范围大于五县以上的，列为"区域性水旱"；灾区较广、灾情较重、作物收成大歉的列为"大水大旱"；全区域大水或大旱的面积超过三分之二，记载大水或大旱的县份在二十个以上而灾情特别惨重的定为"特大水旱"。[①]

另外陈家其也对南宋以来太湖流域大涝大旱的年份进行过一个梳理，正常、涝、旱年之比大约是 3∶4∶3。涝年略多于旱年，还有约占 11% 的大涝、大旱之年，以及 6% 左右的特大涝、特大旱之年。其中尤其值得注意的是，涝年与旱年常常交替出现，连涝、连旱的情况也十分普遍。[②] 陈家其另有《太湖流域南宋以来旱涝规律及其成因初探》，其中立足于气候学的角度分析了冷暖变化对旱涝变化的影响。[③] 冯贤亮也在其《咸丰六年江南大旱与社会应对》一文中统计过：江南的旱灾一般出现在夏、秋两个季

---

① 汪家伦：《历史时期太湖地区水旱情况初步分析（四世纪—十九世纪）》，《明清江南地区的环境变动与社会控制》，上海人民出版社，2002 年，第 171 页。

② 陈家其：《南宋以来太湖流域大涝大旱及近期趋势估计》，《地理科学》1989 年第 9 期，第 43—52 页。

③ 陈家其：《太湖流域南宋以来旱涝规律及其成因初探》，《地理科学》1989 年第 1 期，第 25—33、95 页。

节,其次为春季,冬季很少。清代发生过的特大旱灾,大约有 14 次之多。[①] 此外毕家顺在《嘉定县水旱灾害分析》一文中统计了从南宋嘉定十年建县以来,直至设区的 773 年间,有记载的涝灾 88 次,台风暴雨成灾 72 次,干旱 49 次。水灾平均 4.8 年一次,干旱则为 15.8 年一次,并从降雨量、对太湖流域及长江洪水的排放、海洋高潮位顶托等方面分析了灾害成因。[②]

由于大篇幅的旱灾资料较少,下面本文以道光癸未、己酉两次大水谈起,分析水旱灾害给嘉定县带来的巨大损失。

2. 道光三年(1823 年)的水灾

道光三年,江南大水,这次水灾持续时间长,受灾程度重。由于西北地区受灾较重,故《望仙桥乡志稿》对这场水灾有较为详细的记载。

灾害从道光三年四月开始,一直持续到六月。其间雨多晴少。五月中旬,竟然昼夜大雨滂沱不停息,各支流河水泛滥,将街道农田全部淹没。虽然望仙桥乡地势相对较高,但洪水期间支河之水也与稻田持平,村人如要出入,犹如盲人索道,小心翼翼,摸索前行。乡志中载有时人朱石民所作《水灾记》以及《水灾又记》,对这场大水有着比较详尽的记述,引录如下:

> 道光三年四月以来,雨多晴少,川流拍岸浸淫,至五月中,倾澍昼夜不休。十九日辰刻,予冒雨至祁市,见盐唐(塘)以东、冈身路以西,汪洋漫衍,若巨浸然,村落浮于水面,若岛屿然。予所宅介于盐铁、冈身之间,地势独高,支河之水与田平,沿河小蹊径亦汩于水。

---

① 冯贤亮:《咸丰六年江南大旱与社会应对》,《社会科学》2006 年第 7 期,第 162—170 页。

② 毕家顺:《嘉定县水旱灾害分析》,《上海水利》1994 年第 2 期,第 53—55 页。

村人往来,莫不摛埴索途,若盲者矣。冈身西稻田水深至膝,农人筑堤抒水,竭二三日之功,秧梢才出水,淹死者三之一;其尤窪下者,水几及腰以上,抒之无可抒。及六月初沟塍略能辨时,则已插者方谋补莳,未插者急欲立苗,然多苦于无秧。于是,有力者纷纷重为浸种,重为落秧,又纷纷然棹舟远出买秧、买稻;无力者觊田水尽泄,补种赤绿二小豆。其有泥淖,至今不得已而荒芜者,亦不下十之一二。更有乡里无籍小夫,(彚)[黿]夜攫近处稻苗,偷插自己田亩,或私售邻右,得钱酿赌为乐。

如是,迄六月杪才止。田间夫以稻草结棚护视,比比相望于野,或鼓或钲或梆或铳,巡警之声无夜不闻,亦月杪而少息。当水之浸溢也,闻吴塘、顾浦迤西无田不水,无村不水,且无室不水,蛇寝于床,鱼游于釜,舟经户外,橹架堂中,则犹未甚者也。其甚者,水上及檐,屋宇倒塌,栖宿无所。

予以水阻,咸未之见。所见者,西人或尽室羁栖东土,牛豚鸡鹜半其价卖于东土,或牵牛寄牧东土,乃知所闻为不虚。今者予乡河水仍平岸,间数日必大雨。廿七日大雨竟夕,加以风烈,西邻下田所补种淹浸如故,其他可知。过者至以足顿地,虑或倾陷,杞人忧天之语,予尝疑之,及是始信。吾邑东北隅被灾亦剧。宝崇两邑水退迅疾,犹未大害。太仓镇洋被灾亦如吾邑。苏州府诸属昆新为甚。或云阳城湖、太湖水门水,故难退。[①]

大水给稻田带来毁灭性的打击,整个嘉定县受灾均十分严

---

① 张圧秦:《望仙桥乡志稿》卷七《灾异》,上海社会科学院出版社,2004 年,第 16 页。

重。当时,吴塘、顾浦以西无处不是大水泛滥,这两条河流都是吴淞江的支流,足见吴淞江也是自身难保。

在大雨冲刷下,淤泥堵塞出水口,河水漫溢。不但稻田首当其冲被水淹没,蛇虫鼠蚁也为了逃命四处乱窜,甚至登堂入室。更有甚者,有的屋檐也几乎没入水中,几近灭顶。

相较之下,嘉定周边的宝山濒临长江入海口,崇明则是岛屿,退水之路畅通,所受灾害幅度较小,而太仓、镇洋等县的状况就与嘉定不相上下了。

除了农作物遭受损失,更有不少无德之人乘乱损人利己,夜半偷拔别人的秧苗,或栽种到自己的田里或卖给他人,牟取利益。还有许多住在冈身以西的人们为了躲避大水,举家搬迁到东部,随身的牲畜等只能半价贱卖。

水灾导致米价腾贵,每一石高达五百文之多,而冈身以西人们所倚赖的纱布却因为东部歉收,无法进行贸易,价格跌落谷底。

这场水灾并非仅仅嘉定一县受苦,周边许多地区也有对这场大水的记载,如咸丰《南浔镇志》中写道,"道光三年淫雨……此灾百年仅见者"[1];还有光绪《长兴县志》也有同样记载,"道光三年四月初旬雨如注……乡有九十余老人云,吾邑水灾莫甚于乾隆三十四年,今年水更长三尺"[2]。

3. 道光二十九年(1849 年)的水灾

道光二十九年,太湖流域遭受了一场更大的水灾。从县志中所统计的极贫、次贫人数就可以看出此次受灾程度更甚前者。

据道光三年义赈时人数统计,极贫大口为六万八千七百九十

---

① 〔清〕汪曰桢:《南浔镇志·志廿·灾异二》,同治二年(1863 年)刻本,国家图书馆藏,第 11—12 页。

② 〔清〕赵定邦等修,丁宝书等纂:光绪《长兴县志》卷九《灾祥》,《中国方志丛书》,台北:成文出版社,1983 年,第 782—783 页。

二口,小口为二万二千五百三十一口;次贫大口为二万五千七十一口,小口为九千一百二十口。而到了道光二十九年,极贫大口为八万四千一百十一口,小口为三万三千三百八十一口;次贫大口为三万三千九百五十七口,小口为一万四千九百八十四口。其中极贫大口的增长率为22%,次贫大口更是增加了35%有余。可见当时受灾程度比起道光三年,地域范围更广,灾民人数更多。《钱门塘乡志》中有一篇当时士绅童以谦记录的《水灾记略》,现摘录如下。

> 道光己酉大水,予年十二,父老谓较癸未(道光三年)尤甚。自四月二十九日始,淫雨六十日。钱门塘市坐落嘉邑西北乡最低洼之区,惟顾浦塘岸稍高,其西无地不水,民叹其鱼。西北二里曰柴荡,以其仅出柴草故名,与镇洋、昆山接壤,比年渐次垦辟,而黄茅、白苇,尚有二三千亩未垦,至是汪洋若巨浸然。厥初淫雨不止,乡民为救护青苗计,筑堤扞水,昼夜巡视,有罅必补,或钲或铳,警声四起。迨雨甚而势不可支矣,屋宇多倒塌,相率移居高岸,啼哭之声,惨不忍闻。衣服典尽,则售器皿杂物以易食,甚且运砖瓦、折栋榱、伐树木以售,荡析杂居,半成饿莩。田家不能畜鸡豚,市上肉价贱于米。塘多大鱼,盖自池中逸出者,网得每斤易钱三四十。……今兹兵燹之后,孑遗寥落,佃田者多半客民,自结茅庐,家无储蓄,倘逢欠岁,则益不聊生已。[1]

钱门塘地处嘉定县西北乡地势低洼之处,自塘岸稍高一点的

---

[1] 童世高:《钱门塘乡志》卷一二《灾异》,上海社会科学院出版社,2004年,第158页。

顾浦以西，几乎是无地不水。西北大约二里许是与昆山、镇洋接壤的柴荡，当时逐渐开垦成田。这些地方都是一片汪洋。淫雨之初，人们还因为护苗心切，修筑堤岸以捍水，昼夜分批巡视，一旦有缺口就立刻堵上。等到后来，已力不从心：雨势之大已经不能依靠人力阻遏。房屋被水冲倒，衣服、器皿等生活用具尽数用来典当或交换食物用以果腹，还有不少人将砖瓦、房梁、倒塌的树木等出售。在禾苗被冲垮的情况下，市场上竟然出现了肉价低于米价的现象。同样，太湖流域其他地方也不能幸免。光绪《昆新两县续修合志》也记录道："清道光二十九年夏五月，大雨倾注，昼夜不息，河水暴涨丈余，田庐街巷在巨浸中，水甚于癸未年。"[①]还有，光绪《长兴县志》有记："道光二十九年，淫雨大水田禾尽没比道光三年水高二尺许。"[②]

（二）水旱灾害的应对方式：以工代赈

面对自然灾害，政府会采取各种各样的政策来应对。冯贤亮在其《咸丰六年江南大旱与社会应对》中，以咸丰六年（1856 年）江南大旱为例，揭示了当时江南社会的诸多侧面，分析讨论了政府、士绅各阶层在面对灾害时采取的各种抗灾措施，尤其着重谈到了社会反应与社会控制，以及政府在救灾工作时作用的萎缩与士绅阶层的积极响应。[③] 中山大学的吴滔有《清至民初嘉定宝山地区分厂传统之转变》一文，从分厂赈灾的角度出发，讨论了嘉定宝山两地分厂制度从最初的设厂施粥这样一个赈济活动发展为

---

① 〔清〕金吴澜等修，汪堃等纂：光绪《昆新两县续修合志》卷五一《祥异》，《中国方志丛书》，台北：成文出版社，1970 年，第 924 页。
② 光绪《长兴县志》卷九《灾祥》，第 784 页。
③ 冯贤亮：《咸丰六年江南大旱与社会应对》，《社会科学》2006 年第 7 期，第 162—170 页。

清末乡民自治组织的过程,更探讨了厂董职能的变化与扩大。①

原则上,夏灾上报不超过六月,秋灾上报不超过九月。"定例夏灾不得过六月终,秋灾不得过九月终。"②然而嘉定的情况略有不同:嘉定沙土贫瘠,宜棉不宜稻,尤其是西边更是广种木棉。木棉一般播种于四月,五六月间雨水过多,对木棉的生长造成一定的困难;而到了八九月间,晚棉刚刚结铃,秋雨一来,又会造成花铃溃烂。偏偏这两个时间段都已经过了上报灾情的期限,这就是嘉定勘灾的特殊性。政府采用各种政策来减轻人们的受灾程度,如上文提到的道光二十九年水灾,先是由上级政府发放抚恤银两,随后平价出售仓储粮食以便补贴。更有政府与当地知名士绅一同设立粥厂,凭粥筹验卖,弥补义赈之不足等。

此外,政府会采用"将工代赈"的方式,利用灾民之力疏浚河道。同时国库拨给的经费除了用来赈灾,还可作为工人的工钱,从而使农田水利生活尽快走上正常轨道。因此,"将工代赈"亦可视作水利社会应对自然灾害的一个特点。

1. 康熙十年(1671年)之灾害应对

康熙九年(1670年),夏时淫雨、秋季飓风。当时嘉定县"夏时霪雨杀禾,平陆尽通舟楫,秋来怪风拔木,花苓仅剩枯枝"③。到了康熙十年(1671年),县内大饥。县志中说"十年大饥,蠲地丁积欠,知县赵昕赈粥。十一年旱灾,蠲起运正赋有差"④。康熙十一年(1672年),巡按马祜奉命疏浚吴淞江,以苏松常道韩佐周

---

① 吴滔:《清至民初嘉定宝山地区分厂传统之转变——从赈济饥荒到乡镇自治》,《清史研究》2004年第2期,第1—16页。

② 〔清〕程其珏辑:光绪《嘉定县志》卷五《赋役志下·蠲赈》,《中国地方志集成·上海府县志辑》第八册,上海书店出版社,2010年,第113页。

③ 〔清〕赵昕修,苏渊纂:康熙《嘉定县志》卷二三《杂著》,《中国地方志集成·上海府县志辑》第七册,第984页。

④ 光绪《嘉定县志》卷五《赋役志下·蠲赈》,第116页。

主持治理工程,苏州府同知师佐、松江府同知王永熙、嘉定知县赵昕分别作为监督。这段工程自徐公浦至黄浦口,总长七十二里。以苏松常折漕银九万两、杭嘉湖折漕银五万两充当经费,并募得嘉、青、上三县饥民共计五万人分挑。嘉定承挑段自许家浜至盘龙江,长有二千三百二十五丈,面宽十五丈,底半之深一丈五尺,正月开工至四月讫工。①

布政使慕天颜在上书朝廷的奏折中写道,"海公之奏议曰,吴淞开则六府均蒙其利,塞则六府同受其害,诚哉! 可信矣。况以工救荒,工力必贱,且饥寒迫身,民多思盗,河工兴而盗贼潜,消荒政之施莫此为大。……灾荒之后,蠲粮缺饷,何敢动帑,惟水利兴而后有农功,有农功而后裕国计"②。开河之利决不仅在一州一县,更何况正逢大旱,饥馁遍地,施粥不及。因此,发动饥民劳动,既可以解决劳力来源,又能借此赈灾,同时避免因饥荒而导致的治安问题,可谓是一举多得。此外,道光三年(1823 年)淫雨连月导致大水,按察使林则徐治理刘河。当时广三丈,深七尺五寸,每三丈给洋银一圆。每工可得钱七十文。光绪《嘉定县志》解释说,以工代赈的这场疏浚虽然并未取得理想效果,但是积水得以消退,百姓可以种植小麦。③

2. 咸丰六年(1856 年)之旱灾应对

咸丰六年的大旱十分严重,冯贤亮在《咸丰六年江南大旱与社会应对》中对干旱程度有较为详细的论述,当时嘉定县东北境的许多河流都采取了"将工代赈"的办法来作为灾害的应对方式之一。"动支义仓本息钱浚东北乡各河二万余丈,每土一方挑工九十五文,共给挑工、筑坝、戽水钱一万八千九百七十八千有奇。

---

① 章树福:咸丰《黄渡镇志》卷四《开浚》,上海社会科学院出版社,2004 年,第 51 页。
② 光绪《嘉定县志》卷六《水利志上·水道》,第 134 页。
③ 同上书,第 135 页。

杂费一千七百七十七千有奇,余钱九百六十三千九百六十四文仍作义仓存本。"①

其中包括东练祁塘,当时东练祁塘浅段需要疏浚七百十丈。为了赈济咸丰六年的旱灾,咸丰七年(1857年)动用义仓存本,将工代赈,每上一方给九五钱一百文,共浚支、干各河十三条。② 又有东黄姑塘,以新泾为中心,新泾以西需要疏浚河道一千三百三十五丈,新泾以东则是二千二十丈。东段于是将工代赈,案内给方价,水坝费十成之六,西段全给。③ 还有新漕河、大理港等河流,都是于咸丰七年(1857年)以将工代赈的方式治理。除了国库拨款之外,不够的地方由沿塘沾水利之便的商户民家贴给。

及时疏浚有时会带来意想不到的成效,如吉泾塘在咸丰六年(1856年)经由里人张锦堂等捐款治理后,当年大旱,沿塘农田却获得丰收。还有不少河流也是在咸丰七年疏浚的,虽然地方志中未提将工代赈,但是从治理的时间上来看,其实际起到的作用相仿。

二、"夫束":嘉宝两邑特有的水利劳役制度

夫束是嘉定宝山两邑独特的水利赋役制度,《厂头镇志》说,"他邑田不编夫,而嘉宝独编夫"④。因嘉宝两邑地处濒海,每日潮汐往来,正所谓"两潮积淤,厚如一钱,则一年已厚一二尺"⑤。如果县内河渠不常疏通,农田灌溉无从谈起,交通运输也大受影

---

① 光绪《嘉定县志》卷五《赋役志下·蠲赈》,第120页。
② 光绪《嘉定县志》卷六《水利志上·水道》,第139页。
③ 同上书,第150页。
④ 〔清〕钱以陶:同治《厂头镇志》卷一《夫束》,上海社会科学院出版社,2004年,第9页。下同。
⑤ 〔清〕钱泳:《履园丛话》卷四《水学·建闸》,中华书局,1979年,第100页。

响。然而河工无小事，一旦兴办水利工程，无论是经费的筹集或是施工人员的组织，都需要全县人民同心协力，有钱出钱，有力出力，方能兴举并取得成功。

专门研究夫束的学者很少，因为夫束只存在于嘉宝一隅，虽然有一定的影响，但毕竟具有强烈的地域性。日本学者稻田清一就曾对清末民初的嘉定县夫束问题有过研究，佐藤仁史亦从政治史角度探讨了 20 世纪初嘉定的夫束改革。[①] 本节则根据县志，对嘉定县的夫束问题做一个简单的说明。

(一)"夫束"制度的产生及其积极意义

历来地方水利不能动用国库，因此治理内河的重任就由本地人民自己担当。随着治水经验的不断累积，逐渐形成了这种制度，归根结底是利用民力，治理民田。

1."夫束"的沿革

最早原形或许是明初按图设立塘长一职，专事治水。后来豪门望族或田产多之家例可免役，而贫穷困苦者又无力应役，造成地方水利不兴。为了打破豪门有力之家不兴工的传统，夫束则应运而生。正德年间，给事中吴岩在《水利工计疏》中就建议按田亩派征水利费用。他说："臣以为水利为田而兴，财力亦必计田而出，凡有田之家，不拘官民……"[②]嘉靖十一年（1532 年），大理寺丞周鸣凤也提出："一应筑圩夫役，但系工程简易者，就令本圩有

---

① ［日］稻田清一:『清末、嘉定県の「夫束」について--その納税＝徴税機能卷中心に』,『名古屋大學東洋史研究報告』24 号,2000 年。［日］佐藤仁史:『清末民初における徴税機構改革と政治対立—江蘇省嘉定県の未束問題を事例に』,『近きに在りて』第 39 号,2001 年。为便于读者查阅,书名用日文。

② 〔清〕宋如林修,莫晋纂:嘉庆《松江府志》卷一〇《水利》,《中国地方志集成·上海府县志辑》第一册,上海书店出版社,2010 年,第 251 页。

田得利人户,不分官民,一体计亩起拨。"①这应该就是以后沿塘董事协贴或得沾水利之田均匀捐给的由来。后逐渐发展为按田起夫。

所谓按田起夫,是依据古法井田制,一夫受田百亩,故百亩称之为夫。一般来说,"上区百亩,中区百六十亩,下区二百亩"②,即上好质量的田区,以百亩为一夫,次之的田区以一百六十亩为一夫,最下者二百亩为一夫。田多者为夫头,田少者为协夫,每隔十年根据田产的归属情况进行轮换。可见,夫束的效果正是要使"专司浚河,绅民一律"。因此,《钱门塘乡志》谈到夫束时说:"遇有河工,夫头各率协夫,分段疏浚,取通力合作之义。"③

2. "夫束"的积极意义

在早期,夫束这种水利赋役制度还是给嘉定县水利带来不少正面影响。作为修建水利工程的民间力量,是对政府官员主持河道治理的补充,起到协助政府治河的作用。如雍正五年(1727年),副都御史陈世倌奉命疏浚吴淞江。当时王之纶曾记载:"……随檄令嘉定、上海、青浦暨新分宝山、南汇、福泉……每县该夫五千,本县照图摊派,每图里差承值塘长雇募一夫,浚工两方,给帑一两八钱,冬仲赴工,岁除未竟。"④

再有咸丰七年(1857年)疏浚吉泾塘,"长一千三百五十三丈,将工代赈,案内给方价事成之半,余由沿塘夫束捐贴"⑤。咸丰六年(1856年)大旱,将工代赈在一定程度上可以减少酬劳支

---

① 嘉庆《松江府志》卷一〇《水利》,第 252 页。
② 同治《厂头镇志》卷一《夫束》,第 10 页。
③ 民国《钱门塘乡志》卷二《水利志》,第 28 页。
④ 陈树德:嘉庆《安亭志》卷二《水利志》,上海社会科学院出版社,2004 年,第 27 页。
⑤ 光绪《嘉定县志》卷六《水利志上·水道》,第 145 页。

出,但毕竟还有许多硬开销是不能避免的,因此需要得沾水利的农户补贴。同治四年(1865年)浚东北境的双塘,也是如此:"北双塘一千五百七十五丈有奇,带征刘河,经费内拨款兴挑,不敷处沿塘夫束捐贴。"①同年还疏浚东黄姑塘,也是这样:"柏家桥起唐家坟止,一百九十二丈,带征刘河,经费内拨款开挑,不敷处沿塘夫束捐贴。"②此外还有同治七年(1868年)疏通西南境干河盘龙江,"长二千二十丈,分作十分,嘉定四分六厘、上海四分四厘、青浦一分。前二年禀浚时,刘河未竣,不便动编,由诸翟镇募愿充费,不敷处得沾水利夫束津贴"③。

　　以上这些河湖水道的治理,无不因为夫束制度而受益。吉泾塘、双塘等相比吴淞江、刘河等都是次一级干流,兴挑不可动支大帑。上文提到的双塘,也是因为带征刘河,才允许经费内拨款,但是不敷之处就需要农户进行补贴。同样,上文的疏浚盘龙江一案,因为启动工程时刘河未浚,不能动用国库资金,只能依靠地方募捐来募集资金。因此夫束制度对地方河流的水利工程而言是非常重要的保障。并不是所有田多者都可以按时应工,如有年老体弱或者家中变故不能任工之人,一般是按夫折价,以价来雇用工人开工。这就称之为夫束的编折。

(二)"夫束"制度的弊端

　　编夫就有夫册,基本上,按照惯例十年定一夫册,这主要是为了防止田产变更而导致"去田留夫"的情况。然而即使有这种惯例,也往往得不到有效实行。道光六年时知县淡春台重编的夫册直到同治四年(1865年)才得到改编,中间隔了四十年;之后至光

———————————

① 光绪《嘉定县志》卷六《水利志上·水道》,第150页。
② 同上。
③ 同上书,第141页。

绪三年(1873年)再次改编,其中又隔了十余年。只因夫不易户,田却常易主,许多原本有田产的人家,因为种种原因而破产,或者田产转让,但是由于夫册不能岁岁改编,因此这些无田之人仍然充当夫头。于是就产生了田已无存而夫额如故的情况。《民国嘉定县续志》卷三《役法概要》中将这种情况总结为三害。

1. "夫头"累赔之害

夫束本是专为浚河而设的劳役,不知何时竟然与征收钱粮的现年混为一体。县内许多地方的夫头均兼任现年一职,于是征粮应有的工食费用都需要夫头支付。如果遇到征粮不足额,或者图内有绝户又或是担任征粮主任的保正有所亏空,夫头就需要先行垫付,方志中称此情况为"捆垫"。不仅如此,还有地方命案、盗案勘验的费用,缉凶缉盗的费用以及勘荒招待之类的费用,官差都向保正索取,而保正则无一例外取之夫头。

童以谦在《与城绅论钱门塘夫束情形书》中谈道:

> 我邑大例,以现年夫束举报保正、粮差,图无粮户,则无夫束。外图业主,虽同编夫束,不与图务。以故仓差人等,每年向图中人责令举保办粮,如狼如虎,舟车茶饭一切费用,悉向取偿。无夫束之图,与有夫束者同。图中人目不识丁,无可诿避,则为雇人充当,包费颇巨。所雇之人亏空,则图中人赔累不资。其非夫壳而受害之甚于各夫壳者如此。倘命盗案出,则倾家荡产不足偿,或波及于邻图,尤无能言状。①

嘉定县规定以当年的夫束担任本年现年,要求夫头举保纳

───────────────

① 民国《钱门塘乡志》卷二《水利志》,第29页。

粮。有些图中农户目不识丁,只能雇人充任,被雇用之人往往乘机亏空钱粮。故图中人一旦无法完成规定数目,就要夫头自行累赔,倾家荡产亦不是少见。最糟糕的是,那些勉强充当夫头的本地人,事实上个个都不具备夫头的资格,更加难以担当举保办粮的重任。"敝厂始十九、始二十、始二十一等图,无一能书算之人,无一二亩完粮之户;始十八图仅有一户,亦仅二三十亩,要亦在市中贸易为生者。"①不少充当现年的夫头因为无法按时交纳粮食,只能向仓差求助,暂行垫借,最后负债累累。"粮差以外欠累累,一时无从借缴,必求之仓差。仓差为之借垫。喜甚,虽重利不计。外欠收到,先扣其借垫之本与利,故仓差一缺,多钻谋为之。做了仓差,无忧不富,历来如是,有明证矣。"②

童以谦指出,夫束本来是为了顺利治理河道而产生,均田均役,十分公平,但后来要求夫束举保办粮,弊端丛生,成为当地一害。"愚见当役之苦,莫如保正、粮差,或由现年罚充,或受雇办粮。业主星散,奔走索粮,未必一索即得;耗费良多,并被吏役需索,纵有辛资,所余几何,故乐为之者少。粮差与夫束之罚充者如是。"③

2. "夫壳"冒领之害

方志中将田已无存而夫额如故的情况称之为"夫壳"。每当河工开始,这些人需要管理无役之田,应任无田之役,劳逸不均,十分不公平。不但如此,其中不少人鱼目混珠,假意担任夫头,实际上乘机捞外快,令治理河道工程造成损失。《续外冈志》云:"近日开河有名无实,大概包夫承揽之徒,田无寸土,家无余丁,或结交公役,或请托友朋。应浚之户,推其情面,立议充当,有一人包

---

① 民国《钱门塘乡志》卷二《水利志》,第 29 页。
② 同上书,第 31 页。
③ 同上。

至廿夫,多至百夫者。包定之后,群党瓜分,及至开浚,夫多人少,官府一到,前后奔驰,点名塞责,苟且了事而已。"①

这些已经破产无田之人,本来已经不具备担当夫头的资格,却勾结官差,或走后门通关系,保留着夫头的头衔。待到议浚河道的时候,就以夫头之名领走工钱。带着几个工人前来混个点名还算是负责的,甚至有不少领钱脱逃,害得官员和董事需要赔款。道光十四年(1834年),林则徐组织诸县疏浚刘河,嘉定县也参与其中。陶澍就指出:"以田多者为夫总,承领价银,而所谓夫总者,亦非现年夫束,特稍变董事名色,菱芦瓦砾处,经董赔贴甚巨。"②还有道光七年(1827年),江苏巡抚陶澍督浚吴淞江一案,亦是夫头领钱之后不告而别。光绪《嘉定县志》在谈到这个问题时也认为:"国朝大工叠举或动帑或拨款或按亩带收,费以万计。而各夫束暗中津贴,视为当然,非所谓佚道,使民虽劳不怨欤。"③

3. "户""图"不同之害

田和户并非完全一致,有的田在某图,户却在另一图。田地所在之图起夫,户既在他处,自然不需要应役,甚至还有不少外县富户在本县购买的田地。每当需要应役,这些当然不能计算在内。然而额设依据夫册而定,分文不能少,于是就要摊派在其余田户头上。如钱门塘乡地处与昆山、太仓接壤地区,大部分是县城或者宝山、上海等地富绅所购田产,照理说是不算入钱门塘乡图的。那些占据钱门塘乡田地的外地富绅们,自然不参与夫束制度,正所谓"外图业主,虽同编夫束,不与图务"④。

---

① 〔清〕钱肇然编,王健标点:嘉庆《续外冈志》卷二《水利志》,《上海乡镇旧志丛书》,上海社会科学院出版社,2004年,第23页。
② 光绪《嘉定县志》卷六《水利志上·水道》,第138页。
③ 同上书,第151页。
④ 民国《钱门塘乡志》卷二《水利志》,第29页。

明清时期嘉定地区的水利与社会 | 337

相比之下,减少户图不同而产生的赋役问题似乎较为容易。只要重新修订夫册就可以得到解决,其他两害想要有根本上的改观就必须直接废除夫束,否则绝难解脱。夫束本意是一种解决浚河困难的手段,到后来竟然成为贻害乡里的一大毒瘤,恐怕是任谁也难以想到。因此,不少有识之士都发出呼吁要求革除弊端:"我乡水道淤塞既如彼,而夫束贻害又若此!乡民佃田为业,岁入几何,其得免为沟中瘠者,岂非万幸乎?比年来邑人士议革夫束,改为自封投柜,亦关心民瘼之一端。"①

只是这个问题一直没有得到妥善解决。在宣统三年(1911年)成立的自治会上提出的议案以革除夫束为最多。据民国《嘉定县续志》中《自治志》记载:"……九月初一日议事会开第一次常会,收到长官交议、议员建议、团体及人民请议案一百余件,其中关于革除夫束之议案为特多。"②武昌起义后,各项动议搁置,原本打算革除夫束归并自治区域疏浚河道的提案仅仅通过审查,并未议决。

三、水利协修的个案研究:光绪三十年南翔镇疏浚案

作为一个农业社会,农业作物的丰稔需要灌溉来保证,而灌溉能否顺利进行又需要修建水利工程作为坚实的后盾。事实上,像嘉定县这样一个江南水乡,其非县级的水利工程几乎都不是由政府主导的。在大部分情况下,只有吴淞江、刘河这样的跨省级河流才会有中央官员直接主持治理,而一般县级、村级河流都是由县内士绅、普通居民、佃户农民担任主要的治理工作,县级官员

① 民国《钱门塘乡志》卷二《水利志》,第 31 页。
② 范钟湘修,黄世祚纂:民国《嘉定县续志》卷六《县自治》,第 12 页。

则起到协调的作用。如果说,整个中国是一个宏观的、政府权力作为主导的、动员全民的水利社会的话,那么嘉定县即是一个微观的、由士绅阶级为主导的,同样动员全县人民的水利社会。如何理解这样一个"以水利为中心延伸出来的区域性社会关系体系"①,需要从矛盾与冲突中,总结整个嘉定水利社会本身具有的特点。

水利纠纷是乡村社会诸多矛盾中的一个突出点,尤其是在大旱之年急需水源灌溉的农村,有"争水如珠"之说。武汉大学的熊元斌有《清代浙江地区水利纠纷及其解决的办法》一文,从邻县、村落、宗姓、土客、农商等几个不同关系体系讨论了水利纠纷的诸多形式,指出"争水使两个对立的共同体在同一个大的利害共同圈中趋向集团化"②,并解释了官员和乡绅在调解水利纠纷时采取的对策和措施。胡其伟有博士论文《民国以来沂沭泗流域环境变迁与水利纠纷》③,将水利纠纷与环境变化联系在一起,其更提出了"水利单元"一说,将水利与行政区划的变化结合起来。王培华的《清代河西走廊的水利纷争及其原因》④一文,通过对黑河、石羊河流域的争水个案分析,总结出争水矛盾的自然因素与社会因素,也谈到了因河源与河流所属不同行政区域,直接导致了争水矛盾的产生。

与以上这些并不完全类似的是,嘉定县所产生的水利纠纷或许比起上述者来,矛盾的火爆程度简直不值一提。会产生矛盾的

---

① 行龙:《从治水社会到水利社会》,《读书》2005 年第 8 期,第 59 页。

② 熊元斌:《清代浙江地区水利纠纷及其解决的办法》,《中国农史》1988 年第 3 期,第 54 页。

③ 胡其伟:《民国以来沂沭泗流域环境变迁与水利纠纷》,复旦大学博士学位论文,2007 年。

④ 王培华:《清代河西走廊的水利纷争及其原因——黑河、石羊河流域水利纠纷的个案考察》,《清史研究》2004 年第 2 期,第 78—82、116 页。

关键还是出于对自身经济利益的考量。下文以光绪三十年（1904年）嘉定县南翔镇振德堂董事主持修浚河道一案为例，对周边与嘉定县的水利纠纷做出分析，或者可以从中一窥嘉定及其周边地区水利争端的特点。

南翔镇距离嘉定县县城约二十四里，古名槎溪。因南朝梁代曾经建白鹤南翔寺于此，因寺名镇，故称"南翔"。早在宋元之间，南翔镇已经是江南巨镇。万历《嘉定县志》载："其地东西五里，南北三里，往多徽商侨寓，百货填集，甲于诸镇。"[①]虽然后来略有反复，但始终是嘉定七镇中的翘楚，素有"银南翔"之称。因此南翔当地士绅绝对有担当组织治理河道的能力与财力，同时，商业繁荣离不开交通的便利。在江南水乡，水道是非常基本的通行渠道。

（一）地区利益争端

南翔镇镇中为十字港，横沥、上槎浦、走马塘、封家浜四条水道十字相交于镇中。镇中横沥，亦称市心横沥。其自孙基港受吴淞江之水后，合上槎浦，入南翔，是南横沥的起始段。而南翔镇南北港河道，即方志所记载的上槎浦，南与上海县相连。

在此案例中，需要疏浚的河道即是市心横沥以及孙基港。虽然孙基港有一长段属于上海县，但是其毗连南港，出吴淞江达上海大路，北经鹤颈湾抵嘉定，通省城，为苏沪往来腹里要道。因此，历来疏浚翔河一定要同时兼浚孙基港。

1. 嘉定县一方提请协修之议

光绪二十九年（1903 年），嘉定县南翔镇振德堂董事周承奭

---

① 〔明〕韩浚修、张应武纂：万历《嘉定县志》卷一《市镇》，万历三十三年（1605 年）刊本，第 25 页。

等,目睹翔镇河道淤塞严重,向当时县署提出疏浚要求。需要疏浚的河道分别为南翔市河以及孙基港。

早在光绪七年(1881年),就由南翔镇董事张修济等人出头承挑南翔河道,其中包括南北西港,以及孙基港。由于当年秋季歉收,不便编折,故暂缓开浚南翔东港,直到光绪十三年(1887年),才完成整段河道的施工。

其中从江桥以南到出吴淞江口为止,长七百二十丈,土方七千一百九十一方的工程,因地处上海县,故由上海县贴钱五百千文。

至光绪二十九年(1903年)重患淤塞之苦,董事们在九月二十一日递交县署的文中说道:"自光绪七年、十三年间先后开浚四港,迄今十六七年复就湮塞,日甚一日,市河小汐水不盈尺,舟楫搁浅,碍难通行,而该河汊港极多,田畴藉资灌溉。现在年久淤塞,商农并受其困,况南翔一镇四港通达,东至宝山,西通昆青两县,南上北嘉系商贾聚集之区,舟楫往来朝夕联络不绝,自经受淤以来,不但重载船只搁浅,而农田待浚亦行迫切。"①

从上文可见,市河不但担负着周围田畴灌溉的重任,而且四通八达,是宝山、昆山、青浦等与嘉定交通运输、经济贸易的要枢,一旦淤浅,商农都受到很大困扰。因此开浚之事,刻不容缓。

又因为孙基港有部分隶属上海县境,因此董事们希望按照光绪七年(1881年)时的办法,请上海县补贴一部分经费,并及时勘估在其境内需要疏浚的河道。

董事们在十二月十五日递交的文中指出:"……丈见南港自镇中石益丰水桥右边石驳角起迤南至江桥上海界孙基港北口江

---

① 自治会编辑:《南翔近事调查录之二(争河案略)》,南京图书馆古籍部藏光绪铅印本,第4—5页。

桥分界止,工长一千九百八十九丈,估土一万三千四百六十七方
八分九厘。孙基港自江桥脚起,迤南至吴淞江出口止,工长七百
二十丈,估土四千八百七十一方八分。"①

嘉定县内需要开浚的河道丈量完毕,河工局甚至将上海县境
内的河道也一并勘查完成,只待县署将勘查结果移交上海县请求
办理补贴经费的问题。"一面将孙基港河道移请上邑勘明办
理"②。同时当时的嘉定县知县指出,早在光绪七年开挑之时,上
海县就曾经贴钱五百千文作为嘉定县代为疏浚孙基港的补贴,大
可依据成案来办。"贵县谕董筹议协贴钱五百千文在案。"③

2. 上海县一方之回复

嘉定县移交上海县的关于协助疏浚河道的照会是在光绪三
十年(1904 年)正月十九日提交的,上海县直到四月初五才作书
面回复,应该说是做过调研。回执认为:"据江桥局董徐维孝、金
士林等禀称,遵查孙基港一河半系上界,半系嘉界,并非悉隶上
界。溯查上届南翔镇开浚之时,董士林年轻不与,董维孝已经忝
充局董襄办,公事未尝有筹款协贴之事。"④

上海县江桥镇董事们认为,孙基港一半属于上海,一半属于
嘉定,并非如嘉方所说尽属上海。上届南翔镇开浚河道的时候,
董事金士林年纪尚轻,还未担任董事一职,而当时充当襄办的徐
维孝则说从未有过筹款补贴经费一事。此外董事们还找到了几
位长期在江桥镇开店做生意的耆老,证明当时由南翔镇独立挑
浚,江桥镇并未筹款协贴过一文。诸人还强调既然孙基港为南翔
镇出入之孔道,理应由南翔镇独自挑浚以方便舟楫往来,何况江

---

① 《南翔近事调查录之二(争河案略)》,第 16 页。
② 同上书,第 19 页。
③ 同上书,第 7 页。
④ 同上书,第 8 页。

桥镇商瘠民贫,对筹款力不从心。

3. 嘉定县一方之反驳

得到上海县拒绝筹款的回复后,嘉定县经过核查,认为南翔市河南港与孙基港相连,治理市河不得不连同孙基港一并治理。因此上届开浚河道之时,嘉定县不分畛域,将孙基港的疏浚费用与市河一并处理。而经过勘查,孙基港全长七百余丈,尽数隶属上海县。当时的上海县知县莫祥芝查得江桥镇确实民情凋零,无款可筹,因此从当时上海县治理蒲肇河(即蒲汇塘与肇嘉浜交汇而成)工余剩经费内,提钱五百千文移送嘉定。

为了表明确有此事,嘉定县在十月初二的照会中还附带了光绪八年(1882 年)二月十三日上海县移交嘉定县的照会,文中明确写有拨给孙基港工钱一说:"除遵批分别录报并知照原办绅董外,相应在于蒲肇经费余款内提钱五百千文,遵批备文移解贵县,烦为查收发给工用,印掣回照备查等因。并拨给孙基港河工钱五百千文到县准此,除将移到钱文暂行储库,并印掣回照外,合行照会为此照会。"①

虽然嘉定县做足了工夫,但是直至当年十一月初二日的嘉定县李知县给诸董事的催工批示中仍然说:"惟上海协贴之款究无定议。"甚至到光绪三十一年(1905 年)八月二十一日直隶州署理嘉定县催促上海县尽快确认协贴事宜中,上海县仍然没有明确答复。据民国《嘉定县续志》中记载:"孙基港自江桥起迤南至出口止,长七百二十丈,土四千八百七十一方。援案请上海协贴浚费,未允。"②既然上海县始终不愿协助南翔镇,只能先浚北港,最后

---

① 《南翔近事调查录之二(争河案略)》,第 9 页。
② 民国《嘉定县续志》卷四《治迹》,第 17 页。

明清时期嘉定地区的水利与社会 | 343

嘉定独立承挑孙基港仅开至嘉上交界之众泾桥为止。①

（二）均衡各行业各阶层负担与利益

虽然治理河道是有利于民的好事，但是实际操作却并非一帆风顺。首先在开工之前，必须要完成筹集经费的任务。大部分情况下，经费都是由得沾水利的商家提供，但是每商每户的具体情形又各不相同，这就要求主持水利工程的士绅们从各行业的实际出发进行考量，力求公平。动工之后，劳役的合理安排成了决定工程进展是否顺利的要素之一，同时挖掘出的泥土如何倾倒也是管理者必须要妥善处理的问题。均衡各行业各阶层的负担与利益，避免产生内部矛盾，这是保证水利工程如期完成的关键。

1. 经费的来源：筹自商家

一般说来，经费是由河工堆积局筹集而来。南翔镇将之命名为"堆积捐"，后来有不少其他城镇仿效。出资方以沿塘沿岸得沾水利的商铺为主。"本镇起办河捐渐堆积各铺中，如木行、竹行、酱园、糟坊等尤关水利者，捐输宜较从丰理。"②木行、竹行需要借水道运输，酱园、糟坊更是需要清水来制作商品，因此这些商铺需要为水利工程付出更多。《南翔近事调查录》之《争河案略》中，有对浚河堆积章程较为详细的记录。其中需要特别指出的是，米行牵扯到脚班的搬运问题。为了防止在搬运途中有所隐匿，于是规定凡是经脚班运输的米行一定要报数。如果不是脚班而是由车辆运输的话，必须由车行报数。这也是为了筹集费用的全局着想。此外，将收到的捐钱暂时存入典当行，也可以生利息，贴补

---

① 吴馨修、姚文枏纂：《上海县志》卷一一《工程》，《中国方志丛书》，台北：成文出版社，1975 年，第 750 页。

② 《南翔近事调查录之二（争河案略）》，第 1 页。

经费。

在筹集经费的过程中，必须兼顾公平，要考虑到各商铺的实际情况，不能一成不变。如南翔镇振德堂诸董事在递给知县文中提到："六陈旧章每石十二文，行家谓蚕豆大麦其价较贱，十文尚嫌太大，可否改作八文？豆饼每张五文，米每石不过十四文，以饼价较米价，五文似太大，可否改作四文？以上各节似皆可以允许。"①六陈即指大米、大麦、小麦、大豆、小豆、芝麻六种粮食，如上文所言，蚕豆和大麦等粮食价格本就低廉，如果按照旧规未免过高。另外大米价格自然远远胜过豆饼，因此需要合理制定每个行业应捐之数。当地政府虽然并不直接管理经费事宜，但也需要根据董事建议作出恰当的批示，对正确的措施要支持："所有减定六陈蚕豆大麦每石捐钱八文，豆饼每张捐钱四文，均宜踊跃输将，依期捐缴。"②可见，连官府也是同意董事的意见，只是希望在经过合理剪裁之后，商户能够自觉缴纳捐钱，毋再拖延。

当然，要商铺出钱并不是一帆风顺的，有些商铺能拖则拖，还有些商铺甚至故意拖欠。光绪二十九年（1903 年）南翔镇开始准备疏浚南翔市河及孙基港一事。据统计，到光绪三十年（1904年）九月，收到的河捐只抵预算的一半。南翔镇筹办河工堆积局绅董在请求官府支援的照会上提到："查自邓源记，首先延宕后以致金天成等相率效尤，核至今日各行积欠共有三百余千之多，伏念此项米捐在各行早经扣客，并非出自己资，似此任意欠缴，显意图吞。"③邓源记、金天成等是当地米行，米行捐钱由卖买双方各出一半。其中卖客所出的七文，由米行代扣，每月分三期，由各脚班报数。堆积局在收取捐钱时发现米行有刻意隐瞒之嫌。不到

① 《南翔近事调查录之二（争河案略）》，第 8 页。
② 同上书，第 9 页。
③ 同上书，第 31 页。

两年,短缴之数就日益增多。因为这类米捐并非米行自己出钱,而是由卖客出资,不得不令人产生米行意图吞并捐钱的想法。至光绪三十一年(1905 年)四月二十日,邓源记欠缴捐钱二十九千一百五十文,金天成欠缴捐钱十九千五百零二文。

堂董向官府提出,这笔钱必须尽快追回,不仅仅在于事关浚河经费,更可能成为诸商铺的一个坏榜样。"自光绪廿九年四月朔日起捐,迄今各行积欠米捐共有三百余千之多……若不急为整顿,各店铺势必互相观望。"[1]因此,必须立即要求邓源记、金天成等将所欠代扣河捐钱文如数上缴河工堆积局,三日为限,否则就要请官府出面追缴欠款。在有些情况下,即使经费基本收齐,也会因为种种原因无法立即开工,如天气连日阴雨,河底变深,施工难度增加,需要暂缓开工;或施工时需要其他县镇协助,但是尚未谈妥,故不能立即劳作等。在这种情况下,就需要一边把收集的钱款存入典当行,以便生息,另一边等待天气变化,协调合作关系。

2. 劳役的合理分配

挑浚河道需要大量劳力,就必须要组织大量工人参与劳动。因此在人力与报酬的分配上尤其要彰显公平,既不能因为工钱低廉而使工人怠工,无法按时完成工程;亦不能顾此失彼、有高有低,令工人相互眼红妒忌,破坏应有的规章制度。同样以《南翔近事调查录》中光绪三十年(1904 年)开通市河与孙基港为例。

> ……现拟分别烦难易工三项,每烦工一方,酌量给钱二百四十文,难工二百八十文,易工照案每方给钱一百四十文。内烦工一千三百七十丈五尺,计土六千七百九十八方一分三厘八毫,计钱一千六百三十一千五百五

---

[1]《南翔近事调查录之二(争河案略)》,第 11 页。

十四文;难工三百丈,计土二千一百九十四方,计钱六百
十四千三百二十文;易工二千六十四丈,计土一万三千
六百七十七方八分六厘,计钱一千九百是四千九百文。
统共烦难易工土方价钱四千一百六十千七百七十四
文……①

工作有差异,有的简单,有的困难,因此就要根据难易程度来
决定不同工种工人的酬劳。最难最麻烦工段有一千三百七十丈
五尺,每位工人给钱二百四十文;次难工段有三百丈,每位工人给
钱二百八十文;比较简单的工段是二千六十四丈,每位工人给钱
一百四十文。

3. 不碍农时、勿妨农地

进行水利工程时,需要考虑施工过程与当地农田水利的矛
盾,尤其是在开挖河道时,很容易发生挖出的淤泥掩埋农田的问
题。这就会使农民与河工产生对立情绪。何况水利工程原是想
要有利于农田,怎能反而毁坏农田呢? 因此董事特意在开挖之
前,就通知河道两岸的农民,因为是冬季开挖,要求各农田耕种春
熟作物,以免开工时挖出的淤泥伤害了农作物,"今冬开办,俾各
农田住种春熟,免致届时倒泥压践"②。还有不少商户百姓在河
两岸堆积物料的,也要求早日搬走,以免到时候压坏产生纠纷,
"其有在市河旁边堆积料物者,亦应早为搬移毋致有碍工务"③。

(三) 水利纠纷矛盾与特点

以上南翔镇治理河道的个案并非孤例,这种涉及两县或两镇

---

① 《南翔近事调查录之二(争河案略)》,第 6 页。
② 同上书,第 34 页。
③ 同上书,第 37 页。

之间的水利纠纷在嘉定治理越县河流之时经常出现。下文亦有数个相关案例，可以进一步看出嘉定水利纠纷的特点。

1. 其他水利协修的矛盾

据县志记载，早在明弘治时代，就已经发生过因为涉及的州县不愿补贴经费，最后导致河道治理工程无法继续的事例。当时发生的情况与南翔镇一案十分类似，亦是太仓州认为盐铁塘乃是"嘉定往来必由，太仓往来不借"[①]，理由与上海县如出一辙。然而事实上，北盐铁塘隶属太仓足足有一千五百二十六丈，太仓段不疏通，嘉定段即使疏通亦于事无补。当时知县韩浚谈到这个问题用词十分激烈："合请行令该州亲诣河所访问附近居民，如州境果无利于此河，则本县亦无赖于此。河可废，请自州废之。如情关唇齿，则本县前议，已过责嘉民而轻望州民矣！"[②]

此外，还有嘉庆年间纪王镇整治俚傀浦。俚傀浦以西属于青浦界，由于青浦人不愿配合，治理之事只能作罢。直到道光十三年（1837年），青浦县有识之士劝说各圩主按田派费，方才深通一时。此后再次淤塞，虽然屡屡动议治理，始终得不到青浦县的支持，最后不了了之。

2. 不同水利功能需求的矛盾

早在宋代，范仲淹就曾提出，治理江南水利需要"浚河、修圩、置闸"三者并重。因此在疏导河道之余，筑坝设闸是必不可少的一个环节，尤其是河道濒海，为了抵挡浑潮，需要设置闸门控制。然而，闸门的设置虽然对于抵挡潮水、积蓄清水有作用，但是闸门启闭有时，对河道交通有所影响。因此，对闸门有不同需要的两县之间就会产生纠纷。走马塘西通上槎浦，东入宝山界通蕴藻

---

① 光绪《嘉定县志》卷六《水利志上·水道》，第145页。
② 同上。

浜,即南翔东港。为了抵御蕰藻浜带入的浑潮,于咸丰九年(1859
年)建闸於唐家桥。不久被冲毁之后,同治四年(1865 年)重新筑
坝于唐家桥口。

对此,宝山县士绅认为闸门一旦关闭,势必影响到宝山的
水道交通,使得这条宝山通往太仓、嘉定的直达之路受到阻碍,
尤其是靠近嘉定的大场、陈行诸镇,故要求嘉定必须开启大坝,
"以翔镇东港为宝邑至嘉出入要河,请饬嘉邑启坝以复故
道……而宝邑则舍此一路,别无直达太嘉之河,其不便亦实在
情形也"[1]。《厂头镇志》亦有记载:"坝,即在闸之东,同治三年
筑,亦隶嘉邑。然坝成,大场、陈行诸镇不能西通舟楫。又地不宜
稻,薪米所入,往往价高于他处。"[2]嘉定方则主张为南翔等地农
田水利着想,因此需要闭闸抵挡潮水,"惟为嘉邑计,则南翔、张泾
两处以浑潮不入为利"[3]。《厂头镇志》也指出:"潮自蕰藻浜而
西,直达南翔。泥沙停积,所至沟渠皆满。南翔市河,屡浚屡淤,
大受其害。道光之季,潮径南翔,折而北,渐过马陆镇,横沥亦为
之塞。"[4]

蕰藻浜带来的浑潮对嘉定县南翔镇一带甚有影响,不但市河
因浑潮带来的淤泥而屡次淤塞,在道光年间,竟然连横沥都遭受
株连。因此嘉定人不开闸门的决心也是相当之大。当时官员多
方调解,并经过实地考察,终于令双方达成一致意见,并承诺万一
再次发生浑潮入内河而产生的淤塞问题,由嘉定贴银,宝山负责
疏通承挑,等到治理完成,元气恢复,也必须开启闸门,将获泾、罗
店河道开通以便往来。

---

① 光绪《嘉定县志》卷六《水利志上·水道》,第 148 页。
② 同治《厂头镇志》卷一,第 14 页。
③ 光绪《嘉定县志》卷六《水利志上·水道》,第 148 页。
④ 同治《厂头镇志》卷一,第 14 页。

3. 水利纠纷特点小结

如上文所说,作为水资源相当丰富的江南水乡,其水利纠纷的核心内容不同于缺水地区争夺水的使用权,主要表现为水利工程协修的矛盾与水利设施功能上的矛盾这两个方面。嘉定县水利协修的实际矛盾在于彼方出于对利益的衡量,认为治理相关河道对本身收益不大,而参与工程却是种种事物繁琐之极。何况嘉定位居相关河道的中游,就整个疏浚工程来说,嘉定所得益处为最多。事实上,嘉定县在面临他县请求协修的时候,也会选择有利于己的方式。如光绪三十三年(1907年)宝山县要求嘉定协助疏浚嘉宝分界的界泾,嘉定县亦是诸多推诿。据《宝山县续志》载:"界泾自罗店西市练祁河口迤北至镇洋界墅沟止,西岸属嘉定境……只因两县绅董心力不齐,嘉邑屡以款项难筹迁延时日……"[1]因此,一旦换作治理吴淞江、刘河等较大的水利工程时,虽然牵扯州县更多,但由于各州县都得沾水利,又有国家级的官员主持,所以反倒能够顺利进行。

从水利设施的功能来看,唐家桥大坝之所以会导致两县之间的矛盾,其实质依然是双方利益的抵触。嘉定县需要关闭闸门抵挡潮水,保持坝内农田的清水灌溉;而宝山县则需要河道畅通以便保证水上交通。一个需要关闸,一个则要求开闸。这种水利设施如何使用的矛盾,也构成了嘉定地区水利纠纷的一个特点。

四、嘉定水利文化与信仰

水利文化是水利事业的重要组成部分,一个地区水利事业的

---

[1] 张允高、钱淦等:民国《宝山县续志》卷二《水利志》,《中国方志丛书》,民国十年(1921年)铅印影印本,台北:成文出版社,1975年,第16页。

顺利发展离不开对水利文化的传承和发扬。当然,水利文化对于水利事业具有极大的促进作用,尤其是在江南水乡,水利总是带着一股浓郁的人文气息,是水滋养哺育了当地人民,人们对水的感情深厚,而正是这种感情,使人们不断探索水、了解水、合理利用水,并在对水的治理过程中,人和人之间加剧了凝聚力,人和自然之间加深了交流和体会。从上古"大禹治水"到现代河流治理理念,无不浸透着水利文化的传承。被赞誉"人杰地灵"的嘉定,更素有"人文嘉定"之称。至明代,据光绪《嘉定县志》记载:"隆庆以后,天下文章萃于嘉定。"[1]文人志士层出不穷,他们对嘉定的水利文化或多或少都起到了相当的作用。下面,本文将从水利志书的修纂与著述以及水利信仰两方面来解读嘉定水利文化。

太湖流域是有名的鱼米之乡,素来有"苏湖熟,天下足"之说。但由于经济起步较晚,因此在宋元之前,以太湖流域为专题的水利志书甚少,直到明清,数量才开始丰富起来。孙景超有《宋元至民国时期太湖流域水利志书述评》[2]一文,对宋元以后的太湖流域相关水利书籍作出了整理与评价,尤其对明清时代的水利专著做出了分类和学术评价。冯贤亮有文章对陈士矿的《江南治水记》有一定的介绍,并对该书做出了点评。文中总结了明代江南治水的几个重要时期,分别是宣德、正统时期;成化、弘治时期;正德末、嘉靖初期;嘉靖末、隆庆初期;万历初以及万历三四十年代。并对每个时代治水政策特点做出了归类。[3] 刘春燕写有《元代水利专家任仁发及其〈水利集〉》,对任仁发的著作有较为详细的介

---

① 光绪《嘉定县志》卷二七《艺文志》,第 557 页。

② 孙景超:《宋元至民国时期太湖流域水利志书述评》,《中国地方志》2009 年第 7 期,第 39—44 页。

③ 冯贤亮:《明代江南水利简史一种——介绍〈明江南治水记〉》,《文献》2000 年第 1 期,第 251—259 页。

明清时期嘉定地区的水利与社会 | 351

绍以及对现存的明抄本点评,认为这是今人了解元代太湖流域水利的一份珍贵资料,尤其是任仁发作为元大德八年(1304 年)疏浚吴淞江工程的主持人,在《水利集》中,对这次工程有着非常详细的记录。[①] 其余如汪家伦《北宋单锷〈吴中水利书〉初探》[②]以及《郏亶和他的〈水利书〉》[③]对这两篇北宋的水利专著有介绍与评价;邹逸麟先生亦有《历代正史〈河渠志〉浅析》[④]一文,对自司马迁《史记·河渠书》至《清史稿·河渠志》的七部正史河渠志逐一做出分析。不过这些河渠志都是从宏观上研究整个中国范围内的大河大江,对太湖流域的介绍显然是不够全面的,涉及嘉定的更少。

(一)嘉定及周边地区水利志书总汇

专门以嘉定水利为主的研究资料并不多,大多数历史文献都是以整个吴中地区、太湖流域作为研究对象,而嘉定正是这些地区不可或缺的一部分。因此要谈嘉定水利,不可不了解整个吴中地区的水利局势。与嘉定相关的水利书籍可以分为以下数种。

1. 综合性的水利著述

北宋单锷有《吴中水利书》以及郏氏父子的水利书;明清时期的姚文灏《浙西水利书》、钱中锴《三吴水利条议》、张崇俶《东南水利论》等,都是通过解读水文环境,讨论历史时期河道的变迁与沿革,最后提出自己对治理河道的看法与理论依据。其中尤其值得提及的是清光绪年间的布衣张崇俶,他的《东南水利论》一书共分三卷,上卷论吴淞江水利,中卷论嘉宝水利,下卷则讨论淞南水

---

① 刘春燕:《元代水利专家任仁发及其〈水利集〉》,《上海师范大学学报》2001 年第 2 期,第 66—71 页。

② 汪家伦:《北宋单锷〈吴中水利书〉初探》,《中国农史》1985 年第 2 期,第 72—80 页。

③ 汪家伦:《郏亶和他的〈水利书〉》,《中国水利》1983 年第 4 期,第 47—48 页。

④ 邹逸麟:《历代正史〈河渠志〉浅析》,《复旦学报》1995 年第 3 期,第 158—164 页。

道,每卷均附有图说,是这些综合性的水利著作中涉及嘉定较多的一部,对吴淞江流域的水利研究非常有价值,国家图书馆藏有光绪七年(1881年)刻本。

2. 篇幅较短的水利文章

如北宋范仲淹的《条陈江南、浙西水利》、明弘治年间的上海人金藻《论治水六事》、明隆庆时江苏巡按御史林应训的《论苏松水利》等。这些文章有的是对前人治水思想与治水实践在理论上的驳斥,如金藻持有的是完全不同于前人夏原吉关于如何治理吴淞江的理念。

3. 水利工程纪实

这些水利工程都比较浩大,治理的也都是一些跨省跨县的大河流,如吴淞江、刘河等。大部分的纪实都是以工程资料汇编为主,记载的都是一个时间段的河道治理工程。如《三江水利纪略》记录的是乾隆二十八年(1763年)江苏巡抚庄有恭兴修苏、松、太三江水利事宜[1],其中包含了庄有恭疏浚吴淞江,并于黄渡镇另开越河的工程,对研究吴淞江的变迁(老吴淞)具有资料价值。

4. 水利碑刻

这些碑刻分两种,一种是当地官员如县令作为一种法令而设立的,震慑众民;另一种是对重大工程如疏浚吴淞江等的记录。

5. 方志中的水利条目

这些水利条目不少都是当地官员治理县内水患的经验之谈,或是布衣文人对如何应对水道淤塞、管理农田水利的看法。

表1是对一些与嘉定有关的水利著述或治水思想的归类汇总:

---

[1] 孙景超:《宋元至民国时期太湖流域水利志书述评》,《中国地方志》2009年第7期,第42页。

明清时期嘉定地区的水利与社会 | 353

表 1　嘉定相关水利著述汇总

类别	名称	作者	朝代	现存状况
综合性水利志书	《吴中水利书》	单锷	北宋嘉祐	载于《丛书集成初编》,中华书局,1991 年
	《吴门水利书》	郏亶	北宋熙宁	已佚
	《再上水利书》	郏侨	北宋熙宁	已佚
	《浙西水利议答录》	任仁发	元至元	载于《浙西水利书》
	《三吴水利论》	伍余福	明嘉靖	存目于《四库全书总目》史部地理类
	《吴江水考》	沈启	明嘉靖	存目于《四库全书总目》史部地理类
	《全吴水略》	吴韶	明嘉靖	存目于《四库全书总目》史部地理类
	《浙西水利书》	姚文灏	明成化	存目于《四库全书总目》史部地理类
	《三吴水利录》	归有光	明嘉靖	商务印书馆民国二十五年出版
	《三吴水考》	张内蕴、周大韶	明	载于《四库全书》地理类四第 577 册,中华书局,1997 年
	《吴中水利全书》	张国维	明天启	载于《四库全书》第 578 册,中华书局,1997 年
	《江南治水记》	陈士矿	清康熙	载于王云五主编《丛书集成初编》,商务印书馆民国二十五年
	《三吴水利条议》	钱中错	清康熙	存目于《四库全书总目》史部地理类

续　表

类别	名称	作者	朝代	现存状况
水利文章	《东南水利》	沈恺曾	清康熙	载于《四库全书》,中华书局,1997 年
	《东南水利论》	张崇俫	清光绪	国家图书馆藏光绪七年(1881 年)刻本
	《浙西水利备考》	王凤生	清道光	清道光四年(1824 年)刻本
	《东南水利略》	凌介禧	清道光	清道光十三年(1833 年)刻本
	《上吕相公书》《条陈江南、浙西水利》	范仲淹	北宋	《范文正公集》卷九
	《论治水六事》	金藻	明弘治	载于《三吴水利录》,商务印书馆民国二十五年(1936 年)出版
	《与抚院论水利》	徐阶	明嘉靖	《明经世文编》卷二四五,引自《徐文贞集》卷二
	《论苏松水利》	林应训	明隆庆	〔清〕黄象曦:《吴江水考增辑》卷二,光绪甲午刊本
	《与林御史论水利第二书》	徐显卿	明隆庆	载于《明经世文编》,卷三九六
水利工程纪实	《三江水利纪略》	苏尔德	清乾隆	《中华山水志丛刊》,2011 年
	《重浚江南水利书》	陈銮	清道光	北京出版社,2009 年
	《续纂江苏水利全案》	李庆云	清宣统	清宣统二年(1910 年)刻本
水利碑刻	《吴淞江功成碑铭》	陈允升	明万历	载于《四库全书》第 577 册《三吴水考》卷一六
	《嘉定县为浚河禁派育婴堂杂泛差徭告示碑》	介王涛	清乾隆	《上海碑刻资料选辑》,上海人民出版社,1980 年

续　表

类别	名称	作者	朝代	现存状况
	《嘉定县永禁滥派堂董浚河杂徭告示碑》	吴桓	清嘉庆	《上海碑刻资料选辑》，上海人民出版社，1980 年
	《江南重浚吴淞江碑》	唐仲冕	清道光	《上海碑刻资料选辑》，上海人民出版社，1980 年
	《关于陶澍奏重浚吴淞江案刻石》	陶澍	清道光	碑原在上海市普陀区
	《陶澍蒋攸铦会奏挑浚吴淞江河道并估筑各坝需用银数碑》	陶澍	清道光	今上海市普陀区陈家渡小学
光绪嘉定县志所载水利志	《两浙提举赵霖开浦置闸筑圩节文》	赵霖	北宋宣和	载于光绪《嘉定县志》
	《知县韩浚水利志论略》	韩浚	明弘治	载于光绪《嘉定县志》
	《邑人侯震旸开浚论略》	侯震旸	明万历	载于光绪《嘉定县志》
	《邑人张应武开浚议略》	张应武	明万历	载于光绪《嘉定县志》
	《邑人龚用圆与邑侯钱默书略》	龚用圆	明崇祯	载于光绪《嘉定县志》
	《知县赵昕水利议略》	赵昕	清顺治	载于光绪《嘉定县志》
	《国朝太仓陆世仪淘河议略》	陆世仪	清顺治	载于光绪《嘉定县志》

续　表

类别	名称	作者	朝代	现存状况
	《知县陆陇其水利策略》	陆陇其	清康熙	载于光绪《嘉定县志》
	《太仓州知州张作楠上魏中丞议浚刘河书略》	张作楠	清道光	载于光绪《嘉定县志》

资料来源：《四库全书》地理类、《上海碑刻资料选辑》、光绪《嘉定县志》。

（二）治水思想之分歧与对立

水利大势在历史长河中不断变化，河湖水系沧海桑田，在日积月累之下，有的河流河床改道，有的河流河道淤塞从而湮灭，特别是嘉定濒临大海，常常会受到海潮冲刷，潮汐带来的淤泥又会淤塞河道，使江水不通，影响灌溉。作为太湖泄水通道之一的吴淞江，就因为蜿蜒入海，从而时常受到海水倒灌带来的泥沙壅塞河道之苦。

1. 夏原吉治理吴淞江之依据

自元代大德年间由当时的海道千夫长任仁发主持疏浚之后，至明初吴淞江下游淤塞严重，永乐时苏松水患，户部尚书夏原吉奉命治理太湖下游水道，在采用叶宗人主张"范家浜引浦入海"的同时，也采纳元代周文英的主张，实施"掣淞入浏"。他有《苏松水利疏》一文，解释了他的治理原则："臣等相视，得嘉定之刘家港即古娄江，径通大海……宜浚吴淞江南北两岸安亭等浦港，以引太湖诸水入刘家白茅二港，使直注江海……又松江大黄浦，乃通吴淞江要道，今下流壅遏难流，旁有范家浜至南跄浦口，可径达海，宜浚令深阔,上接大黄浦以达泖湖之水,此即禹贡三江入海之迹。"①他认为经过调查,嘉定的刘家港(即刘河)就是古代"三江既入,震泽底定"中的娄江旧址,可通大海。因此,应该疏浚吴淞江南北两岸安亭等港浦,引太湖下游诸水入刘家港,使其直接注入大海。同时,黄浦江是吴淞江的重要支流,如今壅塞难通,故需要扩大黄浦江畔的范家浜,与黄浦江连接至青浦泖湖,贯通吴淞江。

2. 金藻对夏氏治水的看法

金藻,明弘治年间上海县人,著有《三江水学》一书。他对于如何治理吴淞江就有不同于以往的看法,甚至对夏原吉的主张提出批评,认为其纲领不正、形势不顺,没有弄清楚河道的主次依附关系。他针对夏原吉"掣淞入浏"的政策说:"故人以为刘家河可泄太湖之水,盖不知此河虽通,但能复此娄江之半节耳,其南来之半节与夫新洋江及千墩等浦,反被其横冲淞江之腰腹而为害莫除。"②昔日人们认为刘家河可以宣泄太湖之水,可是却忽视了被吴淞江横冲其腰腹的南边来水,反而更加危害周边地区。他对于"范家浜引浦入海"之举更是大不赞同,他将吴淞江和黄浦江之间的关系比喻为母与子,"所谓顺形势者:臣见今人之论,有以为黄浦即是东江,而黄浦通,淞江通矣。盖不知江浦之子母纵横,水势之大小顺逆也。臣愚以为淞江乃东西之水,其势大而横,譬则母也;黄浦乃南北之水,其势小而纵,譬则子也"③。同时,他还给出了一个"黄浦窃权"的定义:"太湖之定位在西,大海之定位在东,

---

① 〔明〕张翰:《皇明疏议辑略》卷三四《河渠》,明嘉靖刻本,第3—4页。
② 〔明〕归有光撰,〔明〕归子宁述:《三吴水利录》卷三《周文英书一篇附金藻论》,中华书局,1985年,第44页。
③ 〔明〕归有光撰,〔明〕归子宁述:《三吴水利录》卷三《周文英书一篇附金藻论》,第44页。

必藉东西之江以泄之,则为顺而驶,若藉南北之浦以泄之,则为逆而缓。盖淞江之塞,西由吴江古门之少,中田千墩等浦与新洋江之横冲,东由黄浦窃权之盛,而跄口所以不通也。"①太湖想要宣泄入海,必须依据地理位置顺势而行,岂能将吴淞江导入刘河?如此将东西之江人为地改变成南北之浦,还与南来之水横冲,所以入海反而迟缓。

故光绪《嘉定县志》对此也采用金藻的看法,评价说:"娄江虽通,仅能自复故道……吴淞为东西之水,势大而横,流顺而驶。黄浦为南北之水,势小而纵,流逆而缓。导南北之纵浦夺东西之巨流,是通其小而塞其大也。"②虽然通过"掣淞入浏"可使娄江通畅,却也只不过是恢复故道而已,并没有起到加大排水的作用。吴淞江东西向,水势强大,黄浦江为南北向,水势较缓,令吴淞江部分水源流入黄浦,然后由范家浜入海,却没有真正疏通吴淞江,反而导致其愈加淤塞,是通小塞大之举。

3. 综合评价

对夏原吉治水的评价,历代都褒贬不一。褒者以为夏原吉治水摈弃了大多数人关于"吴淞江是太湖排水正脉"的观念,放弃吴淞江出海段,另辟他道,是转变思路、顺应客观规律之举。故清人金友理说:"时分今昔,水有变迁,执古法以治今水,未善也。"③贬者则认为虽然一开始夏原吉的治水效果明显,但最终使吴淞江来水被两岸支流分去,导致吴淞江下游淤塞情况愈加严重,因吴淞江壅塞而产生的水旱灾害也远不是单开一条大黄浦可以解决的。不但金藻对此颇有微词,归有光也认为夏原吉舍本求末,贪图一

---

① 〔明〕归有光撰,〔明〕归子宁述:《三吴水利录》卷三《周文英书一篇附金藻论》,第44—45页。

② 光绪《嘉定县志》卷六《水利志上·水道》,第133页。

③ 〔清〕金友理撰,薛正兴校:《太湖备考》凡例,江苏古籍出版社,1998年,第1页。

时便利,最后得不偿失,"昔人不循其本,沿流逐末,取目前之小快,别凿浦港,以求一时之利,而淞江之势日失。所以沿至今日,仅与支流无辨,或至指大于股,海口遂至湮塞。此岂非治水之过与?"①事实上,经过夏原吉一番巨大改动之后,吴淞江上游来水变少,同时途经多个县,两岸分流众多,各条分流瓜分了吴淞江的水源,导致下游水量减少,泥沙越积越多;而黄浦江分流少,水势巨大,一路奔腾入海。因此最后黄浦江取代了吴淞江,这也是自然选择的结果。

(三) 水利信仰

与水有关的信仰并不能笼统地称之为"水利信仰"。虽然研究水信仰的资料十分丰富,研究成果也层出不穷,但绝大部分研究者都是从民俗的角度来进行研究,如王永平的《论唐代的水神崇拜》②、杨华的《楚地水神研究》③等。另外王孝廉有《水与水神》④一书,解读了中原与西南地区洪水神话及水神信仰。张亚辉著有《水德配天:一个晋中水利社会的历史与道德》⑤,从晋祠出发,研究当地村落的灌溉史,强调了研究当地的水神崇拜的重要性。但是山西地区的地理特征与嘉定区别很大,因此两者的水神可比性不强。

1. 水利信仰的特点

相较于其他地方的水利信仰,嘉定地区的水利信仰具有一定特色,大致看来,具有关涉水患与关涉运输两个特点。

---

① 〔明〕归有光:《震川先生集》,上海古籍出版社,2007年,第60页。
② 王永平:《论唐代的水神崇拜》,《首都师范大学学报》2006年第4期,第12—17页。
③ 杨华:《楚地水神研究》,《江汉论坛》2007年第8期,第98—104页。
④ 王孝廉:《水与水神》,学苑出版社,1994年。
⑤ 张亚辉:《水德配天:一个晋中水利社会的历史与道德》,民族出版社,2008年。

其一，关涉水患。嘉定县有不少与水有关的神祇是历史上有名有姓的人物，然而这些人物与嘉定治水实际上并无关系。他们甚至都从未到过嘉定，更加不是嘉邑人氏，活动地区与嘉定相差十万八千里。如《黄渡镇志》中提到了章雍王庙。"三十三保一区五图，俗称张浦土地。由青浦城而东北四十里，吴淞江之阴有章雍王庙，在张浦庵侧，村人奉为土谷之神。"[1]吴淞江之阴指的是吴淞江以南，靠近青浦，有一座章雍王庙，这位章雍王即是楚汉争霸时期的雍王章邯。村中农民将雍王奉为土谷之神，即土地公。这里值得注意的是，雍王既然是称王于三秦大地，怎么会在东南一带出现呢？时人章树福对此有所解释："旧传吴淞近海口，岁有霸王潮为患，故沿江所建神祠以保障田庐者多系炎汉功臣，以刘能克项也。"[2]原来以前吴淞江靠近海口，潮水汹涌，每年都有巨潮来袭，当地人将这潮水称为"霸王潮"，又有说项羽死后化为吴淞江神，发怒之时掀起滔天巨浪，使民不聊生。由于项羽名为霸王，却最后败于刘氏，所以当时的居民便沿江设立了一系列的以汉室功臣为主的神祠，取以汉代楚之意来保护田庐不受潮水侵害，可谓用心良苦。[1]

除此之外，另有猛将堂一座，地处吴巷乡朝四十二图，占地二亩有余，房屋八间。可惜八一三淞沪抗战后，仅存一间。据《嘉定蠙东志》记载，这里供奉的是汉室丞相萧何。因地处海滨，海潮十分凶悍，萧何昔年创立"九章律"，当地人便借此设立萧何神祠，用以震慑江湖，以求免遭灾祸。与嘉定东部接壤的宝山也有萧泾寺、马家弄、东新庙以及护民等十庙，所供之神都是萧何，因此旧时还有十兄弟之称。[3]另外娄塘镇同样有萧王庙，曹王乡还有一

① 咸丰《黄渡镇志》卷九《杂类》，第 161 页。
② 同上书，第 161 - 162 页。
③ 民国《嘉定蠙东志》卷一九《坛庙堂》，第 222 页。

座相传是供奉萧何之后曹参的曹王庙，功能相似。当地人深受"霸王潮"之苦，因汉之名，期待能够克制潮水。从中可知，彼时潮水倒灌导致农田斥卤、水利荒废，为害极深，为一方百姓之心腹大患。

其二，关涉运输。神祇与水道交通运输有关者，如在嘉邑河图二号，有惠济侯庙，俗称金总管。《苏州府志》有记载云："神姓金，汴人，初有二十相公名和随驾南渡，侨于吴而为神。子细，细之子昌，昌之子元七，从子曰应龙，皆封总管，漕运者祀之。"①清中期废。嘉定乃江南水乡，河湖水网密布，交通往来都要依靠水路。同时自明代以降，嘉定本地稻米产量极低，需要通过漕运输送外地米粮来解决吃饭问题，而嘉定盛产的棉花、棉布等，也需要运到别地贩卖。因此漕运者需要借助神明，以求运输过程一帆风顺。同理还有居于外冈乡的吴王土地祠，传说吴王刘濞凿盐铁河以运盐铁，水泽至今利赖，故土人立祠祀之。②

2. 水利信仰的功能与效用

上文提到的嘉定水利信仰的一些特点，可以说是嘉定水利信仰的个性。除此之外，其亦有不少与其他地方信仰相似的共性，即先有治水功绩，然后为了表示对该治水的褒扬与纪念，相应产生水利信仰。同时，水利信仰形成之后，又会对治水工程产生促进作用。下文将对嘉定县两次与水利信仰相关的大型水利工程进行讨论，借此论述水利信仰对水利事业的促进作用。

其一，褒扬作用。例如，周中铉专祠。初建于雍正朝的周中铉专祠虽然位于当时的上海县，但这并不表明与嘉定毫无关系。

---

① 〔清〕李铭皖修，冯桂芬纂：同治《苏州府志》卷三七《坛庙祠宇二》，《中国地方志集成·江苏府县志辑》，第八册，江苏古籍出版社，1991年，第153页；光绪《嘉定县志》卷三一《祠宇》，第632页。

② 嘉庆《续外冈志·寺观》，第25页。

周中铉因吴淞江大坝屡屡不能合拢而殉职。比较大坝对两县的利害关系可知,对嘉定而言,其重要性绝不亚于上海县。周中铉,字子振,清代浙江山阴人。康熙中期他曾为江南崇明县丞,华亭知县。至雍正四年(1727年),周中铉升为松江知府。雍正五年(1728年),巡抚陈世倌督浚吴淞江,当时周中铉奉命承筑上海县陈家渡一带的大坝,在嘉定县杨林乡杨林寺暂住。当时潮水汹涌,屡次建成大坝快要合拢之时,均被冲毁。周中铉心急如焚,不但捐出自己的俸禄重新建筑,还和河标把总陆章亲自乘船监督民夫把筑堤材料放下去。结果风势大水势急,陆章提出将小船靠岸再做计较,周中铉说不可,最后船覆人亡。[①] 富有神话色彩的是,屡筑不成的大坝此时却顺利合拢,仿佛是等待着周中铉求仁得仁一般。周中铉殉职后,朝廷感念他尽忠职守,追封他为太仆寺少卿。当地百姓追念周中铉的恩德,于是便在靠近黄渡镇的上海县万安渡处建立一座小庙,立碑塑像长年祭祀,以示不忘周太仆之恩。

百年之后的道光七年(1828年),苏州藩司梁章巨、护理苏松太道陈銮在奉旨疏浚吴淞江时,同样遇到了大坝无法合拢的情况。据说是连日遇到东风大作,潮势汹涌异常。同时,施工的曹家渡一带又逼近海口,潮汐冲刷,两岸的沙土十分松浮。陈司道亲自前往督办,发现天气状况奇差,实在是难以施工。后来听闻当地人说,江岸有周太仆祠,一向有灵验之称。陈司道亲自前往祠庙祷祝,并且在坝头设下祭台,沉没牛羊作为牺牲。顷刻之间,东风转为西风,海潮消退,当天傍晚大坝便顺利合拢。道光八年(1829年)二月,施工进入尾声。江苏巡抚陶澍主持开启大坝仪式,同样在周太仆祠上香祈祷,此时"西风复作,海潮消退,清水建

---

① 光绪《嘉定县志》卷六《水利志下·水道》,第135页。

瓴而下,内外刮刷,全河一律深通。自始至终,险工获佑"。随后陶澍上疏皇帝,请求为周中铉建立专祠,"该处士民,追思旧泽,私建小祠于吴淞江畔,岁时报享,祈祷皆应。今挑浚吴淞,复著灵异,佥请建立专祠,春秋致祭。……是周中铉为国宣劳,精诚不泯。生前既因筑坝死事,殁后复以捍潮效灵。功在吴淞,洵为昭著"。陶澍认为周中铉因筑大坝而殉职,死后对水利念念不忘,继续显灵抵捍海潮,实在是鞠躬尽瘁,值得进入庙堂永享香火。同时他还指出在吴淞江岸建立神祠的必要性:"(臣)等伏思东南财赋,莫重于苏、松,而年谷顺成,必资乎水利。吴淞江为众流入海之要津,实东南水利之关键。"苏松两地历来是国家财赋重地,作为农业社会,保证丰收的关键之一就是水利。此外,"惟频海施工,极为艰险,乃当堵筑大坝,于势甚危急之际,化险为平。工竣启坝,复俾潮回清注,畅刷深通"。吴淞江通流入海,在濒海之地施工十分艰难,顺利建成大坝更是重中之重。因此,在此处建立专门神祠用以威慑江海十分必要,何况江岸本来就有一座旧的小祠,只需在旧址扩充修葺,无须另择他处,并不麻烦。于是在道光八年末,奉旨重修周中铉专祠,即位于今上海县陈家渡附近。①

官员们往往利用神祇来增加人们对兴修水利的信心,加强人们团结一致抵御困难的凝聚力。这些为水利事业作出贡献甚至献出生命的父母官们,也成为后来者的榜样。陶澍请求建立专祠,一是要纪念这位死而后已的父母官,表彰他的杰出成就和不凡精神;另一方面仍然是提醒朝廷,水利建设之重要,建设之时之艰难,绝对不可轻视。

其二,调适作用。例如,沪渎龙王庙。水利信仰在某种时候

---

① 《陶澍奏为吴淞江岸建周中铉专祠碑》,《上海碑刻资料选辑》,上海人民出版社,1980 年,第 175 页。

对水利工程有着指导性的作用,通过利用人们对神明天然的敬畏和信任,排除不利于治水的各种因素,从而万众一心,起到使水利工程顺利开展的正面效果。嘉定沪渎龙王庙就是一例,我们可以从中看出水利信仰是如何发挥其正面的引导作用的。沪渎龙王庙位于嘉定县黄渡镇咸号十九图,吴淞之阳,黄渡之阴(江南曰阴,江北曰阳)。其具体位置应该是在今黄渡镇东边境。清嘉庆年间,里人改为土地祠。光绪六年(1880 年)该祠坍塌,如今难觅其遗址。早在民国时期的黄渡镇地图上,就已经没有沪渎龙王庙或者土地祠的一席之地了。

据《黄渡镇志》记载,该寺庙因元大德八年(1304 年)海道千夫长任仁发成功治理吴淞江而建。后斗转星移,江流变迁,吴淞江于明天顺年间再次严重淤积,影响周围农田水利,治理之事刻不容缓。在正式议定疏浚工程之前,当地人曾在沪渎龙王庙前发掘出一块大石,石上有刻字,字云:"得一龙,江水通。"[1]当时嘉定县令是为龙晋,时人便将此"龙"与彼"龙"联系起来。之后疏浚果然是一帆风顺,不但效率高,仅一月不到的时间就已经使江水复通,迤逦入海,而且在此后的三个月里,即使大雨如注,沿湖数郡的居民也未受灾害,甚至在秋季以后还收获庄稼,更有"民获灌溉者数年"的说法。这不可不说是龙晋治理之功。

事实上,这场水利工程伊始就遭受了异常多的阻力与质疑,外界的声讨与反对声都是层出不穷。即使是在嘉定县令龙晋向都察院右副都御使崔恭提出疏浚请求,崔恭向一些下级官员以及当地乡绅咨询的时候,反对者都是"沮之者十恒八九"。这些反对者们各有各的考虑和私心。明人范纯在自己的笔记中记录道:"盖无远虑者,安于苟且不肯为;无擘画者,窘于财力不能为;据为

———————————

① 咸丰《黄渡镇志》卷一〇《祥异》,第 177 页。

业者,擅其利息不欲为。"①那些保守的缺乏远见的官员,认为多做多错,一动不如一静;还有些官员认为财政消耗过大,实在是负担不起;更有不少依靠吴淞江贩运货物的商人,生怕疏通之后会影响自己的利益,当然持反对意见。这些反对者的理由也是千奇百怪:"官之由沮二,民之由沮一,不曰其涂皆滟沙,软不胜人,则曰其通塞由天,匪人能胜;不曰人不能胜天,则曰其通必岁月,计其塞可旦夕待。言人人殊,喧若聚讼……"②这些人不是说吴淞江边滩涂泥沙积聚,极其柔软,难以支撑民夫劳作;就是认为江流的通塞由天不由人,非人力可以勉强为之;甚至还推托说江流的通衢需要时间,并非一朝一夕可以完成,所以慢慢等待方是上策。凡此种种,不一枚举。

龙晋在面对如此强大的反对舆论时,并未退缩,而是以详细调查后的事实向崔恭进言,对那些反对者的论据一一进行辩驳。他指出:"湖水清、海潮浑,江泄湖入海,使清水势弱、浑潮势强,譬之天理微而反不能胜人欲之炽,故泥淀积而江淤塞矣。然淤塞既久,渐成平陆,非人力何以决治之,谓江通塞由天者,谬也。泥淀之积,旬月即坚,况百余年乎,谓涂皆滟沙者,妄也。为今之计,疏凿江流接湖之处,既深且阔,使清水大来,以衝涤浑潮,泥淀无容停积,则江通必久,譬之人欲克去则天理日明,理之自然,谓江塞可待者,诬也。"③江湖入海,使海潮反馈,日积月累,当然是泥沙堆积导致江湖淤塞,如果不依靠人力来疏浚,何以解决这个问题呢? 疏通江湖衔接之处,使上游清水大来,冲击泥沙,下游淤泥无从停积,江水自然就通了。崔恭经过实地调查,也赞同龙晋的主

---

① 咸丰《黄渡镇志》卷九《杂类》,第 159 页。
② 同上。
③ 同上。

张,便饬令三县协同治理,终于使这一场河道疏浚工程得以顺利进行。

其中,固然龙晋本身是据理力争,崔恭作为上级官员也是实事求是,但是沪渎龙王庙的影响力亦是无可厚非。范纯的《重修沪渎龙王庙记》最后一部分提到,"然有此江则有此神,神之灵否又系江之通塞,而祀事亦因以废兴,故敬为书治江之本末与已试之明验,以告来者,使嗣图之,则江由之永通不塞,而神之灵将日昭赫,其祀事亦有所托而相与无穷也"①。再回头去看之前的谶纬,所谓"得一龙,江水通",好比是一种暗示,告诉人们有了"龙",江水必然通,而龙晋姓龙,是不是由龙晋来主持的疏导工程,就一定会成功呢?

事实上的确是非常成功,所以沪渎龙王庙是"已试之明验"。说到底,庙前挖出一块大石头有什么稀奇? 石头上的字迹又怎能证明是天然形成而不是后人加工? 或者是当时的水利官员为了令人们信服、从而扫除阻碍疏浚吴淞江的势力而故意为之,造成先声夺人的形势,令舆论有利于己也未可知。但不管怎么说,有了这块石头,的确成了龙晋顺利说服当地人的一种依据,连江神都支持龙晋,平民百姓岂有不听从之理? 此后直到隆庆年间,吴淞江又面临淤塞之难。当时有童谣曰:"要开吴淞江,须等海龙王。"②不多时,海忠介公海瑞到任治理,同时分督者有苏州推官龙宗武等,里人方知这句童谣乃是两人示兆。这段典故与龙晋之事何其相似! 后人可以说前人迷信,但是这种迷信给予了当时人们一种精神力量,令人们在实施水利工程时勇敢克服困难,拥有必胜的信念,同时也便于上级官员的管理与协作。至于清嘉庆年

---

① 咸丰《黄渡镇志》卷九《杂类》,第 159 页。
② 咸丰《黄渡镇志》卷一〇《祥异》,第 177 页。

间,里人将其改为土地祠,土地公所管辖的范围似乎比龙王更加宽泛,除了风调雨顺,还要福荫一方收成。这是否也是沪渎龙王庙灵验的一种延伸,人们对其信任的表现呢?

五、结论

综观作为县域水利社会的嘉定,考察其特征,可从以下三个方面进行归纳与总结。其一,水利工程。水利工程的兴修需要动用到各方各面的人力,因此可以毫不夸张地说,水利工程是一条将上、中、下三个阶层不同身份的人联系起来的纽带。对上层官员来说,河道的疏通、水利设施的修葺关系到政绩,对将来的升迁有着决定性的作用;对中间绅衿阶层来讲,他们是上下两级信息的传递者,协助官员修浚水利可以维护家族在地方的威信,这些家族往往是豪门大户或者是田产租赁给佃户的地主,水利的兴修对于他们的日常经营有着至关重要的作用;对底层百姓而言更是如此,农作物的收成是他们经济生活中最关键的问题,而农作物收成好坏的决定性因素自然就是水。同时,作为兴修水利的工匠,在灾年毫无收成的情况下,参与疏浚河道可以将工代赈,获得一定的经济补偿。

正因为在嘉定县,参与水利工程的开动是一桩频繁而又劳师动众之事,因此才会发展出自己一套特有的水利赋役制度——夫束。大部分担当夫头之人都是田产较多之人。这就说明这套水利赋役制度的分配方式是按照"谁得利、谁出力"的方针,力求公平公正。也从一个侧面说明了民间水利兴修的主导,并非官员,而是中层。从嘉定县水利纠纷的特点来看,矛盾的最关键问题在于资金。太湖下游水资源十分丰富,因此嘉定县不会出现争水械斗现象,也不会因为用水与邻县发生矛盾。但往往会因为在河道的治理中,产生对归宿权的疑问,而归宿权的问题,最终就是出资的问题。资金的问题一旦解决,治理河道就十分顺利。可以说,嘉定县的水利纠纷是温和的、文雅的,但又功利的。

其二,水利经济。嘉定县历代遭受重赋之苦,甚至有一县之赋等同于一府的说法。在这种重压下,不得不谋求制度上的应对,来应付高额赋税。于是,需要大力发展水利,以保障农田能得到有效的灌溉,从而获得更多的农产品。根据县志记载,历代都有官员或者文人志士关心水利,水利志中记载的各人对水利的看法与观点十分丰富,还有不少官员甚至在疏浚过程中下死命令。这无一不是说明,水利的兴盛等同于经济,有水利就有农业,农业能够发展,百姓就能安居乐业,赋税也能够得到解决。在经历万历漕粮改折之后,嘉定县经历了一个从种植自然作物到种植经济作物的转变。这种转变一方面仍然是在政府高额赋税政策下的一种应对方式,另一方面却是嘉定人对经济利益的本能追求。在改变种植种类之后,嘉定县仍然需要水利来作为生产保证。这是因为棉花虽然抗旱,却怕涝。水利工程的修葺不仅仅是对灌溉负责,同时也要在雨水充沛之年,保证积水能及时消退,避免水灾。

其三,水利文化。从大量的历史文献可以看出,绝大部分讨论嘉定水利的文章,着力点都在于如何治理吴淞江,使太湖下游之水去势顺畅,避免河道拥堵。吴淞江通,对其余河港汊道的治理便相对容易。其次是对嘉定水利信仰的列举与分析。嘉定水利信仰有两大特点:一是县内供奉的神祇多是历史名人,当地人因苦于海潮,故采用相生相克的原理,利用改朝换代的胜利一方来克制失败一方,在思想上有寄托,希望能避免水患的发生。县内水道四通八达,水上交通是该地居民重要的出行渠道。因此还有些神祇乃是漕运之神。二是水利信仰对水利事业有褒扬和促进的作用。由于水利事业开展不易,因此往往会有尽忠职守的官员为之牺牲,为殉职的官员建立专祠,既是对逝去的人表示尊重,同时古人历来有祈求先人庇佑后辈的传统。这些专祠也是人们在治水时的精神寄托。水是民族生存和社会发展的保证,即使是游牧民族,也需要寻找充沛的水源来保证生息繁衍。嘉定县虽然自然条件优越,但为了保证农耕的顺利进行,必须创造同样优越的水利条件。其实不仅嘉定县如此,嘉定县仅仅是本文用之作为苏松地区的一个典型代表来进行讨论,其他县大同小异,窥一斑而知全豹,从而能对整个苏松地区的水利社会有所了解。

后 记

东部季风区内的气候体现出很强的变异性,而变异性气候又常常意味着频繁、剧烈的自然灾害。洪涝与旱灾往往导致人民生命财产的损失、农业减产与社会结构的失衡等。中国的三大自然区中,人口与农业集中于东部季风区,东部滨海地区又是东部季风区内的特殊区域。东部滨海地区的特殊性主要体现为位于陆域与海域的交界处。从水系上来说是河流与海流的交汇处,陆域河湖由于海水咸潮的倒灌会受到潮流与潮波的影响。海域中的岛屿又有河流冲积的沙岛与海洋珊瑚礁岛之别。从经济上来说是民众生产与生计上的不同,因为陆域与海域各区自然资源迥异。从社会文化上来说,陆域与海域的人民在生活方式与文化风俗上也差别明显。东部滨海地区富有鱼盐资源,因而民众生计与生活往往也紧紧围绕鱼盐而展开。因此,历史时期的渔业经济与盐业经济状况以及渔民社会与盐民社会实态,也就成了滨海地区最为重要的学术议题。中国在传统历史时期向为以农立国的农业大国,而水利又为农业的命脉。水利工程的修建和维护则立基于各区域内的河湖水系等自然环境背景条件。因此,东部滨海地区的河湖水系变迁与水利演变也是非常重要的研究课题,该课题有着重要的学术意义和现实意义。从学术意义上来说,揭示历史时期该区河湖水利变迁的实际情形,是求真。从现实意义上来说，探讨历史时期的变迁，可以总结其变迁规律，对当前的河湖水系发展与治理进行指导，也有助于对未来发展趋势进行预测。以上就是本书两大核心议题的学理所在。

本书由多篇论文组稿整合而成。论文内容均涉及东部沿海地区，尤其是江、浙、沪滨海地区的渔盐经济与社会以及河湖水系与水利等问题，讨论问题是以历史地理的视角切入，故而取名为《滨海历史地理》。本书以传统的历史文献考证为研究方法，是对中国东部滨海地区的经济、环境与社会所进行的较为深入的专题研究。各篇大体可分为两大议题，其一为渔盐经济与社会，其二则是河湖水利与社会，故而分为上、下两编。

上编《明代闽、广地区的渔业分布》《略论清代的渔盐》《近代上海的渔业用冰与冰鲜水产消费（1931—1949)》《论民国二十五年浙东岱山的盐户渔民暴动案》《历史时期利津县境的盐场与盐业》五篇对明清至近代到民国时期东部沿海闽广地区、浙东岱山、上海以及山东利津等地的相关问题进行了探讨。下编《夏盖湖历代因革演变研究》《萧绍平原的河湖水利体系与湘湖之兴废》《明清时期嘉定地区的水利与社会》三篇较为深入地探讨了浙东地区自唐宋以来夏盖湖、湘湖等的湖泊演变与水利体系变迁以及明清时期嘉定地区的水利与社会。

《明代闽、广地区的渔业分布》一文，主要以表格与文字叙述相结合的形式对相关问题进行了探讨。先是梳理了明代福建与两广地区的河泊所设置沿革史，使其明晰地展示了明代时期各个阶段两个地区河泊所的存废情况。在资料上力求全面收集《明实录》、政书、地志以及文集、笔记等各类丰富的文献，地志则包括总志与方志，方志广及两区的省志、府志、县志等各个层级。在此基础上，进一步统计与分析了两个地区明代时期河泊所的数量分布与变迁，指出其阶段性特点。另外，从渔业课税与渔民人户数的角度切入,分析统计了明中后期闽、广两地各府县鱼课米、渔户、渔民人口数以及各府渔民比例等。

《略论清代的渔盐》一篇,首先,详细介绍了广东沿海的干标、帮饷制度,然后阐述了两淮、江浙地区的渔盐配售制度。其次,针对渔盐税收与渔盐走私问题进行了较为深入的讨论。为支持渔业发展,以及渔获物加工与保鲜的需要,渔盐向行轻税的制度。食盐行专卖税向来是历朝历代政权赖以支撑财政的重要手段之一,而渔盐税率远低于食用盐的税率。这也就为渔盐走私并向食盐流通奠定了经济基础,私枭往往铤而走险以贩私。如此,走私与巡缉就成了传统历史时期滨海地区的重要话题。文章最后根据搜罗的相关文献数据对清代的渔盐用量以及相应的渔获物数量进行了合理的估算。

《近代上海的渔业用冰与冰鲜水产消费(1931—1949)》一篇,用历史文献学的方法,对方志、档案、报刊等多种材料进行了爬梳排比、整理归类,同时,用地理学中经济地理的分析方法,对冰厂、大型水产市场的选址进行了分析,通过大量表格数据的量化分析直观形象地对相关问题进行了阐述。文章首先从天然冰厂与机制冰厂的对比这一角度切入,天然冰与机制冰的制取工艺不同,其分布也就很不一样。因科技的发展及其制取成本上的相应差异,二者后期的发展形势与对比就很不相同,体现了机制冰和天然冰前后市场地位的转换。其后,又曾因成本的变化而出现过反复。其次,文章揭示了战前、战时与战后三个不同阶段机制冰市场的发展变迁。渔获物保鲜是采用天然冰还是机制冰,近代前期曾有争论。之后,机制冰由于产量多,分布位置较为灵活,以及制冰原料洁净等原因,开始逐渐取代天然冰。再次,文章概要性地叙述了近代上海冰鲜水产的产、运、销。最后,文章重点讨论了冰厂的蓬勃发展以及"二战"后上海地区的水产消费,指出冰鲜水产的消费改变了过去"忍臭吃石首"的习俗,产生了新的饮食风尚。

《论民国二十五年浙东岱山的盐户渔民暴动案》一文,围绕浙江岱山的盐户渔民因反对食盐归堆与渔盐变色而联合三千余人发生了空前的大暴动这一事件展开讨论。盐场场长兼秤放局局长及税警员工等数人,被暴动渔民们施以剖腹挖心、填石或盐渍沉海的酷刑。其暴动规模之大具体体现在参与人数、武力配置、持续时间及其深远影响等各个方面。官民双方就暴动事件的经过、原因及其善后等各持不同的立场和相互矛盾的说辞。这次暴动事件对浙东滨海地区的渔盐生产和区域开发的经济和政治环境产生了相当深远的影响。文章首先在已有研究的基础上,追溯了岱山盐场的建置沿革以及盐业生产的源流,从该区渔盐资源的密切配合这一角度深入分析了岱山渔业资源的开发利用,指出岱山惨案爆发的原因之一在于渔盐资源配合上的失衡。其次,进一步探讨了渔盐税额的演变与渔盐用量在岱山产盐总额中所占的比例。再次,文章揭示了岱山地区渔、盐经济下的社会生态。该区自清末民国之交以来即已表现出极为复杂的社会生态。岱、衢两岛孤悬耸峙于海中,产鱼极盛,产盐亦极盛。渔盐轻税,早在清末时岱、衢两地私商盐枭即互通声气,武装走私,官民之间、官商之间时有武装对抗。暴动案发生前的数月又有一系列诱因与先兆。在矛盾的酝酿、累积与发酵下,盐场税警队与地方之间积怨日深,税警队在地方上下完全不得人心,从民众到士绅到基层行政管理人员如乡镇长官等,都视税警如土匪。矛盾和积怨最终以惨烈的方式不可避免地爆发,当时的报刊对此有详尽而连续的报道,至今读来仍觉惊心动魄。这次暴动事件折射出了其时浙东滨海地区的渔业经济与盐业经济、渔民社会与盐民社会的实况,反映出其社会生态处于官民对立的严重局面。最后,限于主题与篇幅,文章又以余论的形式对未能详细展开的相关议题作了简要论述,指出渔盐社会生态严重恶化后激发的盐户渔民暴动案,不仅在案件之后的相当长一段时间内仍有余波,并在社会的各个方面产生了回响。

《历史时期利津县境的盐场与盐业》一文,所选地域在山东利津,地处我国北方,与上述各篇所取地域均在东南沿海有所不同。从地域上来说,可与其余各篇构成明显的南北比较。中国的东部海岸线以杭州湾为界分为南北两大部分,自此以北主要为沙岸,以南则为岩岸。南北滨海地区的成陆过程与速率、海岸线的发展等都很不一样。山东利津地处含沙量极高的黄河入海口,海岸线的延展与滨海成陆速度相当快,因而其盐场分布与盐业经济的变迁也与上文所述地处东南沿海的岱、衢两岛迥异。文章首先简单回顾了元代以前利津县所在区域的盐业生产,然后较为详细地梳理了元明时期利津县境内宁海、丰国及永阜三大盐场的建立及发展,包括其始设时间和地理位置、盐场机构、制盐技术及盐业聚落等。其次,文章阐述了清朝利津县三大盐场的裁并以及永阜场的兴盛发展,如永阜场盐滩在康、雍、乾及嘉庆年间等多个阶段的时空分布变迁。最后,文章分三个阶段分别探讨了历史时期中利津县境内盐场位置变迁与海岸线之间的关系,指出各个阶段的特点,以表格的形式进行了全面的排比与梳理,并以专题地图的形式作出了直观形象的呈现。海岸线的东北向移动与黄河带来的泥沙在利津县境内的造陆活动密切相关,盐场滩池的空间分布也与海岸线的变迁紧密关联,大体呈正相关。但咸丰五年(1855年)黄河决口改道之后,盐场受到黄河的破坏,产盐之处不再跟随海岸线的位置移动而东北向移动,盐场滩池数呈缩减之势。光绪三十年(1904年)薄庄堤坝溃决,利津县从此停止盐业生产,永阜场盐业走向没落。

《夏盖湖历代因革演变研究》一篇中,宋元与明清两个时段夏盖湖演变特点迥异的观点值得重视。夏盖湖在宋元时期被频繁废复,所谓"屡废屡复,翻若波涛",而明清时期则真正走向全面垦废。夏盖湖的演变在前后两个阶段的控制性因子有所不同,在宋元时期以自然因素为主,明清时期则以人文因素为主。宋元时期与气候温和、海平面高而难于排涝,湖泊水域虽宽却水深较浅有关,再加上湖泊以皇室、王府、权贵等侵占为主而垦实未多,故易于废复变更。明清时期则开始转向以经济、社会因素占主导,湖区开发加快,人口增多,因此从经济学所称的"边际效益"也就是土地的实际产出价值角度来看,湖泊开发为耕地的价值已远远大于作为水域进行灌溉的价值。明清时期江南已非商品粮基地而反成了商品粮消费地,由原宋元时期的主要粮食作物种植区和产区转变为粮、棉、桑等的多元结合,经济作物在其中占据着越来越重要的地位,从较为单一的种植结构转而成为丰富多元的种植结构。经济作物的产出价值远高于粮食,粮食则部分甚至大量依赖于沿江、沿运一带米市的商品粮供应。

《萧绍平原的河湖水利体系与湘湖之兴废》一篇中,应特别重视对湘湖为何逐步湮废的讨论不能局限于湘湖本身这一观点。后期湘湖灌溉作用的削弱与其所在大区域的水利环境变迁也就是萧绍水利体系的形成密切相关。萧绍水利体系的形成又取决于浦阳江的改道与三江闸的修筑。关于历史时期浦阳江下游河道的演变,本文的认识与学界有些观点有所不同。浦阳江下游河道的变迁,其影响因素之一在于浦阳江与钱塘江二者之间的关系。陈吉余先生此前关于钱江口门变迁受浦阳江影响的认识有误,与实际情形相反了。浦阳江年平均径流量仅二十多亿立方米,而钱塘江的年平均径流量高达四百多亿立方米,钱江是浦江的二十多倍,二者之间相差极为悬殊的对比关系在历史时期是不变的。历史时期浦阳江下游河道是西出还是东流,其变迁受到径流量巨大的钱塘江江水顶托的影响。钱塘江口门及其主泓道的摆动是周期性的,故而浦阳江下游的流向也完全可能是周期性反复的。因此本文认为朱海滨关于浦阳江自明中期开碛堰前一直东流的观点有误。根据水流就下的规律,河流会自然选择坡降最陡、流路最短的顺直路线。从地形地势上分析,浦阳江西北出与东流两个方向相比较而言,西出由西北向汇聚钱塘江,比之迂回曲折而东注入海,比降更大,流速更快,流路也更短。浦阳江这一顺直的西北向流路,又取决于其地质背景上西北向的地层断裂线。

《明清时期嘉定地区的水利与社会》一文的特点,在于选择较为微观的县域尺度探讨传统历史时期的江南水利社会。文章从嘉定县的地缘关系、农业经济、自然灾害及社会应对以及相关个案分析与文化信仰等多个方面,考察了水利对嘉定县社会生活各个方面的影响。尤其应该指出的是,该文研究了"夫束"这种嘉、宝两邑特有的水利劳役制度,所谓"他邑田不编夫,而嘉、宝独编夫"。因嘉、宝两邑地处濒海,每日潮汐往来,"两潮积淤,厚如一钱,则一年已厚一二尺"。所谓"夫束",即按田起夫,田多者为夫头,田少者为协夫,每隔十年根据田产的归属情况进行轮换,"遇有河工,夫头各率协夫,分段疏浚,取通力合作之义"。夫束所要达到的效果是要使其"专司浚河,绅民一律"。"夫束"制度的产生既有其积极意义,给嘉定县水利带来了不少正面影响,也有一定的弊端,如"夫头"累赔之害、"夫壳"冒领之害以及"户""图"不同之害。此外,该文还以光绪三十年(1904年)的南翔镇疏浚案为例,进行了较为深入的探讨。嘉定与上海两县之间存在着明显的地区利益争端,二者之间围绕应否协修展开了针锋相对的辩驳,针对其水利纠纷的矛盾与特点,须合理考虑如何均衡各行业各阶层的负担与利益。这一水利协修的个案研究深化了本文的专题讨论。

社会变迁取决于经济发展,经济发展立基于自然环境,可谓陈陈相因、环环相扣。地理学具有区域性与综合性这两种学科特点，历史地理学在学科属性上仍然归属于地理学。因此，历史地理学的视角能较好地诠释区域内自然环境、经济发展与社会变迁这一联动性的整体。本书各篇既是专门历史地理研究，但也尽可能顾及区域历史地理研究的系统性与整体性。因此，全书虽由多篇论文整合而成，但相关主旨并未明显弱化，而是在一定程度上得到了加强。

本书上编中《明代闽、广地区的渔业分布》一文由笔者十几年前发表的两篇论文缩并而成，文章内容较为浅显，其时文笔也明显稚嫩，然方志资料等的收集与分析还是比较有代表性，故仍以存真的方式收入本书。《略论清代的渔盐》一文也是笔者十多年前发表的一篇旧文，所讨论的区域也主要是两广闽浙地区，可与前篇相呼应。《论民国二十五年浙东岱山的盐户渔民暴动案》一篇是近年为参加学术会议而草成之文，对清末至民国时期以浙东岱山为代表的海岛渔盐经济及其社会生态的进一步思考基本已在余论中提出，但讨论尚不够深入。其余几篇主要据笔者所先后指导的学生的硕士学位论文改编而成，大多在原稿基础上作了较大修改，有些已经在期刊上公开发表过。由于全书文字成于多人之手，严谨不一，风格有异，叙述和讨论不当的地方，希望得到学界朋友们的指正。

最后，非常感谢责编关春巧女士非常认真仔细的校核与审读，为本书的出版付出了十分辛勤的工作。复旦历史地理研究中心的姜明辉同学为全文的校核做了大量工作，在此表示感谢。

谨此为记。

尹玲玲

2020 年 11 月 17 日

图书在版编目(CIP)数据

滨海历史地理:唐宋以来滨海地区的经济、环境与社会研究举例/尹玲玲编著. —上海:复旦大学出版社,2021.4
ISBN 978-7-309-15520-4

Ⅰ.①滨⋯ Ⅱ.①尹⋯ Ⅲ.①沿海-历史地理-研究-中国 Ⅳ.①K928.6

中国版本图书馆 CIP 数据核字(2021)第 042117 号

滨海历史地理:唐宋以来滨海地区的经济、环境与社会研究举例
尹玲玲 编著
责任编辑/关春巧

复旦大学出版社有限公司出版发行
上海市国权路 579 号 邮编:200433
网址:fupnet@ fudanpress. com http://www. fudanpress. com
门市零售:86-21-65102580 团体订购:86-21-65104505
出版部电话:86-21-65642845
上海崇明裕安印刷厂

开本 890×1240 1/32 印张 11.875 字数 277 千
2021 年 4 月第 1 版第 1 次印刷

ISBN 978-7-309-15520-4/K·751
定价:60.00 元

如有印装质量问题,请向复旦大学出版社有限公司出版部调换。
版权所有 侵权必究